여왕벌인 소녀
이 되고 싶은 소녀

로잘린드 와이즈먼 지음 | 강혜영, 박희관, 이상수, 이종호, 황복진, 홍영민 옮김

시그마북스
Sigma Books

여왕벌인 소녀, 여왕벌이 되고 싶은 소녀

발행일 2015년 1월 20일 초판 1쇄 발행
지은이 Rosalind Wiseman
옮긴이 강혜영, 박희관, 이상수, 이종호, 황복진, 홍영민
발행인 강학경
발행처 시그마북스
마케팅 정제용, 신경혜
에디터 권경자, 양정희, 최윤정, 문수진
디자인 송현주, 홍선희
등록번호 제10-965호
주소 서울특별시 영등포구 양평로 22길 21 선유도코오롱디지털타워 A404호
전자우편 sigma@spress.co.kr
홈페이지 http://www.sigmabooks.co.kr
전화 (02) 2062-5288~9
팩시밀리 (02) 323-4197
ISBN 978-89-8445-660-0(03370)

Queen Bees and Wannabes

이 도서의 국립중앙도서관 출판예정도서목록(CIP)은 서지정보유통지원시스템 홈페이지(http://seoji.nl.go.kr)
와 국가자료공동목록시스템(http://www.nl.go.kr/kolisnet)에서 이용하실 수 있습니다.
(CIP제어번호 : CIP2014037666)

* 시그마북스는 (주)시그마프레스의 자매회사로 일반 단행본 전문 출판사입니다.

차례

역자서문

학교폭력과 왕따는 우리 사회에서 이미 심각한 문제이며 청소년 자살의 주요 원인으로 자리 잡고 있다. 학창 시절의 왕따 경험은 평생을 두고 남아서 성인기에도 자존감이나 부정적인 정서에 영향을 준다. 성인 환자들의 면담을 통해서 보면 왕따 경험은 잘 잊히지 않는 트라우마다. 학교폭력이 어제오늘의 문제는 아니겠지만 지금처럼 집단적인 괴롭힘이 조직화되고, 학교를 떠나도 SNS를 통해서 다른 학교에서도 왕따가 되는 영속성은 그리 오래되지 않은 문제이다. 더 중요한 것은 일부의 문제 학생들이 가해자로 정해져 있는 것이 아니라 피해자가 가해자가 되거나 어느 누구라도 가해자 혹은 조력자가 될 수 있다는 점이다. 최근의 학교폭력이 심각한 사회 문제인 이유는 평범한 학교 생활에 스며들어 일상화되어 있기 때문이다. 학교폭력은 이지메라는 신조어를 전해준 일본이나 총기사고까지 발생하고 있는 미국에서도 심각한 문제이다.

이 책은 미국에서 청소년 상담으로 명망이 높은 로잘린드 와이즈먼의 첫 번째 저작인 *Queen bees and wannabes*로서, 왕따 문제가 평범한 학생들의 평범한 학교생활에서 일상화되어 가는 과정을 그렸다. 비소설로서는 드물게 영화의 원작이 되기도 했다. 2004년에 린제이 로한이 주연을 맡은 '퀸카로 살아남는 법(mean girls)'의 원작이 바로 이 책이다. 와이즈먼은 이후 아들을 대상으로 한 *Masterminds and wingmen*(국내에는 아들이 사는 세상이라는 이름으로 출간되었다), *Queen bee moms and kingpin dads* 등을 저술하기도 했다. 이후 각종 매스컴과 사회교육에서 와이즈먼의 이름이 빠지지 않았으며 현재도 활발한 저술과 강연, 온라인(www.rosalindwiseman.com)을 통한 활동을 하고 있다.

이 책은 휴대전화를 중심으로 이루어지는 메신저, 페이스북, SNS 같은 신기술의 파급력에서부터 부모 세대들도 익히 겪었을 만한 파티를 매개로 벌어지는 역학관계, 아들이 아닌 딸이기 때문에 겪는 외모의 문제, 그리고 원치 않는 성(sex) 관련 이슈와 임신의 문제까지 다양하게 다루고 있다.

이 책에서는 막연한 원칙이 아니라 구체적인 제안을 하고 있다. 때로는 너무 지엽적인 제안이라고 생각될 때도 있지만 만약 그런 문제들이 실제로 벌어진다면 충분히 참고할 만한 자료의 가치가 있다. 집안에서의 파티와 그와 관련된 성문제 등 우리 실정에 맞지 않는 내용도 있지만 머지않아 그런 문제들이 우리 사회에서도 나타날 수 있는 데다가 그런 곤란한 상황을 다루는 방식은 내용에 따라서 얼마든지 우리 청소년들에게도 일반화해 적용할 수 있을 것으로 보인다.

이 책의 주제는 결국 이렇게 골치 아픈 딸이지만 그 딸은 부모인 나의 아이라는 사실이다. 저자는 딸들이 거부를 통해서 부모의 사랑과 인정, 그리고 보호를 간절히 바라고 있다고 역설한다.

이 책은 여러 명의 개원의들이 바쁜 진료시간을 쪼개 번역에 참여하였다. 강혜영, 박희관, 이상수, 황복진, 홍영민 선생님께 감사드린다. 이들 동료들과의 공동작업, 토론과 나눔은 내게 무엇보다 큰 기쁨과 감사였다. 그리고 이 책의 초고를 보고 원어민의 감각으로 조언해 준, 30년째 미국에 살고 있는 누이 이부현에게 특별한 감사를 드린다.

이 책이 나오기까지 역자들의 사정으로 번역이 지체되었음에도 인내로 기다려주신 (주)시그마북스 강학경 사장님과 편집부 직원들에게도 감사드린다. 그리고 무엇보다 항상 조언과 후원을 아끼지 않은 아내와 사춘기의 아들과 딸에게 고마운 마음을 전한다.

역자 대표

이종호

여덟 살 된 딸의 친구가 반 친구들이 딸을 이상한 애로 취급하기 때문에 남의 눈을 피해 우리 집에서만 같이 놀겠다고 딸에게 말하는 것을 엿듣게 되었다. 그런데 내 딸이 그 생각에 동의한단다! 나는 이런 말을 하는 딸아이의 친구와 딸을 그렇게 바라보는 반 친구들 모두를 미워하지 않기 위해 무진 애를 써야 했다. 그건 그렇다 치고 이런 의견을 좋다고 하는 내 딸은 뭐가 문제란 말인가? 나는 딸을 호구로 키우진 않았다.   −패티

열두 살 난 내 딸은 내 동생, 즉 자기 삼촌하고 사이가 아주 좋다. 그런데 딸이 삼촌에게 우리가 집에 없을 때 남자애 두 명을 집에 들였다고 고백했다. 내 동생은 당연히 내게 얘기해주었는데 난 그 말을 듣고 어떻게 해야 할지 몰랐다. 딸이 내가 정한 규칙을 완전히 어겼지만 만약 그 일로 벌을 주면 자기 삼촌이 내게 얘기한 걸 알게 될 것이다. 그렇게 되면 딸은 삼촌에게 더 이상 아무 말도 하지 않을 것이다. 그런데 내가 아무런 조치를 취하지 않는다면 그 애는 또다시 그렇게 할 것이다. 어떻게 해야 할까?   −레아

만약 당신 딸이 여왕벌이라면 어떻게 하실 건가요? 내 딸은 다른 사람들 험담을 너무 심하게 해서 친구들이 떠나가기 시작했어요. 나부터도 그 애를 좋아하려고 많은 애를 써야 했답니다.   −매리엔

나는 열네 살 난 딸의 문자메시지를 보고 그걸 집어 던지고 싶을 정도로 역겨웠어요. 나는 그 애가 자신이나 반 친구들을 표현하는 말을 보고도 믿을 수가 없었어요.   −토드

8년 전에 나는 딸들의 우정에 대한 부모용 교재를 저술했었다. 물론 난 당신의 경우는 어떤지 모르겠지만 내 삶은 그때 이후로 확연히 달라졌다. 사람들이 책에 대해 직장, 방송, 취학 전 놀이모임에서 얘기했다. 딸이 만약 퀸비 사용자가 되는 걸 뿌듯해한다면 퀸비 티셔츠, 가방, 필통을 살 수도 있다. 매일같이 사람들은 내게 질문을 하고 소녀세계와 여왕벌에 대한 의견을 나눈다. 좋은 쪽으로든 나쁜 쪽으로든 여왕벌과 비열한 소녀에 대한 인식은 이제 상식이 되었다.

그 동안에 소녀들은 소녀세계에 발을 담그고 있다. 그 세계에서 사람들은 소녀들이 당신에게 왜 그리 화를 내는지 말해주지 않고 그런 당신의 감정을 "농담이야!"라는 말로 묵살해 버리고 모든 사람이 당신에 대한 루머나 민망한 사진을 문자메시지나 메신저로 보낸다. 상황이 이렇기 때문에 당신의 딸이 처음으로 당신에게 반 친구들이 말을 걸지 않고 딸은 왜 그런지 전혀 모르겠다고 하면 이제는 당신이 미워하는 그 애들을 욕하는 것 말고도 당신은 무슨 말을 해야 할지, 무엇을 해야 할지 알고 싶을 것이다. 그러나 그다음에 딸을 학교에 태워다 주면서 학교 앞에서 비열한 소녀들 중 한 명하고 마치 아무 일도 없었던 것처럼 팔짱을 끼고 가는 걸 본다면 상황은 더 복잡하게 보일 것이다. 당신 딸이 귀가해서 당신이 문을 열어주자 딸이 당신에게 포옹을 하고 나서 그 친구를 집에서 놀게 해달라고 부탁하고, 비열한 소녀들과 한편이 된 사실을 내색하지 않고 "너 지금 뭐하자는 거야?"라는 표정을 못 본 체할 때 어안이 벙벙할 것이다.

당신은 이제 딸아이의 사춘기를 맞이한 것이다. 10초 전만 해도 딸은 상냥하고 자신감에 넘치는 작은 소녀였다. 그런데 이제 당신은 딸과 마주할 때마다 심하게 짜증이 나는 딸아이의 뚱한 표정에다 답답해하는 한숨소리를 듣게 될 것이다. 아니면 어떤 날은 딸이 불안정해져서 당신 무릎에 앉아 하소연을 하고 싶어 하지만 그다음이면 딸이 가출하겠다고 위협을 하고 당신은 나가라고 짐을 싸주는 상황이 연출될 것이다. 딸은 사춘기의 가장 험난한 과정을 거치고 있다. 몸매가 드러나는 옷을 입고(그런데 당신은 딸이 밤새 성장할 것처럼 큰 스웨터를 입히려 한다), 친구들과 이별과 화해를 반복하고, 갈등에서 살아남아야 하고, 학교를 그만두지 않고 무사히 마쳐야 한다. 당신은 직관적으로 딸이 때로는 너무 못돼 보이지만 그 어느 때보다 더 당신의 도움이 필요하다는 걸 안다. 이제 딸은 당신에게서 떠날 때가 되었다.

왜 소녀들은 부모를 거부하고 대신 자신을 종종 너무 가혹하게 다루는 친구들에게로 향할까? 어느 날 딸이 등교를 했더니 친구들이 자신을 미워하기로 했다는 걸 알게 된다. 혹은 옷을 잘못 입거나 친구를 잘못 사귀었다고 무자비하게 괴롭힌다. 아마 딸이 감당할 수 없는 브랜드의 옷을 입었을지도 모르겠다. 아니면 친구들은 딸이 집단에서 쫓겨나지 않으려면 딸에게 기대되는 역할에 맞춰 살아야 한다고 생각할 수도 있다. 친구들이 딸에게 무슨 짓을 하든 딸은 친구들이 자기에게 어떻게 하는 게 제일 좋을지 알고, 자신에게 최선의 것을 친구들이 원한다고 느낀다. 더 나쁜 경우라면 그녀는 그게 자신에게 안 좋을 걸 알지만 혼자가 되기보다는 괄시받는 것을 감내하려 한다. 그에 반해서 딸이 과거에는 당신을 신뢰할 만한 정보제공자라고 믿었지만 이젠 건질 게 없다고 생각한다. 부모한테는 딸에게 거부당하는 것이 신랄하게 아픈 경험이다. 그러나 당신이 하이에나 무리들의 비열한 전술, 불공정함, 비뚤어진 사회적 덕목을 갖춘 소녀들에게 자리를 내주게 된다면 당신은 정말 화가 나고 딸이 제정신인지 의심하게 될 것이다.

대부분의 사람들은 소녀들의 과제가 그런 과정을 거치고, 성장하고, 추억으로 간직하는 것이라고 믿는다. 그러나 당신 딸이 다른 소녀들과 맺는 관계는 십대 시절을 넘어서까지 깊고 광범위한 영향을 미친다. 다른 소녀들과의 관계는 양날의 칼이다. 이 관계는 사춘기를 잘 넘어가게 하는 열쇠이다. 많은 소녀들이 몇몇 좋은 친구들의 지원과 배려가 있어서 십대를 잘 넘길 수 있다. 이런 관계는 소녀들이 무조건적으로 받아들여지고, 이해받고, 자신을 존중하지 않는 남자와 연애하는 등의 도움이 안 되는 일을 할 때는 충고도 들을 수 있다고 느끼는 그런 관계이다.

그러나 소녀들의 관계가 그렇기만 하다면 나도 이 책을 쓰지 않았을 것이고 당신이 이 책을 읽을 일도 없었을 것이다. 소녀들의 관계는 강렬하고, 혼란스럽고, 좌절하게 만들고, 모욕적이기도 하다. '절친한 친구'가 주는 기쁨과 안정감은 파괴적인 이별과 배신으로 산산조각 날 수 있다. 그리고 한 순간의 고통에서 그치는 게 아니라 소녀들은 성인으로서 다른 사람들과 건강한 관계를 맺을 수 있는 자신감 넘치고 진정성 있는 사람으로 성숙하는 걸 방해하는 처신과 사고방식을 몸에 배게 할 수 있다.

그러나 당신의 딸은 친구들과 너무 밀착되어 있어서 좋은 영향과 나쁜 영향을 구분할 수 없다. 딸이 당신을 밀어내더라도 딸에게는 당신의 지도가 필요하다. 나는 당신이 딸을 잘 지도하고 정보를 제공하여 딸이 귀담아듣고 당신과 딸의 관계가 그 과정을 통해서 공고해질 수 있는 최선의 제안을 하려 한다.

이 책은 이전 판을 개정한 것이기 때문에 본론으로 들어가기 전에 두 가지, 즉 (1) 선악을 떠나서 기술과 대중매체가 당신 딸의 사회생활에 미치는 영향, 그리고 (2) 이러한 이슈가 어린 소녀에게 미치는 영향과 그것을 다루기 위해서 당신이 할 수 있는 일에 대해서 언급하려 한다.

소셜네트워크서비스(SNS)인 마이스페이스(Myspace), 웹킨즈(Webkinz), 클럽 펭귄(Club Penguin), 스타돌(Stardoll), 페이스북, 트위터 등 이 책이 출간될 무렵 서비스를 제공하고 있는 소녀들을 위한 10개의 사이트는 말할 것도 없고 인터넷, 이메일, 휴대전화, 문자메시지가 당신 자녀의 삶의 지평에 미치는 영향은 매우 크다. 이런 것들은 당신이 딸에게 휴대전화를 허용하지 않거나, 이메일 주소가 있을 것이라고 생각하지 않더라도 이미 딸의 삶 속에 스며들어 있다.

내가 이런 것들을 나쁘게 생각한다고 생각할까 봐 확실하게 얘기하는데 나는 이런 것들이 나쁘다고 생각하지 않는다. 대신 나는 자녀들이 일단 이런 기술들과 접촉하기 시작하자마자 부모의 가치체계와 이런 가공할 만한 도구를 확실하게 접목시켜야 한다는 걸 깨닫고 있는 부모가 거의 없다는 얘기를 하고 싶다. 만약 부모들이 이런 작업을 하지 않으면 딸을 존귀하고 윤리적인 사람으로 양육할 가장 좋은 기회를 놓치는 것이다.

당신이 할 수 있는 가장 안 좋은 일은 부인하는 것이다. 한 1년쯤 전에 나는 십대들이 생각만큼 뮤직비디오를 보지 않는 걸 알았다. 이런 걸 아는 이유는 내 수업 때 유행가의 뮤직비디오(그중 어떤 곡은 휴대전화의 통화음으로 쓰인다)를 틀어주는데 학생들은 그 뮤직비디오들을 보통 그때 처음 보았기 때문이다. 그러나 이 책의 저술을 위한 자료준비를 하면서 나는 누가 뮤직비디오를 보는지 알게 되었다. 그걸 보는 층은 4, 5, 6학년 학생들이었다. 당신이 MTV를 보라고 한 적이 없는데도 어떻게 이런 일이 벌어지는가? 유튜브[또는 비메오(Vimeo), 훌루(Hulu), 야후 동영상(Yahoo Video)]에서는 모든 게시물을 무료로 볼 수 있다. 모든 SNS에서 관심사가 같은 사람들이 모일 장소를 제공한다. 이런 사이트는 긍정적인 면에서 공동체를 형성할 수도 있다. 그러나 그 반대 역할도 가능하다.

만약 당신이 이런 걸 믿지 않는다면 여기 5학년 학생들의 말을 들어보자.

작년에 내 친구였던 한 여자애가 내게 화를 내더니 나의 웹킨즈 계정에 들어가서 모든 걸 다 삭제했어요. 걔가 그렇게 할 수 있었던 건 내 비밀번호를 알고 있었기 때문이에요. 정말 모든 게 다 날아갔어요. ─카라, 11세

내 친구는 스타돌(Stardoll.com)을 좋아하고 걔네 할머니가 스타머니를 줘서 제일 좋은 아이템을 샀어요. 우리 부모님은 내게 그런 걸 사줄 돈이 없었어요. 그 애는 내 계정에 있는 걸 보고 후지다고 했고, 무슨 여자애가 스타머니도 없냐고 했어요. 그 말을 듣고 나는 내가 못생기고 가난하단 생각이 들었어요. ─나탈리, 10세

이제 8학년들의 메신저 대화를 살펴보자.

사람들이 네가 한 일을 다 알아⋯ 네 인생은 이제 끝이야.
너 무슨 말하는 거야!!!!
나는 얘기 안 할 거야⋯
이건 진심으로 하는 얘긴데, 꼭 말해줘.
싫어, 안 해. 그렇지만 너도 금방 알게 될 거야.

나는 당신에게 위와 같은 일이 다시 벌어지지 않도록 할 수 있는 모든 전략

을 제시할 것이지만 당신은 이런 분야의 전문가가 될 필요는 없다. 기술은 우리의 세계를 순식간에 그리고 지속적으로 변화시키고 있다. 우리는 자녀들에게 올바른 사용법과 존엄성과 품위를 지킬 수 있도록 가르쳐야 한다.

IT 기술을 바탕으로 한 소녀들의 다툼이 이 책에서 내내 다루고 있는 내용들이다. 그래서 당연히 패거리(cliques), '친구이자 적(frenemies)', 평판, 뒷담화, 반란, 괴롭힘, 충동, 남자친구 등의 주제를 탐색할 것이다. 당신 딸이 더 강한 소녀에게 위협을 받아 입을 다물게 되도록 길들여지는 과정과 딸이 그 경험을 통해 얻는 교훈을 다루려 한다. 나는 당신에게 어떤 친구가 딸에게 지지가 되고, 어떤 친구가 딸의 정서적 건강이나 심지어 신체적인 안정을 위협할 수 있는지 알아보는 법을 알려주려 한다. 나는 당신에게 딸의 사회적 지위에 따라 다른 사람을 모욕하거나 침묵을 지키거나 희생자가 될지 여부가 결정되는 과정을 보여줄 것이다. 마지막으로 나는 당신의 딸이 어린 시절 배운 것과 딸의 미래에 영향을 주는 교훈이 서로 충돌하는 접점을 보여줄 것이다.

나는 당신의 딸이 경험할 법한 핵심적인 통과의례를 같이 살펴봄으로써 이런 작업을 수행할 것이다. 그 통과의례는 사람들이 딸에게 처음으로 화를 내고 나서 그 이유를 말하지 않을 때, 친구와의 첫 번째 결별, 당신이 너무 부적절하다고 생각하는 복장으로 딸이 학교나 파티에 가려고 해서 처음으로 갈등이 생길 때, 딸이 당신에게 더 이상 자신의 문제를 얘기하지 않는다는 것을 처음으로 알아차릴 때, 딸이 처음 혹은 75번째로 지저분한 문자메시지를 받을 때와 같은 내용이 포함된다. 이런 일들은 딸의 마음도 아프게 하겠지만 당신에게도 도전이 된다. 나는 딸이 당신을 화나게 하고 당신의 인내력을 시험하는 맥락에서만 얘기하려 하는 건 아니다. 그런 문제를 잘못 다루면 딸에게 필요한 도움을 줄 수 없고, 딸과의 관계가 나빠진다는 것이다. 나는 이런 문제들을 당신과 함께 다루어보려 한다.

딸의 친구관계나 사회생활을 이해하는 것은 빡빡하고 좌절스러운 일이다. 부모들이 종종 내게 이런 부분의 딸들의 삶에서 완전히 배제되어 있고 아무런 영향력도 발휘할 수 없는 것 같다고 호소한다. 이 책은 그 안으로 인도할

것이다. 이 책은 소녀들이 서로에게 행하는 지저분한 일들을 다루고 관계의
배후에서 벌어지는 전쟁의 부정적인 영향을 최소화하고 이미 형성하고 있는
확고한 관계를 인식하도록 도울 것이다.

논의를 더 진행하기 전에 나는 당신이 무력감을 느낄 때나 딸과의 전쟁을
할 때 도움을 줄 수 있을 것이라고 단언한다.

이 단계에서 아래와 같은 경우는 자연스러운 것이다.

- 딸이 대답을 듣기 위해서 당신에게 찾아오지 않는다.
- 이전처럼 당신의 의견을 존중하지 않는다.
- 자기가 겪고 있는 일들을 당신이 전혀 이해할 수 없다고 믿는다.
- 당신에게 자기 문제를 얘기하면 상황이 더 악화된다고 확신한다.
- 몰래 거짓말을 하거나 속이는 행동을 한다.
- 거짓말이나 속임수를 부인한다. 심지어는 부인할 수 없는 증거를 보고
  도 부인한다.

반면 당신에게는 아래와 같은 경우가 자연스러운 것이다.

- 딸이 당신이 말할 때마다 뚱한 표정을 지으면 거절당했음을 느끼고 화
  가 난다.
- 딸을 좋아하지 않는다고 생각할 때가 있다.
- 눈앞에 있는 이 사람이 사랑스럽고 대단한 당신의 딸일 수도 있지만, 얘
  가 어느 집 앤가 싶은 마음이 들 때도 있다.
- 대화가 싸움으로 끝나면 혼란스럽다.
- 당신이 딸의 생활에 대해서 질문할 때 딸이 사생활을 침해당하고 염탐
  하는 걸로 받아들이는 것 같으면 제대로 이해받지 못했다고 느낀다.
- 친구들이 끼칠 수 있는 영향이 너무 걱정되고 그 애들과 어울리는 걸 막
  을 방도가 없다는 생각이 들면 무력감과 분노를 느낀다. (물론 그 친구
  들과의 관계를 노골적으로 금지하면 몰래 사귈 것이다.)

- 딸이 당신과 얘기조차 하지 않으려는 문제들을 어떻게 다루어야 할지 모른다는 느낌이 들면 슬프다.

엄마와 딸 사이의 소용돌이

이 시기는 엄마와 딸 모두에게 가장 힘든 시간인 듯하다. 당신의 딸은 비밀스러운 사생활을 갈구하고 당신의 존재는 침입자처럼 느껴진다. 당신은 딸에게 너무 무리한 요구를 한 것 같은 느낌을 받을 것이다. 그래도 당신도 딸이 겪고 있는 일들을 겪었고, 당신의 조언이 도움이 될 것이라고 생각한다. 비밀을 두고 치르는 모녀간의 전쟁은 자연스러운 일이지만 큰 문제를 야기한다. 소녀들은 부모들의 간섭에 저항하느라 여념이 없어서 또래들이 자신에게 나쁜 영향을 끼치는 걸 잘 알아차리지 못한다. 소녀들은 매우 경직된 흑백논리로 사물을 바라본다. 당신이 부모 입장에서 하는 간섭과 관심은 나쁜 것이고 또래 친구들의 관여와 이해는 좋은 것이다.

그러나 특히 엄마의 경우에 모든 문제를 복잡하게 만드는 다른 이슈가 있다. 어떤 엄마가 편지에 다음과 같이 썼다.

> 내가 12학년 때 3학년 때부터 친했던 절친이 나와 절교하고 내가 속한 집단 전체가 내게 등을 돌렸어요. 나는 비참했어요. 나는 다른 친구가 생겼지만 버림받은 경험은 내 관계를 불안정하게 했고 아직까지 그 후유증을 떨쳐내지 못했어요(나는 지금 서른여섯입니다). 나는 처절하게 노력했지만 그때 느낀 분노와 배신감에서 완전히 벗어난 적이 없어요. 간략하게 얘기하면 그녀는 내가 가기 싫은 식료품점에서 뛰쳐나오게 만드는 그런 존재였지요. 이 일과 관련해서 가장 힘든 일은 내가 딸아이의 우정이 돈독해지는 걸 볼 때면 항상 너무 열심히 내 마음속의 응어리를 '확인'하고 있다는 사실이지요…혹시라도 내 마음속의 응어리가 딸의 친구관계에 나쁜 영향을 줄 것 같아서 걱정하는 건데, 그건 내 뇌리에 깊이 새겨진 보호본능 같은 것이에요.　　　　　　　　　－엘렌

만약 당신이 이 책의 독자라면 당신이 소녀 시절에 겪은 경험들이 딸이 친구들과 관계를 맺을 때 선물이 될 수도 있고, 취약점이 될 수도 있다는 점을 명심해야 한다. 당신이 딸을 공감하게 해주기 때문에 선물이지만 너무 불안

하고 과민반응하게 되어 당신의 경험과 딸의 경험을 분리하지 못하게 되기 때문에 취약점이기도 하다.

아빠를 무시하지 말 것

이 책은 엄마들만을 위한 책은 아니다. 대부분의 아빠들이 자녀 양육서 같은 책 읽기 말고 다른 일을 하는 걸 너무 잘 알고 있다. 그런데 나도 이에 대해서 할 말이 있다. 나는 부인들 손에 끌려온 많은 아빠들과 강의하는 자리에서 대화하고 같이 웃고 하였다. 당신이 이런 아빠인지, 내게 7학년 자녀에 대해서 모든 걸 다 알고 있다는 편지를 쓰는 아빠인지에 관계없이 거의 모든 아빠들이 자녀들과 감정적인 교류를 하길 원하고, 바로 직전까지 '아빠의 귀여운 딸'이었던 젊은 숙녀와 밀고 당기기를 한다.

그래서 만약 이 책을 한 장이라도 읽었다면 다음의 말을 명심하라―당신의 관점이 딸에게 도움이 될 수 있다는 사실을 절대 잊거나 무시하지 마라. 당신이 여자였던 적이 없어서, 생리통이나 다른 사람들 얘기를 몇 시간 동안 하는 걸 좋아한 적이 없다고 해서 당신이 아무것도 할 줄 모르거나 쓸모없다는 건 아니다. 나는 많은 아빠들이 딸들에게 "아빠는 이해 못할 거예요."라는 말로 무시당할 때 거절감과 밀쳐진 느낌을 받는다는 걸 알고 있다. 그러나 사실상 이런 상황은 당신이 진정으로 멋진 아빠가 될 좋은 기회이다. 내 말은 당신이 딸의 잘못을 봐주라거나 엄마에 반대해서 딸 편을 들거나 아무데나 원하는 곳에 차를 태워주라는 게 아니다. 내가 말하고자 하는 아빠는 딸이 말할 때까지 기다렸다가 말을 하면 비판적이지 않은 태도로 들으면서도 그게 바보 같아 보일까 봐 두려워하지 않고, 감정을 표현하고 공유하고 남자애들의 입장을 얘기해주고, 필요할 경우에는 책임을 따져 묻고 통제하려 한다든가 너무 교과서적인 인상을 주지 않고도 관심사를 소통할 수 있는 아빠이다.

당신은 사내들이 어떤지 알기 때문에 딸과 함께 현관문에 들어서는, 혈기를 주체하지 못하는 모든 사내들에 대한 주의사항을 딸에게 얘기해주고 싶어 좀이 쑤실 것이다. 그러나 만약 당신이 '남자들의 실체'를 알려주고 '아무런 도움도 안 되면서 단속만 하는 아빠'라는 인상을 주면 절호의 기회를 놓치는 것이다. 당신의 할 일은 신뢰할 만하게 지혜로운 조언을 해서 딸이 거부하지 않게 하는 것이다. 딸과 당신의 관계를 통해서 남자와의 관계에서도 상호 존중과 배려가 꼭 있어야 한다는 기대를 할 권리가 있다는 사실을 가르쳐야 한다.

믿거나 말거나 딸은 여전히 자신의 삶에서 당신을 필요로 한다

내가 개인적으로 소녀들에게 부모님에게 가장 원하는 것이 뭐냐고 질문해보면 부모님이 자기를 자랑스럽게 생각할 수 있으면 좋겠다고 대답한다. 당신은 아빠가 밉다고 절규하는 딸을 마주 보고 도저히 딸에게 다가갈 방도가 없다고 느낄 때가 있을 것이다. 그러나 딸의 시선으로 세상을 바라보는 방식을 배우게 되면 그게 가능하다.

> 부모는 자녀들이 자신을 우러러보고 있다는 걸 모른다. 나는 내 부모님이 내가 하는 일을 진심으로 좋아하지 않는다는 것을 알았을 때 정말 큰 상처를 받았다.
> —이브, 12세

> 나는 부모님이 틀렸다고 해도 복종해야 한다는 걸 알고 있다. —애비, 16세

딸의 뇌 발달시키기

부모들에게 가장 어려운 진실 중 하나는 그들의 딸이 나이가 들어 가면서 그녀가 만나는 사람들을 통제하기가 더 힘들다는 것이다. 부모들의 건강과 안정에 영향을 줄 수 있는 어려운 결정에 그들의 딸이 직면했을 때 부모들이 항상 거기에 있을 수 없다는 사실은 정말로 미치는 일이다. 당신의 딸이 어렸을 때는 상처를 입으면 당신에게 달려왔고, 당신이 호~ 해주면 통증은 사라졌다. 이제는 만약 무슨 문제가 있다는 단서라도 안다면 당신은 운이 좋은 것이다. 정작 나쁜 일은 당신이 문제를 다루는 방법을 딸에게 가르치는 대신에 곤경에서 벗어나기 위해서 문제를 직접 처리하는 것이다. 딸은 당신에게 간섭

했다고 화를 내거나 몸조심하는 것을 배울 수 없다. 어떻게 당신이 그녀를 도울 수 있을까? 딸의 방식을 생각하는 것으로 시작하라.

딸과 당신의 관계를 유지하는 비결은 어떻게 그리고 왜 딸이 당신을 외면하고 그녀를 위하는 친구들에게로 향했는지, 그리고 왜 거기 머물러 있는지를 이해하는 것이다. 이 책에서 나는 당신에게 딸의 뇌 계발 방법을 가르칠 것이다. 그것은 새로운 안경을 쓰고 세상을 보는 것과 같다. 딸이 자신의 삶에 당신이 중요한 영향을 주지 않는 것처럼 행동한다고 해도 그녀는 당신의 도움이 필요없을 만큼 성숙했다고 느끼거나 실제로 벌어지는 일을 당신에게 말한다면 당신이 오해할지도 모른다는 두려움 때문에 그것을 단지 인정하고 싶지 않을지도 모른다. 딸이 소녀세계의 갈등의 정점에 있을 때 당신이 그녀의 피난처가 되는 방법을 배울 수 있다면 당신의 목소리는 당신의 가치관, 윤리관과 함께 그녀의 마음속에 있을 것이다.

첫 번째 단계는 당신 딸의 세계, 소녀세계를 이해하는 것이다. 당신은 그녀를 위협하는 사람이 누구인지, 어디에서 안전함을 느끼는지, 어디에서 그렇지 않은지를 알 필요가 있다. 문제가 생겼을 때 그녀는 어른에게 말하는 것이 문제해결에 좋을지 나쁠지 어떻게 생각할까? 그녀는 조언이 필요하면 누구에게 찾아갈까? 그녀는 어떤 장르의 음악을 들으며 그 이유는 뭘까? 그녀는 왜 그 휴대전화 벨소리를 선택했고, 그것의 의미는 무엇일까? 그녀의 하루를 망치는 공통된 것은 무엇이며, 어떤 것이 그녀의 기분을 최고로 만들까?

훨씬 더 어려운 일은 그녀의 사회적 상호작용을 더 가까이서 보는 것이다. 그녀는 뭐라고 놀림을 받는가? 왜 다른 아이들이 그녀를 못살게 구는가? 자문해야 할 최악의 상황은 '왜 그녀가 다른 사람들에게 잔인하게 되었는가?'이다. 왜 그녀는 거짓말을 하거나 당신 뒤에 숨게 되었는가? 그녀의 머릿속에 들어가면 당신은 그녀가 왜 그렇게 되었는지를 이해할 것이다.

학창 시절의 점심시간 기억하기

당신이 딸의 나이였을 때 모습을 기억하는 것이 도움이 된다. 당신의 가족,

학교, 그리고 지역사회에서의 경험, 역할모델(긍정적인 역할과 부정적인 역할 모두), 그리고 교훈을 회상해라. 걱정, 상식, 지나온 세월 동안 축적해 온 지혜 같은 것들은 잠시 접어 놓고, 그때 당신이 어떠했으며 어떤 것이 중요했는지를 돌이켜보라. 당신의 마음에서 사라진 7학년 때 같은 과거가 지금 기억하기 정말로 힘들다면 당신은 약간의 탐색을 해야 할 수도 있다. 그렇다. 당신은 내가 무슨 말을 하는지 안다. 졸업앨범과 약간 두려울 수도 있지만 사람들이 당신에게 쓴 글과 일기를 보면서 기억을 되살릴 시간이다.

부모님, 선생님, 그리고 다른 어른들은 당신에게 해야 할 일과 특히 하지 말아야 할 일을 말해준다. 당신은 친한 친구 집단이 있지만, 무슨 이유로 당신의 가장 친한 친구 중 한 명이 당신에게 다가와서 다른 친구 중 한 명이 당신에 대한 소문을 퍼뜨린다고 말한다. 당신은 얼굴이 화끈거린다. 당신은 모두가 당신을 쳐다보고 있다고 느낀다. 생각이 머릿속을 질주한다. 당신을 무엇을 했는가? 왜 그녀가 당신에게 화를 내지? 친구는 당신에게 돌아올까 또는 그녀 편을 들까? 문제를 해결하기 위해서 어떻게 해야 하나? 갑자기 구내식당에서 당신은 오렌지색 플라스틱 식판을 들고 서 있는데 가슴에서 두려움과 함께 생각이 떠오른다 — 점심은 누구랑 먹어야 할까?

어땠는지 기억할 수 있는가? 별로 유쾌하지 않다. 우리는 성인이라서 당신이 어렸을 때 점심시간에 난감하게 식판을 들고 서 있었던 순간처럼 엄청나고 극복할 수 없는 문제에 대해서도 웃을 수 있다. 그러나 소녀세계에서 그것은 중요한 문제이다. 그래서 그것을 사소한 일이라고 묵살하는 것은 당신의 딸의 현실을 무시하는 것이다. 그런 순간들은 윤리적인 선택과 복잡한 역동이고 평화조약 협상처럼 힘든 시간이 된다. 누군가가 소외되고 잔인하게 대우받을 때 누가 무슨 말을 할 수 있는가? 복수나 자신의 입장을 위해서라면 다른 사람을 모욕하는 것이 정당하다고 가르치는 사람을 누가 믿을까? 어떤 주제가 그것보다 더 중요할까? 만약 당신이 딸이 도덕적으로 용감한 사람이 되기를 원한다면 지금 당장 시작하자. 솔직히 말해서 핵심 주제는 아직 나오지 않았지만 당신이 딸의 나이였을 때보다 그녀에게는 더 어려울 것이다. 당신은 누군가에게 비밀을 말했고 그때 그것이 학교의 모든 사람과 공유된 것을 다루어야 했던 적이 있는가? 누군가가 당신을 파괴하기 위해서, 그리고 모든 사람이 당신을 싫어한다고 느끼도록 웹페이지를 만든 적이 있는가? 당신은 그런 적 없다. 나도 없다. 그러나 당신의 딸은 현재 그럴 수 있다.

소녀세계 감시하기

소녀들은(우리 모두처럼) 또래 소녀들의 옷차림, 사야 할 것들과 행동지침에 대한 문화적 메시지를 흡수하고 그런 것들을 통해서 정보를 얻고 그에 기초하여 엄격한 사회적 위계를 만든다. 당신 딸의 삶에서는 이런 규정하기 힘든 또래 기준에 자신을 맞추는 게 훨씬 더 중요하다고 느낀 적이 이전에는 아마 없을 것이다. 그러나 그 규칙은 보이지 않기 때문에 이 소녀들이 알 수 없어서 혼란스럽다. 당신이 그 규칙을 위반하거나 다른 사람이 그 규칙을 위반하고 좋지 못한 결과를 감수하는 것을 당신이 볼 때에만 그것을 실제적으로 배운다. 이 규칙의 주요 집행자는 누구인가? 영화인가? 잡지인가? 영화나 잡지는 그런 일을 조장하긴 하지만 보통 소녀들 스스로가 집행자가 되기 때문에 잘 드러나지 않는다. 그들은 누가 외모, 옷, 소년, 그리고 성격에 대한 규범을 위반하는지를 서로 감시한다. 이 모든 것들은 그들이 커서 성인 여성이 되면 엄청난 영향을 준다. 당신의 딸은 매일 친구들에게 어떤 행동이 받아들여지고 이런 규칙에 적합하게 입는 것이 무엇인지 배운다. 그녀는 TV, 영화 또는 웹사이트를 혼자 보고 배우지 않고 친구들을 통해서 함께 이런 정보들을 처리한다.

　나는 '언론'이 우리 딸들의 뇌리에 강력한 이미지를 심어준 것에 대해서 책임이 없다고 생각하진 않지만, 소녀들도 타락하는 데 스스로가 일부 역할을 했다고 인정하라고 요구하는 게 부당한 비난은 아닌 것 같다. 그러나 책임을 따지는 대신 이런 문제의 복잡성에 대해서 솔직해져야 우리는 효과적인 해결책을 찾을 수 있다. 우리는 소녀나 여성을 성욕과다에 우둔하고 물질주의적이라고 강력하게 묘사하고 있는 문화에 도전하지 않는 우리 자신에게(즉, 우리 성인들) 시선을 돌려야 한다. 예를 들면 뮤지컬 그룹은 속옷을 입고 아침 토크쇼에 나와서 무표정한 얼굴로 자신들이 소녀들의 좋은 역할모델이라고 이야기한다. 그리고 이 쇼의 제작자들도 종종 부모인데도 그런 말을 하는 것을 그냥 내버려둔다. 많은 기자들도 부모들이지만 때때로 그들은 소녀들을 비하하는 내용을 만들거나 그런 역할을 하는 사람들과 인터뷰할 때 실제적인 질문을 하지 않는다. 그리고 우리는 모두 저속한 내용으로 가득 찬 잡지를 산다. 누가 이번 주의 뚱보인가? 어느 여배우의 남자친구가 그녀를 더 젊은 금발의 여배우 때문에 찼나? 누가 그녀를 임신시켜서 경력을 망쳤나? 누가 최고의 또는 최악의 성형수술을 했나? 많은 엄마들이 죄의식을 동반한 즐거움으로써 이런 잡지를 읽는 것을 합리화한다. 그러나 솔직히 당신이 이런 식으로 행동하면 당신은 딸에게 필요한 강한 여자는 아니다. 그런 것들을 읽고도 아무것도 먹지 않고 당신이 빼야 하는 5킬로그램의 몸무게 생각을 하지 않는 건 불가능하다는 사실을 신경을 쓸 필요는 없다.

마지막으로 우리는 종종 우리 아이들이 보는 것을 거의 지도감독하지 않았다는 사실을 인정하려 하지 않는다. 솔직히 그렇게 하기는 정말로 어렵다. 당신은 적합한 TV 쇼를 고를 수 있지만 중간에 나오는 끔찍한 광고는 피할 수 없다. 당신은 아이들과 같이 비행기로 여행할 때 아이들에게 라디오를 듣는 것을 허락하는데 아이들이 듣는 노래가 당신이 금지한 라디오 방송국에서 나오는 곡이라는 것을 모른다. 우리는 딸들과(물론 아들도 마찬가지로) 마주 앉을 필요가 있고 함께 걸으면서 그들이 받는 무자비한 메시지에 대해서 생각할 필요가 있다 — 우리는 또한 초조해하는 부모라는 꼬리표가 붙는 것을 두려워하지 말고 스스로를 교육해야 한다. 우리는 우리 딸들과 함께 노력해야 한다. 소녀들은 그들 스스로가 사회적 변화의 동인임을 배울 때 완전한 잠재력을 깨울 수 있을 것이다. 우리가 소녀들을 청소년기 동안 지도할 때 우리는 그들이 청소년기라는 것을 인정하고, 청소년기라고 확실히 일러주고, 퀸비 브랜드의 가방을 가지고 가게에 들어가서 점원에게 이런 가방 따위는 치워버리라고 말할 수 있는 역량을 부여해야 한다.

그래서 내 얘기를 들어야 하는 이유

최근 5학년 모임에서 한 학생이 내게 "선생님이 하는 일이 다 옳다고 여기세요?"라고 물었다. 나는 그 질문에 대해 "내가 다 맞는지 그렇지 않은지 결정하는 것은 정말로 너희들에게 달려 있어. 내가 하는 말을 잘 듣고 나서 내게 이야기해주렴."이라고 답했다. 나는 당신에게도 위와 똑같은 말을 해주고 싶다. 물론 내가 지금은 학부모가 되었고 수년 동안 1만 명 이상의 청소년과 이야기했지만 여전히 나는 당신의 자녀들을 일일이 다 알지는 못한다. 그래서 나는 대부분의 소녀들의 삶에서 벌어지는 일상에서 내가 생각하는 가장 최고의 조언과 제안을 당신에게 제시할 것이다. 그리고 그 과정에서 나는 당신이 나와 당신 딸과 당신 인생에서 중요한 소녀들과 힘든 작업을 해나갔으면 한다. 내가 확실히 알고 있는 유일한 사실은 각 개인의 존엄성은 협상의 대상이 될 수 없다는 것이다. 모든 사람이 다 소중하며 모든 사람이 각자의 목소리를 낼 수 있는 권리가 있다는 것이다.

나는 내가 이런 일들을 어떤 식으로 하고 있는지 자주 질문을 받는다. 혹은 다른 방식으로 말하기도 한다. "선생님도 여왕벌의 희생자였던 적이 있어요?"라고 묻거나 애들은 "선생님은 인기가 많았어요?"라고 묻기를 좋아한다. 어쨌든, 여기에 내가 이런 일들을 하는 이유에 대한 간략한 설명을 실을 것이다.

나는 5학년 때까지 워싱턴 D.C.의 친밀한 공동체였던 소규모 공립초등학교를 다녔다. 그 학교에는 다양한 인종과 국적, 그리고 경제적인 배경까지도 상이한 친구들이 많이 다녔다. 나는 또래 집단의 일원이기도 했지만 동시에 많은 반 학생들과 친구이기도 했다. 내가 5학년을 마치게 된 여름에 우리 가족은 펜실베이니아의 피츠버그로 이사를 가게 되어 나는 그 지역에서 비교적 유명한 사립 여자초등학교를 다녔다. 그런데 나는 거기서 내 생애 처음으로 아주 불행한 점심시간을 경험했는데, 애들이 어느 테이블에도 나를 앉지 못하게 한 것이다. 하지만 그때 내게 일어나고 있는 일을 지켜보고 있었던 애들이 있었는데 그들이 나를 오라며 앉게 해주는 것이 아닌가!(고맙다, 애들아.

그 애들은 매들린 맥그레이디와 멜리사 맥스위겐이었다.)

나는 다음 해에 워싱턴으로 돌아와서 다른 사립학교로 전학가게 되었는데 거기는 남녀공학에다 더욱 비열한 소녀들이 있었던 곳이었다. 하지만 그들은 내 친구들이 되었고 그들은 믿기 힘들 정도로 권위적이고 재미가 있었다. 그 때를 회고해보면 나는 그들 중 한 명이 특별히 모든 부모들에게 악몽과 같은 존재였던 것으로 기억한다. 그녀는 놀랍도록 아름답고 어떤 때는 좀 뻔뻔하면서도 재밌기도 했다. 그녀의 부모님은 집에 잘 안 계셨고, 굉장히 흥미진진한 언니 하나와 귀여운 오빠가 있었다. 그 오빠는 자기보다 더 귀여운 친구들을 항상 자기 집으로 데려오곤 했다. 솔직히 8학년의 관점에서 보면 당시에 그녀의 집에 가는 것보다 더 좋은 일이라곤 없었는데, 방과 후에 또 어떤 재미있고 위험한 일들이 생길까 기다려졌다. 그리고 그녀의 가족과도 잘 지냈다. 이 말은 우리 부모님은 내가 여기서 무엇을 보고 경험하는지에 대해서 전혀 모르셨다는 것인데 나는 확실히 부모님에게 말씀드리고 싶지 않았다.

가끔 비열한 소녀들과의 관계가 좀 혼란스러울 때가 있었다. 이런 식으로 생각해보자. 소녀들이 당신에게 항상 비열하게 대한다면 그들을 뒤에서 미워하거나 그들이 존재하지 않는 것처럼 대하기 쉽다. 하지만 비열한 소녀들이 정말 멋지고 신나는 애들일 때는 상황이 달라진다. 그런 상황에서 다음과 같은 좋은 절충안을 가졌다. 그들이 갑자기 나를 자극하거나 내가 예민하게 생각하는 문제로 나를 놀릴 때는 어떻게 될 것인가? 내 생각을 얘기하는 것은 그들과의 우정이나 부수적인 모든 흥미로운 일들을 날려버리는 것이기 때문에 나는 기꺼이 대가를 치를 생각으로 지냈다.

그리고 나서 9학년이 되는 첫날이 왔고 나는 열렬히 사랑에 빠졌다. 내게 그런 시간이 오리라곤 믿을 수 없었고 그 남자애도 나를 좋아했다. 그리고 갑자기 내 친구들이 나를 놀리거나 모욕을 주는 일을 하지 않았다. 그것은 마치 내 친구들이 나를 나쁘게 대한 것에 대해 보험이라도 든 것 같았다. 왜였을까? 왜냐하면 그 애는 세 가지를 갖춘 남자친구였기 때문이었다. 그는 귀엽고, 매력이 있었고, 부유했다. 나는 내 자신의 능력을 친구들에게 한 방에 증명한 셈이었다.

불행히도 그 애와의 관계는 믿을 수 없을 정도로 심각하게 학대하는 관계로 변질되었다. 부모님들이 서로 사랑했고 가정 내 폭력이란 없었던 환경에서 자란 내가 그토록 어린 나이에 5년 동안 폭력에 시달리면서까지 어떻게 그 관계를 유지하려 했었을까? 이론상으로 나는 학대를 당할 만한 소지가 전혀 없었다. 내가 그때 어떤 자존감 검사를 받아보았다면 그 검사 결과에 대해서 정확히 알았을 것이다. 나는 그때 경쟁력 있는 운동선수였다. 나에게는 나를 지지해주고 사랑하는 가족들이 있었다. 그리고 결코 술이나 마약에도 손을 대지 않았다. 그런데 무엇이 나를 이렇게 만들었을까?

나는 많은 소녀들처럼 자신을 기만하는 것에 상당히 능숙해져 갔다. 나는 성숙한 관계 안에 있다고 믿었고 그 상황을 스스로 통제할 수 있을 것이라고 믿었다. 하지만 더욱 중요한 것은 내 남자친구가 나를 자신을 이해할 수 있는 유일한 여자라고 믿게 만들었다는 점이다. 나는 그렇게 특별한 애였다. 그것은 남자친구를 갖는 것과 함께 내가 항상 원했던 영원한 베프(best friend forever, BFF)를 갖는 것과 같았다. 나는 내가 이해할 수 없는 상황으로 가고 있다는 것을 완벽히 부정했다. 물론 그에 반박되는 증거들이 제시되었는데도 말이다.

하지만 되돌아보면 내가 그를 만나기 전에 친구들 덕분에 어떻게 학대하는 관계가 되는지 이미 알고 있었다는 것을 깨달았다. 나를 걱정해주어야 할 사람들이 내게 나쁘게 대할 때 불평을 할 수 있는 권리는 없다고 철석같이 믿었다. 나는 그 관계를 유지하는 것이 그 안에서 내가 받는 대우보다 훨씬 더 중요하다고 생각했다. 마지막으로 그 관계가 최악이고 모든 일이 잘못되어 간다는 것을 인정하게 될 때는 나는 내 상황을 변화시키는 것에 아무 힘도 없었으며 그 일들이 끔찍할 정도로 수치스럽게 느껴져 내 친구들에게 도움을 청할 수 없었다.

나는 고등학교를 졸업할 때까지 그 관계를 유지했다. 나는 대학생이 된 후 처음으로 가라테를 배우기 시작했는데 그것은 내게 인생의 목적과 내가 갖고 있는 강점을 깨닫게 해주었다. 대학졸업 이후에 나는 수도 워싱턴으로 다시 되돌아와서 고등학교 소녀들에게 자기방어에 대해서 가르치기 시작했다. 그곳에서 나는 내가 살았던 삶과 놀랍도록 유사한 소녀들의 이야기를 듣기 시작했다. 한편으로 이들 소녀들이 어디서 침묵해야 하는 것을 배웠고 그들은 어디서 자신이 직면할 수 있는 위험을 부정하는 것을 배웠는지, 소녀들은 왜 다른 소녀들을 믿지 않았는지, 그들은 더 좋은 제안을 받으면 우정 같은 것을 왜 다 저버리게 되는지 궁금해지기 시작했다. 그리고 모든 여성을 영원히 혼란스럽게 하는 가장 복잡한 의문은 '소녀들이 소년들의 관심을 받을 정도로 충분히 섹시해져야 하면서도 다른 소녀들의 의절을 염려하여 섹시해지면 안 되는가?' 하는 점이었다.

분명히 소녀들은 다른 누군가를 만날 때 더 안전하고 더 행복하다. 하지만 역설적으로 가장 상처받기 쉬운 나이에 누군가와 경쟁하고 서로 판단하는 것은 친구관계를 약화시키고 그들 모두를 효과적으로 고립시킨다. 솔직히 나는 이를 별로 좋아하지 않았다. 아직도 그런 일들이 일어나고 있고 여전히 나는 그런 것과 관련된 작업을 실제로 하고 있다. 그리고 그 모든 것이 또래 집단의 힘 때문인데 이것은 당신 딸의 안전과 자존감에 아주 많은 영향력을 미칠 수 있다.

내가 자기방어에 대한 강의를 하게 되었을 때 학교에서는 소녀들에게 자존감, 자신감과 사회적 효능감을 가르칠 수 있도록 다른 강의도 부탁했다. 그리고 이것이 내가 현재 하는 일이 되었다. 덧붙여 나는 이 작업을 소년들, 교육자들, 그리고 부모들과도 같이 하고 있다. 이 책의 초판이 처음 나온 이후로 많은 것이 변했지만 그때 그 문제들이 지금도 여전히 문제가 되고 있음을 느낀다. 부모들은 지금도 십대들을 양육하면서 받게 되는 많은 도전들에 압도당한다. 딸의 음성메일에 남겨진 잔인한 메시지를 다루느라 힘들어하고 딸이 아침에 버스를 타고 안전하게 등교하는 것을 도와주면서 폭력적인 관계에 놓인 딸을 수렁에서 건져내느라 진땀을 흘린다. 아주 소수만이 다니는 사립학교를 다니든 아니면 큰 규모의 공립학교를 다니든 모두 똑같은 걱정과 근심이 있는 것을 본다. 경제적 수준, 종교나 인종에 상관없이 그들은 우정의 기쁨과 위험에 대한 같은 주제를 다루느라 힘들어하면서도 그 문제들이 어떻게 더 큰 세상으로 향하는 관문으로서의 역할을 할지를 고민한다.

나는 그래서 나의 일을 사랑한다. 내 학생들과 같이 이런 작업을 하면서 아직까지 이렇게 아드레날린이 분출되는 다른 일을 경험하지 못했다. 하지만 내가 학교 복도와 식당에서 소년소녀들과 이야기할 때나 학교나 운동부서나 교회의 소그룹에서 가르칠 때 한 가지 분명한 것이 있었다. 어른들이 열심히 노력하고 있다는 점이다. 그리고 우리 모두는 이런 맹렬한 문화에 의해서도 압도당하고 있다. 우리들 중 일부는 소녀들의 경험을 십대의 드라마쯤으로 별로 중요하지 않게 여긴다. 하지만 다른 이들은 소녀들이 이런 상황을 스스로 제어하는 방법을 배우지 못하거나 어른들에게 어떤 도움도 구하러 가지 못하도록 너무 과민하게 반응하거나 너무 깊숙이 개입하기도 한다.

반대로 일부 어른들은 소녀들이 스스로 문제를 풀어가야 한다고 생각하기 때문에 어떤 문제에도 전혀 개입하지 않는다. 하지만 소녀들이 그렇게 해야 한다는 근거나 윤리적 기준은 말해주지 않는다. 우리들 중 일부는 무력감을 느끼게 되어 소녀들처럼 같은 문제에 휩싸인다. 그리고 부모들은 딸들의 행동을 자신의 양육의 성공이나 실패의 결과로 재단하려고 한다. 그래서 딸들을 있는 그대로 보려고 하는 것이 훨씬 더 어려운지도 모른다.

이 책을 100% 활용하기

많은 부모들이 이 책의 초판을 차 안에서 읽을 정도로 부담 없이 볼 수 있다는 것에 대해 내게 감사해 왔다. 이런 점을 감안하여 책의 구성은 이전과 같게 하였다. 대부분의 장들이 철저한 분석과 함께 소녀세계의 특정한 면을 자세히 묘사하면서 시작할 것이다. '그 시절에 나는' 코너에서는 당신이 딸 또래였을 때 어땠을지 질문을 던질 것이다. 이는 당신의 편견과 사고방식이 딸을 대하는 데 큰 영향을 미친다는 것을 알려주기 위함이다. 이후 차근차근 당신과 딸을 위한 전략들을 말해줄 것이다.

책의 질적인 수준을 높이기 위해 처음 이 책을 썼을 때처럼 소년/소녀, 부모와 교육자들과 인터뷰했다. 다양한 나잇대, 인종, 문화, 커뮤니티, 사회경제적 지위를 지닌 여러 소녀들에게 많은 장들의 초안을 보여주었다. 그로 인해 내가 놓쳤던 생각을 채워 넣고 특정 주제에 관해서는 더 깊게 다루고 책 전체에 걸쳐 나온 소녀들의 '정치논평'을 볼 수 있었다. 그들은 익명으로 개인적인 이야기와 느낌과 의견을 공유했다. 이 모든 것들이 당신의 딸에게 최상의 방식으로 접근할 수 있게 해줄 것이다. 마지막으로 딸과 부모 간의 문제에 있어서 얻은 개인적인 해결책들을 추가했다.

소녀들은 또한 책 전반에서 볼 수 있는 '당신의 딸을 기겁하게 하는 말'에 대해 가르쳐주었다 — 이러한 말들은 부모가 하는 언행 중에서 틀림없이 딸의 눈을 흘기게 만들고 효과적인 대화의 통로를 닫아버리는 것들이다. 이것들은 중요치 않아 보일 수 있으나(예를 들어 딸과 대화할 때는 기분이 상해도 시선을 다른 데로 돌리지 마라), 딸이 당신의 말을 경청하고 두 사람 사이의 주파수를 완벽히 맞출 수 있도록 도와줄 수 있다. '당신의 딸을 기겁하게 하는 말'을 읽고 나서, 이것이 중요하다는 것에 동의하지 않을 수도 있다. 당신이 하는 모든 것(숨 쉬거나 딸 쪽을 보는 것까지도)이 딸의 눈을 흘기게 할 수 있기 때문이다. 하지만 당신의 난감한 행동을 줄이는 방법이 있음을 약속할 수 있다. (상황에 따라서는 아버지의 재채기와 어머니의 웃는 방식까지도 딸의 심기를 거스르는 언행이다. 하지만 당신의 모든 것을 바꿀 수는 없지 않은가!)

이 책을 읽는 동안 해서는 안 될 일이 있다. 스스로를 부족한 부모라고 자책하지 마라. 자녀 양육은 정말 어려운 일이며 그 보상은 자녀가 훌륭한 성인이 됨으로써 얻는다. 내 어머니는 "자녀들이 십대일 때는 하루에 5분이라도 마음에 들었으면 그날은 좋은 날이었다."라고 말씀하셨다. 나 역시 내 자식들에게 소리치지 않고 주말을 보냈다면, 이는 매우 좋은 주말이지만 그런 일은 드물다.

솔직해지자. 딸이 항상 마음에 들 필요는 없다. 한 아버지는 멀어져가는 딸을 '교환학생'이라고 표현했다. 우선 당신이 왜 아이를 가졌었는지 다시 생각해볼 필요가 있다. 일단 당신이 이러한 묵은 감정(이는 모두가 느끼는 감정이다)을 인식한다면, 이런 감정의 영향은 줄어들 것이며 당신의 죄책감 또한 줄어들 것이다.

이 책을 들어가기에 앞서

당신이 해야 할 일은 쉽지 않다. 가치관을 심어주고 딸의 자라나는 개성을 존중하고 딸이 좋은 결정을 하도록 이끌고 딸에게 실수할 자유를 주는 동시에 보호해주는 것은 매우 어렵고도 어려운 일들이다. 벽에 머리를 부딪치는 느낌이 들 때가 많을 것이다.

이 책은 딸의 사춘기를 잘 보낼 수 있도록 딸과 당신 모두에게 여러 전략들을 제시해준다. 이런 전략들은 당신이 말하는 동안 딸이 한숨 쉬지 않도록 해줄 것이다. 딸은 당신과 대화조차 하지 않을지도 모른다.

부모는 딸이 강한 자의식을 갖도록 도와주어야 한다. 딸의 자존감과 스스로의 능력에 대한 자신감, 다른 사람과 공감하는 법 등을 가르쳐주어야 한다. 당신의 딸이 자신의 능력을 완전히 파악하고, 사랑하는 사람과 사회와 소통하는 진정한 한 인격체가 되길 바랄 것이다. 장기적인 안목을 가지고 전체적인 목표를 정하고 자신의 능력이 닿는 한 스스로 도전한다면 딸과 강하고 건강한 소통을 할 수 있을 것이다. 다음과 같은 질문에 대한 답 또한 책 속에 있다 — 딸의 이메일/페이스북/마이스페이스/문자메시지/일기 등을 읽어야 할까? 언제쯤 딸이 내게 거짓말하는지 알 수 있을까?

어른끼리만 하는 얘기

이 책은 읽기에 고통스러울 수도 있다. 나를 싫어하게 되거나 무슨 말을 하고 있는지 이해할 수 없거나 이 책이 당신의 아픈 곳을 건드렸다면 한 가지만 부탁한다. 되돌아보는 시간을 가져라. 무엇이 그토록 책을 읽기 괴롭게 만들었는지 스스로 질문해볼 필요가 있다. 희생자, 방관자나 가해자였던 당신의 옛 기억을 떠올리게 했는가? 당신의 딸이 나쁜 사람의 희생자임을 상기시켰는가? 딸이 당신의 마음에 들지 않게 행동한다는 사실을 받아들이기 힘든가? 당신의 고통은 인식하되 당신 딸의 세계에 대해 알아가는 것을 멈추어서는 안 된다. 이 책의 모든 내용은 많은 사람들이 수년간 걸쳐 내게 말해준 내용을 토대로 만들어진 것이다. 여기에는 내가 개인적으로 가르쳐본 경험과 소녀들이 이 책의 초안을 읽고 내게 말해준 것들 또한 포함되어 있다. 이 책은 소녀들을 나쁜 사람이라 비난하지 않고, 부모들을 무능력하다 판단하지 않으며, 어떤 딸이 실패한 성인이 될지 예측하지 않는다. 독자에게 부모로서, 교육자로서, 역할모델로서 다가가 내가 생각하는 소녀들의 문제에 대해 어떻게 대처하는지를 보여주고 싶을 뿐이다. 이로써 소녀들은 성숙한 성인이 되며 이는 더 나은 사회를 만들 것이다. 이제, 우선 내가 왜 이 책을 다시 쓰게 되었는지 그 주된 이유부터 시작해보도록 하자—IT 기술이 소녀들의 사회생활에 어떤 영향을 미쳤는가.

제1장

기술, 언론, 소녀세계

우리 아이는 지난달에 3,000통의 문자를 받았어요. 도대체 이럴 땐 어떻게 해야 하나요? 아이에게 이미 휴대전화를 하나 사주었고, 그 애 친구들도 다 있더군요. 이젠 손을 쓸 수가 없는 것 같네요.

—마크

세상에서 나 혼자 6학년 자녀에게 휴대전화를 사주지 않는 부모가 된 느낌이에요. 아이들에게 이 모든 새로운 기술을 허용하는 게 이미 우리 손을 떠났다고 생각하는 다른 부모님들이 어디 안 계시나요?

—다이애나

문자를 하지 않으면 존재하지 않는 것이다.

—할리, 13세

메신저를 끝낼 때마다 혼란스럽고 당황스럽다.

—티나, 14세

접속하는 건 취하는 것과 같다. 술주정이 아닌 가상세계의 주정을 부린다.

—에밀리, 18세

당신 딸의 세계에 미치는 기술의 영향에 관해 언제부터 내가 얘기하기 시작해야 할까? 많은 고민을 하고 나서(예를 들면 가십란, 뒷담화란, 연애란) 나는 마침내 여기 서두부터 그 얘기를 꺼내는 게 가장 좋다는 걸 알게 되었다. 요즘 세상에서 자라고 있는 소녀들을 제대로 이해하려면 당신은 소녀들이 접속하고 많은 시간을 보내고 있는 기술에 대한 기본적인 이해가 있어야 한다. 이런 기본 과정을 거친 후에야 당신은 이 책의 나머지 부분과 소녀들의 일상에서 나타나는 혼란스러운 전자 및 디지털 기술에 대한 비밀을 풀 열쇠를 갖게 될 것이다.

이 책의 초판이 나오고 난 후 기술 변화상은 경이로울 지경이다. 그때는 구글, 페이스북, 유튜브나 휴대전화가 있는 열 살짜리 소녀는 없었다. 내 학생들이 서로 소통하는 유일한 방식은 이메일이었다. 이제 이메일은 그들이 이용하는 가상적 의사소통 방식 중에서 가장 구닥다리가 되었다. 아동들과 십대들은 다양한 소셜네트워크를 통해 나와 매일 접촉한다. 이는 내가 거의 모든 수업에서 강의하는 내용의 일부다. 10년 전에는 불가능했던 이런 수단을 통해 아동들에게 다가가 그들을 돕고 있다. 그러나 당신의 나이에 상관없이 이런 수단들이 엄청난 피해를 불러올 수 있는 무기가 될 수 있다.

당신의 딸은 현실세계와 가상세계라는 두 세계에 동시에 살고 있다. 딸의 마음속에서 두 세계가 서로 연결되어 있으며 어느 한 곳에서 벌어지는 일은 다른 곳에 영향을 준다. 불행하게도 어른들은 현실세계에서 자녀들에게 도덕적 가치를 교육하듯 하려면 가상세계에서는 어디서 교육해야 할지 감을 잡지 못하고 있다. 내가 가장 중요하게 생각하는 것이 딸이 기술을 사용하는 것을 가정의 가치를 가르치는 하나의 수단으로 보라는 것이기 때문에 이 책은 가정(현실세계)과 온라인(가상세계)에서 모두 많은 정보를 제공할 것이다. 당신은 그것을 당신의 가치체계를 교육하는 매우 중요한 기회로 받아들여야 한다.

먼저 우리는 부모들이 왜 그렇게 쉽게 자녀들이 정보통신기술에 접촉하도록 허용하는지 이해해야 한다.

1. 정보통신기술의 소유와 유지에 드는 비용이 점차 저렴해지고 더 쉬워진다.
2. "그냥 아이들이 휴대전화가 있다는 게 더 기분이 좋네요." 부모들은 자녀에게 휴대전화가 있을 경우 언제든지 연락할 수 있고 항상 자녀들의

위치를 파악할 수 있다고 믿는다.

3. 휴대전화, 아이팟, 게임보이의 보유가 너무 평범해져서 자녀들의 보유 여부 혹은 시점에 대해 문제를 제기하지 않는다.

4. 부모들은 자녀들이 이런 기기들이 없을 경우 또래들에 비해 불이익을 받거나 학습 면에서 불편해질 것이라 걱정한다.

부모들이 깨닫지 못해서 생기는 결과에는 다음과 같은 것들이 있다.

1. 이런 기기들은 아이들에게 지위의 상징처럼 되어 버렸고, 아이들을 아무 생각 없는 맹목적인 소비자(자녀들이 최신 기기를 사달라고 얼마나 졸랐는지 한번 생각해보라)로 전락시킨 일등공신이다.

2. 휴대전화 때문에 자녀들의 위치 파악이 더 힘들다. 자녀들이 자기가 실제 있는 위치를 말하지 않고 있기로 한 장소에 가 있다고 거짓말을 하기 때문이다. IT기기들 때문에 자녀들이 부모를 더 속이기 쉬워졌고, 행동 반경이 더 넓어졌다.

3. 기술로 인해 소문, 모욕감, 타인의 얘기들이 더 쉽게 퍼지게 한다.

4. 우리 어른들도 기기에 사로잡혀 잘못된 행동의 선례를 아이들에게 보여줄 수 있다.

모든 연령대의 사람이 온라인에서 사람들과 접촉하는 방식에 대한 진실

1. 사람들은 실생활에서는 하지 않을 일들을 온라인에서는 한다.

2. 사람들은 기술적인 문제로 다투지만 그런 일은 얼굴을 맞대고는 절대 하지 않을 것이다. 왜냐하면 사람들은 반박하는 내용의 즉각적인 피드백을 받지 않고도 자기 식으로 어떤 일에 대해서 얘기할 수 있기 때문이다.

3. 정보의 전파는 쉽고도 빨라졌으며 그 정보를 제거하는 것은 더 힘들어졌다. 우리의 페이스북 정보를 덧칠해 감출 수 있는 디지털 페인트 같은 것은 없다.

4. 사람들은 자기의 프라이버시가 매우 쉽게 침해당하는 것을 알면서도 온

라인에서 개인정보를 타인에게 알려준다. 그러나 프라이버시 침해 가능성이 있다고 해도 사람들이 개인정보를 알려주는 것을 막지 못하거나 개인정보가 노출되어도 놀라지 않게 된다.

5. 기술은 편집적 성향에 부채질을 한다. 누구나 중·고등학교 시절에 정말 창피한 일을 저지르고 교실 복도를 지나가면서 "모든 애들이 날 보고 있겠지. 딴 애들이 모두 내가 한 일이나 일어난 일을 알고 있어."라는 식으로 뇌까린 경험이 있을 것이다. 맞다, 그 시절의 사춘기적 편집증은 이제 당신 딸에게 현실로 다가왔다. 모든 사람들이 정말로 다 알 수 있게 되었다.

6. 사람들은 접속되는 것에 중독되어 있다. 많은 아이들이 이와 같은 접속 문화에서 성장하면서 정보흐름을 막을 길도 없고, 정보는 퍼져야 한다고 생각한다. 당신 자녀가 설사 접속하지 않은 상태라고 해도 채팅을 멈출 수는 없다고 믿는다. 학교나 지역사회의 모든 사람들이 당신 집이나 자기 방에 와 있다고 느낀다. 기술력으로 인해 모든 사람의 삶을 담은 사진이 쉴 새 없이 올라온다.

어떤 계집애가 얼마나 천박하고 사악해질 수 있는지 그 한계는 점점 없어지고 있어요. 만약 다른 애들이 직접 얼굴을 보고 반박하지 않으면 아주 야비할 수도 있고, 그걸 포기하지 않으려 할 거예요.　　　　　　　　　　　　　　　　　　　　　－릴리, 18세

그들은 자기가 한 일을 어떻게 당신에게 감추는가?

저는 문자를 하고 나서 바로 크기를 최소화해요. 그러고는 게임화면을 최대한 빨리 열어요.

저는 문자화면을 화면 아래로 끌어당겨요. 그럼 아무도 못 보지요.

저는 이메일 주소가 4개 있어요. 부모님은 제가 4학년 때 만든 주소 하나만 있는 줄로 알죠.

저는 부모님이 말을 걸 때 문자를 해요. 그러면 제가 부모님 말씀에 집중하는 걸로 보이죠. 저는 그런 얘기도 하지만요. 하지만 전 항상 제 볼일도 같이 봐요.

저는 페이스북 계정이 2개 이상 있어요.

저는 마이스페이스 계정이 2개 이상 있어요.

저희 부모님은 자기들이 옆에 있을 때 말고는 컴퓨터를 못하게 해요. 그래서 저는 제가 쓸 수 있는 컴퓨터가 있는 지하로 갑답니다.

저는 부모님이 잠들기를 기다려요.

휴대전화

나는 당신에게 딸의 휴대전화를 빼앗으라고 하진 않겠다. 왜냐하면 나는 그렇게 했지만, 당신은 그렇게 하지 않으려는 걸 알기 때문이다. 그러나 난 당신의 딸아이가 휴대전화를 사용하는 것이 윤리 발달에도 도움이 되는 최선의 제안을 할 수 있다.

언제 딸들이 휴대전화를 필요로 하는가?

만약 당신에게 휴대전화 근처를 어슬렁거리는 5~12세 사이의 자녀가 있고 그 전화의 용도가 당신이나 119, 그리고 할머니, 할아버지에게 전화하는 것 외에도 존재한다면 당신은 이미 제정신이 아닐 것이다. 위에서 언급한 이상의 용도에 대해서는 나는 아래와 같이 자녀들의 휴대전화 사용에 관한 절대적인 기준이 있다. 물론 허용한다고 하더라도 무한정 사용할 수 있다는 의미는 아니다. 다시 한 번 말하지만, 아래의 기준에 따라서 초등학생에게는 절대 휴대전화를 사줘서는 안 된다.

당신 딸이 휴대전화를 필요로 하는 이유

1. 딸이 사람이 매우 많은 콘서트장 같은 곳에 가서 길을 잃을 우려가 있을 때
2. 딸이 파티에 갔는데 뭔가 불편해서 그 자리를 약속된 시간이 아닌 때 떠나야 할 때
3. 딸이 많은 과외활동을 해서 서로 일정 변화 등으로 연락할 필요가 있을 때
4. 딸이 운전을 하게 될 때
5. 딸이 대부분의 일을 부모의 지도를 받지 않고 하게 될 때

당신 딸이 신기술을 이용하면서도 안전할 수 있는 팁

1. 어떤 상황에서도 친구나 연인과 비밀번호를 공유하지 않아야 한다. 단순히 옆자리에 앉아서 "비밀번호가 뭐야? 접속이 안 돼."라며 투덜거릴 때도 알려줘서는 안 된다. 대신 딸이 직접 입력을 하고, 그들이 가고 나서는 바로 비밀번호를 바꿔야 한다.

2. 자녀들의 비밀번호를 알기 위해서 최선을 다하라. 하지만 이는 자녀들이 수시로 비밀번호를 바꾸기 때문에 말은 쉽지만 실제로는 어렵다. 딸의 비밀번호를 꼭 챙겨야 한다고 느낀다면 딸이 컴퓨터를 쓰고 있을 때 예고 없이 그 애 방으로 가서 로그인하게 해야 한다. 하지만, 이럴 경우 문제는 두 사람 사이의 권력투쟁이 발생하고, 딸이 자기 정보를 엄마가 못 보게 하도록 모든 수단을 동원하는 걸 정당화할 수 있다는 점이다.

3. 전화나 케이블 TV 고지서를 살펴보라. 자녀가 문자를 하고 있으면 이를 살펴볼 필요가 있다. 만약 딸이 새벽 2시에 문자를 한다면 필연적으로 수면 부족의 문제를 야기하기 때문에 이는 문제이다.

4. 페이스북이나 마이스페이스의 경우에도 마찬가지다. 친구가 된다면 내용까진 볼 필요가 없고 그 아이들이 연락을 주고받은 날짜나 시간만 살펴보면 된다. 만약 정말 무슨 일이 벌어지는지 알고 싶다면 일단 잠자리에 들어라. 그러고 나서 30분 후에 깨도록 알람을 맞춘다. 그 시각에 일어나서 딸이 컴퓨터 앞에 있는지 살펴본다. 이는 당신이 젊었을 때, 부모님이 잠든 후 이성친구를 불러들인 것과 같은 이치이다.

5. 현재의 온라인 게임은 5년 전의 채팅과 비슷한 의미라는 걸 이해하라. 자녀가 온라인 게임을 하면 그들은 게임을 하면서 관계를 형성한다. 그런 과정을 통해서 서로 알게 되거나 서로를 믿는다. 모든 사람들이 다 무섭거나 끔직한 건 아니지만 어떤 사람들은 그렇다.

6. 처음에 온라인에서 만난 사람들을 실생활에서 만나는 소녀들 대부분은 기꺼이 이런 만남을 갖는다. 대다수의 소녀들이 온라인에서 먼저 만난 사람들을 실제로 만나는 게 미련한 짓은 아니라고 알고 있다. 그런데 만

약 그 소녀가 소외되어 있고 자기 주변의 어른들과 좋은 관계를 맺고 있지 못하다면 처음 만나는 누군가에겐 자신이 특별한 사람이길 원한다. 이런 간절한 소망 때문에 온라인에서 만나는 사람들이 더 유혹적이고 신뢰감 있는 사람이 된다.

7. 집안의 어른 중 한 명만 접속정보를 지울 수 있도록 해서 마지막으로 방문한 사이트를 알 수 있도록 해야 한다. 아이들은 이런 지식을 잘 알고 있기 때문에 접속정보를 지우지 못하게 하는 규칙을 세워서 잘 지켜야 한다.

8. 전화나 인터넷 약정을 잘 이용하라. 대부분의 회사들이 문자나 사진 등의 내용이나 이용실적을 볼 수 있게 해준다. 어떤 회사는 휴대전화 사용 시각 통제도 가능하게 해서 자녀들이 가족들과 지내거나, 숙제를 하거나, 잠을 자야 할 때는 문자를 주고받는 걸 통제할 수 있게 해준다.

법 제정하기

이 부분은 딸에게 모든 종류의 기술(휴대전화, SNS, 온라인 게임 등)을 구매하거나 사용할 때의 지침을 제공할 것이다.

기술은 사용하기에 재미있고, 우리가 생각지도 못했던 방식으로 세상에 다가갈 수 있게 해주지. 하지만 이는 특권이지 당연한 권리가 아니야. 그리고 특권이기 때문에 윤리적으로 이용할 책임이 뒤따른단다. 내게 윤리적으로 기술을 이용한다고 할 때는, 이를 이용할 때 다른 사람을 모욕하거나 당황스럽게 하지 않으며, 자신이나 다른 사람의 정보를 잘못 유포하거나 원래 의도와 다르게 해석하지 않고, 허락을 받지 않고 비밀번호를 이용하지 않으며, 다른 사람의 창피해할 만한 정보나 사진을 공유하지 않고, 다른 사람에게 지나친 반박을 하지 않으며(초등학생), 자기의 나체사진이나 반나체사진 혹은 브래지어만 걸친 사진을 전송함으로써 자신을 위태롭게 하지 말아야 한다(중고생)는 의미로 다가온단다. 이런 일들은 너무 쉽게 통제를 벗어난다는 걸 기억해야 해. 너도 알고, 나도 알아. 그래서 나는 단순한 문자 보내기에서 페이스북에 이르기까지 너의 온라인 활동을 체크할 권리를 갖는 거야. 내가 보기에 네가 우리가 맺은 약속을 어긴다고 판단되면 내게 신용을 다시 얻을 수 있을 때까지 이 모든 기기를 이용하지 못하게 할 거야. 이는 깰 수도 없고, 흔들리지 않는 내 법이란다.

프라이버시의 정의는 변화되었다

프라이버시에 관한 당신의 정의는 딸과는 많이 다를 것이다. 당신은 자기 생각이나 경험을 온라인에 쓴다는 생각을 하지도 못했겠지만 딸은 그게 별 문제가 없다고 생각한다. 질문을 하나 하겠다. 당신은 본인이나 가족사진을 페이스북이나 플리커(Flickr, 역주 : 미국의 온라인 사진 사이트)에 올려본 적이 있는가? 당신은 자기 사진을 어떤 종류의 SNS에서든 친구들이나 가족들에게 보낸 적이 있는가? 만약 그런 적이 있다면, 정도 면에서는 덜하겠지만 이는 당신 딸이 지난 주말에 갔던 파티에서 찍은 사진을 올리는 것과 같은 일이다. 유일한 차이는 딸들의 삶이 당신이 부모님을 뵈러 간 것보다는 훨씬 더 드라마틱하며, 소녀들은 적절한 것이 무엇인지 정확하게 모른다는 것이다. 많은 사람들이 온 세상 사람들이 보라고 자기 사진을 온라인에 올리고 있기 때문에 그 행동 자체만으로 아이들을 비난할 수는 없다. 최근에 내 웹사이트에 글을 남긴 한 사람이 알려준 내용이다. 그 사람은 여섯 살 난 자기 딸이 수영장에서 놀던 사진이 포함된 몇 장의 사진을 올렸는데 그걸 한 방문자가 본 것을 알게 되었다. 그 방문자의 계정에 가보니 그런 사진이 수백 장 있었다. 그렇게 수집해 놓은 사진들은 불온해 보였다. 그는 그 방문자를 차단했다.

어떻게 아이들에게 위협감을 느끼지 않게 하며 개인적 경계를 가르칠 수 있을까?

나는 보통 이런 주제들을 다룰 때 실생활에서의 아이들에게 사람들에 대해 가르칠 때와 같은 철학을 적용한다. 당신은 다음과 같이 말할 수 있다.

나는 절대 믿고 싶지 않지만 세상에는 아이들을 해치려는 사람들이 있어. 이는 모든 사람들이 다 그렇다는 건 아니지만 어떤 사람은 그렇다는 거지. 넌 그런 사람들과 소통하고, 믿고, 개인정보를 제공하는 문제에 현명하게 대처해야 한다고. 너는 현명한 아이지만 아무리 네가 현명하다고 해도 네가 알지도 못하는 사이에 개인정보를 흘려버릴 수도 있어. 예를 들어 만약 네가 네 방이나 집을 찍어서 유튜브에 올리면 네가 뭔가를 사람들에게 말하거나 너의 정보를 제공하는 게 되지 않을까? 온라인 게임을 할 때 상대방이 근처의 학교를 다닌다거나 몇 학년이라고 얘기할 때 그게 사실인 걸 어떻게 알 수 있을 것이며, 그런 얘기를 듣고 네 정보를 그들에게 주는 식으로 반응할래?

왜 아이들의 마음은 공식적인 세계와 사적인 세계 사이가 분열되어 있을까?

많은 어른들은 아이들이 온 사방의 SNS에 자기 사진이나 매우 개인적인 정보를 열정적으로 올리는 것 때문에 혼란스러워한다. 하지만 아이들은 부모나 교사가 바로 그 정보들을 보게 되면 사생활 침해라고 생각한다. 한 걸음 떨어져 딸아이의 입장에서 보면 부모인 당신이 그 사진을 보지는 말아야 한다. 거기에 있는 정보는 그녀의 세상을 보는 것이다. 당신은 다른 행성에 사는 것으로 되어 있는 것이다.

자기 정보가 악용되는 걸 보고 놀라는 아이들을 보는 건 매우 혼란스럽고 고통스러운 일이다. 나는 이것을 근거 없는 낙관주의 혹은 '내겐 그런 일이 생기지 않아'라는 식의 심리의 한 변형으로 본다. 아이들이 자기 정보가 침해당했다는 걸 알고 충격을 받는 걸 받아들이기 힘들다는 걸 알고 있지만 내가 아는 한 그 아이들의 반응은 진정 그러하다. 아이들은 자기에게 그런 일이 생기기 전에는 그걸 받아들이지 않는 것 같다.

온라인 교육 프로그램

부모와 학교는 공히 아이들에게 교육 목적으로 노트북을 제공하려 하지만 노트북이 주는 혜택만큼 문제도 불러일으킨다. 내가 인정하는 그 생각의 바탕은 다음과 같다. 아이들이 미래를 준비하길 바란다면 되도록 빨리 그리고 많이 기술적인 혜택을 주어야 한다. 그러나 온라인 교육 프로그램은 그렇게 간단하지 않다. 아이들은 인터넷 강의를 들으면서 산만하게 문자를 보내고, 동영상을 보고, 페이스북을 방문한다. (나는 페이스북이나 유튜브를 차단한 학교를 안다. 하지만 대부분의 학생들은 그에 접속할 수 있는 우회로를 알고 있다.) 내가 이걸 어떻게 알까? 나는 항상 아이들과 이메일을 주고받는데, 학교 수업시간일 텐데도 5분이면 답장이 온다. 그래서 아이들이 교사나 다른 아이들에 대한 저속한 메시지를 보내지 않고 더 효율적으로 공부할 수 있게 한다는 원래의 취지를 살리기 위해서는 이런 프로그램들을 구조화하고, 세련되게 다듬고, 현실을 반영하는 지침을 당신이 세워야 한다.

지속적인 접속이 아이들에게 미치는 영향

당신은 SNS에서 절대 벗어날 수 없다. 이런 현상에 대한 가장 쉬운 설명은 내가 보는 대다수의 학생들이 머리맡에 휴대전화를 두고 잔다는 사실이다. 어떤 아이들은 휴대전화를 가슴에 품고 잔다.

이는 매우 심각한 문제이다.

역설적으로 많은 부모들이 자녀들이 보는 영화나 TV 쇼가 무엇인지 살펴보고 자녀들의 컴퓨터에서 여러 가지 제한조치를 취하며 이런 조치를 취하지 않는 부모들을 신랄하게 비판한다. 그런 부모들은 자기들 가정이 보호막을 친 거품이라고 생각한다. 그러나 딸에게 밤에 침대에서 휴대전화를 허용하는 순간, 부모의 마음속을 제외하면 안전지대란 없다. 왜 그럴까? 때는 새벽 2시이고, 딸은 전교생이 자기를 얼마나 싫어하는가 하는 내용의 문자를 받거나 다른 사람들이 재미있어 한다는 이유로 음란물을 전송한다.

불과 7년 전 이 책의 지난 판본을 쓸 때만 해도 만약 밤에 딸이 몰래 나가거나 누군가 몰래 집에 들어오지 않는 한 당신의 딸이 자기 방에 일단 들어와 있기만 하면 딸아이가 안전하고 그 애를 해치기 위해서 할 수 있는 일이 아무것도 없었기에 당신은 평화롭게 잠들 수 있었다. 그런데 지금은 딸이 휴대전화나 인터넷에 접속할 수 있는 기기를 가지고 있고 새벽 4시경 잠이 들었다면, 그 아이는 소진되고 불안하다. 세 시간 후 당신은 딸의 방에 가서 30분 전에는 일어나 있어야 할 딸이 아직 자고 있기 때문에 짜증이 난다. 7시 30분이 되어서야 겨우 방에서 나오고 아침을 먹는 둥 마는 둥 하고 당신이 딸을 감수성이 예민하다거나, 사춘기 시절의 늦잠 때문이라고 생각해도, 딸의 기분은 아주 안 좋다. 좌절스러운 마음으로 당신은 이렇게 말할 수도 있다. "좀 진지해져 봐라. 안 그러면 진로 문제를 어떻게 잘 계획할 수 있겠니? 인생은 늦잠 자는 사람들을 기다려주지 않아." 그러면 딸은 당신이 제정신인지 궁금하다는 듯 쳐다보며 그 말을 묵살할 것이고 당신은 더 짜증이 날 것이다.

그리고 설령 딸이 험담으로 가득 찬 메시지를 주고받지 않는다고 해도 소중한 수면시간을 친구들과 잡담하느라 보내는 것 자체가 학업에 큰 지장을 준다. 우리는 자녀들이 기술을 사용하는 데 있어 한계를 설정하는 것을 도울 필요가 있다. 단순히 안전을 도모하는 것뿐 아니라, 접속하느냐 마느냐가 이미 선택이 아니라 필수가 되어 버린 문화권에서도 접속되어 있지 않아도 별일 없다는 것을 알게 해줄 필요가 있다.

만약 당신이 딸을 접속 상태에서 벗어나게 하면 심각한 저항을 받게 될 것이다. 그 애는 미칠 것 같아 할 것이고, 분노에 찰 것이다. 설령 내 조언이 도움이 된다고 해도 여자애들은 내게 열 받을 것이다. 최근의 내 경험을 나누고자 한다.

이번 학년이 시작되고 나서 중서부의 가톨릭계 명문 여학교의 부모들과 만날 자리가 있었다. 나는 그 발표 자리에서 부모들에게 딸들이 밤에 집에 있을 때는 휴대전화를 압수하라고 했다. 바로 그다음 날 문제가 생겼다. 나는 그 딸들인 학생들에게 강연을 했다. 강당에 가득 찬 여학생들이 나를 심하게 쨰려보는 시선을 바로 알아차릴 수 있었다. 그래서 나는 그 학생들 중 몇 명에게 무슨 일이 있냐고 물었다.

그 학생들은 나를 미워했다. 조금 더 좋게 얘기하면 내게 분노했다. 왜일까? 나도 놀랄 일이었지만 내 강연을 들은 부모들이 집에 가서 딸들의 휴대전화를 압수했다. 나는 웃지 않으려 애쓰면서 그 여자애들에게 내 설명을 다 들을 때까지만이라도 나를 미워하지 않으면 안 되겠냐고 요청했다. 그러자 그 애들은 할 수 있는 최대한 나를 미워했다. 나의 유일한 요청은 만약 내가 한 말이 조금이라도 일리가 있으면, 비록 좋아하진 않을 것이지만 그렇다고 얘기해달라는 것이었다. 아래는 내가 그 집단에서 받은 두 가지 반응이었다.

우리 엄마는 어제 내 전화기를 빼앗아갔어요. 나는 그게 도움이 안 될 거라고 생각했지만, 사실은 잠을 더 잘 잤어요. 나도 엄마가 옳다고 생각한다는 걸 어떻게 말해야 할지 잘 모르겠어요. 최근에 우리는 많이 싸웠고, 엄마한테 항복하긴 싫거든요.

우리 엄마는 강연을 듣고 와서 더 이상 내 방에서는 휴대전화를 쓸 수 없다고 했어요… 그리고 나는 아직도 당신을 좋아해요!

이 이야기의 교훈은 매우 중요하다. 오늘날의 부모들은 아이들이 불만스러워하는 걸 원치 않아서 규칙을 부과하는 걸 두려워한다. 당신의 딸은 당신의 자녀이다. 만약 당신이 어떤 규칙을 새로 정했는데 그 애가 열 받지 않는다면 뭔가 문제가 있는 것이다.

휴대전화 예의도 다 엄마에게 배운다

솔직히 얘기하면 십대 아이들이 접속에 중독된 유일한 세대는 아니다. 중고생 아이들이 자기 부모가 쉴 새 없이 문자를 한다고 불만을 얼마나 많이 토로하는지 이루 말할 수도 없다. 아래는 몇 가지 예이다.

아침 11시였어요. 나는 7시 30분부터 일어나 있었어요. 나는 그때부터 엄마한테 정확히 열다섯 통의 문자를 받았어요. 그 문자들은 한마디로 하면 이런 거예요. "엄마는 차를 몰고 리치몬드까지 가는 중이야.", "네 여동생들이 뒷좌석에서 자고 있어.", "할머니 비행기가 연착되었지만 그리 많이 지연되진 않았어." 정말이지 엄마, 내가 동생들 낮잠 스케줄까지 알아야 해? 엄만 지금 운전하는 데 집중해야 하는 거 아냐?
— 케이틀린, 18세

엄마는 내가 학교에 있을 때 쉴 새 없이 문자를 보내요. 이런 식이에요. "오늘은 좀 어떠니? 애들이 다 잘 대해주니?" 엄마는 멈추는 법이 없어요. 우리 선생님들에게도 얼마나 자주 이메일을 보내는지 몰라요.
— 벨라, 11세

만약 딸아이가 수천 통의 문자를 받았다고 하면 그중에서 당신이 보낸 문자도 많은 부분을 차지하고 있을 것임을 기억해야 할 것이다. 그녀가 쉴 새 없이 접속해 있어야 한다는 모범을 당신이 보여주었다면 친구들과 얘기를 못하게 하는 문자질을 당신이 정당화했다. 당신은 딸에게 3,000통의 문자를 받아도 된다고 몸소 실천하여 인증해주었다. 더 위험한 것은 딸이 당신 문자를 무시하기 시작한다는 것이다. 정말 급한 일인데도 당신이 문자를 보내는 데 중독된 꼭 그만큼 그녀는 휴대전화의 쉼 없는 문자도착 알림음을 무시한다.

> 엄마는 휴대전화 문제가 심각해요. 빨간불에 멈출 때면 전화를 하느라 바쁘고, 차를 정속주행모드로 설정한 채 자기가 메일을 보내는 동안 차가 잘 가고 있는지 살펴보래요. 어느 날 전화를 안 가지고 차를 탔어요. 그러자 내내 금단 증상이 나타나데요. 엄마한테 휴대전화는 우리로 치면 페이스북이에요.　　　　　　　　　　　　　　—미아, 18세

> 우리 엄마는 매일 같이 내게 문자를 보내요. 아마 그중 한 1% 정도는 중요한 거지만, 너무 짜증나서 이젠 그것들도 무시해요. 나의 선호 문자요? "으으으윽… 너무 토할 거 같아… 이가 반나마 빠진 주유소 아저씨가 다가오고 있어… 밥맛이야."　—알렉스, 18세

당신은 딸의 문자나 페이스북을 검열할 권리가 있는가?

그렇다. 당신에겐 그럴 권리가 있다. 하지만 당신 딸도 사생활이 있으니까 매일 밤 그렇게 하지는 말아야 한다. 당신이 특별한 일이 없어도 체크를 해야할 몇몇 상황이 있다. (1) 우선 딸과 동행하지 않는 먼 여행을 계획할 때이다. 이럴 필요가 있는 이유는 휴대전화나 페이스북이 아이들의 파티에 관한 언급을 하는 회의실 역할을 하기 때문이다. 이 말이 무슨 말인지 잘 모르겠으면 11장 '소녀세계에서의 섹스, 약물, 술 그리고 파티'를 바로 읽어보라. (2) 딸의 행동이 당신을 겁나게 하거나, 걱정스럽지만 그 애가 아무 말도 하려고 하지 않을 때이다.

언제쯤 아이들에게 페이스북이나 휴대전화 같은 걸 허용해야 할까?

나와 같이 일하는 한 상담가는 부모들이 7학년 아이에게 페이스북을 허용하는 것은 열여섯 살짜리에게 페라리를 사주는 것과 같다고 부모들에게 조언했다. 너무 충동적이고 경험도 없는 사람에게 너무 큰 권력을 주는 것과 같다. 물론 당신은 아이들이 페이스북 계정을 갖는 걸 통제할 힘도 별로 없다. 페이스북 계정을 만들려는 아이가 필요한 모든 건 "난 열네 살이에요."라는 한마

디뿐이다. 그 말에 힘이 빠지는 만큼 희망도 있다. 그 나이의 아이들이 페이스북을 못하게 하는 데 누가 효과적일까? 형이나 언니들이다.

> 우리 형은 내게 페이스북을 하지 못하게 해요. 내가 너무 어려서 페이스북 친구로 받아줄 정도는 아니래요. 좀 더 나이 먹은 다음에 하래요. —아르발, 12세

자기들 처신을 잘 못한다고 해도 동생들을 보호하려는 형이나 언니들의 능력이나 소망을 절대 과소평가하지 마라. 또한 그들은 당신보다는 온라인에서 어떤 일이 벌어지는지 더 잘 알고 있다.

정보통신기술과 예의

무례함에 대해 변명의 여지는 전혀 없다. 우울한 십대이든 끔찍한 하루를 보낸 성인이든 상관없다. 만약 당신이 다른 사람들과 함께 있다면 그들이 없는 것처럼 행동하지 말고 예의를 갖춰야 한다. 이는 올바름을 따지는 가치판단적인 관점에서도 중요할 뿐 아니라 당신이 기본적인 사회기술과 적응력을 갖췄다는 걸 보여주는 것이다. 그래서 만약 자녀가 사회적 부적응자가 되게 하고 싶으면 무슨 수를 써서라도 저녁식사 자리에서 게임기를 갖고 놀게 만들면 된다. 사회적 모임에 데려가서 사람들에게 아무런 관심도 보이지 않고 구석에 앉아 있게 하면 된다. 사람들이 말을 걸려고 하는데도 콧방귀만 뀌는 걸 보고만 있으면 된다. 이런 행동들은 단순히 무례함의 문제가 아니라 사람들과 당신 자녀가 어울리지 못하게 하는 결과를 초래한다.

나는 칭얼대는 아이들의 방해를 받지 않고 대화를 하고 싶은 마음을 이해한다는 걸 기억해주었으면 좋겠다. 나는 내가 친구들과 식사를 할 때 우리 아이들에게 영화를 보고 있으라고 한다. 이 말은 아이들을 사회적 모임에 참여시키지 않겠다는 건 아니다. 내가 제일 짜증나는 일 중 하나가 부모들이 전화, 문자, 게임기를 허용했기 때문에 주변 상황은 전혀 신경 쓰지 않는 아이들을 보는 것이다. 게임은 주의를 산만하게 하며, 마치 우체국에서 줄서서 기다리는 것처럼 사소한 일과 같다. 게임은 일상적인 인간관계의 대체물이 아

니다.

식사 자리에서 휴대전화로 통화하는 것 또한 무례한 일이며 아이들뿐 아니라 당신도 그렇게 할 수 없다는 의미이다. 참석자들이 다 전화하고 문자하는 가족식사 자리는 어렵게 마련한 가족들만의 시간으로 봐주기 어렵다. 가족 내의 규칙이 있어야 한다. 만약 누군가 밖에서 들어오면 마루나 부엌에 있는 지정된 장소에 휴대전화를 보관해야 할 것이다. 만약 의사나 치료자이고 당직근무 중이라면 예외로 해줄 수 있다. 그러나 그 경우에도 당직근무 중일 때만이다. 이런 규칙은 당신 집을 방문한 모든 아이들에게도 적용되어야 할 것이다.

정보수집을 위한 정보통신기술 이용

만약 자녀가 간다고 한 곳에 실제로 갔는지 알기 위해서는 그곳의 사진을 찍어서 메일로 보내라고 해야 한다. 만약 매우 영악한 아이라면 그때의 날짜와 시간을 파악할 수 있는 장면도 찍어서 보내라고 해야 한다. 그렇게 해서 이전에 찍은 사진으로 당신을 속이지 못하게 한다. 어떤 부모들은 운동경기에 갔다고 하면 스코어보드를 찍어서 보내라고 한다. 어떤 부모들은 자녀의 계획을 확인할 수 있고 번호를 확인할 수 있는 어른에게 휴대전화를 맡기게 한다.

만약 당신이 다른 부모들과의 의사소통을 활성화하는 데 기술을 이용할 때, 기술은 친구가 될 수 있다. 만약 휴대전화번호를 알거나 페이스북 친구라면 여자애들이 부모들 사이의 정보 공백을 이용하기가 매우 어렵다. 그런 상황에서는 부모들 사이의 정보 공백이 거의 없기 때문이다. 그러나 이 무기는 전략적으로 사용해야 한다. 당신이 다른 부모와 접촉할 수 있다고 당신 딸이 의심스러운 눈초리로 당신을 바라보게 하고 싶을지도 모르겠지만, 딸이 반박을 하거나, 자기가 무슨 얘기를 하자마자 다른 부모와 치사한 메일을 주고받을 것 같아서 아무 말도 못할 우려도 있기 때문에 너무 심하게 남용해서는 안 된다.

십대 자녀가 있다면 당신의 목표는 그들보다 한 걸음 앞서 가는 것이다.

이는 지금까지도 그랬고 앞으로 항상 목표가 될 것이다. 이와 비슷하게, 십대 아이들은 당신을 뛰어넘을 수단을 찾는다. 그것을 인격의 문제로 받아들일 필요는 없다. 그리고 약간의 두려움과 편집증은 문자 그대로 당신의 자녀를 구할 수 있다.

만약 자녀에게 페이스북 계정을 갖도록 허용할 경우

만약 자녀가 페이스북 계정을 허용하도록 요청하고 당신이 이를 승낙한다면, 당신은 아래의 말을 꼭 해야 한다.

> 만약 페이스북 계정을 허락해주면, 첫째, 네가 어떤 메일 주소로 접속할지 결정할 때 나도 그 자리에 있기 바란다는 걸 알아주었으면 해. 우리는 모든 사생활 보호 정책을 같이 읽어볼 것이고 함께 그 한계를 정할 거야. 네 나이를 속이지 말아야 하고, 네가 사는 곳에 대한 정보를 제공하지 말도록 해. 네가 올린 걸 내가 봐서 네가 당혹스럽다면 그건 네가 올린 게시물이 적절치 않다는 의미로 받아들여야 해.

이 글을 쓸 무렵 페이스북은 2억 명 이상의 사용자가 있었다. 당신이 페이스북에 가입하길 원치 않아도 당신이 알고 신뢰하는 누군가는 페이스북 계정을 보유하고 있을 가능성이 높다. 그러면 그들이 당신 자녀에게 친구 신청을 해서 필요시 당신 자녀의 정보를 체크할 수 있게 해야 한다.

당신과 함께 만든 계정을 자녀가 실제로 사용하고 있지 않을 징후

부모가 모르는 다른 계정을 이용하는 아이들의 담벼락에서는 아래와 같은 말이 있을 수 있다. "얘, 너 이제 여기 이용 안 해? 너 어디에 접속해?" 만약 그런 메시지가 2주가 넘었다면 아이는 새로운 계정을 이용한다고 볼 수 있다. 지금 같은 온라인 시대의 10분은 하루와 같다. 만약 딸이 새로운 계정을 허용해달라고 한다고 해도 그녀가 현재 온라인에서 활동을 안 한다고 보기는 어렵다.

점잖은 아이인지 알고 싶나요?

만약 당신 딸이 점잖은 사람이고 당신이 정한 규칙을 잘 따르고 있는지 알고 싶다면 지난 2주 동안 주고받은 문자메시지를 보면 된다. 이 문자를 보면 딸이 자기성찰적인지의 여부를 파악하는 데도 도움이 된다. 그 애에게 문자들을 쭉 훑어보고 뭘 말하려고 했는지 한번 생각해보라고 해보라.

만약 당신 딸이 실수를 하고 자신에 대한 정보를 남에게 보냈을 때

만약 딸이 개인적인 정보를 공개했다면 그 공개된 정보를 즉시 삭제할 수 있는 모든 조치를 취해야 한다. 그 과정을 밟는 동안 딸이 바보 같은 행동을 했다고 느끼지 않도록 주의해야 한다. 이런 말은 피하는 것이 좋을 것이다 ─ "네가 그걸 유튜브에 올리면 우리 집 주소가 네 머리 바로 뒤에 보이는 걸 어떻게 모를 수 있니?" 솔직히 이런 실수는 너무 쉽게 저지를 수 있다. 당신 딸은 이제 그게 현명한 일이 아니었다는 걸 안다. 그런 일이 처음 생겼을 때 나는 아래와 같이 말하겠다.

> 애야, 우리는 인터넷에 자료 올리는 원칙에 대해서 동의했잖니? 나는 그게 실수란 걸 알고 있어. 그러나 난 네가 네 행동에 대한 책임을 졌으면 해. 네가 그걸 올린 모든 사이트에 가서 삭제하렴. 친구들에게도 그걸 다른 SNS에 전달했는지 물어보고 그것도 수단방법을 다 동원해서 삭제하렴. 일주일 동안 컴퓨터 사용에 제한을 줄 거야. 나는 이게 정말 실수라고 받아들일 것이고, 네 의도가 아니라고 봐. 하지만 이런 일이 다시 생기면 네가 컴퓨터를 안전하게 사용할 준비가 되지 않았다고 생각해서 컴퓨터를 사용하는 권리를 주지 않을 거야.

만약 딸이 문제의 일부라면

착각하지 말아야 할 것이 있다. 이메일의 전달(forwarding)은 결백한 방관자가 아니다. 딸이 그런 일을 했다면 그녀는 문제를 크게 확대할 선택을 한 것이다. 만약 그녀가 다른 사람에 관한 부정적인 정보를 창출하거나 전달하는데 참여했다면 그 애는 그녀에게 직접 대면해서 사과를 해야 한다(242쪽의 '사과의 기술' 참조). 그리고 그 정보가 전달되었을 것이라고 자기가 알고 있는 모든 사람에게 자신이 한 일을 알리는 메일을 써야 한다. 그 편지는 아래와 같을 것이다.

> 9학년 모든 친구들에게
> 지난주에 나는 앨리슨에 관해서 사실이 아닌 얘기를 내 페이스북에 올렸어. 나는 그런 일을 하지 말았어야 했어. 나는 앨리슨을 직접 만나서 사과를 했지만 너희들에게도 이 편지를 써서 그게 사실이 아니란 걸 알리고자 해.

당신은 딸아이가 이메일을 쓰는 동안 뒤에 서서 보내기 버튼을 누르는 것까지 봐야 한다. 그리고 딸아이는 자기에게 그런 이메일을 쓰게 했다고 당연히 당신을 미워할 수도 있다. 너무 안 된 일이다. 하지만 누군가는 그런 입장을 취해야 하고, 그 누군가는 부모인 당신이다.

만약 딸아이가 망신을 자초한다면

만약 딸이 "넌 어떻게 그렇게 어리석니?"라는 생각을 조금도 하고 있지 않다면 당신이 더 이상 할 말이 없다. 그녀는 모욕을 당했다고 느끼고, 멍한 상태에, 방어적인 태도를 보이거나("아, 그 일이 일어나지 않았더라면…" 하는 식의 말을 할 수 있다), 상처를 받고, 자기와 접촉한 모든 사람이 자기가 한 일을 알고 있을 거라는 편집증적인 생각을 할 수 있다. 그렇기 때문에 "내일이면 사람들이 다 잊어버릴거야. 그 일 때문에 괴로워하지 마."라는 식으로 얘기하지 말아야 한다. 그저 받아주고, 당신이 마음이 아프다고 얘기해주어라. 그 애가 어떤 일을 했고, 그 때문에 당신이 얼마나 당황스러운지에 상관없이 (그리고 어떤 상황에서도 당황스럽다고 얘기하지 마라) 지금은 당신이 가족으로서 이 일을 같이 헤쳐 나갈 것이라고 얘기해주어야 한다. 모든 사람은 실수를 저지른다. 당신이 어떤 사람인지는 일을 망친 후에 보여주는 당신의 처신에 달려 있다. 그다음 날 그 아이가 학교복도를 어떤 마음으로 걸어갈지에 대해서 다루어주어라.

어느 정도 마음을 달래준 후에는 72시간 동안 아이의 휴대전화를 맡아둔다. 딸은 그 일과 관련해서 자기가 할 수 있는 게 있거나, 뭔가 더 처리해야 할 일이 있다고 생각해서 이런 제안에 대해서 항의할 수 있다. 그 경우에는 딸아이에게 지금은 기죽지 않고 당당하게 처신하는 것이 그 문제를 해결할 수 있다는 걸 알게 해준다. 문제해결을 할 기회가 주어진다면, 딸은 사람들이 자기에 대해서 하는 얘기나 딸이 한 행동에 대해서 자기들끼리 하는 얘기로부터 차단시켜야 한다. 그런 얘기들은 기분만 나쁘게 할 뿐이다.

둘째, 딸은 자기가 한 일과 그 이유를 인정해야 한다. 만약 딸이 다른 남자애가 자기를 좋아해 줬으면 하는 마음으로 자기 사진을 보냈다면 그녀는 다른 사람들이 자신을 좋아했으면 하는 동기에서 그런 일을 저지른 첫 번째 인물은 아니다. 그러나 딸이 그 남자애의 관심을 얻기 위해서 왜 그런 선택을 했는지 깨닫게 하는 것이 매우 중요하다. 이는 딸아이가 당신과 같이 얘기하기에 매우 괴로운 주제일 수도 있기 때문에 자기의 동맹군에게 얘기하게 하는 걸 권한다(동맹에 대한 정보는 2장을 참조하라). 동맹과 공유하는 목표는 딸이 너무 창피해하거나 학교 가는 문제를 누구에게 물어볼지 모를 때 취할 수 있는 전략의 제시이다. 하여간 나는 그녀에게 상처를 어루만지고, 산책을 가고, 아이쇼핑을 하고, 아니면 그냥 같이 시간을 보낼 하루의 시간을 주었다. 그렇게 외출해 있는 동안 학교 갈 준비를 시킨다.

만약 누군가 그 문제로 딸을 놀린다면

딸아이에게 심호흡을 하게 하라. 그러고 나서 다음과 같이 말할 수 있게 하라. "난 큰 실수를 저질렀어요. 그리고 그 일을 지금 진심으로 잘 처리하려 노력하고 있어요. 좋은 뜻일지라도 그 얘기를 하려 하면 더 기분이 나빠져요. 그게 당신 의도인지는 모르겠지만, 나는 만약 당신이 내 입장에 처해 있다면 나는 절대 당신의 기분이 상하게 하지 않을 거라 약속해요. 이제 그 얘기 그만해요."

음란한 문자메시지 : 스스로를 배신하는 여자애들

당신의 가족들은 거실에서 평범한 월요일 저녁시간을 보내고 있다. 열 살 먹은 당신의 아들은 소파에서 노트북으로 숙제를 하고 있고, 열네 살 된 딸은 자기가 좋아하는 의자에 기대어 앉아 TV도 보면서 친구들에게 문자를 보내고 있다. TV에서는 미식축구팀 댈러스 카우보이스가 워싱턴 레드스킨스와 시합 중이며, 당신의 배우자는 독서를 하고 있다. 당신은 잠시 허공을 바라보고, '우리 가족들이 이렇게 시간을 보내는 건 참 멋진 일이야. 애들은 커가지만 여전히 같이 시간을 보내고 있고, 아무도 집구석에 숨어 있지 않아.'라고 생각할 것이다. 전반전이 끝나고 하프 타임 때, 당신은 딸과 함께 쿼터백 제이슨 캠벨의 바보 같은 패스에 대해서 시시덕거릴 것이다. 후반전이 시작하기 전에 딸은 화장실에 간다. 그러나 그녀가 화장실에서 휴대전화로 셔츠를 올리고 자기 가슴을 찍는 것에 대해서는 거의 모를 것이다. 당신은 몰랐겠지만 딸은 경기 중에도 자기가 반한 상급생 남자애에게 문자를 보내고 있었다. 교태 어린 문자는 점점 그 열기가 뜨거워지고 마침내 딸은 약간 흥분이 고조된 채 그 남자가 학교 축제에 파트너로 초대하길 기대하면서 "너 이거 좋아?"라는 제목이 붙은 노골적인 사진에 '보내기' 버튼을 누른다. 그녀는 자기가 신입생이기 때문에 내숭쟁이라고 생각할 것 같아서 조금은 걱정이 되지만 지금은 그가 달리 생각할 것이라고 확신하고 있다. 딸은 그 사진을 메모리카드에서 지우고 잠시 수도를 튼 후에 돌아와서 자기 의자에 주저앉는다. 딸은 단 2분간 자리를 비웠을 뿐이다.

여자애들이 반나체나 나체사진을 자발적으로 보내는 현실세계에 같이 살고 있다는 게 이상해 보인다. 당신은 이런 스스로에게 질문을 할 법하다―"요즘 애들은 뭐가 잘못돼서 이런 게 정상이라고 생각하고 있지?" 이 질문은 정말 좋은 질문이고 여자애들이 스스로에게도 해야 할 필요가 있는 질문이다. 현실세계에서는 정신이 제대로 박힌 열다섯 살 난 여자애가 자기가 좋아하는 남자 앞에 서서, 옷을 벗으며 "이제 너 나 좋아해?"라고 묻지 않는다. 또한 그런 결정에(많은 여자애들이 남들에게 좋은 평을 받기 위해서 자기 나체

사진을 찍어 보낸다) 대해서 그 남자애가 자기 친구들을 불러서 품평회를 하는 게 옳다고 생각하지도 않는다. 그런 문자들 뒤에는 눈을 의심하게 하는 그래픽 문자들이 남자애들 사이에서 오간다. 사진이 아닌 야한 표현만 오고갔으니까 둘의 문자교환이 문제라고 생각하지 않는 딸과 남자친구의 믿지 못할 정도의 적나라한 문자메시지 다음에 사진이 보내졌다는 것은 주목할 만하다.

때로는 교장의 업무로서 그런 대화를 읽을 때가 있는데, 너무 낯이 뜨겁답니다. 마지막 대화는 30페이지짜리였는데 솔직히 처음 대화 말고는 읽을 필요도 없었어요. ─로버트

때로 남자애들은 친구들이 모아 놓은 나체사진 모음을 보고 자기한테나 다른 친구들에게 보내기도 해요. ─딜런, 18세

 딸을 기겁하게 하는 말

눈살을 찌푸리고, 어깨를 으쓱하며, 입술을 내밀고 "나는 앞으로 네가 한 그런 음란한 문자에 대해 얘기하는 걸 듣지 않겠다."고 말하지 마라. 만약 이런 질문이나 토론이 너무 불편하면 당신 말이 맞다 해도 짜증스럽게 들리고, 딸은 당신과 상대하지 않으려 할 것이다.

학교는 책임감 있는 정보통신기술 이용 교육을 위해서 무엇을 해야 하나?

우리 학교에는 서로 싸우고 다른 사람들에 대한 가십을 메일로 보내기 위해서 상대의 비밀번호를 훔쳐 쓰는 여자애들이 있어요. 어떤 애들은 가짜 AOL(미국의 IT 기업인 American OnLine의 약자 : 역주) 계정을 만들어서 다음 날 모든 애들에게 그걸 보여줘요. ─캐롤린, 16세

올 들어서 우리 학생 중 한 명이 다른 여자애랑 싸우고 나서 그때 보낸 메일을 저장했어요. 둘이 다시 싸웠을 때, 그 여자애는 예전에 받은 메일을 복사해서 원래 메일에 붙여 넣기 한 뒤 마치 새로 그런 메일을 받은 것처럼 위조했어요. 어찌어찌해서 우리 학교 인터넷 기술자들이 그걸 파악해냈어요. 그런데 만약 내가 처음 교육계에 몸담았을 때 이런 일들을 다루게 될 거라고 얘기해주었다면, 나는 그 말을 믿지 않았을 거예요. ─브라이언 교장

만약 학교에서 매일 근무하지 않는다면, 기기들이 학교의 환경을 어떻게 변화시켰는지 완전히 이해하기 힘들다. 학교 행정가들이 컴퓨터 지원부서 사람들과 함께 학생들이 다른 학생들을 최근에 집단 따돌림한 근거를 찾는 데 시간을 보내는 것은 드문 일이 아니다. 그리고 학생들은 다른 학생들이나 지역사회의 어른들보다 새롭고 창조적인 기술을 먼저 이용하게 될 게 확실하다.

학교, 그리고 학교 행정가들이나 교육자들은 최전방에서 학생들에게 기술을 윤리적으로 사용하기 위한 교육을 위해 전쟁을 치르고 있다. 간단히 말하면 이는 매우 어려운 과업이고 오늘날 교육계에 몸담고 있는 사람들 중 이런 문제를 전공한 사람은 없다. 나 역시도 그렇다는 걸 잘 안다. 그러나 나는 교육계의 많은 사람들처럼 전문가가 되어야 했다. 우리는 적극적이길 원했고 많은 사람들이 전문가였지만 그 야수의 본질은 항상 우리가 '기술적인 문제 이후에 반복되는' 현상을 찾아내야 하는 것을 의미한다. 그것이 어떻게 학교를 변화시켰을까? 여기 그에 대한 설명이 될 수 있는 예가 있다.

- 학생들은 더 쉽게 속이거나 표절할 수 있다. (물론 교사들이 사용하는 표절 방지 프로그램이 있지만, 그래도 여전히 표절은 쉽다.)
- 학생들은 마약이나 그 외 금지품목들을 더 쉽게 감출 수 있다. 경찰이나 학교 관계자들이 불시 마약 검사를 하는 학교에서도 제일 먼저 검사받은 학생들이 검사하는 걸 알자마자 친구들에게 문자를 해서 이 사실을 알린다. 몇 분도 지나지 않아서 모든 학생이 지금 검사가 진행 중이라는 걸 알게 되고 걸리지 않기 위한 조치를 취할 수 있다.
- 학생들은 더 강력하고 무자비하게 형태를 가리지 않고 서로를 괴롭히거나 모욕을 줄 수 있다.

이에 대해서 거의 모든 학교에서 방화벽이나 필터를 설치해서 외부의 부적절한 파일이 교내에 들어오지 못하게 하려 했다. 그러나 학생들 대부분이 인터넷 접속이 가능한 휴대전화를 가지고 있기 때문에 이 또한 효과가 없어졌다. 역설적으로 학교에서 성희롱에 관련된 정보에 접속을 못하게 하기 때문에 학생들이 이에 대한 연구를 할 수 없는 반면, 한 학생이 복도를 걸어가면서 자기 전화를 이용해 다른 학생을 성희롱하는 것을 막을 수는 없다.

내 전문분야가 괴롭힘이기 때문에 학교 내에서의 기술 분야에 집중하도록 하겠다. 당신이 자랄 때 겪은 괴롭힘은 고등학생들이 일상적으로 경험하는 괴롭힘과 비교해보면 길들이기 정도이다. 다시 말하지만 당신의 학창시절에는 인터넷 접속이 가능한 휴대전화가 없었기에 아무도 포르노그래피를 다운받아 복도를 지나는 동안 당신에게 보여줄 수 없었다. 수학 시간에 앞줄에 앉은 여학생이 '너는 살찐 암소 같아'라는 식의 문자메시지를 보낼 수도 없었다. 당신 뒷줄의 친구에게 '넌 정말 섹시해'라는 문자를 받을 수도 없었다. 집에서 숙제를 하고 있는 당신에게 같은 반의 남학생 3명이 자기들이 당신에게 하고 싶은 성적인 행동을 묘사한 음란 음성메시지를 보낼 수 없었고, 그다음 날 학교 행정 당국자들에게서 그 남학생들이 집에서 한 일이고, 그 음성메시지를 보낸 매체가 학교 것이 아니기 때문에 학교에서 할 수 있는 일은 아무것도 없다는 식의 얘기를 들을 일도 없을 것이다.

분명히 모든 학교 행정가가 무능한 것은 아니지만 그런 사람도 있다. 그리고 그 결과는 개개의 사례에서 나타나는 것보다는 훨씬 더 엄청나다. 불행한 현실은 만약 이런 일들이 잘 다루어지지 않는다면 그 가학적인 학생이 학교를 조종하게 된다는 점이다.

먼저 학교 당국이 이런 일을 잘 다루지 못하고 있는 사례를 제시할 것이다. 그리고 나서 그 일들이 어떻게 잘 다루어질 수 있는지를 보여주겠다.

유감스럽지만 저희가 취할 수 있는 조치는 매우 제한되어 있습니다. 학교 시설을 통해서 그 일이 일어나지 않았고, 그 학생들은 학교 이메일을 사용하지는 않았습니다. 그래서 저희가 할 수 있는 일이 없습니다.

나는 학내 전문가들이 이런 식으로 말할 때마다 분노가 치민다. 굳이 한마디 더 하자면 이런 반응은 우리가 우리 아이들에게 줄 수 있는 대답 중에서 가장 무지하고 무책임한 대답이다. 아이들이 사용한 것이 괴롭히는 음성메시지인지, 다른 사람을 모욕하는 내용의 비디오를 유튜브에 올렸는지, 모욕적인 사진을 전송했는지 혹은 다른 학생들을 괴롭히는 셀 수도 없이 많은 수단 중 하나였는지는 상관이 없다. 어떤 부모와 학교 당국자들은 학교가 그런 가해학생들을 훈련할 힘과 권한이 없다고 생각한다.

최신 기술로 인해 학교와 집의 경계가 사라졌다. 이런 식으로 생각한다면 어떤 어른도 피해학생들을 보호할 수 없기 때문에 그로 인해 불안, 우울, 소외감을 느끼며 학교에 가야 한다. 가해학생들은 학교 밖에서도 학교에 심각한 영향을 끼칠 수 있지만 학교 측에서는 자기들을 막을 방법이 아무것도 없다는 것을 알기 때문에 자신들이 학교를 통제하고 있음을 알고 있다.

이런 현실을 무시해서 생기는 끔찍한 결과는 십대와 어린이들이 자신들을 안전하게 보호해주어야 할 학교 측이 무능력하며, 따돌림과 괴롭힘이 너무 광범위하게 퍼져 있어서 맞설 수 없다는 것을 알고 학교 가기를 싫어하는 현실이다. 어른들은 현실을 잘 모른다. 도대체 왜 어른들이 하지 않는 싸움을 자녀들이 해야 할까? 학생들이 보기에는 어른들이 할 수 있는 일은 조회를 하거나 그럴싸한 현수막을 거는 것뿐이다.

> 하루 일과가 끝나면 어른들은 친구들끼리 잘 지내는 것에 대해서는 관심을 가질 만한 아무런 이유도 제시하지 않고 있는 세상이기에 남들에겐 신경도 안 써요. 우리도 굳이 그럴 필요를 못 느끼고요.　　　　　　　　　　　　　　　－맥스, 21세

그러나 모든 학교 행정가들이 이와 같지는 않다. 최선을 다하는 사람들도 많이 있다. 내 경험상 그런 사람들은 아래와 같은 내용을 이해하고 있다.

- 그들은 학교에서 일어난 일이 학교 외부에서 일어난 일에 미치는 영향이나 그 반대의 경우를 이해하고 있다. 이는 내가 함께 일하고 있는 많은 학교들이 기술계약에 포함시키고 있는 내용이다. 괴롭힘은 종종 물리적으로 학교 바깥에서 일어나지만 마치 학교 안에서 일어난 것처럼 학생들의 안전에 영향을 준다. 학교라는 지역사회에 영향을 끼친 모든 학교 안팎의 괴롭

힘은 학교 당국에 의해 알려져야 한다.

- 그들은 훈육을 가르친다는 의미라고 믿고 있다. 그들은 책임 추궁의 단계가 다양하고, 누가 무엇을 어디까지 했는지 파악하는 데 많은 시간이 걸리는 것을 이해하고 있다. 그러나 그런 대처방식도 당신이 사실을 밝히는 동안 분노에 찬 학부모와 흔히 자기들이 한 일을 감추려고 노력하는 방어적이고 당황스러워하는 아이들을 다루어야 하기 때문에 기술과 높은 숙련도가 필요하다.

- 그들은 투명성과 비밀보장의 관계를 이해하고 있다. 이런 일을 하는 지도적 위치에 있는 사람들은 지역사회와 충분한 정보를 공유하여 괴롭힘이라는 문제가 어떤 식으로 다루어지고 있는지에 대해서 사람들이 충분한 정보를 제공받고 있다고 느끼게 해야 하는 반면 어떤 경우에는 사생활의 보호를 위해서 관련자들이나 그들에게 가해진 조치를 모르게 해야 한다.

내 경험상 이런 일들이 어떻게 진행되는지에 대한 절차가 있다. 처음에는 정보를 모으고 관련자들 면담을 해야 한다. 두 번째는 훈육조치가 취해져야 한다. 이 조치는 책임져야 할 정도와 해명할 수 있는 수준에 바탕을 두고 있다. 세 번째는 지역사회 학부모들의 반응이다. 이 반응은 때로는 잔잔한 파도 정도지만, 어떤 때는 큰 물결이다.

―스튜어트, 교장

 딸을 기겁하게 하는 말

당신이 아이의 운동 경기 관람석에서 구경하고 있거나 차를 태워주기 위해서 대기하고 있을 때 다른 부모들이 학교에서 일어난 끔찍한 괴롭힘에 대해 얘기하면서 학교 당국자는 무능력자이며 학교장이 '아무런 조치도 취하지 않았다'는 말을 하곤 한다. 이때 정확하게 얘기해줄 때도 있다. 그러나 대부분 그 말을 하는 학부모들은 확실히 알지도 못하면서 아무 얘기나 할 수도 있다. 이 말은 자녀들이 안 좋은 경험을 했을 때 부주의하고 비효율적인 학교 당국자들에게 책임을 묻지 말라는 의미가 아니다. 내 경험으로 볼 때, 학교 당국자들이 어떤 일이 벌어졌고, 최선의 조치가 무엇인지 파악하고 있을 동안 학부모들이 그 일에 대해서 아무것도 모른 채 소문을 퍼뜨리기도 했다. 이럴 경우의 문제는 어떤 학교장, 교사, 코치, 상담교사라도 자신들의 책임감을 유지하고 비밀보장의 원칙을 훼손하지 않은 상태에서 의사결정이 내려진 정확한 상황을 지역사회에 알려줄 수 없다는 것이다.

학교는 당신의 도움 없이는 안전한 학습장소가 될 수 없다. 만약 당신의 아이가 다니는 학교의 교장이 능력이 없고, 필요한 역할을 하지 않으려 한다면 지역사회의 다른 이해당사자들(학생도 포함해서)에 의해서 만들어진 행동 계획을 갖고 그 교장에게 가서 그가 필요한 조치를 취하도록 압력을 가해야 한다.

학교 당국자들에게 뚜렷한 입장이 있다면, 특히 당신의 자녀가 문제에 관련되어 있다면, 그들을 지지해준다. 학부모들이 소문을 퍼뜨리기 시작할 때 그들을 지원해준다. 그리고 만약 학교 측 인사들이 문제에 관련되어 있다면 그 사람에게 동의하지 않는다는 사실을 밝혀주어야 한다.

컴퓨터 전문가들에게는 매우 친절하게 대하라. 그는 그 건물에서 관리자와 더불어 가장 평가절하된 사람이다.

그래서 당신은 그들의 음악을 싫어한다 (아니면 그래야 한다고 생각한다)

"어른들이 여러분의 음악을 싫어한다는 얘기를 한 걸 들은 경험들이 있나요? 잘못된 메시지를 전달한다는 얘기를 하던가요? 너무 폭력적이라고 하진 않던가요? 여자를 너무 낮춰 본다고 하던가요?"

물론 내가 십대들에게 이런 질문을 던졌을 때 모두가 손을 들었다. 그들의 부모들도 만약 십대 때 이런 질문을 받았다면 손을 들었을 것이다.

음악은 예나 지금이나 항상 강력하고 십대 때 가장 영향력이 크다. 가장 강한 기억이 담긴 음악을 생각해보라. 그 음악은 젊었을 때 들었던 음악이 아닌가? 내가 십대였을 때 나는 디페쉬 모드(Depeche Mode)를 사랑했고 실은 지금도 그렇다. 내가 좋아하는 음반 중 하나가 '침해자(Violator)'이다. 당신이 나만큼 내가 좋아하는 음악의 모든 가사를 다 알지 못할 것 같아서 얘기를 해주면, 그 노래의 가사 내용은 여자를 최면술로 조종하는 남자에 관한 이야기다. 이 이야기는 영화 트와일라잇의 에드워드 컬렌이 록 그룹에 참여해서 내게 노래를 불러주는 식이다. 클래식을 좋아하는 사람들을 위한 비유로는 당신이 현대적으로 편곡된 곡을 좋아하지 않는다는 식으로 얘기할 수 있겠다. 로버트 플랜트(레드 제플린의 리드 보컬)가 "내 다리에 레몬 즙이 흐를 때까지 레몬을 쥐어짜요."라고 하거나, 본 조비가 "거기가 젖어서 미끌거려."라면 좋겠는가? 아니면 지미 헨드릭스의 노래 중 "타이어 자국이 네 차 뒤에 가득해. 그걸 보니 너 재미 본 거 같아."라는 구절이 있는 '교차로의 교통혼잡(Crossroad Traffic)'을 당신이 열창하는 식이라고나 할까.

음악은 우리 삶의 가장 깊은 부분인 사랑, 탐욕, 질투, 소외, 혼란, 분노, 고독, 불안정함과 같은 것을 건드리기 때문에 중요하다. 음악엔 모든 게 다 담겨 있다. 그리고 때로는 우리가 이런 감정을 가장 강하게 느낄 시기는 십대 때이다.

오늘날 음악의 다른 점은 음악이 우리 삶에 끼어드는 방식 때문이다. 음악은 모든 형태의 기술을 접합시켜 거스를 수 없는 하나의 흐름을 이루었다. 그리고 유사 이래 그 어느 때보다 음악은 청취자들에게 소비를 부추기고 있다. 주류 음악은 여성행동지침을 끊임없이 광고하고 있다. (여성행동지침에 대한 정보는 3장에 소개되어 있고, 남성행동지침에 대한 정보는 8장에 있다.)

이것이 내가 다른 정보기기와 관련해서 딸들에게 개입하는 방식과 똑같은 방식으로 당신 딸들이 듣고 있는 음악에 대해서 개입해야 하는 중요한 이유이다. 어떤 어른들은 이렇게 하는 게 너무 힘들다. 왜 그럴까? 이런 개입이 힘든 이유는 크게 세 가지이다—(1) 당신은 그 노래들에 담긴 터무니없는 저질스러운 메시지에 기가 막히는 느낌이 들 수 있다. (2) 그 노래들에 담긴 이미지들과 사운드가 감각적 과잉상태를 초래한다. (3) 당신 또한 그런 음악을 좋아하기 때문이다.

오늘날 사회에서 당신의 딸이 사고력이 뛰어난 사람이 되려면 음악을 통해서 받아들이고 있는 메시지를 잘 새겨보고 이런 메시지들이 여자애들의 세계와 남자애들의 세계와 어떤 관계가 있는지 살펴봐야 한다.

당신 딸이 듣고 있는 음악은 크게 두 가지 방법으로 찾을 수 있다. 첫째, 당신이 선호하는 검색엔진에 곡명 뒤에 '가사(lyrics)'라는 단어를 입력하면 된다. 둘째, 비디오 파일을 무료로 볼 수 있는 유튜브에서 '공식 비디오'라는 단어와 곡명을 입력한다.

또한 음악이 분석해야 할 유일한 매체가 아니기 때문에 이런 작업은 음악에만 국한될 필요는 없다. 당신의 딸은 TV 쇼, 영화, 비디오게임에 공급되는 웹사이트, 블로그, 가십거리나 십대들을 위한 주제를 다루는 잡지, 광고에 대해서도 제대로 잘 알고 나서 이용해야 할 필요가 있다. 다른 말로 하면 딸의 뇌는 항상 접속되어 있다.

"난 그저 비트를 좋아할 뿐이에요."

물론 딸들도 비트를 좋아하고, 나 또한 그렇다. 예를 하나 들어보자. 나는 개인적으로 저스틴 팀버레이크는 참 거북하다. 그는 여자들에게 심각한 주제가 담긴 노래를 한다. 내가 아는 한 그는 자기 옷의 절반이라도 걸친 여자들이 등장하는 노래나 뮤직비디오를 찍은 적이 없다. 만약 당신이 여자이고 그와 듀엣으로 노래를 해야 한다면 '너 하는 걸 봐서 그 성의 열쇠를 줄 수도 있어'["세상은 돌고 도네(What goes around… Comes around)"]라는 노래를 할 때 말 그대로 그를 올라타야 할 것이다. 만약 당신이 좋은 사람이라면 그는 당신에게 '반지를 줄 것이지만'["내 사랑(My love)"] 잘못 행동하면 차량 폭발 사고로 죽을 것이다("세상은 돌고 도네").

그러나 내가 차에 타고 있는데 그의 음악이 흘러나오면 차에 앉은 채 그 노래를 흥얼거리고 춤을 추게 될까? 난 그럴 것이다. 왜냐고? 그 음악이 빠져들기 좋은, 즉 기억하기 쉬운 곡이기 때문이다. 노래에 담긴 메시지를 무시하긴 정말 쉽기 때문에 그 음악을 들을 수 있다. 춤도 같이 출 수 있지만 그 음악이 전달하는 메시지를 알아야 그 음악이 주는 영향력을 피할 수 있다.

대부분의 음악가들은 절대악이거나 절대선이 아니다

간혹 성인매체들은 특정 가수나 음악을 젊은이들에게 정말 나쁜 영향을 끼치는 것으로 분류한다. 그러나 그 말을 액면 그대로 믿지 마라. 상황은 그리 단순하지 않다. 그리고 만약 당신이 그걸 믿고 그에 따라 당신 딸에게 얘기를 하려 하면 딸은 당신이 근거 없는 판단과 가정에 의거하고 있다고 당신 의견을 묵살할 것이다. 남성 방송인들이 인종, 아동학대, 가정폭력에 대해 신랄한 비판을 가하는 음악을 제작하는 한편 여자들이 카메라를 향해 돈을 날리는 남자들 얼굴 앞에서 엉덩이를 흔드는 여자들 얘기를 담은 노래를 만드는 일은 흔한 일이다. 여성 가수들의 경우에도 여성운동이나 여성들의 자존감 향상에 관한 노래를 하면서도 자기들이 더 매력적이기 때문에 사람들이 자기들을 질투하고, 다른 여자들의 남자친구를 가로채는 내용의 노래를 한다. 예를 들어 내가 좋아하는 가수 중 한 명인 시애라(Ciara)는 몇 년 전에 여성 제작자와 함께 성적 고정관념에 도전하는 놀라운 뮤직비디오를 제작했다. 바로 그해에 그녀는 같은 제작자와 함께 개목걸이를 목에 걸고 저스틴 팀버레이크가 그걸 당기는 스트리퍼 흉내를 내는 뮤직비디오를 제작했다. 이런 상황에서 특정 가수들이나 그들이 하는 행동을 추종할 필요는 없다. 그저 당신이 딸에게 얘기할 때 이를 염두에 두고 얘기하면 딸이 당신 말을 진지하게 받아들일 것이다.

내가 너무 심각하게 분석적으로만 바라보고 있는가?

고등학생이나 대학생이 내게 이런 질문을 잘하고 나도 이런 질문들의 근거가 무엇인지 이해한다. 만약 내가 요구한 대로 한다면 다시는 가볍게 음악을 듣거나 뮤직비디오를 볼 수 없을 것 같을 것이다. 무슨 말인지는 알겠다. 그리고 내가 너무 분석적이라는 점을 인정한다. 그러나 당신은 누가 나보다 더 분석적인지 아는가? 바로 그런 음악을 파는 음악인들이다. 나 한 사람의 두뇌는 그런 음악가들과 일하는 마케팅 관련자들의 군단과 비교하면 아무것도 아니다. 그들은 가수들의 이미지에서부터 휴대전화, 노트북, 뮤직비디오를 찍은 장소, 술과 그 가수가 노래에서 언급한 옷까지 다 판다. 이는 누가 당신 딸의 두뇌를 조종하는지에 대한 얘기다. 당신 딸일까? 아니면 당신 딸을 맹목적이고 생각 없는 소비자로 만들려는 단 하나의 의도를 가진 사람들일까?

딸이 듣는 음악에 대해서 딸에게 말하라

지금까지 얘기한 내용들이 음악이 지극히 사적인 것이고 젊은이들에게 강력한 힘이 있다는 사실을 부인하는 것은 아니다. 음악은 긍정적인 방향으로도 사람을 변화시킬 수 있다. 십대들에게 음악이나 선호하는 다른 매체를 함께 공유하자고 하는 것은 일기를 공유하자는 말과 같이 들릴 수도 있다.

딸과 대화를 잘하는 기회를 잡기 전에 그런 매체에 대한 당신 자신의 감정적인 반응이 어떤지 한번 다루어보는 것이 필수적이다. 음악인지 비디오게임인지의 여부는 상관없다. 얼굴 가득 혐오감에 차서 딸과 마주 앉아 대화를 잘할 수는 없다. 대신 다음과 같이 해보라.

내가 지금 네가 듣는 음악에 대해서 왈가왈부하는 건 인정한단다. 대신 난 네가 듣는 음악이나 네가 그 음악을 좋아하는 이유를 알 필요가 있는 것 같아. 그걸 알고 나서 그 얘기를 하고 싶단다. 너하고 마찬가지로 나는 하루 종일 그런 음악에 노출되어 있고 우리 둘 다 어떤 메시지에 노출되어 있는지 알았으면 해. 나는 우리가 듣는 걸 잘 알았으면 하고, 네가 좋아하는 게 뭐고 왜 좋아하는지 얘기해주었으면 해. 그다음에 내가 그걸 더 잘 이해할 수 있게 너에게 몇 가지 질문을 할 수도 있고.

연방 통상부의 보고서에 따르면 십대(12~17세까지)들이 TV에서만 연평균 31,000개의 광고를 본다는 점을 지적할 수 있다. 여기에는 방송 내 간접광고, 웹 광고, 문자 광고, 광고판, 잡지, 카탈로그, 게임이나 기타 매체는 포함되지 않고 있다.[*]

아이들이 접하는 미디어를 세분화해보면?

미디어가 작동하는 방식을 이해하기 위해서 당신이 듣는 것과 보는 것을 분리하고 세 가지 분야로 나눠서 들을 수 있다. 세 가지 분야란 고취하는 내용,

---

[*] Holt, D. J., Ippolito, P. M., Desrochers, D. M., & Kelley, C. R. (June 1, 2007). Children's exposure to TV advertising in 1977 and 2004 (Federal Trade Commission Bureau of Economics Staff Report). www.ftc.gov/os/2007/06/cabecolor.pdf.

관계를 다룬 것, 반항이다.

고취하는 음악이나 미디어는 물질적 성공을 성취하거나 다른 사람들보다 우월해지려는 욕망이나 야망을 보여준다. 고취하는 음악이나 뮤직비디오는 소녀세계나 소년세계를 강화하는 것들이다. 대부분의 팝 음악이 이 부류에 해당된다.

관계를 다루는 음악이나 미디어에는 시청자들과의 관계를 표현하는 내용이 있다. 가수들은 청취자들이 겪고 있는 일들을 이해하거나 공유하고 있다고 주장한다.

반항 음악은 그들이 속한 문화에 대해서 적대적인 태도를 취하거나 적극적인 저항을 보여준다. 가수들은 소녀세계나 소년세계를 반대한다.

만약 딸이 원한다면 같이 비디오를 보고 아래의 질문을 던져보라.

비디오를 보고 나서 처음 드는 느낌은 뭐니? 너의 본능적 반응은 뭐니?

이 비디오를 만든 사람들은 네가 무슨 생각을 하길 원하는 것 같니?

이 비디오를 만든 사람들은 네가 어떻게 느끼길 바라는 것 같니?

이 비디오를 만든 사람들은 네가 뭘 사길 바라는 것 같니?

너는 간접광고를 본 적이 있니?

너의 처음 반응에 대해서 다시 얘기해보면, 거기에 비디오가 작용한 것 같니?

양성행동지침이 강화된 것을 본 적 있니? 혹시 보았다면 언제 그리고 어떻게?

분별력 있는 딸을 원한다면

내가 쓴 모든 말은 다음과 같이 정리될 수 있다―기술과 미디어에서 이용되는 방식은 우리가 사는 세계를 계속 변화시키고 있다. 최신 기술과 대중매체에서의 이용법은 우리 세계에서 계속적으로 변화하고 있다. 그것들은 당신 딸이 세계와 더 깊은 관계를 맺고 호기심을 갖고 생각하게 만들 수도 있고 그 생각이나 상품을 아무 생각 없이 소비하는 소비자가 되게 할 수도 있다. 당신의 딸이 비판적으로 사고하는 사람이 되는 기회를 헛되이 버리지 마라. 이 기회는 딸이 자신의 잠재력을 온전히 발휘하는 능력 있는 성인으로 성장하게 해줄 것이다.

기술 사용 계약서 사례

딸에게 당신 가족의 가치를 심어 주는 구체적인 방법은 가족 기술 사용 계약서를 작성하는 것이다. 식탁에 둘러앉아 가치가 무엇인지 기술을 사용할 때 그 가치가 어떻게 보일지에 대해서 질문하는 것으로 시작한다. 55쪽에 사례가 소개되어 있다.

만약 당신 가족이 종교가 있다면 이 계약을 가족과 종교적 가치 사이의 관계를 보여주는 기회로 삼고 종교지도자 앞에서 서명하라. 만약 종교가 없다면 공증인 앞에서 작성하라. 둘 중 어떤 경우든 당신은 다른 사람들을 존중하는 것이 가족의 방침이며 말은 지킨다는 걸 이해하길 바란다. 마지막으로 시각적으로 상기시키는 효과를 보기 위해 컴퓨터 계약서의 초안을 액자로 만들어 컴퓨터 근처에 둔다.

당신이 보는 것처럼 이 장은 기술이 당신 딸의 삶에 영향을 미치는 내용들로 이루어졌다. 이어지는 장들에서는 소녀들의 삶의 모든 영역에 얽혀 있는 모습을 보게 될 것이다.

이제 우리는 어린 소녀들의 사회적 갈등에 대해 살펴볼 것이다. 예를 들면 한 부모는 다섯 살 된 딸이 밖에서 여왕벌이 "공주는 바지를 입지 않아. 그래서 너는 우리와 같이 놀 수 없어."라고 하는 얘기를 듣고 눈물을 흘리며 집으로 돌아온 얘기를 했다. 만약 당신 딸과 같은 반인 여덟 살 난 소녀의 남을 조종하는 행동을 듣고 충격을 받은 적이 있거나 당신 딸의 사회적 역동의 씨앗이 어떻게 뿌려지는지를 알고 싶다면, 다음 장은 당신을 위한 장이 될 것이다.

우리 에드워드 가족은 우리 가족이 가치에 진실함과 연민이 포함되어 있음을 믿는다. 가족 구성원들은 누구나 기술 사용이 가족의 가치를 반영한다는 것을 이해한다. 그러므로 우리는 아래의 내용들이 우리 가족의 가치에 정면으로 반하는 것을 인식하고 있다.

- 다른 사람의 동의를 구하지 않고 그 사람의 비밀번호를 사용하는 행위
- 소문 퍼뜨리기
- 성적인 내용의 이메일을 보내거나 전달하기
- 바이러스 퍼뜨리기
- 인터넷 여론조사 참여
- 타인을 공격하는 내용의 웹사이트나 블로그를 제작하거나 참여
- 페이스북, 마이스페이스, 장가(Xanga), 라이브저널(LiveJournal), 유튜브 등을 이용하여 다른 사람을 망신 주는 내용을 제작하거나, 보거나, 제작에 참여하는 행위

만약 가족 구성원 중 누구라도 위의 이 계약 내용을 위반하는 행동을 한 것이 발견될 경우 아래와 같은 일이 벌어질 것이다.

- 첫 번째 위반 : 일정 기간 동안 컴퓨터나 휴대전화 관련 권리가 제한된다.
- 두 번째 위반 : 컴퓨터나 휴대전화 관련 권리가 _____ 동안 제한된다.
- 세 번째 위반 : 그 사람의 가장 중요한 권리 중 한 가지가 박탈될 것이다. (기억하라. 아이팟은 권한이며 팀 스포츠에 참여하는 것도 마찬가지다. 그것이 비록 아이에게 도움이 된다고 해도 말이다.)

누구든지 실수할 수 있지만, 이 가치관에 따라 생활하는 것이 매우 중요하다고 우리는 생각한다.

서명일자 : _____년 _____월 _____일
자녀 : _____
부모 : _____

Copyright ⓒ 2009 By Rosalind Wiseman

아주 어린 사람들에게
실제로 일어나는 일은?

2학년은 무슨 일이든 벌어질 수 있는 시기이다.　　　　　　　　　－애나, 9세

나의 여동생은 3학년이고 아홉 살인데, 동급생 몇 명은 파벌적인 비열한 행동을 한다. 당신이 중학생이 아니어서 스트레스 안 받는 것이 다행이다. 그런 일은 중학교 때보다 더 일찍 시작된다.　　　　　　　　　　　　　　　　　　　　　－루시, 14세

몇 년 전에 금세 내 눈을 사로잡은 작은 꾸러미의 우편물이 도착했다. 그것은 갈색 종이 가방에 들어 있었고 정교하게 포장되어 있었다. 왼쪽 상단 모서리에는 발신지가 오클라호마로 된 주소가 적혀 있었다. 어떤 사람이 그렇게도 완벽하게 물건을 포장했는지 궁금해하면서 나는 그것을 풀었고, 존 이튼 초등학교의 5학년 때 선생님이었던 클라크 선생님의 아름다운 글씨체가 메모된 이 책을 보고는 깜짝 놀랐다.

　친애하는 로잘린드에게
　나는 열 살 된 손녀딸이 친구들과 문제가 있어서 이 책을 샀어요. 그러나 내가
　책을 읽었을 때 책 속에 나쁜 말들이 있어서 당신에게 매우 화가 났어요. 나는
　손녀딸에게 이런 세계를 소개해주고 싶지 않아서 이 책을 양심상 줄 수가 없었

어요. 모든 그런 나쁜 말을 사용하지 않고서 이런 것들(친구관계에서의 갈등)에 대해 소녀들에게 얘기해줄 수는 없나요? 그래서 이제, 나에게는 더 이상 이 책이 필요하지 않으니 정중하게 책을 당신에게 보냅니다.

마가렛 개리슨

좋아요, 마가렛, 당신이 옳아요. 나는 어린 소녀들이 여왕벌(보스 같이 구는 여자), 패거리, 사회적 잔인함을 경험하기 때문에 그녀들을 위해 뭔가를 써야 할 필요가 있었어요. 그래서 이 장은 어느 정도는 함께 읽을 수 있도록 어린 소녀들을 위해서 뭔가 특별한 것을 써 달라고 나에게 요청한 당신과 모든 다른 조부모들, 부모들, 이모들, 선생님들을 위한 것입니다.

어른들은 어린 소녀들이 그렇게 비열하게 될 수 있다는 것에 종종 많이 놀란다. 아마도 그건 그녀들이 귀엽게 보이기(즉, 악의가 없는) 때문이며, 그녀들은 여전히 잘 안기고(친근하고), 우리들의 충고를 잘 따르기 때문이다. 아마도 그건, 우리가 아이들이 다른 사람에게 창피를 주는 나쁜 말들을 사용하지 않으면 비열한 정도가 심각하지 않다고 생각하기 때문이다. 불행하게도, 잔인함에 대해서는 최소한의 나이란 없다.

내가 7~11세 소녀들로부터 받은 몇 가지 질문이 여기 있다.

왜 사람들은 따돌림에 대해 알기도 전에 다른 사람들에게 배타적일까요?

만약에 당신이 다른 나라에서 왔기 때문에 아이들이 당신을 놀리면 어떻게 하실 생각이세요?

내가 다른 아이들과 친구가 되는 것을 방해하는 사람들을 어떻게 대해야 할까요?

어떤 아이가 올해 초에는 당신에게 매몰차게 굴었고, 지금은 당신을 놀리고 있다면, 당신은 어떻게 할 건가요?

나는 방관자였고, 괴롭히는 아이가 나에게 얘기하지 말라고 하였고, 그렇지 않으면 때리겠다고 협박을 한다면, 나는 어떻게 해야 하죠?

당신의 가장 친한 친구가 괴롭히는 아이고, 걔는 그것을 모른다면 어떻게 될까요?

당신의 패거리들이 당신을 있는 그대로 받아들이지 않고, 당신이 가진 물건들만 수용할 때 당신은 어떻게 할 수 있죠?

인종차별에 대해서 당신은 어떻게 생각하나요? 그리고 당신은 그것을 어떻게 중지시키죠?

내가 항상 거절당하는 패배자라면 어떡하죠?

그리고 내가 개인적으로 좋아하는 질문은 바로 이것이다.

미국에서는 얼마나 많은 나쁜 영향이 존재하나요?

이런 질문들에는 사람들이 한 번쯤은 겪을 수 있는 어려운 문제가 반영되어 있다. 왜 사람들은 다른 사람들을 차별대우할까? 내가 어떻게 부당함에 저항할 수 있을까? 내가 무시당하고 굴욕을 당했을 때 나는 내 자신을 위해 어떻게 할 수 있을까? 상처받고 있는 소년 또는 소녀들을 어떻게 내가 도울 수 있을까? 당신이 당신의 딸들을 살펴볼 때, 딸들이 그 또래에 벌써 심각하고 복잡한 문제를 경험했을 수 있음을 명심하라.

어린 소녀들에 대해서 명심해야 할 것들

- 딸이 자신의 삶에서 경험한 것을 당신에게 얘기한 내용은 사실이지만, 딸이 당신에게 얘기한 것이 전부라고 가정하지 마라.
- 소녀들은 자기들끼리만 못되게 대하지는 않는다. 그녀들은 소년들에게도 똑같이 잔인할 수 있다─일부 소년들이 소녀들에게 못되게 구는 것처럼.
- 당신의 딸이 단지 클럽 펭귄(MMORPG 온라인 게임)이나 웹킨즈로 상호작용함에도 불구하고, 그녀는 그것을 이용해서 다른 사람에게 못되게 굴 수 있고, 반대일 수도 있다.
- 소녀들이 4학년, 5학년이 될 때까지, 그녀들의 대부분은 가장 자주 방문하는 웹사이트로 유튜브를 든다. 유튜브를 하면서 그녀들은 원하는 어떤 뮤직비디오도 볼 수 있고 만들 수 있다. 나와 함께 일하는 대부분의 부모들은 그 사실을 인정하기를 거부한다.
- 4학년쯤에는 당신 딸의 반 친구들(또는 당신의 딸)은 사춘기에 접어들

것이다.

- 비슷한 시기에, 믿을 수 없을 정도로 남자를 밝히는(젊은 남자에게 낭만적인 또는 성적인 매력을 과도하게 느끼는 것) 소녀들도 있을 것이다.
- 소녀들은 위에 언급한 심각한 질문들 외에도 '그녀는 선정성이 자신의 특색임을 안다'는 강렬한 갈등 속으로 빠져들 수 있다. 소녀들에게 윤리와 친구관계를 가르치는 데 아무리 괴로운 주제라도 이용하라.
- 소수만 이해하는 농담, 비밀 언어, 클럽들이 이 또래에서는 정상적이지만, 그것들은 악의 없는 장난이라고 변명할 수 있기 때문에 쉽게 상처를 주는 효과적인 수단이 된다.

더 일찍 시작해야 될까?

그 질문에 대해서 이미 나름대로의 답을 가지고 있는 사람들로부터 셀 수 없을 만큼 많이 그 질문을 받아 왔다. 세상의 흐름이 소녀들을 형편없이 만들수도 있다고 부모들이 생각하는 것처럼 말이다. 당신은 나의 대답을 좋아하지 않을지도 모른다. 그것은 물속에 있지 않다. 그것은 부모라는 거울 속에 있다. 부모들은 여덟 살 소녀에게 최신 유행인 섹시하거나 괴이한 옷을 사주는 것을 귀엽다고 생각하거나 브리트니 스피어스나 케이티 페리의 최신곡을 립싱크하는 게 그저 우습다고만 생각하는 문화를 받아들이고 있다. 모든 사람들이 볼 수 있는 유튜브에 그것을 올리는 어른들은 좀 웃긴다. 사춘기 전의 딸과 함께 매니큐어, 페디큐어를 같이 하러 가는 것이 엄마들의 문화가 되었다. 나는 어릴 때 엄마와 함께 미용실에 갔고 그것은 유대(애착)경험이었다 ― 나는 엄마가 머리를 하는 걸 보았다. 엄마처럼 머리를 하지 않아도 엄마와 함께 있어서 좋았다.

이 소녀들은 더 비열해지도록 압박받는 것이 아니라 조숙해지도록 압박받는 것이다(책임감 등이 증가한다는 의미가 있는 성숙해지는 것과는 대조적이다). 비열해지는 것은 단지 부산물이다. 어른들은 어린 소녀들에게 그들이 이미 십대이고 그렇게 되길 원한다는 가정하에 제작한 저작물을 제작하고 그것들에 접근할 수 있게 하는 사람들이다. 만화는 소녀들을 피상적이고 심술궂다고 묘사한 리얼리티 쇼를 근거로 제작된다. 장난감과 웹사이트는 그들에게 유명인사에 걸맞은 옷, 보석과 버릇없는 태도가 허용된 '유명인사'가 되라고 부추긴다.

왜 부모들은 딸들이 조숙해지도록 압박하는가? 정말로, 많은 부모들은 딸들처럼 복잡한 시장에 속아서 그들이 하는 것을 깨닫지 못하고 있을 뿐이다. 마케팅 전략은 최신의 스타일과 자기애적 태도를 지닌 미니 성인과 같이 행동하는 것이 높은 자존감과 신뢰감을 가질 수 있다는 거짓된 이미지를 딸들과 부모들에게 주는 것이 목적이다. 그래서 우리는 내용물의 아래에 있는 실제를 보지 못하고 메시지를 사게 된다.

비슷하게, 어린 나이의 소녀들은 점점 더 성적인 방식으로 스스로를 표현하도록 압박받고 있다 ─ 그 문제에 적절하게 대처할 효과적인 양육법은 그동안 없었다. 무용수업 발표회를 하는 소녀들은 뮤직비디오에 나오는 성인 여자들의 의상을 입고 있다. 부모들은 책을 읽지 않으면서 책이 문화적 가치를 전달해준다고 생각해 딸들이 TV를 보거나 문자메시지를 주고받는 대신에 책을 읽는 것을 보고 종종 행복해한다. 그리고 만약 당신이 이런 문제를 인식하고 있을지 모르겠지만, 많은 부모들은 고압적이며 초조해하는 헬리콥터 부모(극성스럽게 자녀를 지켜보며 주위를 맴도는 부모)라는 인상을 주는 것을 원하지 않기 때문에 불평하지 않는다. 이런 역동들이 합쳐져서 어린 소녀들에게 비열하고, 물질만능주의적이고, 좀 더 전형적인 청소년기 행동을 조장한다.

물론 때때로 당신은 더 이상 싸울 에너지가 없을 정도로 거의 탈진했을지도 모른다. 나는 정말로 그렇게 생각한다. 그러나 이것은 우리가 꼭 싸워야만 하는 전투다.

당신은 이 문제에 대응할 수 있고 당신의 딸이나 당신의 삶에서 만나는 다른 소녀들에게 가능한 한 빨리 이 과정을 통해서 문제해결법과 전략을 제공할 수 있다. 연습을 시작하자. 당신은 딸과 그것을 할 수 있다. 사라 실버

스톤과 아델 페인터는 그들의 학생들을 위해서 이런 연습을 제시한, 워싱턴 D.C.에 있는 쉐리단 학교에서 근무하는 선생님이다. 나는 그 연습(훈련)을 매우 좋아하고 그것을 당신과 공유하려고 한다.

당신의 현재를 가장 잘 나타내는 단어를 표시해보라.

우두머리 행세를 하는

외향적인, 사교적인

흐름에 맡기는

조용한

수줍어하는(부끄러워하는)

지도자

추종자(따르는 사람)

도움이 되는

불안한

기분변화가 심한(안 좋은)

강요하는(지나치게 밀어붙이는)

빈정대는(비꼬는)

당신은 항상 다른 모습을 보여줄 수 있다는 것을 기억하라. 당신은 당신이 어떻게 되는 것에 책임이 있다. 위에 있는 단어를 다시 보고, 다음 세 가지 질문에 대답하라.

어떤 단어를 내 성향에서 추가하고 싶은가?

어떤 단어를 내 성향에서 빼고 싶은가?

어떤 단어처럼 되고 싶은가?

좋은 장난과 짓궂은(비열한) 장난 사이의 차이점은 무엇인가?

괴롭힘의 가장 혼란스러운 측면 중 하나는 무해한 장난이라고 고려할 가치가 없다고 쉽게 묵살(일축)되는 것이다. 다음에 차이점에 대한 설명이 있다.

좋은 장난

장난치는 사람에 대해 괜찮은 느낌이 든다.

장난치는 사람의 의도가 당신을 바보로 만든 것 같은 느낌을 주지 않는다.

만약에 당신이 그것을 좋아하지 않는다고 결정하면, 당신은 그것을 말할
수 있고 중지시킬 수 있다.

의도하지 않은 나쁜 장난

당신은 그것을 싫어한다.

장난치는 사람은 당신이 어떻게 느끼는지 또는 당신의 얼마나 감정이 상했
는지 알지 못한다. 왜냐하면 장난치는 사람은 당신이 그렇게 강한 강점
을 느끼리라고는 생각하지 못하기 때문이다.

만약에 당신이 그들에게 그만하라고 말한다면, 그들은 더 이상 장난치진
않을 것이다.

비열한 장난

당신의 기분을 나쁘게 하고, 불안하게 하고, 또는 당황스럽게 만들기 위해
서 장난을 한다.

당신이 어떤 것에 대해서 놀림을 받았고, 다른 사람들은 당신이 그것에 대
해서 불안해한다는 것을 알고 있다.

만약에 당신이 자신을 방어하려 하면, '지나치게 민감하다'거나 농담을 받
아들이지 못한다는 식으로 놀림을 받거나 비난을 받는다.

장난이 결코 멈추지 않는다.

왜 '농담이야'가 결코 유쾌하지 않는가?

누군가가 짓궂은 얘기를 하고 나서 '농담이야'라고 하는 것은 실제로 당신에
게 상처를 주지만 농담에 대해서 당황할 수 있는 당신의 권리를 부인하게 된
다. 이것은 굉장히 사람을 조종하는 말이다. 왜냐하면 그들의 행동에 대한 책
임감을 회피시켜주기 때문이다. 더 짜증나는 것은, 만약에 당신이 불평을 한

다면 그것(농담이야 하는 말)이 당신을 무시하고 조롱할 수도 있게 허락하기 때문이다.

> 나는 내 친구들이 나에게 '농담이야'라고 말하는 것이 싫다. 그들은 나를 괴롭히고, 그래서 나는 참으려고 노력하는데 때때로 더 이상 참기 힘들어진다. 그때 나는 폭발하고, 그러면 그들은 "진정해, 만약에 네가 그렇게 예민하게 굴면 우리는 너랑 친구가 될 수 없어."라고 말한다. 그러나 나는 친구가 되고 싶어서, 그들에게 다시 돌아가기 위해서 결국 매달리게 된다. 나는 그게 정말 싫다.   －사만다, 10세

사만다의 말이 절대적으로 맞다. 당신의 친구들이 당신을 놀리고 나서 그것을 인정하지 않는 것은 정말로 나쁜 것이다. 더 나쁜 것은 당신의 친구들이 당신과 결별하겠다고 위협하는 것이다. 그렇게 되면 당신은 조롱을 참고 견디거나 친구를 잃거나 하는 선택을 할 수밖에 없다고 느끼게 된다. 나이와 상관없이 대부분의 사람들은 가까운 사람이 비열한 장난을 하고 그것을 인정하지 않는 것에 대한 분노와 좌절감을 감춘다. 감추는 것과 같은 이러한 행동은 다른 사람이 당신을 나쁘게 대할 수 있는 권리를 인정한 것으로 받아들여지기 때문에 좋은 행동이 아니다. 당신은 결코 이러한 종류의 관계를 원하지 않는다.

고자질과 알리는 것의 차이는 무엇인가?

고자질은 그 사람을 곤란에 처하도록 하는 것이다.

알리기는 당신이 스스로 해결할 수 없는 문제에 대해서 그것을 믿을 만한 성인에게 얘기하는 것이다.

알리기의 목적은 잘못을 바로잡는 것이다.

문제가 해결되길 원하기 때문에 사람들은 문제를 보고한다.

문제가 더 커지거나 또는 대부분의 사람들이 그 문제를 알도록 하기 위해서 사람들은 고자질한다.

그 둘 사이의 차이점을 말하기가 정말 곤란할 때가 있다. 왜냐하면 당신이 그

얘기를 하면 그 문제가 새삼 주목받게 된다. 이는 마치 어떤 문제가 어두운 동굴 속에 숨겨져 있는데 당신이 큰 손전등으로 비추는 것과 마찬가지다. 당신이 얘기를 해서 사람들이 당신에게 화를 낼 때 기억해야 할 가장 중요한 점은 당신이 그 얘기를 해서 그 사람들이 곤란해진 것이 아니라는 사실이다. 그들이 규칙에 반하는 방식으로 행동했기 때문에 곤란한 상황에 처하게 된 것이다. 만약에 당신이 그것에 대해서 무엇인가 말하기를 원한다면, 다음과 같이 말하라고 조언해주고 싶다―"그들은 내가 선생님(부모님, 코치 등)에게 말했기 때문에 곤란해진 것이 아니다. 그들은 그들이 한 행동(그들이 한 구체적인 행동을 말하라) 때문에 곤란해졌다."

당신의 아이가 당신에게 누군가가 그들에게 비열하게 행동한다고 말할 때 어떻게 말할 수 있을까?

첫 번째로 부모들이 말하는 몇 가지 흔하고, 이해할 만하지만 별 도움은 되지 않는 반응을 기술해보도록 하겠다.

> 걔네들이 질투하는 것일 뿐이야.
>
> 걔네들이 불안정해서 그런 것일 뿐이야.
>
> 그런 친구는 없는 게 더 낫다.
>
> 좋은 친구가 어떤 건지 그들에게 보여줘.
>
> 착하게 살아야지. 괜찮아. 그냥 잘 대해줘.
>
> 강해져야지. 마음 단단히 먹어.
>
> 너를 괴롭히게 내버려두지 마. 신경쓰지 마.
>
> 그냥 무시해버려.

여기서 다음과 같이 명확하게 정리해보겠다. "착하게 살아야지." 그리고 "좋은 친구가 어떤 건지 그들에게 보여줘."라는 말이 효과가 없는 이유는 당신의 딸이 자신에게 매몰차게 구는 친구들에게 이런 말을 한다고 해도 그들에게는 착하게 보이지 않기 때문이다. 그들의 눈에 그녀는 약하고, 쉽게 조종당할 것같이 보인다.

당신이 말해야 하는 것은 이것이다.

정말로 유감이다.

나에게 말해줘서 고마워.

나는 어떻게 그것을 처리하는 것이 더 나을지에 대해서 네가 생각하도록 도와줄게.

그러나 당신의 아이가 "엄마, 내가 엄마에게 말은 하겠지만 아무것도 하지 않겠다고 약속해줘요."라고 한다면 어떻게 할 것인가?

나는 어떤 부모라도 이 약속을 하길 원한다고 정말로 생각한다. 그것이 상식이다. 당신은 딸이 계속해서 당신에게 얘기하기를 원한다. 만약에 당신이 이 약속을 하지 않는다면, 그녀는 이제 더 이상 얘기하지 않을 수 있다는 이해할 만한 두려움을 가지고 있다. 그래서 약속을 하는 것은 이해가 된다. 잠깐 기다려라. 대신에, 이것이 내가 당신이 말하길 원하는 것이다. "나는 정말로 그 약속을 하고 싶지만, 그렇게 할 수가 없구나. 그 이유는 네가 우리에게 너무나도 큰 문제라서 혼자서는 감당할 수 없는 문제를 말할 수도 있기 때문이야. 하지만, 내가 할 수 있는 약속은 다음과 같은 것들이야. 만약에 우리에게 다른 사람들의 의견이 필요하다고 생각한다면, 너에게 그것을 말할 것이고 가장 도움이 될 만한 사람을 선택할 때 너에게 도움을 요청할게."

주목해야 할 점은 아이들에게 궁극적인 결정권을 준다고 말하지 않았다는 것이다. 당신은 성인이고, 궁극적인 책임은 당신에게 있다. 그러나 아이들은 당신의 결정을 참을 수 있고, 그들이 정말로 동의하지 않을지라도, 당신은 그 과정의 부분으로 그들을 포함시킨다면 당신의 결정을 감내할 수 있다. 아이들이 당신에게 말하기를 중단할 때는 그들이 약점을 잡혔거나 돌아가는 사정을 다 알지 못해서 존중받지 못한다고 느낄 때이다.

SEAL 전략

이 책을 통해서, 당신은 내가 무엇인가에 대해서 화가 나거나 당황했을 때에 그 상황에 대해서 생각할 수 있도록 해주는 전략을 배우게 될 것이고, 그 전략을 딸에게도 가르칠 수 있다. 나는 그것을 SEAL이라고 부르고, 그것은 다음 네 가지를 의미한다.

멈추고 전략 짜기(Stop and Strategize) : 심호흡하기, 듣기, 언제, 어디서, 지금 또는 나중 생각하기.

설명하기(Explain) : 네가 좋아하지 않는 무슨 일이 벌어졌는지 그리고 네가 원하는 것은 무엇인지.

단언하기(Affirm) : 갈등에 기여한 너의 어떤 행동도 인정(인식)하지만 다른 사람으로부터 품위 있게 대우받을 권리를 단언하기, 그리고 반대도 마찬가지임.

잠그기(Lock) : 우정을 공고히 하기, 휴가 가기, 또는 친구관계를 끝내기.

만약에 당신이 이 글을 읽고 "내 딸이 이렇게 할 방법이 없어. 이것은 어려운 일이야."라고 생각한다면 충분히 이해할 만하다. 그것은 아마도 우리의 대부분과 같이 소녀들에게 대개 갈등 후의 성공이란 그 후에 친구가 되거나 또는 다른 사람을 파멸시키는 것이라고 정의하기 때문이다. 다른 사람과의 대립이 무엇을 의미하는 것인지에 대한 정의를 당신이 딸에게 다시 질문하라. SEAL은 당신이 누군가에게 정말로 화가 나는 상황에 처할 때나 당신이 완벽한 말을 생각하지만 막상 당신을 화나게 만든 사람을 설득하려 하면 할 말을 잃어버리는 경우에 도움이 된다. SEAL은 당신이 생각하는 것을 명확하게 하는 데 도움이 되고, 그래서 당신은 그 사람에게 말하려고 하는 내용과 말하는 방법이 분명해진다. 그래서 당신이 하는 그것의 어떤 부분도 성공이다. 만약에 당신이 누군가에게 몹시 화가 났을 때, 당신은 멈추기의 'S'만 해도 그것은 굉장한 일이다. 다음 주에 당신은 'E'를 시도할 수 있다.

여기에 당신이 SEAL을 사용해볼 수 있는 두 소녀 사이에서 흔히 벌어지는 상황이 있다.

케이티 : 너 사라가 우리가 무슨 얘기를 했는지 알아내려고 애쓰는 것 봤
　　　니? 그 바보같은 계집애가 나 하는 것마다 다 따라 하려고 해.

아만다 : 알아. 걔는 정말 짜증나.

케이티 : 쉬는 시간에 걔를 못 본 척해보자. 마치 걔가 투명인간인 것처럼.

아만다 : 글쎄…

케이티 : 내 말은 그 밖에 우리가 해야 되는 일은 뭘까? 걔는 항상 우리와
　　　함께 있을 수 있다고 생각하는 것 같은데, 우리가 안 껴주면 난리를 치
　　　잖아?

방관자가 되는 것의 문제는 종종 그 일이 벌어지는 그 순간에 정확하게 무
엇을 해야 하는지 알기가 정말로 어렵다는 점이다. 방관자는 나중에 입장을
번복하거나 아무 말도 할 수 없다는 의미가 아니다.

멈추고 전략 짜기 : 아만다는 그녀의 나쁜 감정을 어떻게 말할지 결정하고
　　　케이티에게 얘기할 시간을 선택한다.

설명하기 : 나는 지금 은어를 쓰는 것 또는 사라를 투명인간처럼 대하는 것을 원하지
　　　않아. 그것은 게임 같지만 그렇지 않아.

단언하기 : 네가 사라와 친구가 될 필요는 없지만 우리가 걔한테 짓궂게 할 수도 없어.
　　　걔를 투명인간처럼 대하는 것은 비열한 짓이야.

잠그기 : 이것은 정말로 힘들지만 너는 내 친구니까 말하는 거야.

우리는 6장 '비열한 소녀들'에서 이것을 좀 더 조사할 것이다. 소녀들이 사
용하는 단어 중에서 그 느낌에 대해 정확하게 당신에게 얘기할 필요가 있는
짜증스러운(annoying)이라는 단어에 주목할 것이다. 왜냐하면 그것은 한 소녀
가 다른 소녀들에게 저항하는 것을 의미할 수 있기 때문이다.

비슷하게, 소녀들이 행동을 묘사하는 단어인 **비열한(mean)**이라는 단어를
사용할 때, 그들은 분노를 표현하는 것으로 묘사될 수 있다. 분노를 표현하
는 것이 꼭 비열할 필요는 없다는 것을 깨닫는 것은 소녀들의 정서적인 건강

에 매우 중요하다.

　이제 우리는 어린 소녀들과 부모들이 겪는 몇 가지 흔한 경험에 대해서 그들이 어떻게 SEAL을 사용하고 연습하는지를 살펴보게 될 것이다.

밤샘파티

밤샘파티는 그 무엇보다도 끔찍한 생각이다. 그게 진실이다. 인정해라. 소녀들이 형편없는 음식을 먹고, 너무 늦게까지 깨어 있고, 그래서 당신도 또한 늦게까지 깨어 있고, 누군가가 보통은 울게 되고, 격노하고, 또는 기분이 나빠서 집에 가야 한다고 당신에게 얘기하고, 그것은 "다른 소녀들이 나에게 정말로 짓궂게 굴어요."라는 소녀들의 코드이다.

　그래서 우리는 밤샘파티에 대한 몇 가지 상식적인 규칙을 가질 필요가 있다.

1. 이상적으로 단 한 명만 자고 간다.
2. 취침시간 - 다음 날 등교하는 밤(=평소 학기 중의 취침시간처럼)처럼 일찍 자야 할 필요는 없다고 해도 최소한 자정에는 잠자리에 드는 게 분별력 있는 것으로 보인다.
3. 그들이 보는 영화나 컴퓨터 그리고 휴대전화 사용은 엄격하게 감시되거나 제한된다.

이유는?

1. 만약에 한 명 이상이 있다면, 당신은 소녀들의 드라마를 조장하게 된다. 누가 누구 옆에서 자는지부터, 누군가는 모르는 자기네들끼리의 농담까지 - 그것은 난장판이다.
2. 만약에 부모님이 아이들을 새벽 2시에 자도록 허락한다면, 당신은 당신 아이의 탈을 쓴 고약하고 앙탈스러운 녀석을 데리고 와야 하는데 아예 친구네로 다시 가서 하루 더 있다 오라는 게 나을 것이다.
3. 밤샘파티는 항상 드라마의 중심이었다. 그러나 여기에 메신저, SNS, 그

리고 휴대전화가 더해지면, 그 드라마는 수용 가능한 것에서 폭발적인 것으로 변화된다. 가장 흔한 각본 중 하나는 한 소녀가 휴대전화를 들고 있거나 또는 컴퓨터 키보드 앞에 앉아 있을 때, 동시에 다른 소녀들이 할 말을 얘기해준다. 이런 방식으로 문자, 음성메일 또는 인스턴트 메시지는 "뭐해?"로 시작해서 전면적인 험담 전쟁으로 변화한다.

만약에 당신의 딸이 친구네 집에 초대를 받았다면, 당신의 딸을 데려다주기 전에 먼저 친구 부모에게 전화를 걸고 다음과 같은 대화를 나눠라.

당신 : 안녕하세요, 알란, 내일 밤샘파티에 시드니를 초대해주어서 정말 감사합니다. 딸은 정말로 기대를 많이 하고 있답니다. 나는 당신과 몇 가지에 대해서 확인하고 싶은데요.

알란 : 네, 물론이지요.

당신 : 시드니는 보통 9시 또는 9시 30분에 잠자리에 들어요. 아이들은 아마도 평소보다 조금 늦게 잠이 들겠지만, 10시 30분까지는 잘 수 있도록 해주시면 감사하겠습니다. 또한 아이들에게 어떤 케이블 채널을 보거나 컴퓨터를 하는 것을 허락하는지 말해줄 수 있으신지요? 내가 알기로 학급의 많은 아이들은 X(모든 아이들이 보기를 원하고, 부모들은 그것을 허락할지 말지에 대한 논쟁이 있는 최신영화)를 보기를 원하지만, 제 생각에 그것은 시드니에게 너무 어른스럽고/무섭고/폭력적이고/성적인 내용인 것 같습니다.

알란 : 그래요, 하지만 우리는 아이들이 정말 재밌게 보내길 원하지 않나요?

당신 : 물론이죠. 당신이 그것들에 대해서 주의 깊게 지켜봐 주신다면 정말 감사하겠습니다.

다른 한편으로, 만약에 당신이 집으로 딸의 친구들 초대한다면, 친구 부모에게 전화를 하고, 그들과 함께 위에 있는 내용들에 대해서 점검하라.

정보통신기술과 밤샘파티

많은 5학년 소녀들은 휴대전화가 없던 시절에 집으로 가려면 집에 유선전화로 전화를 걸어야 했다. 딸 친구의 부모들이 자기 딸이 욕실에서 울고 있다고 그들에게 전화했기 때문에 당황한 채 당신의 집 현관문을 두드릴 때 당신이 놀라지 않고, 무슨 영문인지 알 수 있었다. 지금은 당신이 보지 못할 가능성이 있는 것 같다. 또는 지역사회의 부모들 사이에서 당신의 집에서 소녀들이 얼마나 끔찍했었는지에 대한 이메일 소동이 벌어진 것을 발견하기까지는 당신은 아무것도 모를 가능성이 있다.

이로부터 당신을 보호하기 위해서, 밤샘파티를 하는 동안의 규칙에 대해 당신의 딸에게 기술 사용규칙에 대해서 틀림없이 명확하게 해두어야 한다. 집에서 보냈던 밤들과 정확하게 똑같은 규칙이 적용되어야 한다. 아이들은 혼자 있을 때 그런 규칙들을 오용하고 싶은 욕구가 생기는 것처럼, 밤샘파티를 할 때에는 그런 유혹이 훨씬 더 심해진다.

귓속말하기

당신의 딸이 복도를 걸어가면서 두 명의 소녀들 곁을 지나가자마자 곧 그들은 귓속말을 하기 시작한다. 그녀가 그들에게 무언가를 말할까? 나는 한 번 그런 일이 나타나면 그냥 내버려두는 게 좋다고 생각한다. 왜냐하면 그녀가 잘못된 추측을 할 수도 있기 때문이다. 그러나 반복해서 그런 일이 벌어진다면, 그때는 그녀가 하고 싶은 말을 준비하여 SEAL을 사용해서 그것에 대해 언급할 필요가 있다. 그녀가 준비를 하는 동안에 실제 생활에서 SEAL을 하라고 그녀에게 압력을 주지 마라. 복도에서 그녀들을 봤을 때 어떤 기분이었는지 그녀에게 물어봐라. 그녀의 말로 표현할 수 있게 해주어라. 당신이 그녀에게 전달할 필요가 있는 것은 그녀가 소녀들이 귓속말을 멈출 것인지 아닌지를 조절하지는 못하지만 그녀가 어떻게 할 것인지를 조절할 수 있다는 점이다. SEAL을 이용해서 그녀는 다음과 같이 할 수 있다.

멈추고 전략 짜기 : 그녀는 다음번에 그런 일이 벌어지면 그들에게 무엇인
가를 말할 것임을 결정한다.

설명하기 : 내가 지나갈 때 너는 오늘 세 번이나 귓속말을 했어. 내가 그렇게 하는 것을
막을 수는 없지만, 중요한 점은 너의 행동이 내 기분을 상하게 만들려고 하는 것 같아.

단언하기 : 나는 내가 주변에 있을 때마다 사람들이 귓속말을 해서 내 기분이 상하지
않으면서 복도를 걸어갈 권리가 있다고 생각해. 만약에 네가 나에게 할 말이 있다면,
나한테 직접 얘기를 할 필요가 있다고 생각해.

잠그기 : 네가 나와 말하기를 원한다면 좋을 것 같아. 오늘 언제라도 좋아.

그다음에 그녀는 그 소녀들이 자신에게 반격하지 못하게 얼쩡거리지 말고
그냥 떠나야 한다. 당신이 SEAL을 할 때, 괴롭히는 애들은 당신의 딸이 그들
에게 짓궂게 굴었거나 뭐든 간에 기분 나쁜 얘기를 했거나 뚱한 표정을 짓거
나 비웃었기 때문에 자신들이 한 일을 부인하고 딸에게 심하게 화를 낼 가능
성이 매우 높다는 것을 기억하라. 그들이 이렇게 한다고 해서 당신이나 SEAL
이 실패했다는 의미는 아니다. 이런 식으로 생각해보라. 당신이 괴롭히는 아
이들로부터 힘을 빼앗았고, 그들은 사소한 대응이라도 해야 한다고 느낀다.
가장 쉬운 대응은 부인하거나 또는 당신의 얘기를 비웃는 것이다. 그러나 장
기적으로는 당신은 자신의 입장을 고수할 것이란 걸 보여줘야 한다.

만약에 당신의 딸이 따돌림을 당해 왔고 당신이 선생님이나 교장을 만날 예정이라면 당신은
가기 전날에 딸에게 아이들이 무슨 말을 했고 어떻게 했는지 물어봐야 한다. 가능한 한 그녀
는 따돌린 애들이 한 말을 정확하게 얘기해야 한다. 그녀가 당신에게 얘기하는 동안에 당신
은 그것을 받아 적어야 한다. 그리고 당신이 그 모임에 갔을 때, 그녀는 전날 밤에 당신에게
얘기한 것을 잘 말하려고 노력해야 한다. 그러나 그녀는 때때로 무슨 일이 있었는지 또는 어
떠한 나쁜 말을 들었는지를 말하기가 너무 힘들기 때문에 당신의 도움을 필요로 한다. 사람
들이 무슨 일이 있었는지 아이들에게 물었을 때, 때때로 "나는 기억이 나지 않아."라고 말하
기 때문이다.

딸의 친구가 딸을 변덕스럽게 대할 때

오후 4시 30분에 딸과 함께 놀기 위해서 처음으로 우리 집에 한 소녀가 왔을 때 깜빡 잠이 들었다. 다음은 내가 거실에서 책을 읽는 동안, 그들이 식탁에서 그림을 그리던 중에 우연히 듣게 된 대화내용이다.

친구 : 내가 너희 집에서 놀았다는 것을 선생님이 어느 누구에게도 얘기하지 않았으면 하는 이유는 다른 친구들이 나를 버릴 것 같아서야. 나는 너의 친구가 될 순 없지만, 나는 여전히 너와 놀아줄 수는 있어.

딸 : 네 친구들에게 말하지 마. 그러면 그 애들은 너에게 화내지 않을 거야.

친구 : 그 애들이 화내지는 않겠지, 그 애들은 나를 놀릴 거야.

딸 : 왜 그 애들이 너를 놀리지?

친구 : 그 애들은 네가 이상하다고 생각해. 다른 친구는 나에게 너랑 논다니 유감이라고 말했어.

이 여성의 딸은 이 소녀에게 잘 대해주기 위해서 너무 애쓸 필요는 없다. 그러면 너무 애쓰거나 따라다니는 걸로 보일 것이다. 그 오래된 친구는 둘이 있을 때만 잘 대해줄 것이다. 그러나 새로운 친구들이 주변에 있다면 예전처럼 돌아갈 것이다.

다음은 그녀가 SEAL을 사용한 예이다.

멈추고 전략 짜기 : 그 소녀가 말한 것에 대해서 어떻게 느끼니? 어디가 그 소녀와 대화할 수 있는 가장 좋은 장소라고 생각하니?

설명하기 : 네가 우리 집에 왔을 때, 네가 나랑 친구가 되는 것을 친구들이 놀린다고 말했지. 나는 너와 같이 놀고 싶지만 네가 언제 나와 친구고 언제는 아닐지 신경 쓰고 싶지 않아.

단언하기 : 나는 누가 옆에 있더라도 나에게 잘해주는 친구를 원해.

잠그기 : 나는 진심으로 그런 친구가 되고 싶어.

만약에 그 소녀가 동의를 하면서도 당신의 딸을 예전처럼 변덕스럽게 대한다면, 그때 나는 당신의 딸에게 냉각기를 갖거나, 관계단절을 고려해보라고 권하고 싶다.

그 소녀가 "그것은 내 잘못이 아니야. 네가 나하고 같이 놀려고 하면 내가 다른 친구들을 보기가 불편해."라고 말한다면 이것은 당신의 딸의 감정을 많이 상하게 할지도 모른다. 당신의 딸은 친구가 얘기하는 것에 대해 존중할 필요가 있다. 만약에 다른 소녀가 어떤 때에 다른 누군가와 놀기를 원한다고 말한다면 그때 당신의 딸은 그녀의 친구의 경계를 존중할 필요가 있다. 대신에 장기적인 관점에서 보면, 이것이 당신의 딸의 사회적 기술을 높이는 데 도움이 될 기회인 것이다. 부모 입장에서는 다른 아이들이 얼마나 비열한지 또는 당신의 딸이 좋지 못한 상황을 받아들일 정도로 약하다는 점에 초점을 맞추지 않는 것이 좋다.

카풀

나는 아무도 그녀 옆에는 앉지 않으려고 했던 5학년 소녀를 기억한다. 그녀는 마음을 열지 않고 뒤에 앉아 창밖을 바라본다.　　　　　　　　　　　　　　－체리스, 14세

3학년 현장학습 때, 우리 학교에는 버스가 없었기 때문에 기본적으로 아이들이 카풀을 조직하게 되었다. 그래서 부모님들은 운전하기로 서명하고, 우리는 우리가 원하는 차좌석 배정에 대해서 부모님에게 얘기하였다.　　　　　　　　　　　－사라, 13세

나는 경기가 끝나고 돌아오는 길에 아이들에게 맥도날드를 가지 못하게 하는 부모님들에 대해서 웃기다고 항상 생각했다. 그러나 그때 우리에게 맥도날드를 가도록 허락한 부모님들도 다른 부모님들에게는 비밀로 했다.　　　　　　　　　－몰리, 14세

나는 카풀에 대해서 부모들로부터 많은 질문을 받는다. 사실 나는 도시에서 자랐기 때문에 카풀에 대해서는 개인적으로 많은 경험이 없다. 그러나 한번 카풀한 적이 있는데 내가 성가신 아이들에게 둘러싸여 있었고 엄마는 절대로 웃지 않았던 기억들은 선명하게 남아 있다.

아이들은 두 가지 기본적인 카풀 갈등이 있다고 나에게 말한다. 첫 번째는 카풀에 있는 누군가가 카풀에 있는 다른 사람에게 정말로 화가 나 있는 것이

다. 운전자로서 옆에서 보면 당신은 아무도 얘기하지 않는 것을 관찰할 수 있다. 기껏해야 의도된 침묵 정도이다. 다른 경우에는 카풀에 있는 누군가가 다른 아이들로부터 덜떨어진 애로 평가받는다. 이런 경우에, 운전자로서 당신은 한 명을 제외한 모든 아이가 얘기를 나누는 것을 볼 수 있다. 그 아이는 사회적 기술결핍이 있는 것도 아닌데 말을 걸려고 해도 무시당한다.

만약에 아이들이 싸운다면 당신은 어떻게 할 것인가? 당신은 SEAL을 사용해서 당신의 전략을 짤 수 있다.

멈추고 전략 짜기 : 현재 상황이 어떠한지 그리고 어떤 아이들이 사회적 권력(이것은 대개 가장 발언권이 세거나/설득적인 아이들을 말한다)을 가졌는지, 혹시 있다면 누가 당신을 화나게 할지 확인해야 한다. 당신의 딸을 그룹 내 역할이라는 관점에서 먼저 파악하기 위해 최선을 다하라.

설명하기 : 지난 며칠간, 나는 네가 다른 아이들과 대화를 하지 않는다는 것을 알았단다(또는 당신이 본 것이면 무엇이든지). 너는 그것에 대해서 얘기하길 원하니? 그리고, 만약에 우리가 그것을 해결할 수 있는지 알아보길 원하니? 또는 모든 것이 괜찮은 척 그냥 지내고 싶니?

소녀 1 : 당신이 무슨 얘길 하는지 잘 모르겠어요.
소녀 2 : 무엇이든지요(눈동자를 굴리면서).

단언하기 : 네가 다른 아이들과 친구가 될 필요는 없지만, 우리는 함께 카풀을 해야 하니, 나는 최소한 네가 다른 아이들을 예의 바르게 대하길 기대한다. 예를 들면 그것은 누구에게라도 악의에 찬 비판을 안 한다는 의미야.
잠그기 : 나는 네가 항상 사이좋게 지내도록 강요할 수 없다는 것을 알지만, 나는 네가 그러길 바란다(각 소녀들의 장점 얘기하기). 내 얘기를 끝까지 들어주어서 고맙다.

모든 아이가 한 아이를 무시하는 상황이라면 어떻게 하겠는가? 다음은 내가 그들 모두에게 말해주는 내용이다(당신이 얘기하고 있는 그 아이는 제외).

나는 두 학생에게 우리가 이해할 수 있도록 기본적인 카풀의 사회적 역동에 대해
그려달라고 요청했다.

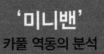

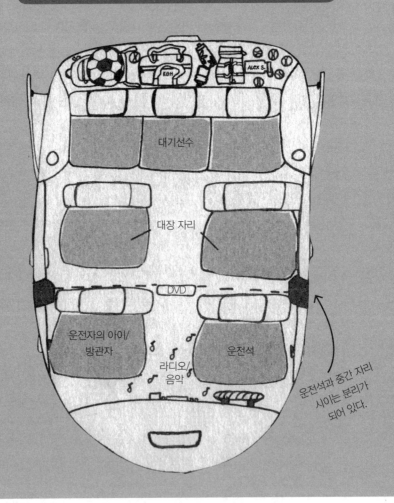

여왕벌인 소녀, 여왕벌이 되고 싶은 소녀

대기선수

- 신체적으로 가장 불편한 자리로. 여기는 가장 어리거나 사회적 힘이 가장 약한 아이들이 앉는데, 타고 내리기도 힘들고, 시끄럽고, 온도조절도 할 수 없고, 다리도 쭉 뻗을 수 없는 곳이다.
- 카풀하는 모든 아이들은 그들의 가방을 뒷자리에 맡긴다.
- 한 가지 장점은 만약에 세 명이 친한 친구 사이라면, 부모님이 볼 수 없으면서 그들의 대화에서 다른 모든 아이들을 배제하고, 그들만의 공간으로 분리할 수 있는 것이다. (즉, 부적절한 사진을 보거나, 당황스러운 문자메시지를 공유하거나, 앞뒤로 비열한 쪽지를 쓰거나 한다.) 주 : 이것은 대장이 그들에게 관심을 기울이지 않는다면 가능할 수 있다.

대장

- 위치, 위치, 위치! 차에서 가장 좋은 자리 : 가장 넓고, 독차지할 수 있는 자리이다. DVD와 제일 가깝고, 온도조절장치를 조절할 수 있다.
- 대화가 쉽다. 앞으로 기대거나 뒤로 기대면 원하는 어느 누구와도 대화를 할 수 있다.
- 부모님이 볼 수 없는 것을 쉽게 할 수 있다.
- 마지막에 타고 제일 먼저 내린다.

조수석/운전자의 아이

- 나머지 친구들과 분리된다. 부모님과 대화해야 한다.
- 부모님 앞에서 좋은 모습을 보여야 하기 때문에 갈등이 있다. 그들의 친구들은 뒤에 있어서 그러지 않아도 된다.
- 엄마나 아빠에게 방향을 안내한다.
- 뒤에서 오는 명령을 수행해야 한다(즉, 라디오를 틀고, 소리를 높이고).
- DVD를 볼 수 없다(만약에 뒤에 있다면).

운전자/부모님

- 그들이 전화를 하거나 또는 방향을 찾거나 함에도 불구하고 운전에 집중해야 한다 ─ 일반적으로 뒷자리에는 거의 주의를 기울일 수 없다.
- 요란한 음악소리 때문에 대화를 들을 수 없다.
- 대장 자리와 DVD가 있기 때문에 뒷자리를 모두 볼 수 없다.

멈추고 전략 짜기 : 당신과 다른 아이들이 다 함께 있을 수 있는 곳에서

설명하기 : 나는 모든 사람들이 대부분의 시간 동안 콘스탄스를 무시하는 것을 주목해 왔어. (부정이 끝날 때까지 기다린다.) 나는 너에게 그녀와 친구가 되라고 말하는 것이 아니지만, 네가 최선을 다해서 대화에 그녀를 포함시켜주길 요청하는 거야. 어떻게 우리가 그렇게 할 수 있을까?

단언하기 : 누구에게나 불편한 시간 또는 장소가 있을 수 있어. 그리고 나는 네가 다른 사람에게 다가가기 위해서 최선을 다하는 것이 중요하다고 생각한다.

잠그기 : 내 말을 들어줘서 고맙다.

내가 당신에게 이것을 제시하는 것은 내가 모든 아이가 그들의 행동을 바꿀 것이라고 생각하기 때문이 아니다. 당신이 공개적으로 말한다는 것은 아이들에게 당신이 아무것도 모르는 사람이 아니며, 교양 있는 행동을 요구하는 성인임을 보여주는 것이다.

당신은 언제 그녀에게 기술을 사용할지에 대해서 가르치기 시작할 것인가?

앤, 그레이스, 제니는 나의 3학년 친구들이다. 지난 주말에 앤과 그레이스는 제니의 비밀번호를 사용해서 그녀의 웹킨즈 계정에 접속했고, 제니가 고생해서 꾸민 계정을 모두 파괴했다. 앤은 제니가 많은 옷과 액세서리, 그리고 버블검 핑크가 있는 방을 만들었기 때문에 그렇게 했다. … 앤은 그녀가 그 색을 소유했다고 느꼈다. 제니는 계정에 접속했을 때 자기 계정이 초토화된 걸 발견했다.   ─존

작년에 해커가 나의 웹킨즈 계정에 접속해서 나의 귀한 물건들을 훔쳐갔다. 나는 내 계정에 접속했고, 나의 모든 물건들은 사라졌다. 나는 격노했다.   ─엠마, 11세

우리가 1학년이었을 때처럼 더 어렸을 때는 더 쉬웠다. 왜냐하면 우리는 별명도 없었고, 휴대전화도 없었으니까.   ─클레어, 10세

지난해에 나는 다음과 같은 문자메시지를 받았다. "너는 정말 못생겼어. 너는 다른 나라로 돌아가야 해. 나는 네가 싫어."   ─마리솔, 10세

당신의 아이가 기술을 사용하자마자 당신은 그녀에게 그것을 윤리적으로 사

용하는 법을 가르쳐야 한다. 이것의 의미는 만약에 당신의 여섯 살 난 딸이 펭귄클럽을 한다면, 그때가 당신이 그녀와 펭귄 아바타가 어떻게 행동하는 것을 기대하는지에 대해서 얘기를 할 적절한 시기이다.

당신의 딸이 정말로 비열한 소녀일 때

> 5학년인 두 여자아이가 같은 반 남자아이에게 5달러를 주면서 어떤 여자아이와 데이트를 하고 다음 날 바로 헤어지라고 했어요. 그 여자아이는 그렇게 예쁘지도 않고 자신의 주변에서 벌어지는 상황에 대해서도 전혀 몰랐고요. 그녀는 다시 그 남자아이를 만나지 못했어요. 그녀는 그 아이가 진심이라고 생각했는데도요.　　　　　　 ─애나

나와 함께 일하는 선생님이 이 소녀 이야기를 해주셨을 때 내 마음은 찢어질 것 같았다. 왜 두 여자아이는 대인관계에서 힘들어하는 아이에게 서슴지 않고 모욕을 주었는지가 중요하다. 부모님이나 이 아이들을 돕는 사람이라면 다음 두 가지를 기억해야 한다 ─ (1) 우리는 괜찮은 사람이 되기까지 가야 할 길이 멀다. (2) 우리 아이들이 우리를 행복하게 만들 때뿐 아니라 그들의 행동이 혼란스럽고 당황스러울 때에도 그들에 대한 책임이 있다.

만약 당신의 자녀가 아주 나쁜 아이 중 하나라면 SEAL이 당신이 딸과 이야기하는 것을 도와줄 것이다. 당신이 원하고 딸의 행동에 책임질 역할모델을 위해 또한 SEAL을 사용하기 때문에 좀 다른 방식이다. 좀 더 실제와 비슷하게 하기 위해서, 나는 그런 비슷한 상황에 직면했을 때 일반적인 소녀들의 반응을 포함시켰다.

　멈추고 전략 짜기 : 이것을 듣고는 조용한 곳으로 가서 심호흡을 하라. 그
　리고 당신의 아이가 가장 나쁜 아이도 아니고 당신도 가장 최악의 부모
　가 아니라는 걸 명심해야 한다. 그 아이가 단지 큰 실수를 한 것이고 그
　아이에게 당신의 가치관을 보여줄 기회로 만드는 것은 당신에게 달렸
　다. 그 소년과 딸의 친구의 잘잘못은 생각하지 마라. 당신의 딸은 그 일
　에 관여했고, 그것이 당신이 알 필요가 있는 전부다. 이제 어디서 이야
　기를 할 수 있는지, 어디서 딸이 당신의 이야기를 가장 잘 들을 수 있는

지 생각해보라. 만약 가능하다면, 부모님 두 분은 계셔도 되지만 다른 사람은 없어야 한다.

당신(설명하기) : 네가 남자애한테 5달러를 주고 여자아이와 데이트한 후 그 여자아이를 차버리라고 한 게 사실이니?

딸 : 맙소사! 아니에요! 우린 단지 윌에게 장난친 거예요. 어떻게 그 남자애가 정말 그럴 거라고 생각했겠어요?

여러분 : 네가 그 애한테 돈을 줬니?

딸 : 아니에요. 매케나가 준 거예요. 제가 한 게 아니에요.

당신 : 물음에 사실인지 아닌지만 이야기해라. 윌이 카라에게 여자친구가 되어 달라고 했을 때 너 정말 이렇게 될지 전혀 모르면서도 놀랐다고?

딸 : 뭐라고요? 몰랐어요. 그렇게 이야기하신다면, 좋아요. 전혀 놀라지 않았어요.

당신 : 좋다. 분명히 하자. 좋은 생각이 있다. 네가 여기 앉아 카라에게 미안하다는 편지를 써라. 네가 편지를 쓰고 있는 동안 난 카라의 부모님에게 전화해서 우리가 그 댁에 가서 그 부모님 앞에서 그 아이한테 사과를 해도 좋은지 물어보겠어. 그리고 나는 매케나의 부모님께 너의 행동에 대해서 책임을 져야 할 부분에 대해서 말씀드릴 거야. 편지를 다 쓴 후에 만약 카라의 부모님이 허락하시면 어서 가서 사과하도록 하자. 만약네가 가짜로 사과하거나, 빈정대는 목소리로 사과하거나, 아니면 사과하는 내용이 가짜로 사과하는 것처럼 보이면 내가 네 대신 사과를 할 거야. 그리고 네가 학교의 정해진 규율에 반하여 학교에서 그런 행동을 했기 때문에 선생님과 교장선생님께도 사과를 해.

딸 : 전 그렇게는 못해요.

여러분 : 왜 못하겠니? 창피해서 그러니?

딸 : 왜 그렇게 생각하세요?

당신(단언하기) : 카라와 친구가 되라는 게 아니란다. 네가 다른 사람을 비참하게 만드는 것을 허락할 수 없는 거란다. 네가 누군가를 괴롭히려고 한다면 이 일을 기억했으면 좋겠다. 만약 다음에 이번과 같은 일이 생긴 다면 너는 더 심한 징계를 받게 될 거야. 나는 너를 진심으로 사랑하지만 이번은 너를 바로잡아야 한단다.

딸 : 제가 엄마를 얼마나 싫어하는지 아세요?

당신(잠그기) : 네 감정도 잘 알겠고, 그 감정도 이해할게. 하지만 네가 한 일에 책임진다면 그것은 가치가 있는 일이고, 나에겐 더 중요한 거야. 그럼 네가 편지 쓸 동안 차 한 잔 타줄까?

다른 장에 어린 소녀들에 적합한 더 많은 이야기가 있다(6장의 '사과' 부분). 그러나 나는 이것이 여러분이 여왕벌과 비열한 소녀들과 처음 만나는 데 필요한 좋은 도움이 되었기를 바란다. 아래의 내용을 특히 소녀들을 위해 기술했다.

소녀들만을 위한 내용

당신은 누구와 언제 말하는가?

어떤 때는 누군가 당신을 괴롭힐 때 쉽게 알아차릴 수 있다. 대개 누군가 당신을 신체적으로 다치게 하거나 당신의 안전을 위협할 때이다. 그러나 이들은 당신을 놀리거나, 당신을 무시하거나, 여러 명이 떼를 지어 당신을 공격했을 때처럼 다른 방식으로 사람들을 괴롭히기도 한다. 만약 이런 일이 당신에게 생겼을 때 당신은 언제 어른에게 이야기해야 하나?

당신이 이야기를 한다면 상황이 더 안 좋아질 거라고 걱정을 할 수도 있다. 약한 사람을 괴롭히는 사람은 당신에게 조용히 있으라고 이미 말했을 수도 있다. 만약 당신이 거절의사를 밝히지 않는다면 그가 당신을 괴롭히지 않거나 당신을 상처주지 않을까? 내 경험상, 약자를 괴롭히는 사람은 당신이 동조해도 멈추지 않는다. 그들은 당신을 마음대로 할 힘이 있다고 생각한다.

그리고 만약 그들이 문제를 모른다면 어른들이 도움을 줄 방법은 없다. 이 말은, 어떤 어른은 다른 어른들보다 문제를 잘 해결할 수 있기 때문에 당신은 그들에게 말할 수 있도록 현명해져야 한다는 것이다.

동맹 찾기

가끔씩 소녀들은 그들이 느끼는 감정이나 경험을 부모에게 말하길 원치 않는 경우가 있다. 만약 당신이 그렇다면 이것은 아주 정상적인 것이다. 문제는 때때로 무슨 일이 일어나고 있는지 어른에게 이야기하는 것이 정말 도움이 되고 중요할 때가 있다는 것이다. 이제 어떻게 동맹을 찾을지 과제를 줄 것이다. 동맹은 당신이 당신의 삶이 어떤지 의지하며 이야기할 수 있고, 아주 현명하며, 분명하게 생각할 수 있는(흥분하지 않는) 사람이다. 동맹을 찾기 위해 당신은 당신의 가족 중에서 어른과 함께 테이블에 앉는다. 당신과 가족 중 어른은 각자 적을 종이와 펜을 가지고 온다. 당신이 가깝다고 느끼는 가족이나 학교, 이웃의 어른을 생각하고 당신이 인생에서 중요한 이야기를 하고 싶어 할 만큼 현명하고 명쾌한 사람들 목록을 만든다. 당신이 목록을 만드는 동안에, 나는 그 사람(가족 중 어른)이 당신의 건너편에 앉아서 당신에게 좋은 조언을 해줄 수 있다고 기대되는 당신이 알고 있는 어른들의 목록을 적도록 한다. 작업을 마쳤을 때 당신의 목록과 비교해보라. 이상적으로는 당신의 목록과 일치하는 누군가가 있고, 그 사람이 바로 당신이 동맹이 되어달라고 요청할 사람이다―크고 작은 일에 대해서 정기적으로 당신이 말할 수 있는 사람이며, 당신이 아마도 어려운 문제라고 생각하는 것에 대해서 도와줄 수 있는 사람이다. 그리고 이 합의는 당신의 육체적인 안전과 정신건강이 위험하지 않은 한, 당신과 그 사람 사이에 이러한 대화는 비밀 유지가 된다.

또래들(패거리)과 인기

안녕하세요, 저는 로렌, 열세 살이고 7학년입니다. 선생님이 쓰신 책을 잘 읽었어요. 책 내용 대부분이 사실임을 인정할 수밖에 없었어요. 제가 속한 또래 집단을 되돌아보게 되었고, 제가 뱅커/표류자임을 알게 되었어요. 제가 어울리던 남녀 애들을 친구라 생각 했지만, 그들과 함께 있을 때 제 자존감은 낮았어요. 저는 모든 그룹의 일원이었지만, 그 중 제가 원했던 특정 소녀그룹의 멤버인 것을 자랑스럽게 여겼어요. 저의 제일 친한 친 구는 인기가 덜한 그룹에 있었는데 그 친구들도 저는 매우 편하게 여기는 애들이었어 요. 그 애들은 제가 다른 그룹의 일원임을 알면서도 자기네가 알고 있는 모든 가십거리 들을 저에게 얘기해줬고, 저는 이를 다시 제 그룹의 애들에게 전해줬죠. 어쨌든 이 책을 읽고 나서 제가 진심으로 속하길 원하는 그룹이 어디고, 뱅커가 되는 것이 별로 좋은 게 아니라는 것을 알게 됐어요. 제 친구들이 저를 꺼리는 걸 원치 않기 때문이에요. 아무튼 감사해요.

-로렌 드림

로렌의 뻔뻔한 사회적 지위 상승과 조작의 태도에 질리는가? 스스로 알고 있으면서도, 한편으로는 비도덕적인 일탈을 감행하는 것에 의아하다고 생각되지는 않는가? 아니면 당신은 이제 더 이상 7학년이 아닌 것에 안도하는가? 아니면 나아가 이러한 7학년들의 행동들이 이웃이나 직장의 어른들 사이에도 그대로 적용되는 것이 궁금한가?

내가 소개하려는 세계에 오신 걸 환영한다. 소녀들을 이해하고 싶다면, 당신의 딸이 우정, 또래 집단, 인기의 특성과 역동을 어떻게, 무엇으로 이해하고 있는지 아는 것이 중요하다. 왜냐하면 매일 당신의 딸은 또래 집단 내에서 원하거나 자신의 지위를 유지하기 위해 '요구하는' 점들을 배우게 되기 때문이다. 그리고 좋든 나쁘든, 그녀가 배우는 것은 그녀에게 매우 많은 영향을 줄 것이다 — 외모, 학업, 교과 이외 활동에서부터 위협을 가하는 사람들이나 상황으로부터 스스로를 지탱해줄 가치관이나 능력까지.

이번 장은 또래 집단의 특성을 분석하고 이해할 수 있게 하여 당신 딸이 무엇을 겪는지, 그룹 내 딸의 위치를 알고, 딸로 하여금 건전한 친구관계를 형성하고 필요하다면 딸의 잘못에 대한 책임을 지도록 하게 하는 데 더 큰 도움을 줄 수 있다. 또래 집단 패거리(clique)에 대한 일반적 정의는 친한 소녀 친구들끼리의 배타적 패거리 모임이지만, 나는 좀 다르게 보고 있다. 나는 그들을 사춘기를 견뎌내는 일종의 분대처럼 보고 있다. 그룹 내에는 명령체계가 있고, 외부환경에 대해 하나로 행동한다. 그룹 내 서열에 불만이 있더라도 그룹 내의 결속력은 리더에 대한 무조건적인 복종에 있으며, '우리 vs 세상'이라는 정신 또한 그 기반이 된다.

> 몇몇 애들은 패거리 내의 다른 애들을 싫어할 수도 있어요. 같은 그룹이라서 몰려다니는 애들도 있지만, 그중에는 서로 믿고 따르는 애들도 있어요.
>
> —아멜리아, 15세

또래 집단은 패거리를 통해 당신 딸과 친구들과의 관계를 더욱 강화한다. 한편으로는 딸과 부모와의 관계를 약화시키거나 깨뜨릴 수 있다. 이는 당신에게 고통스럽고, 딸에게 있어서도 위험할 수 있다. 왜냐하면 딸이 문제에 봉착했을 때 부모나 어른들 대신 또래 집단의 구성원들에게 전적으로 의존하게 강요할 수 있기 때문이다. 하지만 또래 집단에서 알아야 할 가장 중요한 최악의 사실은 그룹 내 관계에 있어서 어떤 취급을 받는지에 상관없이 그 관계를 유지하려고 하는 데 있다.

여자애들은 건전하고 긍정적인 친구관계를 추구하는 대신 더 높은 우월한 지위를 원하는 것이 사실이에요.　　　　　　　　　　　　　　　　　　　－아멜리아, 15세

많은 부모들이 딸들의 인생에 있어서 또래 집단이 최악일 때를 예측할 수 있다고 믿는다. 불행히도 그렇게 뜻대로 되지는 않는다. 딸이 8학년을 마치는 걸 보며 딸의 드라마가 끝났다고 안도할 수는 없다. 나는 유치원에서조차 놀라운 예들을 봐 왔다. 따라서 이러한 문제점들이 언제 일어나고 끝나는지 정확한 시기를 아는 것보다 중요한 것은, 아이들과 십대들은 종종 그룹으로 움직이며 이는 권력싸움을 유발할 수 있음을 아는 것이다.

이러한 역동성이 심해질 때를 정확히 알 수 있는 때도 있다. 예를 들어 딸이 학교에 처음 갔을 때, 딸아이 학년에 새로운 학생이 많이 들어오거나, 학교에서 딸이 가장 저학년일 때 등이 이러한 문제들이 증가할 수 있는 시기다. 왜냐하면 사회적 위계가 도전받고, 이러한 위계에 대한 도전이 어떤 변화를 가져올지 사람들이 궁금해하는 때이기 때문이다.

더 이야기하기 전에 나는 패거리나 또래 집단 자체로는 어떠한 잘못된 점도 없다고 생각한다는 걸 확실히 하고 싶다. 여학생들은 가깝다고 느끼는 친구들끼리 그룹 짓는 경향이 있고, 종종 이러한 우정은 매우 중요하다. 그룹으로서 그들은 존재감을 가지며, 비밀을 공유하고, 서로 어울리며, 우스꽝스러운 짓을 하고 어떤 상황에서는 도움도 받으리라는 확신을 가지게 된다. 그렇긴 해도, 여학생들이 그룹 짓는 방식은 인기와 사회적 지위에 대한 잔인한 전쟁의 시초가 될 수 있다.

왜 그럴까? 우리 어른들도 마찬가지지만 여자애들도 그룹 권력에 조종당하기 쉽기 때문이다. 그룹 내의 개인 간 갈등과 권력 다툼도 흔하다. 이 때문에 지금 내가 말하고 쓰는 것이 단순히 좋은 친구와 어울리거나 좋은 여학생이 되라고 주장하는 것이 아니다. 나는 여학생들이 좋은 사람이든 아니든 상관하지 않는다. 중요한 것은 그룹 내에 속해 있을 때 윤리와 도덕적 잣대를 어떻게 유지하느냐이다. 당신이 3학년이든 6학년이든 학교 교장이든 한 나라의 대통령이든 상관 않는다. 그룹 내 구성원이 자신이 속한 그룹이 비윤리적

으로 행동한다고 생각할 때, 그룹은 어떻게 반응하는가? 이를 고발하는 대가는 무엇인가? 침묵하는 데 대한 대가는? 충성하지 않았기 때문에 퇴출당할 것인가? 이는 그룹 내 관계와 그룹 내 당신의 발언권을 이해함으로써 여학생들이 윤리와 도덕적 용기, 비판적으로 생각할 능력, 그리고 행동이 변화를 일으킬 수 있다는 믿음을 키울 수 있다고 생각한다. 이러한 과정에 맞는 좋은 예가 있다.

나는 4학년 때까지 공립학교를 다녔어요. 내가 어떤 사람인지 확실히 알고 있었어요. 여학생들이 쉬는 시간에 남학생들은 여학생들과 축구하기를 싫어했어요. 나는 남학생들에게 같이 축구를 하자고 했어요. 남자애들은 결국 나를 입 다물게 하려고 같이 어울려주었어요. 이 학교는 5학년 때부터 다녔고, 저는 잘 어울리지 못했어요. 점심시간이 많이 힘들었고, 학년 중간에야 한 친구의 매력을 발견하기도 했어요. 진부한 얘기지만, 나는 내가 누군지 생각하길 그만두고, 사회적 계단을 올라가며, 나와 어울리는 사람을 찾기 위해 내 성격을 바꾸기 시작했어요. 나는 더 새로운 친구를 사귀기 위해 이전의 새 친구를 차버리고 중학생들의 꼭대기까지 올라갔어요. 전 자신감 넘치는 4학년도, 위축된 5학년도 아니었어요. 저는 훨씬 더 비참한 먼지 같은 존재였어요. 내 친구들이 하라는 대로 했고, 그들의 지시가 없으면 전 아무것도 아니었어요. 친구들은 내가 뮤지컬에 심취한 것을 이해하지 못하고, 과외활동들을 포기하게 했지요. 내가 단지 예뻐서 같이 놀아줬고, 페미니스트이며 술을 마시지 않는다는 이유로 놀림 받았어요. 나는 나 자신을 잃어버렸어요. 나는 같은 학년이면서 날 비참하게 만든 여학생의 조수였어요. 그 아이는 중학교에 진학해서도 여전했지만, 그땐 나도 스스로를 희생양으로 삼았어요. 8학년 말에 날 괴롭히던 그 친구에 맞서 반장 선거에 나갔어요. 내 생각에 맞서볼 작정이었지요. 심술궂게 구는 내 자신이 우스웠지만 포기하지 않았어요. 더 대범한 사람처럼 보여야 많은 표를 얻을 수 있을 것 같아서였어요. 끔찍하죠, 내가 잔인한 사람으로 보이지 않았으면 좋겠어요. 나 스스로가 싫어졌어요. 결국 투표에서 이겼지만 아무 소용없는 싸움이었다는 걸 알았지요. 그래서 그만둬버렸어요. 연극, 인기, 경쟁을 다 그만두고 2년 동안 그렇게 지내 왔어요. ─앨리슨, 16세

인기

몇몇 여학생에게 인기는 마술이다. 인기는 대항할 수 없는 권력을 동반한다. 일부 여학생은 인기를 얻기만 한다면 모든 문제가 사라질 것이라고 믿는다. 또한 일부는 인기에 집착해서 매일 자신의 인기 정도를 재보곤 한다. 다른 애

들은 이것들이 모두 우습다며 거부하기도 한다. 일부는 실제로는 신경 쓰면서 이를 애써 무시하며 화를 낸다. 일부는 이미 인기가 없음을 알고 포기해버린다.

당신이 투명인간이 되어, 나와 함께 교실로 들어가 학생들과 인기와 끼리끼리 또래 집단을 짓는 것에 대해 얘기한다고 상상해보라(3학년 이상으로 자유롭게 상상해본다). 30명의 여학생들이 보통 4~5명씩 그룹으로 모여 있을 것이다. 의자에 앉거나, 무릎에 앉거나, 머리를 만지거나, 문자를 하거나, 책을 읽거나, 혼자 앉아 있을 것이다. 몇몇은 공부하고 있을지도 모른다. 학생들에게 눈을 감고 손을 들게 함으로써 대답하게 할 것이다. 친구의 험담을 했는지, 다른 친구와 우정관계를 끊으라 했는지, 아니면 따돌림 당했는지에 대해서 말이다. 모든 손들이 즉시 올라간다. 손을 든 채로 눈을 뜨라고 한다. 학생들은 웃는다. 다시 눈을 감게 하고 얼마나 험담을 했는지, 모함했는지, 왕따를 당했는지 다시 손들어보라고 했다. 훨씬 천천히, 몇몇은 손을 죽 펴서 드는 대신 팔꿈치를 굽히고 들어올린다. 모두 손을 올렸다. 손은 그대로 하고 눈을 뜨라고 했다. 주위를 둘러보고 다시 웃었지만, 학생들은 초조하게 눈치를 보았다.

5분쯤 후에, 예외 없이 다음과 같은 상황이 일어난다 — 보통 예쁘고, 네다섯 명에게 둘러싸인 한 여학생이 손을 들며 이렇게 말할 것이다. "와이즈만 선생님, 선생님께서 일하시는 다른 학교에서는 이런 일이 일어날지 모르겠지만 우리 학교는 남을 따돌리는 패거리 그룹은 없어요. 우리 모두가 절친한 친구들은 아니지만 각자 또래 집단이 있고 서로 간에 모두 잘 지내고 있어요. 모두가 서로 친할 수는 없잖아요." 그 아이가 말하고 나자, 교실 내에 다른 여학생들로부터 불신과 눈동자 굴림이 일어난다. 나는 웃지 않을 수 없다. 그러나 이 여학생에게 아무도 반론하지 못한다. 거의 그랬듯이 이 여학생에 대해 세 가지 사실이 있을 것이다. 첫째, 그 아이는 항상 가장 못되고 배타적인 학생 그룹 중 한 명일 것이다. 둘째, 그녀는 실제로 스스로 말한 대로 믿고 있다. 셋째, 이 여학생의 부모는 딸이 그렇게 못됐다는 것을 모르고, 전적으로 딸을 지지할 것이다. 이는 당신의 고개를 설레설레 흔들게 만들 것이다. 자, 그럼 이 여학생에게 어떻게 진실을 말하게 할 수 있을까? 한 가지 방법이 있다. 익명성을 이용하는 것이다.

학생들에게 종이를 꺼내 친한 친구들 옆에서 떨어져 아무 곳이나 앉으라 한다. 그리고 익명으로 이 여학생의 말이 사실인지 아닌지 적으라 한다. 학생들이 자리에 앉는 것을 보면 사회적 위계질서를 알 수 있다. 이들 여학생들은 매우 적고 싶어 하면서도, 대부분은 대충 휘갈겨 쓰고 숨어버리고 싶어 한다. 특히나 여학생들이 어릴수록 벽장이나 책상 밑, 교탁 밑, 심지어는 사물함(들어갈 수만 있다면)에 자리를 잡는다.

다 적으면, 자신만의 방식으로 종이를 접어 제출한다. 그리고 접는 방식 역시 학생들의 생각을 많이 대변한다. 몇몇은 종이를 조그만 공으로 접거나, 최대한 작은 사각형으로 접어 낸다. 다른 학생들은 내게 종이를 접지도 않은 채 제출하고는, 누가 보든지 상관없다고 당당하게 말하곤 한다. 모든 종이를 박스에 넣고 나는 교실 앞에서 꺼내 본다.

모두들 동그랗게 모여 앉았고, 교실 분위기는 기대감과 긴장감으로 차 있다. 나는 시작하기 전에 학생들에게 자신의 행동을 인식하고 '책임감'을 가지고, 누가 썼는지는 상관하지 말도록 당부했다. 땅바닥을 쳐다보라고 지시하여 누가 무엇을 썼는지 짐작하지 못하도록 했다. 대부분의 종이를 소리 내어 읽었다(소리 내어 읽히기 싫은 여학생들은 '선생님, 눈으로만 봐주세요.'라고 적었다).

놀라울 것 없이, 예상대로 처음 손을 들고 끼리끼리의 패거리 그룹은 없다고 말했던 그 여학생은 소수의 의견을 대변한다. 여기 6학년에서 나오는 대답들의 전형적인 예가 있다.

사회적 지위가 가장 낮은 순서대로 정리하면 다음과 같다.

> 저는 쿨하지 못해요. 솔직히 현실을 말하자면, '쿨'한 패거리 그룹이 많아요.
> —에밀리, 11세

우리 학년엔 패거리 그룹들이 있고, 전 그게 싫어요. 인기 있는 애들은 다른 애들을 항상 깔봐요. 제가 속한 또래 집단이 있지만, 따돌림 당하고 남들이 싫어하는 애들로 구성되어 있어요. 우리는 서로를 있는 그대로 좋아해요. 머리스타일, 외모, 옷, 인기에 상관없이요. 이 친구들이 제 진짜 친구들이에요.　　　　　　　　　　　　　　　　－미셸, 12세

중간 지위 학생들의 대답은 다음과 같다.

제 생각에는 친구를 갖고 싶은 열망 때문에, 누구에게 상처 주든지, 상대 친구가 어떤 입장인지 여자애들은 전혀 신경 쓰지 않는다고 봐요.　　　　　　　　　－키애나, 12세

3, 4개의 그룹이 있지만 몇 개는 좋아요. 나머지는 배타적이고 비열하죠. 가끔 저는 제 또래 집단과 행동을 같이해야 하고 연애박사라도 되어야 할 것 같아요.　　　－킴, 12세

사회적 지위가 높은 학생들의 대답은 다음과 같다.

우리 교실에는 또래 집단들이 있고, 모두가 각자 자기네의 또래 집단에서 인기가 있어요. 그룹들은 서로 얽혀 있죠. 제 생각에 인기 있는 애들은 정말 좋은 애들인 것 같아요. 수군거림은 있지만, 모함은 없어요.　　　　　　　　　　　　　　　　－페이지, 13세

또래 집단들은 있지만, 대개 서로에게 비열하지는 않아요. 하지만 가끔 문제가 생기긴 해요.　　　　　　　　　　　　　　　　　　　　　　　　　　　　　－캐리, 12세

캐리가 말하는 '가끔 문제가 생기긴 해요'라는 말의 의미가 무엇인지 알 것 같은가? 이는 인기 있는 학생들이 다른 학생을 모욕할 때 일반적으로 사용하는 절제된 표현이다. 왜 여학생들은 수군거림과 왕따를 인정하길 꺼릴까? 무엇이 학생들을 침묵하게 하는가? 패거리 그룹의 압력이 그 아이들을 침묵시키는 것이다. 그룹 내 권력 있는 애들은 종종 자신들의 행동을 눈가림하고 정당화하면서 책임을 회피한다. 반면 힘이 없는 친구들은 자신이 떠벌리고 말했다가는 그 결과를 두려워해야 한다. 여학생들은 실제로 얘기할 때 친구들끼리 사적인 공간에서만 얘기한다(학교 화장실, 침실, 문자, 전화, 또는 이메일). 따라서 공공연히 말하는 것에 대해 두려워하지 않는 학생들은 사회적인 우열순서에서 너무나 멀리 떨어져서 자신의 생각을 그대로 말해도 더 이상

잃을 것이 없다고 생각하는 학생들이다.

인기 있는 여학생들(다른 일반 사회 유명인사들의 그룹들에서처럼)은 종종 자신들이 누리는 특권을 인정하려고 하지 않는다. 이런 걸 알고 있으면서도 또한 이들은 소외당한 여학생이 어떤 기분인지 이해하려고 노력하지 않는다. 이들은 그룹 내의 소외된 여학생들에 대해 거의 모르며 다른 여학생들을 깎아내리는 행동에 대해서도 인정하려 들지 않는다. 대조적으로 소외된 학생들은 인기 있는 여학생들의 생활을 많이 알고 있다. 그런데 이런 상황에서 가장 중요한 것은 어른들이 근본적인 가치를 가르쳐줄 수 있다는 것이다 — 사람들은 누구나 동등하게 고귀한 존재라는 것이다. 어느 누구도 단지 권력을 가진 자들 편에 서 있지 않다는 이유로 자기 견해를 표현할 수 없다거나 포기하게 할 수는 없다. 일단 침묵이 깨지고 나면, 진실이 드러난다. 여학생들은 자신의 뒤에서 진짜 무슨 일이 일어나는지 말하고 싶어 한다. 그들에게 진실을 말할 수 있는 환경을 만들어주어야 한다. 문자, 이메일, 마이스페이스, 카카오톡, 페이스북, 트위터 등 표현할 수 있는 시대에 여학생들 스스로, 그리고 그룹 내에서, 모두 진실을 말할 수 있는 공간을 만드는 것이 중요하다. 교실 학급은 이러한 공간으로 매우 적합하다.

딸을 기겁하게 하는 말

어떤 여학생들은 '패거리'라는 말을 싫어해서 자기네 친구들 또래 집단을 패거리로 묘사하면 즉시 방어적 태도를 나타낼 수 있다. 아마도 자기네를 배타적인 집단으로 생각한다고 그럴 것이다. 그러므로 반항심을 덜 불러일으키려면, 단지 또래 집단이라고 불러줌으로써 저항감을 줄일 수 있겠다.

좋은 인기 vs 못된 인기

'인기가 좋다'는 말이 원래 나쁘다는 의미로 말하려는 게 아닌데도, 내가 인기라는 표현을 쓸 때 여학생들에게는 때때로 그런 나쁜 의미를 풍겼다는 점을 밝혀둔다. 예전에 강의할 때 귀여운 6학년 여학생이 손을 들고 질문하길,

"와이즈만 선생님, 왜 모든 인기 있는 사람들은 나쁘다고 말하세요?"라고 물었다. 이 여학생에게 허를 찔린 덕에 깨달았다. 물론 그 학생 말처럼 진짜 사람들이 좋아하는 인기 있는 여학생들도 있다. 그 후로 나는 두 가지로 인기 있는 여학생들을 구분하였다. 첫째는 진짜로 좋은 부류이고, 둘째로 못된 인기 여학생이란 자기가 기분이 좋을 때는 남들에게 잘 대해주고 자기가 수틀리면 잔인해지는 부류다.

여학생들은 좋은 인기에 대해 30초 정도 말하다가 그 말의 정의가 자기네가 아는 인기 있는 친구에게 잘 안 맞는다고 생각하게 된다. 곧 질문이 터져 나온다 ─ 인기 있는 여학생이 왜 그리도 못됐는가? 왜 모두들 그 여학생을 두려워하는가? 아무도 가장 인기 있는 여학생을 좋아하지 않는데, 어떻게 그녀는 대부분의 여학생들을 친구로 두고 있는가?

못된 인기에 대해 다음과 같이 말한다.

"그 아이는 누구에게나 아주 못되게 굴 거야."
"그 아이는 막강 파워를 가지고 널 갈굴 거야."
"친구라고 하면서, 나중엔 뒷담화를 하고, 널 땅쳐버릴 거야."

이제 못된 인기가 구체적으로 그려지는가? 여러분 머리에 당장 누가 떠오를 것이다.

여왕벌과 조무래기들

우리는 여학생들의 사회적 구조의 정교함은 인정해줄 만하다. 최고의 정치가와 외교관들도 사회적 음모와 정치적 조망을 통해 권력을 끌어내는 여학생을 대적하기 힘들 수 있다. 패거리 그룹은 정교하고 복잡하며 다층적이고 각각의 소녀들이 역할을 달리한다. 하지만 패거리 그룹 내에서 위치가 정적인 것만은 아니다. 한 명이 다른 한 명에게 위치를 잃고 위계적 단계가 오르락내리락할 수 있다. 실제로 고정된 역할을 하는 여학생은 거의 없고 종종 다른 위치의 역할을 맡게 된다. 다음은 당신의 딸이나 친구들이 맡은 여러 역할을 보여준다.

여왕벌
사이드킥(조수, sidekick)
뱅커(banker)
메신저(messenger)
아부자/추종자(pleaser/wannabe)
방관자(torn bystander)
희생자(target)
챔피언(champion)

여왕벌은 챔피언이 될 수 있다. 챔피언도 곤란한 상황에서 고통스러운 방관자가 되어버릴 수 있다. 또한 꼭 인기그룹이 아니라도 당신 딸은 친구들 사이에서 역할을 맡게 되는데 그 패거리 그룹에서 사회적 지위가 상승할수록 그룹 규칙도 엄격해지는 경향이 있는 것이 사실이다.

여학생들의 사회적 지위란 매우 복잡하고 세부적으로는 황당하기까지 해서, 이제 패거리 그룹 내의 다양한 지위를 소개하려 한다. 그렇지만 여러분이 딸과 또래 집단에 대해 대화를 한다면 딸에게 자기 지위의 이름을 말하게 하고 그녀 생각에 내가 간과한 역할들에 대해서도 말하도록 격려해야 한다. 각 역할의 문항들 대부분에 해당되면, 당신은 딸의 역할을 알게 될 것이다.

여왕벌

쉽게 상상하자면 동화 이상한 나라의 앨리스 속 하트여왕과 멋진 바비 인형을 합친 인물이다. 여왕벌은 십대 소녀들이 상상하는 완벽함의 화신이다. 권위, 힘, 돈, 외모, 의지력, 그리고 사회적 지능으로 무장하여 다른 여학생들 위에 군림하고 우정을 흔들고 자기의 파워를 강화하여 영향력을 행사한다. 결코 여왕벌 여학생이 다른 여학생이나 남학생들에게 미치는 영향력을 과소평가 하지 마시라. 외모부터 압도적이며 바로 돌아서서는 믿기 어려울 정도로 상냉하기까지 하다. 결론은, 아군이 아니면 적군밖에 없다.

> 그 아이는 자기 마음대로 조종하려고 무슨 짓이든 해요. 누가 남학생들로부터 조그만
> 관심만 받아도, 그저 남자애랑 친구일 뿐인데도 여러 학생들 앞에서 모욕을 줄 거예요.
> — 켈리, 14세

다음에 해당한다면 당신의 딸이 여왕벌일 가능성이 있다

- 딸의 친구들이 딸이 원하는 대로 행동한다.
- 학급 내에서 누구에게도 꿀리지 않고 당당하다.
- 다른 사람들이 자기를 따라 하고, 혼자 있게 내버려두지 않고, 너무 민 감하게 반응을 보인다고 투덜댄다.
- 끼리끼리 모여 노는데, 그 중심에 자리 한다. 어딜 가면 친구들이 딸을 따라다닌다.
- 친구, 또래, 선생님, 심지어 부모하고의 언쟁에서도 이길 수 있다.
- 한 친구를 특별한 친구라고 말함으로써 주위에서 그 친구를 '특별한 여학생'으로 느끼게 한다.
- 전략적으로 친절하다. 예를 들어 그룹 내에 두 명의 여학생이 있는데 한 명은 딸이 좋아하고 한 명은 그렇지 않다. 둘을 같이 만났을 때 한 명에게는 팔을 내밀어 껴안고 같이 앉는 반면, 다른 한 명에게는 거의 아무 말도 하지 않는다.
- 친구의 감정을 상하게 하고도 거의 책임감을 느끼지 않는다.
- 뭔가에 당했다고 생각하면, 그에 대한 복수를 할 권리가 있다고 느끼고 복수를 실행한다.

> 그 아이는 자기 자신이 그 누구보다도 뛰어나다고 생각해요. 애들을 좌지우지하고, 괴롭히고, 영악하고, 챙기는 체하고, 그리고 남들의 기분을 좋게 또는 나쁘게 만드는 재주가 있어요. 사람들을 들었다 놨다 해서는 자기를 믿게 만든다니까요.   — 앤, 15세

당신 딸이 여왕벌이라는 사실을 알고 가슴이 철렁했다면, 자축할 일이다.

정직은 훌륭한 부모가 되는 첫걸음이다. 아니 겨우 일곱 살에 벌써 여왕벌이라니? 이 놀라운 사실을 받아들이고 당신 혼자만 그렇게 생각하는 게 아니라는 사실을 알기 바란다. 내가 여왕벌들에게 항상 말했듯이 우리는 권력을 악이 아닌 선을 위해 쓰도록 노력할 필요가 있다. 루즈벨트 대통령과 스파이더맨이 말했듯이, '위대한 권력은 책임에서 나온다'.

여왕벌이 됨으로써 얻는 것

권력을 가지고 주위에 영향력을 행사한다. 관심의 중심에 서서 여학생들이 받들게 된다.

여왕벌이 됨으로써 잃는 것

그녀에게 우정은 권력관계가 되고 상호 존중이나 신뢰, 보살핌 등과는 멀어진다. 여학생이나 남학생들과의 우정에 믿기지 않을 정도로 냉소적이게 변한다. 항상 모든 것을 가졌으며 누구나 조종할 수 있다는 평판 때문에 어느 누구도 받아들이기가 쉽지 않음을 느끼게 된다.

중학교에서의 최근 경험을 말해볼까 한다. 권력의 상실을 받아들인 여왕벌 학생들을 만난 드문 경험이었다. 막 6학년 모임을 마치자마자 상담가가 두 여학생과 대화해볼 수 있는지 내게 물었다. 한쪽에 멋쟁이 여학생 두 명이 보였는데, 긴 갈색 생머리에 버튼다운 셔츠, 격자무늬 치마, 은근히 시선을 끄는 어그 부츠 차림이었다.

"애들아, 안녕, 무슨 일이야?"

두 여학생은 불안한 눈길로 방 안을 둘러보았다. 작은 여학생이 앞머리를 쓸어 올렸다. "우리 패거리에 4명의 다른 여자애들이 있는데, 걔들이 우리 둘을 내쳤어요. 우릴 비방하고 이름을 욕하는 암호까지 만들었어요. 정말 나빴어요…." 울음을 참으려는 모습이었다. "내가 뭐라고 말을 걸려면 다른 데로 가버리고 자기네끼리 수군거리며 웃었어요."

다른 여학생도 말을 거들었다. "그래도 말을 걸어보려면, 완전 무시하는 거예요. 우리가 여왕벌이었기에, 뒤바뀐 지금은 밤마다 울어요. 예전에 우리가 사람들에게 못되게 굴었기 때문에 학교가 우릴 싫어하는 것도 알아요. 지금… 이젠 느낌을 알 것 같아요… 걔네들이 우리 친구들은 아니었어요."

20분간 터놓고 이야기를 나눴다. 한 여학생은 항상 애들의 모든 걸 파악하고 싶은 심각한 욕구를 인정하였다. 힘을 남용하였고 피해학생들이 그들의 고통에 공감하지도 못했음을 인정했다. 나는 두 여학생에게 변화의 기회를 만들어보도록 하는 제안을 하였다. 이 경험을 통해 깨달음을 얻고 선한 가치를 위해 역동적이고 권력 지향적인 성향을 쓸 수 있을까? 왕따와 복수를 당하는 기분이 어떤 것인지를 기억해두었다가 누가 또 그런 일을 당한다면 말해줄 수 있을까?

그러나 이런 경험을 공유하는 또 다른 이유 중 하나는 여왕벌의 몰락을 많은 사람들이 고소해한다는 것이다. 비열한 행동에 합당한 결과를 받는 것이 당연하지만서도, 여왕벌들이 무너져 내릴 때 붙잡아줄 필요도 있다고 본다. 여왕벌들조차도 패거리 그룹의 부정적인 영향을 받고 있다는 사실을 이해한다면 딸아이의 본능은 최후의 승리를 추구할지라도 그녀가 동정심을 기를 수 있도록 격려해야 할 것이다.

사이드킥

사이드킥은 여왕벌의 최측근으로 명령체계상 부관이자 2인자이다. 따라서 자신의 권력이 여왕벌의 신뢰에 기반을 두고 있기 때문에 어떤 일이 있어도 여왕벌을 지지할 것이다. 따라서 주위 여학생들은 넘볼 수 없는 권력자로 보게 된다. 대개 목표를 관철하기 위해 왕따를 시키고 묵사발을 만들어버린다. 여왕벌과 사이드킥은 대개 남학생들의 주목을 먼저 끌고, 선배 오빠들에게 끌린다. 이는 7, 8학년에서 더 특징적으로 드러난다. (이들이 신체적으로 성숙하고 고교생 파티에 참석한다면 사태는 더 심각해진다. 이는 다른 장에서 다룰 것이다.) 그러나 더 어린 나이에도 이런 일은 벌어진다는 걸 명심해야 한다. 여왕벌과 사이드킥의 차이는 둘 사이를 벌려놨을 때 사이드킥은 더 잘 보이려 행동을 바꾸지만, 여왕벌은 또 다른 2인자를 찾아내는 편을 택한다는 것이다. 한편, 사이드킥은 여왕벌에게 반란을 일으켜 1인자가 되기도 한다.

당신의 딸이 사이드킥이라면…

- 여왕벌과 친구인 누군가를 질투한다.
- 부모인 당신보다 여왕벌이 더 큰 권위를 가진다.
- 여왕벌과 자기 외에는 모두 조무래기(똘마니) 추종자라고 생각한다('아부자/추종자' 참조).
- 절친한 친구가 딸을 좌지우지하는 것 같다.

> 사이드킥은 여왕벌의 일거수일투족을 신경 써요. 여왕벌이 말한 것은 뭐든 하려 들고 그녀처럼 되려고 노력해요. 여왕벌을 위해 거짓말도 하지만, 여왕벌만큼 예쁘지는 않아요.
> ─매들린, 14세

사이드킥이 됨으로써 얻는 것

여왕벌이 없다면 가지기 힘든 권력을 가지게 된다. 인기와 소속감을 느끼게 해주는 가까운 친구가 생긴다.

사이드킥이 됨으로써 잃는 것

여왕벌과 오래 지내다 보면, 사이드킥은 원래 가졌던 자신의 고유한 견해를 망각할 수 있다. 그녀가 친구들 사이에서 뭘 원하고 어떻게 행동해야 하는지 같은 사려 깊은 숙고의 경험을 잃게 된다.

뱅커(정보통, 바카라 카드게임에서 패 돌리는 뱅커)

여학생들 세계에서는 다른 여학생들에 대한 정보가 현금처럼 제일 중요하고, 그게 가장 강력한 힘이 된다. 이런 정보통 역할을 하는 아이가 '뱅커'다. 주위 여학생들에 대한 정보를 모아 때맞춰 전략적으로 퍼뜨려서 혼란을 야기한다. 예로 누가 누구를 비난조로 말하면 뱅커는 이를 대화에 적절히 언급하면서 갈등을 조장하고 더 잘 알고 있는 사람으로 자신의 영향력을 강화하려 한다.

정보통은 주변으로부터 신뢰를 얻는데 이는 그녀가 말하는 정보가 단순한 가십 같지 않기 때문이다. "널 위해 뭐든 할 거야." 같은 순진한 태도로 말하기 때문이다.

> 뱅커의 힘은 주변사람들이 그녀에게 비밀을 털어놓게 하는 데 있어요. 나중에 뱅커를 믿을 수 없다고 깨달았을 때는 이미 늦어요. 반 학생들에 대한 정보를 모두 알고 있기 때문에 뱅커가 소문내지 못하게 하려면 잘 대해줘야만 해요.　　　　－레이, 17세

뱅커는 거의 여왕벌만큼 막강하지만, 한편으론 아래 서열인 메신저와 헷갈리기 쉽다. 뱅커는 점잖고 조용하며 어른들 앞에 나서지 않는다. 겉으로 드러나지 않게 천진해 보여 항상 어른들의 주목을 빠져나가는 애가 뱅커다.

당신의 딸이 뱅커라면…

- 아주 말수가 적다.
- 복잡하고 전략적으로 생각한다.
- 모든 애들과 친한 것처럼 보인다 — 몇몇 애들은 특별히 유별나게 좋아한다.
- 거의 다투지 않는다.
- 또래 집단에서 거의 따돌림을 당하지 않는다.

뱅커가 됨으로써 얻는 것

드라마를 만들어내고 조작할 줄 안다. 별로 해가 없어 보이지만 모든 여학생들이 두려워하는 뱅커는 혼란스러운 존재다.

뱅커가 됨으로써 잃는 것

일단 다른 여학생들이 뱅커의 정체를 알게 되면 더 이상 믿지 않게 된다. 사람들을 이용 가치의 측면에서만 고려하다 보니 신뢰할 수 있는 관계를 망각하게 된다. 다른 여학생들이 조직적으로 등을 돌리면 여태껏 겪어보지 않은 일이기에 상처를 크게 받고 마음을 추스르기 힘들어지게 된다.

뱅커가 모든 애들의 정보를 가지고 평판을 좌지우지하기 때문에 패거리 그룹에서 함부로 몰아낼 수 없어요.   —샬럿, 15세

메신저(전달자)

메신저도 친구들 개인정보를 건네고 뒷담화를 한다. 그렇지만 메신저는 갈등의 당사자들을 화해시켜보려는 동기를 갖고 있다는 점에서 뱅커와는 차이가 있다. 이런 화해를 매개함으로써 인정받고 사회적 지지를 얻고자 한다. 이런 화해 노력을 메신저의 부모들은 온전히 이타적인 행동으로 쉽게 착각하게 된다.

당신의 딸이 메신저라면…

- 겉멋만 들었고, 그런 데 신경 쓰는 것이 눈에 두드러져 보인다.
- 애들이 싸울 때도 도와주려고 애쓴다. 이런 것을 대부분의 부모들은 자기 딸은 모든 애들과 무난하게 지내기를 바랄 뿐이라고 한다.
- 여자애들 사이에 갈등이 생기면 메신저는 하루 종일 이 문제에 몰두한다.
- 갈등에 개입하는 과정에서 아드레날린이 솟구치는 것을 느낀다(그러나 깊이 생각하지 않는 어른들은 메신저의 동기는 오직 배려심이며, 모두가 원만하게 지내게 함으로써 평화를 만들어내고자 하는 것이라 착각한다).
- 다른 여학생들이 도움을 청할 때 메신저는 스스로 더 잘난 느낌을 가진다.

메신저가 됨으로써 얻는 것

메신저로서 개입하여 친구들 사이가 좋아지거나 깨질 때 보람을 느낀다.

메신저가 됨으로써 잃는 것

메신저의 지위는 불안정하다. 잘못된 정보를 전할 경우나 다른 친구들이 메신저의 이야기를 부정하면 쉽게 또래 친구들이 돌아선다. (세세하게 정확한

정보를 갖기는 어렵기 때문에 이런 일은 불가피하다.) 쉽게 이용당하고 조종되다가 나중에 더 이상 쓸모없을 땐 버림받게 된다.

아부자/추종자

추종자는 패거리 그룹에 들어가거나 여왕벌이나 사이드킥의 호감을 사려고 뭐든 하려 한다. 종종 그들의 행동이나 옷차림, 관심사를 관찰하고 따라 하지만, 또래 집단에 완전한 소속감을 느끼지는 못한다. 이런 이유로 항상 더 강력한 인물에게 충성을 바치고자 노력한다. 결국엔 자신에게 소중한 가치나 즐길 수 있는 것들까지도 포기하게 된다. 항상 사람들이 자신에게 원하는 것이 무엇일까 생각하지만, 반대로 자기 자신은 대가로 무엇을 원하는지 스스로에게는 묻지 않는다.

당신 딸이 아부자/추종자라면…

- 자신의 욕망보다 다른 여학생들의 견해와 욕망이 더 중요하다.
- 여왕벌이 하는 대로 옷차림, 스타일, 친구, 유명인사에 대한 의견이 항상 바뀐다.
- 스스로 개인적 한계를 정하는 데나 다른 여학생들과의 의사소통 문제에 어려움을 보인다.
- 자신이 원하는 것과 또래 집단이 원하는 것 사이의 차이를 구분하기 어려워한다.
- 필사적으로 남들이 '좋다'는 옷이나 헤어스타일에 매달린다.
- 또래들의 비난이 두려워 자신이 좋아하는 것들을 포기한다.
- 갈등을 피하려 한다. 의견을 물어오면 언제나 "네가 좋아하면, 난 괜찮아."라고 반응한다.

아부자/추종자가 됨으로써 얻는 것

아부자/추종자는 어디에 속한다는 소속감을 갖게 된다.

아부자/추종자가 됨으로써 잃는 것

솔직히 말하자면, 세상의 거의 모든 여자들은 한때 아부자/추종자가 된다. 실제로 그럴 수밖에 없다. 여학생들은 '착하다'라는 말에 보상을 받게 되기 때문에, 사회적으로 용납되고 아부하는 행동은 강화될 수밖에 없다. 그러므로 여자들은 자신을 희생할 수밖에 없다. 결과적으로 대다수 아부자들은 자신의 욕망과 판단을 희생함으로써 낮은 자존감을 지니게 된다. 추종자들은 아부를 많이 할수록 더 관심을 끌고 인정도 더 받을 것이라고 생각한다. 그러나 얄궂게도 사실은 그렇지 않다. 아부자들이 순응할수록 사람들은 더 함부로 막 대한다.

> 추종자들은 한패거리라고 생각하지만, 여왕벌과 사이드킥은 단물만 빼먹는다. 결국에는 친구들을 모두 잃고 여왕벌과 사이드킥이 평판까지 망쳐버릴 것이다. 되도록 아부자/추종자는 되지 말아야 한다. ─트리니티, 16세

괴로운 방관자

방관자는 패거리의 강력한 인물과 맞서고 싶지 않고, 그래서 대개는 부딪히지 않으려고 한다. 자기 옆에 있는 희생자를 돕고는 싶지만, 어떻게 도울지 확신도 서지 않고 그래 봤자 무슨 소용이 있겠냐며 무시한다. 스스로 침묵을 합리화하거나 타인의 행동을 변명하게 된다.

당신 딸이 방관자라면…

- 친구들 사이에서 선택의 기로에 항상 서 있는 자신을 발견한다.
- 어느 누구에게도 친절하려 한다.
- 거절을 못한다.
- 어느 누구와도 잘 지내려고 한다.
- 어느 누구와도 갈등으로 대결해야만 할 상황을 상상할 수 없다─좋은 게 좋은 거다.

여왕벌에게 순종하지 않으면 그녀는 평판이 끝장날 거란 생각에 혼란스럽고 자신감이 없어요. 그러나 친구는 혼자일 때 더 쿨한 애예요. —앤, 13세

방관자가 됨으로써 얻는 것

침묵함으로써 또래 집단에 받아들여지게 된다. 높은 지위의 그룹일수록 인기나 높은 위계의 자리, 그리고 남학생들에게 접근하기 용이해진다.

방관자가 됨으로써 잃는 것

여왕벌과 추종자들의 힘의 위세에 눌려 좀처럼 자기주장을 하기 어렵다. 주체적으로 뭔가를 한다는 것이 불가능하다. 뭔가 잘못되었다는 것은 충분히 알만큼 똑똑하지만, 상황을 개선해볼 여지는 없다.

희생자

희생자는 패거리 그룹에게 못되게 놀림 받거나 따돌림 당하는 왕따 여학생이다. 학급에서 '루저(못난이)' 중 한 명으로 패거리 그룹에서 따돌림을 당한다. 대개는 루저지만, 가끔 그렇지 않은 경우도 있다. 패거리 안에 들었다고 왕따를 당하지 않는 건 아니다. 패거리의 사회적 지위는 누구 하나를 명백하게 바닥에 찍어 누름으로써 유지되기도 한다. 패거리 그룹 밖의 여학생들이 주로 희생자가 되는데, 이유는 지나치게 애쓰거나 옷차림, 행동, 배경 등이 자기 그룹 내의 기준과 다르기 때문이다. 패거리 안에서도 위쪽 서열(여왕벌이나 사이드킥, 뱅커)을 넘볼 때 찍어 누르기 위해 왕따를 시킨다.

당신 딸이 희생자라면…

- 패거리들의 괴롭힘이나 따돌림에 저항하는 데 무기력하다.
- 내 편이 전혀 없다고 느낀다. 어느 누구도 도와주지 않는다.
- 소외되어 고립감을 느낀다.
- 누구도 사귀지 않을 거라면서, 거절당할까 봐 먼저 방어막('차이기 전에 찬다')을 친다.

희생자는 부모들이 생각처럼 쉽게 알아내기 힘들 뿐만 아니라, 자녀 자신도 너무 힘들어 속내를 털어놓기 어렵다. 스스로 왕따를 받아들이고, 풀이 죽어 부모에게도 숨기고 그저 "말하기 싫어요."라고 할 것이다. 다음 장에서는 이런 딸과 어떻게 대화할지에 관해 소개할 것이다.

> 희생자들은 부모가 자신들을 루저나 바보, 멍청이라고 생각할까 봐 부모들에게 터놓고
> 얘기하기를 꺼려요.　　　　　　　　　　　　　　　　　　　　　　　−제니퍼, 16세

희생자가 됨으로써 얻는 것

언뜻 부적절해 보이는 질문 같지만, 희생자가 되면 보이지 않는 몇 가지 이점이 있다. 사실 희생자로 고통 받는 딸에게 왕따나 차별대우를 받는 다른 사람들에 대한 공감이나 이해를 넓혀주는 교육 재료로 이런 경험이 도움이 될 수도 있다. 희생자가 되면 객관성을 경험할 수 있다. 누구에게 맞춰 살기 때문에 치러야 하는 쓸데없는 비용을 알 수 있고, 패거리 밖이 훨씬 좋다는 것도 알 수 있다. 왜냐하면 그룹 밖에서 스스로에게 진솔할 수 있고, 패거리 그룹 내 지위가 아닌 있는 그대로의 내 모습을 좋아해주는 친구들을 다른 데서 사귈 수도 있기 때문이다. 자기가 찌질이로 패거리에 있었지만 적어도 자기 친구들만큼은 진정한 친구들이었다는 여학생을 기억해보라. 대부분의 여학생들은 그런 편안한 감정을 지속하지 못한다. 일반적으로 나이가 점점 들어 감에 따라 희생자의 경험이 도움이 되는 측면도 있다고 느껴진다. 그때까진 희생자는 끔찍한 고통이다. 적어도 웃어 넘길 그런 일은 못 된다.

희생자가 됨으로써 잃는 것

다른 여학생들의 잔혹한 행동에 무감각해지기 쉽다. 자기 자신의 있는 그대로의 모습이 패거리 그룹으로부터 거절당함으로써 수치심을 느낀다. 타인에게 맞추기 위해 자신을 개조하려 들게 된다. 자존감이 없어지고 스스로 성장해가는 데 무력해진다. 매우 불안해하고 학업에도 집중할 수 없다.

희생자 역할로 한번 또래 집단에 끼게 되면, 나중에도 그런 나쁜 관계에 처박히게 돼요. 더 나은 관계를 기대할 수 없게 되죠.   −엘렌, 15세

챔피언(주관이 뚜렷한 학생, 주체자)

누구에게나 챔피언이고 싶은 마음이 한구석에 있어요.   −조안나, 17세

지난번 책에서 '떠돌이(floaters)'라고 명명했지만 명쾌한 정의라는 생각이 들지 않았다. 많은 부모들이 자기 딸이 여기에 해당한다고 주장하였다. 그래서 지금부터는 '챔피언'이 적절한 명칭이라고 고쳐 부른다. 이 책의 목적은 당신의 딸이 각 나이에 따라 좀 더 챔피언처럼 될 기회를 얻도록 돕는 것이다. 이런 계기는 여학생들의 성격 형성에 매우 중요하고 부모와 어른들이 잘 격려하고 도와주면 딸의 인생과 주위 친구들에게도 커다란 영향을 미치게 된다. 챔피언은 여성행동지침의 제한이나 통제를 넘어선다. 챔피언은 비판을 수용할 줄 알고 친구를 강요하지도 않으며 자기 이익을 위해 누굴 배척하지도 않는다. 다양한 또래 집단의 친구들을 사귀고 이들 간에 차별대우를 하지도 않는다. 여왕벌에게도 당당하게 대할 수 있고 비굴하지 않게 사귈 수도 있다.

챔피언이 한 또래 집단과만 관계하지 않기 때문에 대개 오해할 수도 있다. 다양한 또래 집단과 관계를 맺으며 이런 친구 저런 친구를 자유롭게 사귄다. (앞서 이 장의 앞쪽에 소개한 내게 편지를 한 뱅커도 이렇다는 점을 기억해두시라.) 다른 사람들이 자기를 어떻게 받아들이느냐에 자존감을 걸지 않기 때문에 챔피언들은 높은 자존감을 유지하는 편이다.

당신의 딸이 챔피언이라면…

- 친구를 따돌리지 않는다. 부모가 보통 찌질한 '루저'인 친구랑 시간을 보낸다고 투덜거릴 필요는 없다.
- 친구들이랑 편하게 지내고 두려움을 주지 않는다. 모든 대화를 '압도'하려 하지 않는다.
- 배타적으로 한 무리 또래 집단과만 매여 있지 않는다.

- 기꺼이 친구를 또래 집단에 데려오고 또 그러려고 한다.

챔피언이 됨으로써 얻는 것

친구들이 있는 그대로 한 인간으로 좋아해준다. 또래 집단 친구들의 환심을 사고 지위를 유지하려고 자신을 덜 희생한다.

챔피언이 됨으로써 잃는 것

챔피언이 겪는 단 한 가지 나쁜 것은 누구를 변호할 때, 반작용으로 친구들이 돌아설 때다. 7장에서 이 문제를 좀 더 다룰 예정이다. 올바른 일을 하는 데는 고독과 담대함이 필요하다는 말만 해두겠다.

자, 이제 또래 집단의 다양한 역할을 읽어보고 당신은 딸이 챔피언이라는 결론을 내렸을 것이다. 내가 당신의 결론을 믿지 못하겠다는 뜻은 아니다. 내 경험상 많은 부모님들이 자기 딸은 그렇지 않다고 믿고 싶어 한다는 점을 말씀드린다. 우리는 사랑하는 사람의 좋은 점만 믿고 싶어 한다. 그러나 때로는 이 사랑 때문에 현실을 보지 못할 수도 있다. 당신의 딸이 챔피언이 아니라고 해서 훌륭한 숙녀로 성장할 수 없다거나 좋은 직업을 갖게 양육할 수 없다는 이야기도 아니다. 그러나 부모가 딸의 모습을 있는 그대로 제대로 보지 못하고, 딸이 필요로 하는 부모 역할을 충분히 해주지 못할 수는 있다. 기억해야 할 중요한 사항은 '우리 중 그 누가 항상 챔피언으로만 계속 살 수 있겠는가?' 이다. 우리 딸들뿐만 아니라 우리 부모들의 삶 속에서도 챔피언처럼 주체적으로 살아가는 당당한 시간을 좀 더 많이 경험해보는 것이 진정한 목표가 되어야 할 것이다.

위험한 물가

자, 이제 또래 집단 내 여학생들의 다양한 역할을 알아보았다. 그러면 몇 가지 의문이 생긴다 — 처음에 어떻게 역할이 만들어질까? 누가 그리고 무엇이 위계질서와 권력 행사를 결정할까? 왜 여학생들은 이런 고약한 행동 습성을 버리지 못할까?

당신과 딸이 유람선을 타고 있다고 상상해보라. 유람선 선장은 당신 딸을 행복하고 즐겁게 해주는 것이 일이다. 시간표가 준비되어 있다. 우연히 다치기라도 한다면 누가 도와줄 것이다. 배 안의 대부분의 사람들을 알게 되고 모든 게 익숙해질 것이다. 그런데 갑자기, 아이들이 배가 엉터리고 따분해서 내리겠다고 소리친다고 생각해보자. 멍하니 바라만 보는 당신을 뒤로한 채 딸은 안전한 유람선을 버리고 나이 외엔 공통점이 하나도 없는 사람들과 구명보트를 타고 떠나버린다.

딸은 우선 스스로 왜 구명보트를 탔는지, 왜 떠나왔는지 생각해보았겠지만 이제 주위를 둘러보고 유람선에서 한참 멀어졌고 파도는 높고 식량은 부족하다는 것을 알게 된다. 딸은 재빠르게 구명보트의 다른 소녀들과의 관계가 생존에 중요하다는 것을 깨닫는다. 그러나 당신의 딸은 어리석지만은 않다. 깨닫자마자 알게 되는 것은, 덫에 걸렸다는 사실이다.

나는 패거리 그룹에 걸려든 여학생의 두려운 모습을 극적인 은유로 표현하였다. 하지만 여학생들이 주위 친구들에게 인정받기 위해 어떻게든 해야 한다는 압박감은 더 이상 은유가 아니다. 선택은 구명보트에 남거나 바닷속으로 뛰어드는 길뿐이다. 패거리 그룹의 여학생은 구명보트에 실려 생사가 달린 소녀와 같은 신세다.

내가 교실의 여학생들을 가르칠 때, 다음과 같은 연습을 해봄으로써 이런 절망적인 감정들을 표현하게 한다 — 높은 지위의 대장 소녀를 상상하게 한다. 모두가 이 여자를 안다. 이 여자의 의견에 모두 따라야 한다. 이 여자는 어떤 모습일까? 행동은 어떻게 할까? 그런 다음에는 지위가 없는 별 볼 일 없는 소녀를 상상하게 한다. 못나고 부적절하며 소외된 소녀. 이 소녀는 어떤 외모일까? 행동은 어떨까?

다음으로, 박스 안에는 높은 지위의 특징들을 적고, 구명보트 밖의 찌질한 소녀의 특징들은 박스 밖에 나열해본다.

	예쁘다 인기가 많다 날씬하고 선이 좋은 　S라인 멋진 머리카락 건강미. 너무 근육질이 　아니게 믿음직한 돈	명품 옷 스마트폰 통제력 똑똑한. 그러나 너 　무 잘난 체하거나 　밝히지 말고 남자애들 눈에 섹시 　하게	
너무 죽어라 노력파 게이/레즈비언 남자 경험이 없다 피부가 안 좋다 뚱뚱하다 남자 같은 　우락부락한 외모			가난하다 초조한 엉망인 패션 스타일/ 　브랜드 단정치 못한(성적으로) 장애인 별거 아닌 물건들에 　열성적으로 몰입하 　는 것

박스는 여학생들이 구명보트 안에 살아남기 위해서는 무엇이 필요하고 어떤 것들을 바다로 버려야 하는지를 보여준다. 나는 시각적으로 대부분의 여학생들이 구명보트에 끼어들어 생명을 붙잡는 모습을 보여주었다. 소녀들은 구명보트에 남기 위해 모든 걸 참아낼 것이고 바다로 던져질 위협을 항상 느낄 것이다.

물에서 수영하는 것을 좋아하는 소녀들도 몇 명쯤은 있지 않을까? 구명보트에 남기보다 차라리 바다에 빠져 죽는 것을 택하는 소녀도 있지 않을까? 물론 있다. 때로 이런 소녀들이 투쟁으로 단련되어 더 강인할 수도 있다. 그러나 많은 경우, 대부분의 여학생들은 또래 사회의 우열 순위에 따라 구명보트에 매달려야 한다. 무관심하려 해도 친구들이 다 그렇게 하면 따라 하지 않을 수 없다. 그러므로 여러분의 딸이, 구명보트 안에서 안전하든, 난간에 걸쳐 위태롭든, 구명조끼를 입고 물에 떴다 가라앉았다 하든, 힘차게 수영을 하든, 물에서 선헤엄을 치든, 익사 직전이든, 또래 집단과 그토록 강력하게 연결되어 혹시라도 떨어지면 온몸이 공포로 마비돼 죽을 것 같은 두려움을 이해하고 받아들여야만 한다. 이런 두려움이 주위의 도움을 방해하기도 한다. 딸에게 유람선은 너무 멀리 떨어졌고, 부모인 당신이 어찌 손을 쓰려 해도 다시 유람선으로 딸을 데려올 수는 없을지도 모른다.

어떤 때 구명보트 밖으로 내던져지는지를 박스 밖의 단어들에 주목해보자. 이것들은 무기와 같다. 예를 들면 당신 딸이 인기 패거리 그룹에 들었다고 상상해보자. 패거리 그룹 안에 있는 한 여학생이 뚱뚱한 다른 여학생을 괴롭힌다고 치자. 당신 딸이 불쌍해 그 여학생을 옹호한다면 패거리에 대한 도전으로 여겨져 불충성의 대가로 보트 밖으로 내던져질 것이다. 이런 버림당함의 위협은 모든 소녀들을 침묵하게 만들기에 충분히 강력하다.

패거리 그룹은 자기 강화적이다. 나의 역할과 그룹을 정의하자마자 타인을 배타적인 집단으로 규정해버린다. 그러고 나면 이젠 같이하기 힘들어지고 잔인하게 대하거나 방관하거나 아무것도 안 하게 된다. 사회적 지위, 인종주의, 성차별, 동성애 혐오, 아니면 어떤 이념에 대해 말하든 상관없다. 이런 식으로 사람들은 편을 가르고 차별하며 권력을 행사한다. 아마도 당신은 딸이 약자를 위하고 그들 편에 서도록 가르쳤을 것이다. 긴 유람선 항해를 하다 보면 딸이 당신의 충고대로—그녀의 양심에 따라—당신에게로 돌아왔으면 하지만, 되돌아오지 못하는 일도 벌어질 것이다. 패거리들과 구명보트에 머물러야만 할지도 모른다. 왜 딸은 더 나은 길을 알면서도 나쁜 일에 현혹되고 말까? 잘 살펴보자.

당신 딸에게 학교는 무엇인가

우리들 중 몇몇은 중·고등학교 시절을 아주 생생하게 잘 기억하고 있을 것이다. 또 다른 몇 분들은 기억을 짜내 학교가 어떤 모습이었을지 그려봐야만 한다. 나는 몇몇 소녀들에게 학교를 지도처럼 그려보게 하였다. 여러분도 딸에게 그려보게 할 수 있다. 그림의 세부사항이야 어떻든, 매일 딸이 다니는 장소를 확인할 수 있다. 이 그림지도를 같이 보면서, 당신의 학창시절과 지금 딸의 학교생활을 서로 어떤지 비교도 해볼 수 있지 않을까?

딸아이의 세계가 어떤지를 정말로 이해하고 싶다면, 어디에서 주로 시간을 보내는지 학교생활을 그림지도로 그려보라고 하자. 16세의 두 여학생 — 동해안에서 온 인디언-미국인 여학생과 남서부에서 온 11학년 여학생 — 에게 학교생활을 그림지도로 그려보게 부탁했다. 그녀들의 그림 솜씨에 깜짝 놀랐다. 이 여학생들의 세계는 가혹하고

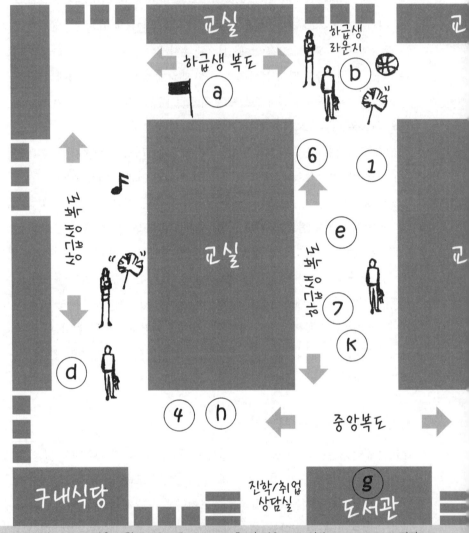

비판적인 곳이었다 — 그러나 여학생들이 내게 이야기한 그런 전형적인
경험의 공간이었다.

제2체육실

실

ⓒ

ⓕ

②

헬스장
(근력 운동실)

제1체육실

강당 로비

③

⑤ ⓘ

교무실

ⓖ 도서관— 진짜 친구는 없는 정말 괴짜들의 안식처

ⓗ 확연히 배타적인데도 항상 친절한 아시아계 학생들

ⓘ 과장이 심한 학생들은 친절할지라도, 치근덕거리며 수작을 걸 때 매우 알아채기 힘들다.

ⓙ 역겨워! 땀투성이에 냄새가 진동하는… 머릿속에 상상하는 그런 운동하는 애들이 여기 있다.

ⓚ 매우 멍청하지만 예쁜, 백치미

기술전문교육관

부잣집 도련님
&
공부 잘하는 반항아

섹스트리

부잣집 도련님

라커룸
(조숙한 9, 10학년들)

대개 10학년 학생들　　운동하는 애들

여기서 학생들이
애무한다.

부잣집 애들
나무

라커룸

남학생
화장실

여학생 화장실
(여기서
여학생들이 몰래
담배를 피운다)

여기서 약을 한다.

표

히스패닉	축구 그리고 쉬운 여자애들	인기 있는 애들	인기 있는 애들
아랍계	축구 그리고 쉬운 여자애들	인기 있는 애들	인기 있는 애들
흑인들	레슬링	비판하는 10학년 여학생들	비판하는 9학년 여학생들

강의동 건물

여학생용
화장실

남학생들
마약거래
화장실

남들이 신경이 쓰인다면
드나들지 말아야 할 곳

자동판매기

해키색
(공차기) 친구들

사무실

퇴폐/게이/레즈비언 나무

ROTC 학군단
학생들

아시아계 학생들

라커룸
(9, 11학년용)

남학생용
실내체육관

마리화나 흡연자들

벤치

공부만 하는 범생이
신입생들(어디에도
소속되지 않음)

강당

(계단이 있다)

공놀이 하는 친구들

뚱뚱한 여학생들과
삐쩍 마른 남학생들

강당 옆 끔찍한 애들 옆을 지나
치는 대신 걸어가면, 비판과 욕을
먹는다.

인기 없는 파티(클럽) 학생들/엑스터시(도리
도리, 아담, 메스암페타민)/LSD 환각제 사용
자들(대개 11학년)

구내식당

들어감/나감-비판당하고
자연스럽게 비교된다.

인기 있는 여학생들-
거식증의 마른 비판가들

변태들

흡연실

공중전화 부스

부잣집 애들

야구부 애들

건방진 여자애들

미숙한 남학생들

야구부 11학년

추종자

인기 있는 애들

섹스 테이블

마약거래 테이블

그 시절에 나는

- 중학교 때 어디서 어울렸는가?
- 고등학교 때 어디서 어울렸는가?
- 또래(패거리) 집단에서 얻은 것은 무엇인가?
- 패거리 그룹을 떠나고 싶었지만, 떠날 수 없다고 느낀 것은 무엇 때문인가?
- 패거리 그룹 애들에게 괴롭힘을 당해보았는가?

딸의 또래 집단과 부모인 당신

다음 사항들을 받아들여라.

1. 종종 간접적으로 얻어 듣는 정보에 의존해야만 한다. 딸에게 문제가 생겼을 때 옆에 없을 수 있다. 당신이 할 수 있는 일이라곤 제한되어 있다. 사실 딸아이가 곤란에 처했을 때 옆에 확실히 있는 사람들은 바로 딸아이 친구들이다. 이렇게 생각해보자 — 친구들과 어디서 붙어 다니는가? 당신은 이런 장소에 얼마나 자주 가보는가? 딸이 좋아하는 SNS, 문자나 트위터, 이메일은 정확하게 무엇인가? 십대들은 어른들이 모르는 방식으로 접촉한다. 이 말은 몸으로 감시하라는 뜻이 아니라, 부모의 도움을 받아가며 스스로 주체적이 되게 하라는 뜻이다.

2. 부정하고 싶은 마음에서 벗어나야 한다. 딸이 잘못된 선택을 하고, 잔혹하거나 비도덕적으로 행동할 수 있다. 딸이 사춘기를 잘 극복하고(말 그대로 청소년기를 잘 극복하고) 책임감과 윤리의식을 지닌 여성으로 키우려면, 그 길에는 장애물들과 넘기 힘든 산 같은 벽도 마주친다는 것을 인정해야 한다.

3. 구명보트를 기억하라. 친구들과 문제가 생겼을 때 다른 여학생과 싸워서 학교 가기를 두려워할 때, 바다 위에 포식자들로 둘러싸여 구원의 희망이라고는 전혀 없는 절망적인 상황을 기억하라.

또래 집단에 대해 딸과 대화하기

또래 집단 내에서의 역할과 경험들에 대해 딸과 이야기하기는 상당히 어려운 일이다. 대개 딸이 말문을 트기 전에는 부모가 먼저 또래 집단의 세세한 경험들에 대해 캐묻지 마라. 대신에, 딸의 견해를 물어볼 수는 있다. 딸에게 이 책의 이번 장을 읽고 생각을 말해보라고 할 수도 있다. 너무 숙제 같은 느낌이 들면 당신이 간략하게 요약을 해줘도 좋다. 어떤 점이 공감이 가고, 어떤 점은 공감이 안 되는지 물어볼 수 있다. 딸아이가 책과 자기 경험은 전혀 다르다고 하면, 대화를 끝내지 말고 구체적으로 무엇이 그런지 질문을 해보라. 함께 TV쇼를 보거나 영화를 보다가 마주칠지도 모르는 교두보 같은, 출발점을 찾을 수도 있다.

딸의 친구들처럼 관찰자로서 딸에게 다가가라. 그러면 딸이 본 것을 이야기하는 중에 드러낸 사실에 대해 자기 역할은 무엇이라고 생각하는지 물어볼 수 있다. 대개 친구들 얘기를 하다 보면 딸이 자기 얘기도 터놓게 된다. 내가 이 책에 정의한 용어를 쓸 수도 있지만, 딸이 싫어하면 용어를 안 써도 좋다. 자기 방식으로 경험을 말하게 하는 것이 좋다. 앞서 언급한 것처럼, 패거리에서의 역할을 자기가 만든 이름으로 말해도 좋다.

좋은 질문거리는 다음과 같다.

- 그 역할을 함으로써 얻는 것과 잃는 것은 무엇인가?
- 왜 각자의 역할을 지켜야 한다고 생각하는가?
- 이런 일들이 친구들 사이에 벌어지는 걸 보면서 무엇을 느꼈는가?
- 자기가 직접 겪었을 때 어떤 기분이 들었나?

이어지는 장들에서는 당신의 딸들을 도와줄 수 있는 좀 더 구체적인 조언을 상황과 또래 집단 내의 위계에 따라 할 예정이다. 이제 당신의 딸들이 또래 집단의 전반적 위치에 따라(권력의 상층에서, 중간, 그리고 희생자까지) 부모로서 해야 할 핵심적인 사항을 설명하겠다.

권력의 행사자 위치(여왕벌, 사이드킥, 뱅커)

딸이 권력을 행사하는 위치에 있다면 자기의 문제점을 직시하고 인정하기가 상당히 어려울 수 있다. 한편 다른 여학생들을 공감하기도 어렵다. 항상 행동에 대한 책임감과 남을 비난하지 말 것을 강조하라.

딸이 권력 행사자의 위치에 있다면, 복수하는 데 전념할 수도 있다. 딸과 대화를 시도하다 보면 강력한 저항을 보이거나 비단처럼 부드럽게 나올 수도 있다. 침착한 딸의 반응에 속아서는 안 된다. 당신의 기분을 맞춰줌으로써 자신에게서 관심을 빨리 거두게 할 만큼 영악해서 그리 할 뿐이다.

중간에 낀 여학생들(방관자, 아부자/추종자, 메신저)

패거리 그룹의 여학생들이 더 멋지기 때문에 그 친구들과 부모인 당신 사이에서 선택을 강요하는 느낌이 드는 상황을 만들지 말아야 한다. 난처한 입장에 놓여 있음을 이미 알고 있다고 알려주어라. 중간에 낀 고통스러운 감정 때문에 다른 여학생들에게 이중적인 성격처럼 비칠 수 있다. 따라서 자신 있는 책임감을 격려해주어라.

질문도 던져본다 — "네 생활 속에서 누가 결정권을 가지고 있니?" 부모가 결정하는 것을 싫어하듯, 여왕벌이 자기 대신 결정하는 것도 싫어해야 할 것이다. 그러나 기억해두시라. 당신이 딸과 아무리 가까운 사이라 하더라도, 친구들과 사귀면서 얻게 되는 사회적 인정의 경험을 대체할 수도 없고 이런 사회화 과정이 필요없다고 확신시켜줄 수도 없다. 대화의 성공을 위한 핵심은 딸이 패거리 그룹을 따르다가는 자신이 진짜 원하는 것을 스스로 판단해서 하기가 어렵다는 것을 깨닫게 해주는 것이다. 스스로 자기 결정권을 가지지 못한다고 비난하지 마라. 터놓고 말할 수 있게 신뢰를 주어라. 딸과 함께 위쪽의 더 강력한 여학생들에게 전달하고자 하는 것을 연습해볼 수 있다.

희생자

딸이 희생자라는 것을 알게 되었거나, 희생자의 경험을 이미 했다면, 자기 입장을 말해보게 하라. 이런 상황이 매우 부끄럽기 때문에, 너무 조급하게 하지 말고 또 언제나 부모인 당신에게 터놓고 말할 수 있다고 믿게 해줘야 한다. 딸이 희생자라는 얘기를 털어놓더라도, 딸이 요청하기 전에는 흥분해서 학교 당국이나 가해자 부모 등에게 알리겠다고 위협해서는 안 된다. 정말로 말하기 싫어할 때는 딸의 감정을 존중해주어라. 다음 장에서는 부모인 당신에게 딸이 말하기 불편해할 때 딸을 위한 동맹자를 찾는 일의 중요성에 대해 설명할 예정이다. 6장에서는 패거리 그룹의 못된 여자애들에게 어떻게 당당히 맞설 수 있게 도와줄 수 있는지를 알아볼 것이다.

 딸을 기겁하게 하는 말

이 장을 읽지 않고 즉시 딸에게 어떤 또래 집단에 속해 있는지 물어보지 마라. 토론을 하다 보면 어떤 부모들은 이 책을 자녀들에게 읽혀야 하는지 질문을 한다. 먼저 내 생각엔 부모가 이 책을 다 읽고 어느 부분이 자녀에게 적합한 내용인지를 판단해야 한다. 책을 읽게 하고 싶다면, 어떤 일이 있어도 '… 때문에 이 책을 반드시 읽어야 한다고 나는 생각한다'라는 식의 말은 마라. 대신에 "이 책을 보니까, 친구들이랑 보고 듣고 읽는 것들에 관한 내용이네. 작가가 얼마나 실제적인 사실을 다뤘는지, 아니면 완전 틀린 얘기인지, 혹은 완전히 제정신이 아닌지, 네 생각이 궁금하구나. 그러니 네가 읽어보고 네 생각은 어떤지 얘기를 해줄래?" 라고 말하라. 중요한 것은 책 이야기를 해보고 딸의 의견을 들어보는 것이다.

어쨌든…결론

딸의 또래 집단 내 위치가 무엇이든지, 어떻게 해서든 딸에게 항상 확신을 심어주어야 한다. 이런저런 상황들이 참으로 어렵다는 것을 당신은 이해한다고 말해주어라. 대부분의 어른들도 이런 똑같은 문제로 씨름하고 있다. 당신 생각에 자신의 십대 때 이야기 중에서 딸과 관련이 있을 만한 이야기가 있다면 이야기해주어라. 그러나 무엇을 하라고 행동을 강요하지 마라. 대신에, 당신이 존중할 만한 행동들을 말해주어라. 딸이 달리 해봤으면 하는 일을 구체적으로 묘사하고 그 일을 하기 위한 방법을 계획할 때까지 기다리는 마음으로 함께 도와주어라. (패거리 친구들이 못살게 굴면 부모인 당신에게 언제든 책임을 돌려도 좋다고 말해주어라.) 부모인 당신이 패거리들에 대한 자신의 당당한 도전을 존중하고 기꺼이 도와주려 한다는 사실을 알게 되면, 당신 딸은 한결 더 안도감을 느낄 것이다.

소녀세계로 가는 통행증 :
의사소통과 탐색

나는 6학년 때 왜 그리 불행했는지 모르겠어요. 난 여자애들이 내게 비열하게 대한 걸 우리 부모님들에게 얘기할 수 없었어요.
　　　　　　　　　　　　　　　　　　　　　　　　　—에린, 17세

만약 네가 무슨 잘못을 했더라도 그걸 부모님에게 얘기할 생각은 마. 왜냐하면 그런 얘기가 얼마나 불편한 일인지 알게 될 테니까. 난 우리 부모님에게 내가 겪은 사소한 일들만 얘기해.
　　　　　　　　　　　　　　　　　　　　　　　　　—메레디스, 13세

나는 우리 부모님에게 2학년 때 마지막으로 내 얘기를 했었어. 친구하고 안 좋았던 일이 있었는데, 나중에 부모님이 친구분들이나 친척들에게 다 얘기했지 뭐야. 그래서 사촌들이 그걸 알고 놀려 댔다니까. 그래서 이젠 오빠에게만 얘기하는데, 오빠 그저 듣기만 해.
　　　　　　　　　　　　　　　　　　　　　　　　　—애비, 14세

부모들은 내게 소녀세계로 가는 통행증과 소녀들이 말하는 이해가 안 되는 외국어 같은 말을 통역하고 그들이 접하게 될 여자들의 관습을 이해하는 능력이 생기게 해주길 바란다. 그러나 당신이 단지 뜨내기 여행자가 되고 싶은 건 아닐 것이다. 당신은 그 문화를 깊이 이해하고 싶을 것이다. 이 장에서 나는 당신이 딸과 의사소통을 더 잘하고 그들이 하는 말을 잘 이해할 수 있게 해주는 일반적인 전략을 제시할 것이다. (앞으로 이어지는 장에서는 더 구체적으로 적용할 수 있는 전략을 제시할 것이다.) 그리고 나는 딸아이의 일기를 훔쳐보거나 문자메시지나 페이스북을 기웃거리지 않고도(그건 정말 마지막 수단으로 이용할 수도 있다) 정보를 얻을 수 있는 방법을 알려줄 것이다.

하지만 내가 그 통행증에 직인을 찍기 전에 몇 가지 염두에 두어야 할 일이 있다. 당신의 양육 스타일과 딸을 다스리는 방법을 평가하고 그에 대한 의문을 제기할 것이다. 만약 양육방식이 효율적이지 않다면 효과적으로 의사소통하기가 힘들 것이다.

꼭 기억해 두어야 할 것이 있다. 아침에 딸들에게 사소한 일 하나하나까지 간섭하고, 부탁을 거절하고, 무반응하려고 마음을 먹고 잠에서 깨는 부모는 없다. 그리고 자녀들의 사회생활이 문제가 없을 때 모른 척하는 건 쉽다. 하지만 딸아이가 문제아들과 큰 갈등에 휩싸여 있는 걸 알고 나면 모른 체하는 것은 거의 불가능하다.

여기에 부모가 자극받는 상황을 열거해보겠다.

1. 우리는 우리 애들에게 잘 못하는 사람들을 미워한다.
2. 우리는 자녀를 사랑하고 우리가 사랑하는 사람들을 나쁘게 보고 싶어 하지 않는다.
3. 우리 아이들이 비열하고 무례하고 남에게 해가 되면 우리가 나쁜 부모가 된 것 같이 여겨져서 당황스럽다. 그래서 가만히 앉아서 당혹스러운 마음을 달래기보다는 행동에 대한 변명을 하고 싶은 강한 유혹을 느낀다. 딸이 어리다면 "너무 피곤한가 봐요."라든가, 십대라면 "기분이 우울한가 봐요."라든가 "아시다시피 그 나이 때 여자애들은 다 여우 같잖아요."라는 식으로 변명하고 싶어 하지만 그러면 종종 자녀의 문제를 있는 그대로 직면할 기회를 놓친다.

당신의 양육방식은?

내 일을 하다 보면 다양한 양육방식과 철학을 접하게 된다. 대부분 사랑에 기반을 두고 있지만 당신도 알다시피 그 안에는 불안, 공포, 부인 같은 감정들도 있다. 몇 가지 유형을 살펴보자. 당신의 유형은 아마도 몇 가지 유형이 복합된 형태겠지만 가장 잘 맞는 것이 있을 것이다. 그리고 딸의 입장에서 본 유형도 질문해보게 될 것이다.

단속하는 부모

이 유형에 속하는 부모들은 딸들이나 그 애의 남자친구의 행동을 통제할 수 있다고 믿는다. 이런 부모들은 딸들에게 약물, 술, 섹스는 '안 돼'라고 하면 그게 통할 거라고 믿는다. 하지만 내 경험상 이런 부모들은 자기 딸이 앞서 얘기한 일들을 이미 다 하고 있는 걸 알게 된다. 그 애들은 숨기는 걸 너무 잘했던 거였다. 열여덟 살 때까지 그런 일들로부터 격리시킬 수 있다고 해도 결국은 잠시 미룬 것일 뿐이다. 딸이 그런 일을 경험하게 될 때 부모로부터 어떤 지침도 전해 듣지 않고 자기 식대로 하려고 한다. 이런 양육철학으로 인해서 딸아이는 숨기는 기술을 익히고 자기를 보호하기 위한 기술을 습득할 기회를 제공받지 못한 채 위험에 처하게 된다.

절친한 친구 같은 부모

절친? 딸하고 말만 해도 "그래도 괜찮은 하루였어."라고 생각하는 부모라면 비웃을지도 모르겠다. 대부분의 부모들은 "나는 우리 딸의 가장 좋은 친구예요."라는 분위기 파악을 못하는 말을 할 정도로 뭘 모르진 않는다. 대신 이런 생각을 하는 부모는 있을 것 같다. "나는 우리 딸이 완벽하지 않은 걸 알아요. 그런 애는 없지요. 하지만 운이 좋아서 우리 애가 내게 모든 걸 다 얘기해주고, 우리 둘이 정말 가까워요." 당신이 허락하지 않은 일이라서 혹은 만약 했다면 딸이 얘기했을 것이라서 딸이 어떤 행동을 하지 않았을 거라고 추측하지 마라. 많은 얘기를 한다고 해서 안 한 얘기가 없다는 게 아니기 때문이다. 어떤 경우든 당신 딸은 당신과 절친한 친구가 되길 원치 않는다. 딸은 당신이 그저 엄마나 아빠이길 원한다. 당신과 딸의 유대관계는 깊고 특별하다.

어떤 때는 정말 부모가 자녀의 절친이다. 그러나 이런 관계는 사춘기 초기에 갑자기 끝나버린다. 어떤 부모들은 딸이 고등학생이 될 때까지 자신의 절친이라고 생각하지만 정말 그런 경우는 별로 보질 못했다. 딸들은 너무 다가오는 부모들에게 느끼는 분노와 부모를 거절했다는 죄책감 사이에서 고민한다. 혹은 너무 의존적이라 독립적인 관계를 맺는 걸 배우지 못할 때도 있다. 첫 번째 사례에서 딸은 부모와 분리되는 극단적인 수단을 취하도록 압박을 받았다. 두 번째 사례에서는 딸이 끝내 성숙하지 못했다.

지나치게 허용적인 부모

이런 유형의 부모들은 딸이나 딸 친구들에게 환심을 살 수 있는 일은 다 하려한다. 초등학교와 중학교 시절에는 다른 부모들의 강한 거부감에도 불구하고 딸이나 친구들에게 부적절한 모양새의 파티를 열어주거나 물건을 사준다. 고등학교에서는 파티에 쓸 맥주를 사주고 그런 행동을 기왕 술을 마시려면 차라리 집에서 마시는 게 낫다고 합리화한다. (보통 이게 문제가 될 때쯤에는 그 파티는 이미 끝났고, 다른 부모들은 분노에 차 있다.) 얼핏 생각하면 어차피 술은 마실 것인데 그런 파티를 찾아 기웃거리는 것보다는 안전한 집에서 마시는 것이 나아 보인다. 그러나 맥주를 사줌으로써 알코올 남용과 술의 사회적 역할을 인정하는 것이 된다.

나는 절친형 부모나 지나치게 허용적인 부모를 존경하는 청소년들을 본적이 없다. 이런 유형의 부모들은 특히 남들 앞에서 자녀들이 쉽게 조종하고 무시한다. 그래서 단기적으로는 좋을지 모르지만 이런 유형의 양육방식은 책임감 있는 양육법은 아니다. 일단 이런 방식으로 양육을 하고 나면 딸들이 진지하게 받아들일 지침이나 규칙을 세울 수 없다. 당신의 딸은 당신이 ID가 있는 친구가 아니라 부모이길 바라고 필요로 한다.

절친형 부모와 지나치게 허용적인 부모의 차이는 절친형 부모의 목표가 아이와 관계를 발전시키고 가까워진다는 것이에요. 그러나 지나치게 허용적인 부모의 목표는 딸들의 친구와 가까워져서 자신들을 멋지다고 생각해주길 바라는 것이죠. 그들은 자녀들의 친구들에게 멋지게 보이기 위해서 아이들을 깎아내릴 거예요.　　　　－케이틀린, 18세

믿는 부모

내가 아직 익숙해지지 못한 게 있다. 자녀의 관점이 유일한 진실이라고 믿는 부모들이다. 나는 부모들이 마치 그 현장, 즉 점심시간, 놀이터, 학교 복도에 있었던 것처럼 아이들에게 일어난 일을 묘사한 편지를 수도 없이 받는다. 믿는 부모들은 아이들이 "에드워드 선생님은 불공평해! 오늘 단어 쪽지 시험을 보고 나서 나를 야단쳤어! 그 단어는 어제 내준 거야."라고 얘기할 때 자동적으로 믿어버린다. 스스로에게 자문해보라. 지금까지 딸과 논쟁하고 나서 "엄마, 아빠 저를 야단치시네요!"라는 말을 들은 적이 있었는가? 그리고 이런 비난은 "이게 야단치는 거라고? 넌 야단치는 거 본 적도 없지? 말이야 바른 말이지 나는 야단 안 치는 조용하고 성숙한 사람 상을 받아야 할 것 같은데."라는 식으로 정리될 수 있을 것이다. 비슷한 일이 여기서도 일어날 수 있다. 사실 에드워드 선생님은 단어시험에 낼 단어리스트를 일주일 전에 주었고, 채점한 답안지를 돌려줄 때 이에 대해 한 번 더 주지시켜 주었다. 그러나 믿는 부모들은 분노에 찬 메일을 에드워드 선생님에게 쓰거나 학교로 달려가기 전에 그런 점을 전혀 고려하지 않는다.

 딸을 기겁하게 하는 말

자녀에게서 화나는 얘기를 듣자마자 메일을 보내거나 전화를 하지 말 것! 당신 아이가 안전하고 눈앞에 있다면, 일단 진정이 되고 제정신이 돌아온 이후에 일을 처리할 필요가 있다.

내 말은 당신 자녀의 진실이 무의미한 것이라는 게 아니다. 그러나 다른 관점에서 바라보지 않는다면 다음의 세 가지 일이 발생할 수 있다－(1) 실제로 일어나는 일을 파악할 수 없다. (2) 당신이 그 일을 다른 각도에서 봤을 때 당

신 자녀가 당신을 바보로 만드는 식으로 얘기를 했기 때문에 매우 당황스러울 것이다. (3) 당신의 당혹스러움은 강한 부정과 방어적 자세를 취하게 해서 다른 사람이 거짓말을 하고 있다고 생각할 것이다. 어떤 반응이든 효율적인 양육에 도움이 되는 상황을 조성하지는 않는다.

아이를 망쳤고, 아이가 나를 망쳤다고 생각하는 부모 : 자책과 비난하는 부모

조금 더 극단적인 부모는 '내가 아이를 망쳤고, 아이가 내 인생을 망쳤다'고 생각하는 부모이다. 이제는 이런 태도가 누군가 자기 새끼를 해쳤을 때 엄마곰과 아빠곰이 되었다고 느낄 때 나오는 자연스러운 태도임을 안다. 그러나 이런 부모들은 자녀들을 전쟁터에서 빼내지 못한다. 자녀를 위해 할 수 있는 유일한 일은 전쟁이고 항상 전쟁을 할 준비가 되어 있다. 그들은 자녀들이 자기 입장을 얘기하거나 행동에 책임지도록 하지 못하고 무조건 그 상황으로 돌진한다.

애들 스스로 해결해보도록 하는 부모

얼핏 보면 이런 태도는 말이 된다. 당신의 딸은 놀림감이 되거나 괴롭힘을 당하는 곤란한 사회적 상황을 다룰 방법을 배울 필요가 있다. 그러나 이런 태도의 큰 문제는 (1) 이런 부모들은 자녀들이 수세에 몰렸을 때는 이런 태도를 거의 취하지 않는다. (2) 그들은 동떨어져 있다. 그들은 자녀들이 복잡한 사회적 역동을 헤쳐 나가는 데 도움이 되는 아무런 도덕적 지침이나 구조를 제시하지 않는다. 이런 부모에게 '개입'의 의미는 자녀의 삶을 시시콜콜 간섭하는 것이다. 그들은 자기들의 사랑이 놀림감이 되는 과보호 부모가 되는 지경에 이를 수도 있다. 그러나 부모들이 깨달아야 할 점은 건전한 개입이란 현장의 뒤에 있으면서 자녀에게 적절한 질문을 하고 필요시 자녀가 자신을 옹호할 수 있도록 충분한 지식을 아는 것이다.

몰아붙이는 부모

이런 유형의 부모를 원치 않는 유일한 소녀들은 자기 스스로 행하는 부류이다. 몰아붙이는 부모의 딸들은 기본적으로 아무런 지침도 없이 부모가 책임을 지지 않은 채 잘못을 저지르도록 방치되어 있다. 십대들은 규칙과 한계선을 원한다. 그들이 반항을 하기는 하지만 마음 깊이에서는 규칙이나 한계가 안전함을 느끼게 해준다는 점, 세상에는 질서가 있고 누군가 자신들에게 주의를 주고 있다는 사실을 알고 있다.

표면적으로는 달라 보이지 않지만 다른 유형의 몰아붙이는 부모들도 있다. 직업(근무시간이 길거나 출장을 오래 가는)이나 이혼 등의 문제로 인해 옆에 없는 부모다. 이런 부모들은 자녀의 삶에서 마주치는 사람들(다른 부모, 코치)에게 매우 공격적이지만 자녀의 편에 서서 무슨 일이라도 할 수 있다.

> 그 둘의 차이가 뭔가요? 몰아붙이는 부모들은 당신이 원할 때 규칙을 바꿀 수 있고, 지나치게 허용적인 부모들은 규칙이 있지만 너무 물러터졌어요. '침실에서만 맥주 금지' 같은 걸 규칙이라고 하지요.
> — 베카, 16세

적당히 무관심한 부모

딸이 필요로 하는 구조화된 환경을 만들기에는 일, 다른 책임들로 너무 피곤하고 정신이 없는 부모다. 가장 큰 문제는 비일관성이다. 부모들이 규칙을 만들지만 그런 규칙을 몰아붙이지 못할 정도로 일이 많거나 지쳐 있다. 딸이 규칙을 어겨도 부모의 죄책감과 불안정한 심리를 이용해서 대화의 주제를 딸의 행동에서 부모의 잘못된 양육으로 옮길 수 있다.

용서가 없는 부모

이런 부모들의 성격은 특별하다. 자녀들에게 최선을 요구하고 너무 높은 기준과 책임감을 부과한다. 용서가 없는 부모들은 몇 번을 쓰러지든 일어나야 한다는 점을 몸소 보여준다. 이런 부모들은 딸들이 부모를 자랑스럽게 여기도록 한다. 성적이 좋은 여자애들이 다른 사람들에게 인정받는 식이다. 이런 양육법에는 단 한 가지 문제점만 있다. 딸들은 어떤 문제가 생기든 잘 처리해야 한다고 교육을 받았기 때문에 도움을 잘 청하지 못할 수 있다. 만약 감당하지 못할 문제에 처해 있다면 그런 문제를 스스로 극복할 수 없기 때문에 수치심을 쉽게 느낄 것이다. 수치심은 강력한 감정이며 소녀들은 자신이 집안을 깎아내렸다고 느끼고 그런 감정을 내면화해서 자기파괴 행위를 하거나 가족들과 단절될 수 있다.

비밀이 많은 부모

용서가 없는 부모의 사촌격인 이런 부모들은 가정의 일은 집 밖으로 퍼뜨려서는 안 된다고 믿는다. 이런 양육법으로 자란 딸들에게는 불완전함, 공포, 불안정함, 우울감, 속수무책감 같은 것들은 다른 사람들에게는 있지만 우리에겐 없는 것이라는 메시지가 주입된다. 비밀이 많은 부모의 딸은 도움을 청하는 게 두렵거나 어떻게 해야 할지 모른다. 비록 사생활이 중요하지만(특히 십대들에게는) 누구라도 감당하지 못할 상황에 처할 수 있고 그녀의 건강은 도움을 요청하는 것에 달려 있다.

비밀이 없는 부모

반대 극단에는 자녀를 더 당혹스럽게 만드는 비밀이 없는 부모들이 있다. 이런 부모들은 의심이 안 되는 낯선 사람이나 운 나쁘게 그런 얘기를 듣게 된 손님들도 가정사에 개입해야 한다고 믿는다. 특정 가족 구성원에게 당혹스럽고 모욕적인 내용이 있다고 해도, 아니 그런 내용이 있기 때문에 더더욱 그래야 한다고 믿는다. 십대들은 이 말 말고는 개인적인 정보를 공유하는 데 아주 민감하기 때문에 부모들은 이런 양육법 때문에 의도치 않은 비난을 받을 수 있다. 그러나 사실적인 정보제공과 딸과의 마지막 싸움에 대한 생생한 설명을 새로운 절친에게 얘기하는 건 다른 일이다. 이런 부모를 둔 자녀들은 사생활의 비밀을 지키기 위해 많은 수고, 주로 부모를 속이는 작업을 해야 한다.

묻지도 않고, 말하지도 않는 부모

묵시적 동의를 통해서 딸들은 부모에게 일상사를 얘기하지도 않고, 부모들도 묻지 않는다. 부모들은 준비되지 않거나 필요한 도움이 없다고 느낄 때 모르는 게 약이라고 생각한다. 이런 태도는 저녁식사 자리가 즐겁지만 피상적인 대화가 오가게 만든다. 그런 대화의 와중에 딸들은 점점 침몰할 수 있다.

과보호하는 부모

이런 부모들의 사랑, 불안, 공포감은 함께 작용해서 딸들이 압도되는 느낌을 받거나 무력해지게 하거나 부모로부터 도망가게 만든다. 딸들은 숨 막히는 느낌을 받거나 반항적이 되어서 저항한다. 부모와 자녀 사이의 모든 것들은 의지와 통제의 싸움이 된다. 그리고 그 과정에서 가정 내 모든 사람이 시달린다. 그런 사람들의 배우자는 자녀나 배우자 중에서 양자택일을 강요받는 느낌이 들고 전처나 전남편은 자기 자녀를 보호해야 한다고 느낀다. 형제들은 그 싸움의 불길에서 떨어져 있으려 한다. 간단히 말해서 가정은 자녀가 절대 있고 싶지 않은 곳이 된다.

사랑하지만 바보 같은 부모 : 딸바보 부모

물론 나는 이런 유형의 부모들을 선호한다. 내가 되고 싶은 부모상이다. 이런 철학이 있는 부모들은 자기 딸이 감추는 것들, 예를 들면 메일, 문자 같은 것들이 있으며 때때로 남자애들과의 관계로 속이 썩는다는 걸 알고 있지만 이를 모욕적으로 받아들이거나 관계가 취약하다고 생각하지 않는다. 실수를 하면 그에 대한 책임을 지고, 잘못을 바로잡는다. 딸들에게도 그렇게 하라고 권장한다. 그들은 딸들에게 실수를 통해서 배울 수 있으면 더 나아질 수 있다고 가르친다. 그들은 딸들을 무조건적으로 사랑하지만 가정의 가치나 윤리에 반하는 결정이나 행동에 대해서 그 이유를 말할 수 있어야 한다는 입장을 취한다. 자기 딸이 잘못을 저질렀다는 얘기를 들으면 그들은 그 내용을 듣고 딸의 행동을 가지고 다른 사람을 비난하지 않는다. 동시에 딸을 부끄러워하지 않는다. 그들은 특히 딸들이 나이가 더 들었을 때는 어떤 문제가 생겼을 때 부모 말고 다른 누군가를 신뢰한다는 걸 이해한다. 이런 부모들은 가장 중요한 목표가 자기 딸이 신뢰할 만하고 자기들하고는 아니어도 말이 통하는 사람이 된다는 점을 깨닫고 있다.

딸바보 부모들의 특징은 다음과 같다.

- 만약 딸이 잘못을 저질렀다면 딸과 함께 가서 사과한다.
- 딸을 데리러 가서 기다리거나 운동 경기를 보면서 자녀에 대한 험담을 하지 않는다.
- 자기 잘못을 인정하고 미래에 더 나은 판단을 할 수 있는 정보로 이용한다.
- 다른 사람을 쉽게 판단하지 않는다.
- 자녀들과 관련된 상황에 압도되거나 어떻게 다루어야 할지 잘 몰라도 두려워하지 않고 이를 인정한다.

이런 말 하기는 싫지만 우리 부모님은 정말 멋져요. 그리고 내가 멋지다고 생각할 수 있는 모든 부모들은 정말 우리 부모님과 비슷해요. 그들은 뒤에 물러서 있지만 내 삶에 무관심하거나 떨어져 있지 않아요. 그들은 나를 믿었고 진심으로 나를 좋아하고 같이 있는 걸 좋아해요. 내 삶에 무슨 일이 일어나는지 다 알았지만 나를 혼자 내버려둬야 할 때를 아세요. 물론 때로는 싸우기도 하고 의견이 갈리기도 했지만 나는 결국 부모님이 우리 가정을 더 건강하게 만들었다고 생각해요. ─줄리, 16세

나는 모든 부모를 딸바보가 되게 하려 한다.

때로는 사랑만으로 충분치 않다

서론에서 언급한 것처럼 초판을 저술할 때와 현재 내 삶의 가장 큰 차이는 여덟 살과 여섯 살 된 두 아들의 엄마가 되었다는 점이다. 나는 당신과 똑같이 양육의 어려움에 봉착해 있다. 나는 내 일에서 겪는 일을 일상적으로 직면하고 있다. 교장선생님의 전화를 받았던가? 그랬다. 그리고 그 전화는 우리 아

이가 잘나서 받은 전화는 아니었다. 우리 아이들은 학교폭력 가해자, 피해자, 방관자였으며 나도 그와 같은 쉽지 않은 문제에 직면해서 아이들을 도울 길을 알지 못해 믿을 수 없을 정도로 큰 불안을 경험했다. 내가 당신에게 조언을 하고 도울 수 있는 건 이런 문제들에 대해 실제 삶의 경험을 통한 면역성이 생겨서가 아니라 직업적으로 이런 일을 하기 때문이다. 올해 겪은 한 경험은 나를 완전히 뒤흔들어 놓았다.

새 학기가 시작된 지 몇 주 후에 남편과 나는 큰 아들 엘라이자가 학교에서 사고를 쳤다는 소식을 들었다. 그 아이는 선생님들에게 공손하지 않았고 수업에 참여하지도 않았으며 다른 학생들에게 신체적인 공격을 가했다. 우리는 이 소식을 듣고 심란한 상태에서 집에서도 비슷한 행동을 하는 걸 보았다. 그 행동은 분노발작과 "난 루저야.", "태어나지 않았더라면…" 하는 식의 자책이었다. 이 시점에서 우리는 그런 행동을 얼마나 심각하게 받아들여야 할지 몰랐다. 그런 가운데 학교에서 상담치료를 받으라는 권유를 할 정도로 상태는 악화되었다. 그런데 그 치료자는 내게 훈련받은 사람이었다. 나는 눈물이 터질 것 같고 죽을 것 같은 두려운 심정으로 그녀의 사무실에 앉아 있었는데, 그녀의 책장에서 내가 쓴 책들과 교육 일정표를 보게 되었다. 당신이 봐도 내가 교육시킨 사람이 내 집안의 문제를 보는 게 참 당황스러울 것이다. 나도 그런 감정이 들었지만 금방 스쳐 지나갔다. 왜냐하면 그 시점에 나는 아들을 도울 능력이 있는 사람이 있다는 게 감사할 정도로 절망적이었기 때문이다.

라네일 플러머 선생님과 일주일에 두 번씩 면담을 한 지 4주 정도 되자 아이는 라네일 선생님에게나 집에서는 순해졌지만 교실에서는 여전히 갈등을 빚었다. 그래서 추수감사절 바로 전 화요일에 라네일 선생님은 내게 전화로 엘라이자가 학교에서 다른 학생들에게 폭행을 당했으며 부모인 내가 가서 귀가를 시켜야 할 것 같다고 말했다. 나는 그녀가 기다리고 있는 학교로 바로 달려갔다. 그녀는 나를 안아주고 사무실에서 나를 기다리고 있는 아들에게로 데려갔다. 나는 그 애를 안고 사랑한다고 말하고 집으로 데리고 왔다. 그 후

며칠 동안 엘라이자는 그해 초부터 남자애들 몇 명이 자기에게 점심시간과 쉬는 시간 전에 자신을 때리겠다고 하는 얘기를 들었다고 했다. 때로는 실제로 그 학생들이 아들을 때렸다고 한다. 그러나 그 학생들이 부모에게 얘기하지 말라고 해서 부모인 우리에게는 말을 안 했다고 했다.

물론 나는 내가 아이를 망쳤다는 느낌이 들었다. 그리고 다들 그렇겠지만 나는 왜 그런 조짐을 보지 못했을까? 몇 년 동안 교사들에게 수도 없이 다음의 두 가지 내용을 말했던 내가 왜 그걸 몰랐을까? "아이들은 항상 자기 행위에 대한 이유가 있어요. 우리가 보기에는 끔찍하거나 짜증이 나도 항상 그럴 만한 이유가 있어요.", "당신은 항상 두 번째 폭행은 보지만 첫 번째 원인이 되는 폭행은 거의 보질 못합니다." 교사들 대다수는 그 갈등을 일으킨 첫 번째 행동은 보지 못하고 복수하는 걸 처음으로 보게 된다. 나 역시 좌절감과 불안한 마음에 눈이 멀어 우리 아이의 행동 저변에 있는 것들을 보지 못했다.

학교에 복귀하기 전날 밤에 우리는 아들과 함께했고, 아들은 내게 학생들이 자신에게 가한 위협과 신체적 손상에 대해서 자세히 묘사했다. 아들이 말을 할 때 나는 그것을 받아 적었다. 남편과 나는 교장인 페레즈 여사와 다음 날 예정되어 있는 모임 준비를 했다. 우리는 아들에게 교장선생님과 다른 선생님들에게 할 질문을 생각해보라고 했다. 우리는 아들이 최대한 많은 얘기를 할 수 있도록 격려했고, 엄마 아빠가 그 자리에 함께 있으면서 힘이 되겠다고 했다.

페레즈 여사는 그 모임이 시작되자마자 엘라이자에게 겪었던 일을 묘사해보라고 했다. 그 아이는 아무 말도 안 했다. 그녀는 다시 말해달라고 했지만 그 아이는 기억이 안 난다고 했다. 나는 그때 아이가 내게 고개를 끄떡이며 눈썹을 치켜세우고 있는 걸 봤다. 아이는 분명하게 "엄마 어서요, 내가 어젯밤에 했던 얘기를 선생님에게 해줘요."라고 말하고 있었다. 나는 아이에게 내가 전날 밤에 받아 적었던 내용을 교장선생님에게 말해도 되냐고 물었다. 아이는 내가 알아차려서 다행이라는 듯 고개를 끄떡였다. 내가 말하는 동안 아이의 시선은 페레즈 교장선생님에게 고정되어 있었다. 내가 말을 마치고 나자 페레즈 선생님은 아이를 똑바로 쳐다보면서 다음과 같이 말했다. "엘라이자, 미안하다. 앞으로는 일을 더 잘 처리하도록 할게." 나는 감정이 북받쳐 올랐다. 나는 당신에 대해 모른다. 그러나 다른 어른들이 당신 아이 옆에서 올바른 일을 하는 걸 볼 때 느끼는 안도감은 우리 중에서 가장 완고한 사람이라도 울게 할 것이란 걸 안다.

그때부터 우리는 아이를 안전하게 지킬 수 있는 방법을 모색했고 학교 당국은 쉬는 시간을 달리 관리감독했다. 엘라이자의 행동은 느리지만 분명하게 개선되었다. 부정적인 혼잣말과 감정폭발이 없어졌다. 학교에서 엘라이자가 말썽을 부려서 왔던 전화도 더 이상 오지 않았다. 그리고 어느 날 엘라이자와 나는 부엌에 같이 있었는데, 그 아이가 학교에서 다음 날 힘들 것 같아서 걱정이라고 했다. 내 맥박이 빨라졌다. "그 얘기 좀 해볼까?" 하고 내가 물었다. 아이는 고개를 흔들며 덤덤하게 "엄마, 엄마는 그런 거 정말 잘 못해요."라고 말했다. 나는 "그게 무슨 말이야."라고 더듬거리며 말했다. 아이는 어깨를 으쓱하며 "엄마는 저하고 그런 얘기 정말 잘 못해요." "그거 농담이지? 안 그래?"라고 나는 실소하며 물었다. 아이는 고개를 가로저었다. "그래, 그러면 라네일 선생님에게는 얘기할 수 있겠어?"라고 물었다. 조금도 주저하지 않고 아이는 "그래요, 선생님이 엄마보다 더 잘해요."라고 대답했다.

이 경험을 통해서 나는 뭘 배웠을까? 정말 솔직히 얘기하면 누군가 토닥여 줄 필요가 있을 정도로 하루 종일 힘들게 지내고 나면 부모 노릇 하기도 힘들고, 때로는 부모들의 사랑이나 불안감 때문에 자녀들이 필요로 하는 적절한 조언을 해주기 힘들다는 것이다. 역설적으로 사랑 때문에 눈이 멀면 정작 해야 할 일이 뭔지 모르게 된다. 내가 전문가이긴 했지만 그 암울했던 시절에 나는 어떻게 해야 할지 몰랐다. 라네일 선생님이 우리 아들 인생을 바꿨다는 건 과장이 아니다. 그녀는 아이에게 그 시절에 아이가 필요로 했던 도움과 조언을 해주었다.

사과는 나무에서 멀리 떨어지지 않는다

내가 소녀들에게 서로가 철천지원수가 되게 하는 행동에 대한 책임을 묻는 것처럼 부모인 당신들에게는 아이들의 위계를 정하는 데 대한 책임을 물으려 한다. 여왕벌 소녀들의 엄마들 역시 여왕벌이라고까지는 할 수 없겠지만, "결국 콩 심은 데 콩 나고 팥 심은 데 팥 난다." 이런 생각은 도움이 안 되는 면도 있다고 생각한다. 우선, 이런 생각은 여왕벌로 아이를 양육하는 아빠를 고려하지 않게(비난하지 않게) 한다. 둘째, 우리는 집단 내에서 아부자/추종자나 다른 역할을 하는 소녀들에 대해서는 아무 말도 않고 있다. 셋째, 아무도 자기가 여왕벌이라고 생각하지 않기 때문에 당신이 이런 생각을 한다고 해도 자기 자녀가 여왕벌일 거라고는 생각할 수 없을 것이다. 마지막으로, 내가 여왕벌 자녀와 부모 사이에 어떤 연관성이 있다고 말하기에는 너무 다양한 여왕벌/부모의 역동을 보아 왔다. 어떤 경우든 부모가 어떤지는 별로 중요치 않았다. 대신 훨씬 더 중요한 점은 만약 당신이 아이에게 영향력을 줄 수 있는 부모나 그 비슷한 위치에 있다면 당신의 처신이 미치는 영향이 심대하다는 점이다.

나는 걸스카우트의 공동지도자이고 우리 애들은 7, 8학년들의 단계인 카데트(cadetts)이다. 그리고 유치원 단계(Daisy 단계)부터 걸스카우트 활동을 했다. 매년 신입생들이 가입하고, 지속적으로 활동한다. 가장 나중에 들어온 신입생들은 잘해 봐야 다른 사람들의 안중에 없거나, 신경을 안 쓰는 정도이고 안 좋은 경우에는 여왕벌 엄마를 둔 여왕벌에 의해 따돌림이나 학대를 당하게 된다. 나는 공포스러웠다. 나는 아이린을 위해 아무것도 하지 않았고 또 할 수 없어서 내 자신에게 화가 났다. 나는 자기가 본 것도 얘기하지 않거나, 애써 외면하는 다른 어른들에게도 화가 났다. 이런 불편감이나 마음의 고통을 회피하기 위한 심산으로 직책에서 물러나고 싶은 큰 유혹을 느꼈다… 그러나 이제는 남아서 변화시키는 데 기여해야 한다는 걸 안다.　　　　　　　　　　　　　　　　　　－메리

여덟 살 난 우리 딸아이가 새 학교를 다니기 시작할 무렵 여왕벌의 엄마가 내게 다가왔다. 그녀는 내 딸을 자기 딸 생일 파티에 초대하고 싶어 했다. 하지만 다른 여자애들 두 명이 초대를 받지 못했기 때문에 비밀로 해달라고 했다. 나는 잠시 동안 우리 딸아이가 선택받은 것에 기분이 좋았지만 나와 내 딸이 동시에 그 집단에 가입된 걸 알았다. 나는

아이가 그런 집단에 포함되길 바라긴 하지만, 그 대가가 뭘지 걱정이 된다.

ー로저

이제 좀 다른 질문을 던질 때가 된 것 같다ー당신은 딸의 역할모델인가? 당신은 남 얘기를 할 때 자부심을 느낄 수 있는 방식으로 얘기하는가? 딸이 당신으로부터 뭘 배우는가? 여왕벌에 대항할 때 당신의 반응은 어떤가? 딸이 당신과 똑같은 방식으로 처신하길 바라는가? 사회적 지위 때문에 딸의 친구가 되거나 안 되길 바라는 소녀들이 있는가? 그리고 가장 중요한 질문이다ー당신은 가치관에 맞춰 살고 있는가? 상황이 좋거나 다른 사람들과 잘 지낼 때뿐 아니라 힘들 때도 그렇게 살고 있는가? 가장 하고 싶지 않은 일이 다른 사람들을 품위 있게 대해주는 것이라서 화날 때도? 이런 질문들을 해보면 딸과 관련된 당신의 권리와 책임을 명확히 할 수 있을 것이다.

부모 권리 헌장

- 딸과의 관계에서 필요한 것이 무엇인가? 나는 딸아이의 안전을 담보하기 위해서 필요한 정보를 얻을 권리가 있다.
- 딸에 대해 당신이 책임져야 할 것은 무엇인가? 나는 좋은 역할모델이 되고, 딸이 이해할 수 있는 행동을 하게 하여 딸이 독립적인 성인이 되도록 도울 책임이 있다.
- 어떤 상황에서도 딸아이와 관계에서 생긴 문제를 의논할 의향이 있는가? 딸아이와 사이가 너무 안 좋거나 딸이 반항하는 문제 때문에 미칠 지경이 되고 불안해지면, 여기서 무슨 얘기를 더 하면 사태를 악화시킬 뿐이다.
- 당신의 딸은 이런 문제에 대한 부모인 당신의 대답을 알고 있는가? 그런지 여부는 잘 모르겠지만 파악되어야 할 문제이다.

당신 딸 역시 자녀의 권리 헌장이 필요하다. 아래에 그녀가 대답할 수 있는 몇 가지 질문을 제시한다.

자녀 권리 헌장

- 내가 부모님과의 관계에서 필요한 것은 무엇인가?
- 내가 부모님에게 져야 할 책임은 무엇인가?
- 어떤 상황에서도 부모님과 갈등이 생겼을 때 다른 사람에게 도움을 청할 의향이 있는가?

나는 문제가 생기면 부모님께로 가서 조언과 공감을 얻고 싶어요. 분노나 통제하려는 행동을 원하는 게 아니에요. 내 책임은 내가 어디에 있고, 무엇을 하고 있는지 부모님에게 알려주고, 거짓말을 하지 않고, 부모님의 가치관을 존중하고 최선을 다하는 것이에요.
　　　　　　　　　　　　　　　　　　　　　　　　　　　　　　　－타냐, 16세

대화의 장 열기 기초

당신들의 속내는 잘 알고 있다. 당신들은 소녀세계에 들어가서 딸아이의 삶에 무슨 일이 일어나고 있는지 알고 싶은 게 아닌가? 왜 자녀들은 사악한 수사관들에게 이름과 등급과 일련번호 외에는 아무것도 밝히지 않는 걸까? 자녀들과 깊이 있는 대화를 하기 전에 자녀와 대화하려는 당신의 과업을 더 힘들게 하는 몇 가지 확실한 사실이 있다는 것을 알아라.

1. 학교생활이 어땠느냐는 질문에 대해서 '좋았어요', '괜찮았어요'라는 대답 외에 더 많은 대답을 들으려고 압박을 가하면 딸아이는 당신의 관심을 사생활 침해나 시간 낭비로 받아들일 것이다. 이것은 흔한 반응이다. 그것을 개인적인 것으로 받아들이지 마라.
2. 만약 딸아이에게 대화하고 싶다고 말하면 그 아이는 한숨을 내쉬고, 눈동자를 굴리며, 당신이 뭔가 비난을 할 것이라고 생각할 것이다.

나는 이런 흔한 장애물을 넘는 방법을 제시하려 한다. 먼저 학교생활이 어땠는지에 대한 일상적인 질문에 대한 단음절의 대답이나 콧방귀는 정상적인 반응이라고 받아들여라. "오늘 학교에서 어땠어?"라는 막연한 질문은 참 대답하기 힘들다. (딸아이는 사실 어려운 수학시험을 봤고, 안나와 케냐는 점심시간에 딸아이를 챙기지 않았고, 남자애들 앞에서 셔츠 단추가 풀어졌다…)
대신 구체적인 질문을 하라. 예를 들면 "오늘 영어 시간에 뭔가 재밌는 걸 읽
었니?"라든가 "오늘 보건 시간에 특별히 배운 게 있어?"라는 식의 질문을 하
면 대답하기 더 편할 것 같다.

만약 당신이 딸아이의 생활에 대해서 질문을 하면("그래서 뭔가 새로운 게
있어?") 딸아이는 당신이 뭔가 안 좋은 일 혹은 자신이 곤경에 처한 걸 알고
있다고 생각해서 금방 방어적인 태도를 취하게 된다. 일단 방어적인 자세가
되면 더 이상 아무런 얘기도 들을 수 없다.

> 아마 "네가 곤란한 입장에 처했다는 게 아니라, 그냥 단지 요즘 네 생활에 대해서 알고
> 싶단다."라는 식으로 대화가 시작되면 더 얘기가 쉽게 풀릴 거예요.   ─캐서린, 17세

딸바보가 된 지 얼마 되지 않은 당신은 모든 대화를 짧게 끝내고 싶진 않
을 것이기 때문에 딸과의 새로운 대화기술이 필요하다. 우선순위를 정하라.
대화할 만한 아무런 주제가 없지만 딸아이가 괜찮은지만 확인하고 싶다면 결
속력을 다질 기회를 찾아라. 저녁준비를 하거나, TV를 보거나, 심부름 보낼
때 같이 하라. 그리고 우연히 오는 간헐적인 대화의 기회에만 매달리지 마라.
접촉할 더 확실한 시간을 만들라고 강하게 권고한다.

적어도 한 달에 한 번은 커피숍이나 딸아이가 좋아하는 곳으로 데리고 가
서 다른 형제들 없이 단 둘이 갖는 자리를 마련하라. 학교 데려다주는 날 중
에 한 번 일찍 나가서 베이글과 주스를 사주어라. 둘 중 한 사람이라도 아는
사람을 만날 수 있는 장소는 피하도록 한다. 일정 기간 동안, 특히 처음에는
아이의 옷차림, 해야 할 숙제, 청소를 해야 할 방에 대한 얘기는 하지 않도록
한다. 일정이나 앞으로 다가올 일이나 정보를 얻을 필요가 있는 일에 대한 얘
기는 딸아이가 먼저 꺼내지 않는 한 하지 않도록 한다. "머리를 그렇게 뒤로
묶는 걸 더 자주 해야 할 것 같다. 네가 네 얼굴을 챙겨보면 더 예뻐져."라는
식의 얘기를 하지 않는 것도 마찬가지로 중요하다.

딸아이가 좋아하는 음료수를 사주고, 당신이 생각하기에 혐오스럽거나 건

강에 도움이 안 되는 걸 주문해도 내색하지 않도록 해야 한다. 그런 건강 문제는 오늘의 주제와는 다른 문제이기 때문이다. 아이가 선택한 테이블에 앉아 편한 분위기에서 대화를 시작한다. "오늘 일찍 일어나서 이런 자리를 갖게 되어 고맙구나. 억지로 뭔가 하거나 말할 필요는 없단다. 우린 다른 일에 치이지 않고 얘기할 시간이 별로 없었잖니? 가끔은 이렇게 앉아서 그냥 편한 얘기만 할 시간도 가져야 할 것 같아. 그래, X는 어떻게 됐니?"

침묵을 두려워하지 마라. 아이가 아무 말 없이 앉아만 있다면 그것도 한 방법이고, 아이에게 부담 가지지 말고 그냥 같이 앉아서 뭘 읽을 수도 있다고 알려준다. 그러나 한 가지 규칙은 있다. 휴대전화로 게임을 하거나 친구에게 문자를 보내는 건 안 된다.

만약 당신이 편안한 분위기를 조성하고 존중하는 태도로 듣는다면 원하는 답을 얻을 수 있을 것이다. 나중에 친구들에게 불평을 할지는 모르겠지만 딸아이는 당신의 노력을 인정할 것이라고 확실히 얘기할 수 있다. 그러나 만약 당신이 이런 경험이 전혀 없다면 신경에 거슬릴 만한 얘기를 할 수도 있다고 마음의 준비를 하라. 그녀는 당신 딸이고, 엄마 신경을 어떻게 하면 거슬리게 할 수 있는지 알 것이다. 딸아이가 당신이 꺼낸 서두에 대해서 매우 불쾌한 반응을 보였다고 하자. 그러면 숨을 깊게 들이쉬고 그 대화의 목적을 생각해보라. 이 대화의 목적은 접촉하는 것이다. 예를 들어 "갑자기 왜 이렇게 신경 쓰세요? 그동안 관심을 두지 않아서 죄책감을 느끼세요? 갑자기 부모님 노릇 하시고, 제가 제 얘기를 할 거라 생각하는 건 아니죠? 그런 일은 있지도 않겠지만요."라는 식으로 까칠하게 얘기할 수도 있다. 이 말을 할 때 당신은 '내가 뭘 잘못했지? 얘가 도대체 내 자식이긴 한 거야?'라는 심정이 될 수도 있다. 말문을 닫고 싸우는 대신에 "정말 그렇게 느껴? 만약 내가 널 짜증나게 만들었다면 네가 왜 그렇게 생각하는지 알아야겠구나."라는 식으로 응대하라. 그리고 딸아이가 하는 말을 들을 마음의 준비를 하라.

경청하기 : 쉽지 않은 과제

> 가끔 부모님에게 내 얘기를 할 때가 있어요. 특별히 무슨 조언을 들으려고 한 얘기는 아니죠. 내가 원하는 건 그냥 들어주는 거예요. —케이샤, 16세

경청하는 건 정말 쉽지 않은 일이다. 당신은 의식하지도 못한 채 유도신문을 하거나, 문제를 해결해주려는 끔찍한 수사관처럼 다가간다. 이런 건 전혀 먹히지 않는다. 그냥 커피값을 내고 집에 가는 게 나을지 모른다.

> 한숨짓거나 눈을 흘기거나 이를 갈지 말아요. 이런 건 딴 세계에서 온 부모님을 짜증나게 하는 거예요. —알렉사, 13세

이런 걸 어떻게 염두에 두고 있을까? 우선 당신의 주제나 목적에 대해서 솔직하라. 열린 마음으로 딸의 입장에서 정보를 얻으려 하는가? 아니면 당신의 선입견을 확인하고 싶은가? 예를 들어 당신이 딸아이 친구 중 한 명이 마음에 들지 않고 딸이 그 애랑 방과 후에 뭘 하는지 알려고 한다고 하자.

당신 : 그래, 에밀리는 어떻게 지내? 걔랑 더 많이 같이 있는 거 같더라.

딸 : (2초간 침묵)

당신 : 너 정말 그러고 싶어? 내가 보기엔 걔는 네가 얽히고 싶지 않은 애들하고 어울리는 것 같아.

딸 : 엄마, 걱정하지 말아요. 걘 괜찮아요.

당신 : 난 그저 네가 걱정되어서 그래. 난 그 애가 좋은 애란 걸 알지만 친구 문제로 좋지 않은 결정을 내리거나, 후회할 일을 하는 것을 원치 않을 뿐이야.

당신이 이런 식으로 말했다면 당신 딸에게 일어난 일을 알려 하지 않았고 대신 에밀리가 좋은 영향을 주지 않을 거라는 당신의 불안감을 전달해주었을 뿐이라는 걸 인정해야 한다. 이제 당신은 에밀리가 나쁜 친구라는 걸 확신하지만 문제는 이런 식의 대화가 당신이 원하는 것과는 반대되는 결과를 초래

한다는 사실이다. 딸아이는 당신이 이해하려기보다는 의심스러운 점을 확인하려는 식으로 대화를 이끌었기 때문에 에밀리나 다른 친구들에 대한 얘기를 하지 않으려 할 것이다. 소녀들은 이런 점을 쉽게 알아채고 말문을 닫아버린다. 아마 누구라도 그럴 것이다. 당신의 의제로 돌아가서 딸이 주도권을 쥐고 대화를 하게 하라.

> 내 생각에 자녀들이 친구들과 사이가 좋지 않을 때 부모님에게 얘기하지 않으려 하는 주된 이유 중 하나는 부모님에게 얘기하면 너무 쉽게 단정 짓고, 부모님이 자세한 내용을 모를 경우 자기 자녀에게 나쁜 영향을 끼치는 친구의 이미지를 굳혀버린다는 거예요. 나는 우리 엄마에게 축구팀에서 있었던 일을 얘기한 적이 있었어요. 그런데 엄마는 그 자리에 없기 때문에 그 사람이 무서운 사람이라는 이미지를 굳혀버렸죠. 엄마는 그 애가 착한 일을 한 것은 들으려 하지도 않았어요. 나쁜 애를 따라다니는 여자애와 진짜로 나쁜 애가 있어요. 나쁜 애를 따라다니는 애는 혼자 있을 때 보면 실제로는 괜찮은 애예요. 내가 엄마에게 한 가지 사건을 얘기하고 나니까 애들이 모두 나쁜 애들이 되었어요.
>
> — 줄리아, 13세

달력에 이렇게 몰려다니는 걸 표시해두어라. 그날들은 서로 연결되어 있는 날짜들이다. 당신은 딸을 위한 경우에만 거기 있지 않고, 문제가 있을 경우에만 개입하는 것도 아니며, 당신의 역할이 압박을 주는 사람이거나 논리적 조정자의 역할을 하는 데만 머물지 않는 대화를 할 수 있는 사람이라는 걸 보여주는 패턴을 세우고 싶을 것이다. 당신이 일대일 대화를 시작하는 나이가 어릴수록(이런 대화를 시작하는 나이는 매우 중요하다) 딸이 자기가 도움이 필요할 때 의지할 수 있는 사람이라는 걸 더 확신하게 해줄 것이다.

불행히도 당신은 딸이 힘들어서 다가올 때까지 기다릴 수 없다. 딸이 나이가 들어갈수록(딸은 당신을 문제의 중요한 원인 중 하나로 보기 때문에) 당신이 자기 문제에 개입하길 원치 않을 것이다. 열두 살 때는 딸에게 누가 못되게 대하면 딸은 당신에게 울면서 다가올 수도 있지만 열다섯 살이 되면 마음속으로만 삭히거나 친구에게 그 얘기를 하려 할 것이다. 딸이 당신에게 다가오거나 "나는 정말 얘기하고 싶어요."라고 말할 수 없다고 해도 딸은 당신의 도움을 바라는 신호를 보낼 수 있다. 우리가 눈여겨봐야 할 신호가 몇 가지 있다.

- 딸이 당신 주위를 얼쩡거리지만 별다른 말은 하지 않는다.
- 딸이 기분이 별로 좋지 않다고 얘기하고 집에서 같이 있으려 하지만 신체적으로는 별 문제가 없어 보인다.
- 당신이 뭘 사러 갈 때 딸이 동행하려 한다. 열여섯 살 난 조안나는 "난 이 전략을 좋아해요. 왜냐하면 엄마는 운전에 몰두해야 하기 때문에 무슨 말을 해도 뭐라 하지 못해요."라고 말을 한다.
- TV 프로그램을 같이 보자고 한다.
- 대화 도중에 자기 문제의 단서를 은근슬쩍 흘린다.
- 당신 말고는 집에서 나가게 만든다.

만약 딸이 당신과 얘기하고 싶어 하지만 "별일은 아니야."라고 한다면 그 말은 믿지 마라. 만약 딸이 정말로 당신과 말하고 싶어 하면, 그 자체로 무슨 일이 있다고 얘기하는 것이다. 딸이 얘기하고 싶어 하면 항상 주의를 기울여라. 딸이 말할 준비가 되면 당신도 말할 준비가 되어 있어야 한다.

이런 식의 딸과의 대화에서는 두 가지 목표가 있다. 첫 번째는 생산적인 대화를 하는 것이다. 이 말은 대화하는 동안 당신이 딸이 이용할 수 있는 인적 자원이며 비판적이지 않은 태도로 경청할 수 있는 사람이라는 걸 확신시켜줄 수 있다는 의미이다. 두 번째는 자기 문제를 효과적으로 대처할 수 있는 현실적인 대안을 세울 수 있도록 도와주는 것이다. 첫 번째 목표를 달성하지 않으면 두 번째 목표를 달성할 수 없다. 이 책의 후반부에서 당신에게 추가적인 도움을 받기 위해서 다른 사람들과의 접촉이 필요하다면 이에 대해서 다루어주려 한다. 그러나 일반적으로 딸이 자기 문제를 가지고 당신과 대화할 때 당신의 반응은 다음과 같을 것이다.

1. "그런 일이 생겨서 참 유감이구나."

2. "그 얘기를 해줘서 고맙단다."
3. "우리가 상황을 통제한다는 느낌이 들 때까지 그 문제에 대한 해결책을 함께 찾아보자꾸나."

이제 조금 더 구체적으로 얘기를 해보겠다.

- **우선 딸의 감정을 지지해주어라.** 딸이 하는 모든 말의 정확성을 따지는 심판관처럼 너무 고지식하게 현실을 비춰주지 마라. 사실은 시간이 흐르면 드러나게 되어 있지만 딸의 정서상태가 더 중요하고 이를 받아주어라. 그 말을 할 때 당신이 하던 일을 다 멈추어 딸을 흥분시키거나, 딸을 뚫어지게 쳐다보거나 강한 유대감을 형성하는 특별한 순간이 되게 하지 마라. 당신이 하이킹, 운전, 쇼핑, TV시청 같은 일을 하면서 대화하는 게 효과적이기 때문이다.
- **딸이 사용하는 은어를 사용하지 마라.** 십대의 은어를 사용해서 아이들에게 만만하게 보이는 어른들이 제일 바보스럽다. 은어는 너무 빨리 변해서 최신 은어를 따라잡을 수 없다. 그럼에도 어떤 부모들은 은어를 사용하는 게 딸과 관계를 개선할 것이라고 생각한다. 실상은 그렇지 않다. 지나치게 애쓰는 것처럼 보일 뿐이며 십대에게 그보다 더 나쁜 게 없다. 딸이 당신이 이해하지 못하는 단어를 사용하면 설명해달라고 요청하라. 멍청해 보일 수도 있지만 이를 통해서 당신은 딸이 말하는 것을 존중하고 자기 세계를 설명하는 데 관심이 있다는 걸 보여줄 수 있다.
- **그 나이 때의 당신의 경험이나 사연, 특히 실수를 하고 그로부터 교훈을 얻었던 경험을 공유하라.** 일반적으로 성인기의 경험은 딸과 어떤 거리가 필요하기 때문에 말하지 않는 편이 더 낫다. 이런 경험담의 의도는 "나는 네가 지금 겪고 있는 것을 알고 있어. 나도 비슷한 일을 겪었거든."이라는 내용을 강조하기 때문이다. 공유는 하고 설교는 하지 마라.
- **아무것도 하지 말고 그저 옆에 있어라.** 즉, 딸의 문제를 모두 해결해주려 하지 마라. 당신은 딸이 자기 문제를 파악하고 대처하는 기술 습득을

도와주고 싶어 한다. 때로 딸은 자기가 걱정하는 일을 그저 얘기만 하고 싶을 뿐 문제를 해결하고 싶어 하지 않는다. 만약 딸이 문제해결을 위한 행동을 원하면 "이거 어떻게 해결하면 좋겠니?"라든가 "그 문제를 나하고 얘기하고 싶니?"라고 질문하라. 딸의 의중을 파악하고 나서야 "내게 다른 해결책이 있단다. 혹시 그 얘기 해줄까?"라고 제시하라.

- **주도권을 쥐고 있게 해주고 (좋든 나쁘든) 실수를 허용하라.** 딸의 해결책이 어처구니없어 보여도 딸의 그런 생각에는 독립하는 과정을 밟고 있다는 의미가 담겨 있다. 딸이나 당신이 최선을 다하고 있다는 걸 확신시켜주는 것보다 그런 독립의 과정을 고무시켜주는 것이 더 중요하다.

- **침묵을 수용해야 한다는 점을 기억하라.** 당신은 딸의 부모이다. 이는 딸과 어렵거나 불편한 주제를 놓고 대화를 할 때 딸이 바로 반응을 보여주지 않을 수도 있다는 의미이다. 그 침묵을 굳이 당신의 말로 항상 채울 필요는 없다. 나중에 "너 그 문제 얘기할 때 말이 없던데 왜 그랬니?"라고 질문할 수 있다.

- **딸을 놀리지 마라.** 딸이 가장 심각해하는 순간에 당신은 딸아이에게 그 문제로 세상이 끝나지는 않는다는 걸 알려주고 싶어서 우스갯소리를 하고 싶은 욕구를 느낄 수도 있다. 이런 노력은 놀리는 것처럼 보일 것이다. 그런 농담을 입 밖에 꺼내지 말고 대신 지지적인 언급을 하라.

만약 "엄마, 아빠 내가 뭘 말하려 하는데요, 그냥 듣기만 한다고 약속해주세요!"라고 한다면?

정말 이런 순간은 부모 노릇 한다는 게 얼마나 혼란스러운지를 잘 보여준다. 상식적으로 생각하면 그 약속을 지켜야 할 것이다. 안 그러면 딸이 얘기를 안 할 테니까. 그러나 만약 약속을 했는데, 뭔가 조치를 취할 필요가 있는 내용이라면? 자해하는 친구의 경우처럼 말이다. 그러면 당신은 약속을 깰 수밖에 없는 입장에 처하게 되는데 이는 절대 좋은 행동이 아니다.

여기 그 난관에서 빠져나오는 길이 있다. 딸에게 당신은 그 약속을 지키고

거부감을 줄이는 방법

만약 딸이 거부감을 표현하고, 한숨을 쉬고, 팔짱을 끼는 데 도가 터 있다면 이는 당신에게 짜증스럽게 느껴질 수도 있다. 그 문제를 다룰 수 있는 제안을 해보겠다. 기본적으로 딸은 당신에게 뭔가를 원한다. 뭔가를 하고 싶거나, 당신이 자기 의견을 봐주길 바란다. 그래서 이렇게 말하면 좋을 것 같다.

얄렷. 이렇게 타협하면 어떻겠니? 너는 내게 X를 원해. 내가 말할 때 네가 거부감을 표현하거나 한숨을 쉬면 네가 원하는 걸 내게 받을 수 없어. 네 행동이 나를 너무 자극하고 존중받지 못한다는 느낌을 주니까. 그러나 만약 불쾌감을 보여주지 않고 대화를 할 수 있으면 합의점에 도달할 수 있어. 불쾌한 표정을 지으면 그 기회는 사라져버려. 불쾌감을 표시하지 않으면 넌 뭔가 얻는 게 있어. 그래서 5분간 자리를 떴다가 다시 올게. 그에 대해서 생각해보고 다시 대화를 하자꾸나.

싶지만 누군가 도움이 필요하거나, 전문가에게 연락해야 하거나 상담자가 다른 부모와 접촉을 해야 할 경우에는 그 약속을 지킬 수 없다고 말하라. 그러나 당신이 약속할 수 있는 것은 누군가를 개입시킬지에 대해서 결정해야 할 때 꼭 미리 알려준다는 점이다. 딸은 놀라거나 맹목적인 태도를 취하지는 않을 것이다. 사실 누구와 얘기해야 할지 결정하는 데 도움을 줄 수도 있다. 내 경험으로 볼 때 아이들은 부모들이 자신들이 원치 않는 결정을 할 때에도 자신들이 존중받고 있고 문제해결과정을 밟고 있다고 생각하면 얘기를 안 하지는 않는다.

대화를 끝내거나 딸이 불편해할 때는 언제나 딸에게 사랑한다는 점을 확인시켜주고 말로 표현하라. 딸이 특별한 사람이거나 보살핌을 받고 있다는 느낌이 들 수 있도록 해주라. 딸에게 꽃이나 향초를 사주어라. 영화를 보게 해줄 수도 있다. 그리고 가족 내 다른 사람이 채널을 바꾸지 못하게 하라. 만약 딸이 좋아하면 형제자매들이 방해하지 못하게 하고 목욕을 하게 할 수도 있다.

그리고 자녀가 다른 사람에게 도움을 청한다고 해서 당신이 나쁜 부모가 되는 게 아니라는 걸 기억하라. 아래의 이야기는 연대감이 어떻게 부모와 자녀를 가깝게 해주는지를 보여준다. 나는 최근에 열세 살 난 소녀에게서 생리

주기가 되어 생리대를 사기 위해서 용돈이 더 필요하다는 얘기를 상처한 아빠에게 어떻게 얘기해야 할지 묻는 메일을 받았다. 아빠에게 그 얘기를 하는 게 너무 당혹스러웠고 아빠와 대화를 하면 왜 다투고 울면서 끝나는지 이해할 수 없었다. 여러 제안을 하는 가운데 그녀에게 가까이 지내는 여성에게 무엇이 문제인지 얘기하고 가게에 가서 필요한 것을 사도록 권유했다. 그 소녀는 내 조언을 받아들이고 사촌언니에게 얘기했는데 사촌언니는 바로 약국에 같이 가서 6개월 치 생리대를 사주었다. 그러나 그 사촌언니는 자기 어머니(그 소녀의 고모)에게 얘기를 했고 나는 아래와 같은 편지를 받았다.

우리 아이가 낯선 사람에게 도움을 청하는 편지를 썼다는 얘기를 듣고 좀 민망하네요. 그 아이는 이제 막 생리를 시작한 어린 소녀입니다. 나는 당신이 보기에는 구식인지 모르겠습니다. 나는 남자 직원들만 있는 건설 회사를 운영 중입니다. 내 딸이 지금까지 그 사내들 중 일원이었습니다. 나는 딸이 오빠들과 다른 분야의 문제가 있다는 걸 깜빡했습니다. 그러나 지난 몇 달 동안 울기도 하고 태도도 불량하고, 불만을 표시하기도 했습니다. 나는 그 아이가 마약 복용을 할까 봐 두려워했습니다. 하지만 그 애 오빠들은 동생이 그런 부류는 아니라고 날 안심시켜주더군요. 작년에 딸아이가 내 생일에 호머 심슨(호머 심슨은 가족을 공감하지 못하고 자기만 아는 철없는 아빠로 그려진다 : 역주) 티셔츠를 사주었어요. 그런데 당신이 다루는 감수성과 지식의 문제가 이 수준인 것 같아서 걱정됩니다. 훌륭한 조언을 해주셔서 감사합니다.   ─프랭크

당신의 작은 천사는 거짓말쟁이자 속임수를 쓴다

많은 십대들이 거짓말을 한다. 거짓말을 하지 않는 십대들도 있기 때문에 '전부'라고는 말할 수 없다. 그러나 나는 거짓말을 하지 않은 사람들에 포함되지는 않는다. 우리 어머니가 나의 십대 시절에 대한 얘기를 하실 때면 항상 이런 말로 시작하셨다. "너는 정말 훌륭한 아이들을 낳았구나. 그리고 너는 네가 낳은 그 아이들이 네게 거짓말하는 건 꿈에도 상상 못할 거야. 그런데 걔네들이 거짓말을 하는구나. 그것도 언제나 말이다." 나도 그랬다. 나는 항상 어머니에게 거짓말을 했다. 때로는 거짓말이 필요없을 때도 거짓말을 했다. 내가 어디를 가는지, 누구와 함께 가는지, 내가 왜 가고 싶은지 처음부터 거

짓말할 이유가 없을 때도 거짓말을 했다. 나는 엄마가 내 생활에서 무슨 일이 벌어지고 있는지 아무것도 몰랐으면 했다. 여자애들이 모두 나처럼 나쁜 애는 아니었겠지만 항상 부모님에게 솔직한 여자애는 아직까지 보질 못했다. 만약 당신 딸이 거짓말을 한다고 해도 딸의 문제로 받아들이지 마라. 그렇게 하는 게 어려울 것이다. 내겐 굉장히 가까웠지만 거짓말을 했던 학생들도 있었다. 받아들이기 힘들었고 심하게 분노했다. 그러나 거짓말은 종종 경계의 문제이다. 당신 자신과 권위적 인물과 절실하게 원해서 그것을 위해서 무엇이라도, 방해가 된다고 생각되는 사람을 속이는 것까지 포함해서, 할 수 있는 일들 사이의 경계를 의미한다. 나는 그들을 용서하지 않았다. 당신도 이 문제를 전체적인 맥락 안에서 봐야 하고 당신의 자녀가 그 문제를 올바른 방식으로 올바르게 설명할 수 있게 해야 한다.

능숙한 거짓말쟁이가 되는 비결

- 그녀는 거짓말을 할 때마다 진실에 바탕을 둔다. 이런 단편적인 사실(truthlet)은 나중에 잡혔을 때 이용될 수 있다. 그녀는 필사적으로 그에 의지한다. 이것이 소녀들이 자기가 한 거짓말이 적발되어도 그렇게 당당할 수 있는 이유이다.
- 그녀는 세부사항을 아주 잘 꿰고 있다. 그녀가 당신에게 뭔가 숨기려 할 때 그녀는 당신에게 너무 많은 세부사항을 얘기해서 대화가 끝날 때면 당신은 뭐가 뭔지 몰라서 혼란에 빠지게 된다.
- 그녀는 당신이 여러 가지 일로 마음이 번잡스러울 때나 지쳤을 때 다가온다.
- 그녀는 자기 이야기를 뒷받침해줄 친구가 있다. (내가 앞에서 간략히 언급했듯, 당신은 딸의 친구의 부모들과 긴밀한 관계를 유지함으로써 이런 전략의 효과를 상쇄할 수 있다.)
- 그녀는 자신의 말(그게 거짓말일지라도)을 진심으로 믿고 있다.
- 그녀는 당신에게 화가 날 만한 일이 있다. 그것으로 거짓말을 정당화한다.

우리 엄마는 최근에 이혼하셨고 나는 그 일로 좀 심란해졌어요. 그래서 나는 남자친구 집에서 밤을 샐 때 엄마에겐 여자친구 집에 있다고 거짓말을 해도 아무 문제없다고 생각했어요.　　　　　　　　　　　　　　　　　　　　　　－몰리, 15세

딸이 거짓말을 할 때 당신은 어떻게 말할 수 있을까?

어떤 부모들은 자신들에게 마법의 힘이 있어서 딸의 눈을 들여다보면 진실을 말하게 할 수 있다고 믿고 있다. 그런 부모가 있을지도 모르겠다. 만약 당신이 정말 그런 능력이 있다면 당신의 딸은 엄격하고 위축되지 않는 부모님표 거짓말 탐지기에 무너질 것이다. 그러나 거짓말 선수는 이런 테스트를 쉽게 통과한다. 거짓말 선수는 냉정하고 여러 가지 정보를 알고 있어 무슨 일이 벌어져도 둘러댈 변명거리가 있다.

그것을 알아차릴 아래와 같은 방법이 있다.

- 우스꽝스럽게 들릴지도 모르겠지만, 직감을 믿어라.
- 그녀가 자신의 계획을 얘기할 때 하던 일을 멈추고 그녀가 한다고 얘기한 내용, 장소, 시간, 동반자에 대해서 긴밀하게 주의를 기울여라. 부모들의 전화번호가 맞는지 확인하기 위해서 그 내용을 적고 복사를 해서 손쉽게 볼 수 있는 학교관련 자료집 같은 곳에 모아 놓는다. ('탐색전략' 부분을 참조하라.)

만약 딸이 친구 집에 머물 것이라고 하면 5분간은 그 친구 집에 머물 가능성이 농후하다. 그 5분이라는 시간은 딸이 친구 집에 들어가서 친구 옷을 보고, 비슷한 옷을 빌리고, 먹을 걸 손에 잡히는 대로 챙기고, 파티장이나 남자친구의 집 혹은 딸아이가 가지 말았으면 하고 당신이 바라는 진짜 목적지를 향해 대문을 나서기에 충분한 시간이다. 어떤 소녀들은 밤새 그 친구 집에서 잤다고 속여서 곤란한 상황을 벗어나려 한다. 그 말만 놓고 따져보면 그 아이들은 밤새 놀고서 자고 오겠다고 한 그 집에 다시 와서 자는 계획을 잡았기 때문에 이 말은 거짓말이 아니다. 그 소녀들이 자기들이 죽치고 있을 파티장이 너무 멀리 떨어져 있고, 난장판이 되어 자기 부모에게 다른 부모가 새벽

3시에 전화를 하게 될 것임을 알 도리가 없을 것이다.

　이런 일이 생길 것 같은 의구심이 들 때 취할 수 있는 행동지침이 있다. 당연한 순서겠지만 우선 딸의 친구 부모에게 그 집에 딸이 자고 가는 게 맞는지 확인하라. 그러나 만약 그 확인 작업을 잊었거나, 하려고 했지만 제때 확인을 못했다면 보완대책도 있다. 물론 가장 쉬운 방법은 딸을 데려다주고 그 집에 들어가서 그 집 부모와 얘기를 하는 것이다. 그러나 차를 태워줄 수 없을 때는 딸이 그 집에 도착하자마자 자기 전화로 도착했다고 전화를 하고, 딸의 말을 확인해줄 그 집 부모와 통화를 한다. 채소가게에서 만난 다른 부모가 "아이를 그 콘서트에 가게 허락했다고 해서 놀랐어요."라는 등의 딸이 거짓말을 하는 단서가 잡히면 딸에게 바로 전화해서 들었던 얘기를 하라. 다른 부모가 한 얘기 중 어디까지 맞고, 딸이 한 얘기 중에 어느 것이 거짓인지 질문하라. 만약 딸이 일관되게 부인하면 거짓말의 대가에 대해서 그리고 만약 추가로 거짓말을 하면 더 가혹한 결과가 초래될 것이라고 상기시켜준다. 다시 한 번 더 질문하고 누구의 말이 사실인지 확인하기 위해 직접 만나서 얘기하러 가는 중이라고 말한다.

만약 딸이 "엄마는 날 믿지 않는군요!"라고 할 경우

　날 믿지도 않네요, 하긴 믿을 의무도 없겠지만요!　　　　　　　　　－프랜, 17세

　거짓말과 속임수의 차이가 무엇인가? 거짓말이 믿음이 안 가는 말이라면, 속임수는 믿음이 안 가는 행동이다.

잘 속이는 방법

- 딸은 우선 당신의 피곤함, 산만함과 속임수를 이용한다.
- 딸은 보완전술이 있다. 집에서 속임수를 써서 나가려는 계획이 먹히지 않으면 그에 대한 대안이 있다.
- 딸은 인내심이 있고 똑똑하다. 자신이 원하는 것을 얻기 위해서 세 수 앞을 내다본다.

당신이 딸아이에게 어려서 파티에 못 간다고 했다고 하자. 만약 딸아이가 원하는 것과는 반대되는 얘기인데도 쉽게 받아들인다면 딸아이는 당신을 안심시키고 몰래 속임수를 준비하고 있을 수도 있다. 그 속임수를 딸과 당신 사이의 관계의 문제로 받아들이지 마라. 딸은 당신을 속이는 것이 아니다. 딸은 그저 당신이 하는 말보다는 자기가 원하는 것이 더 중요하다고 생각하고 있을 뿐이다.

> 웃기는 게 뭔 줄 아세요? 자기 딸에게 위치추적 장치를 달고 간다고 한 곳과 실제로 가있는 데를 확인하는 거예요. —조, 17세

만약 당신이 딸을 믿지 못한다면 그것을 인정하라. 그러나 딸에게 그 얘기를 하기 전에 명료하게 정리를 하라. 만약 정말로 딸을 믿을 수 없는데 딸과 독립의 문제를 놓고 갈등을 빚고 있다면 그 얘기를 해야 한다. 딸이 당신의 신뢰를 얻지 못한 건 자기 행실 때문이지 당신의 문제 때문이거나 당신이 막연하게 십대는 못 믿기 때문은 아니다. 당신 딸이 거짓말을 하고 속임수를 쓰는 건 인생의 씁쓸한 단면이지만 좋은 부모가 되기 위해서는 딸아이의 생활이 어떤지 알 필요가 있다. 믿을 만한 소식통을 통한 신뢰할 만한 정보를 확보해야 한다. 탐색전략이 필요하다.

탐색전략

1. 딸 친구의 부모들과 친해져라. 이 말은 절친이 되라는 것이 아니라 필요시에 접촉할 수 있는 관계가 되라는 의미이다. 최소한 그 사람들의 메일 주소나 휴대전화번호 정도는 알아둘 필요가 있다. 만약 그 사람들과 각자 음식 싸오는 식사 자리를 마련하거나, 저녁식사를 같이 하고, 술자리를 갖거나, 커피를 같이 마실 수 있는 사이가 된다면 더 좋다. 정기적으로 자기 부모와 친구의 부모가 모임을 갖는다는 걸 알면 딸은 약간 편집적으로 의심하는 심리가 될 수도 있는데 이는 정확히 부모인 당신이 원하는 일이다.

2. 학교에 주소록이 있다면 비밀장소에 보관하라. 왜냐하면 어떤 소녀들은 그런 자료를 숨긴다고 한다. 그래서 당신이 다른 부모들이나 학교 관계자들과 접촉하는 게 더 어렵게 된다. 비밀리에 보관하는 예를 들면 '2007년 세무자료' 같은 파일을 만들어 그 안에 주소록을 보관한다. 대부분의 공립학교에는 그런 주소록이 없기 때문에 운동부원 주소록, 걸스카우트 주소록, 교회 모임 주소록 등을 통합한 주소록을 만들어서 이용하도록 한다.

3. 가능하다면 딸 친구들의 전화번호를 최대한 확보해서 비밀장소에 보관한다. 기술문제를 다룬 장에서 이에 대해 더 자세히 다루었기 때문에 딸에게 휴대전화가 있으면 언제든 당신이 딸에게 연락하거나 그 반대도 가능하다는 정도로만 언급하려 한다. 그러나 휴대전화는 탐색을 훨씬 더 어렵게 만든다. 소녀들은 부모에게 친구의 휴대전화번호를 주고 어디에 있는지에 대해 거짓말을 한다. 그 말이 맞는지 확인하기 위해서 그 전화번호들을 잘 챙겨서 필요시 바로 쓸 수 있게 한다.

모든 사람이 휴대전화가 있어요. 친구네 가고 다른 친구의 휴대전화번호를 부모님께 드리는 건 참 간단해요. 난 친구들이 음성사서함을 바꾸게 만들었어요. 나 정말 똑똑한 거 같죠?　　　　　　　　　　　　　　　　　　　　　　　　　－몰리, 16세

맙소사, 또 저질렀어! : 딸의 일기, 메일, 문자, 페이스북이나 마이스페이스 같은 걸 꼭 봐야 할까?

부모들이 내게 딸의 방을 청소하다가 일기를 보게 되었다거나, 우연히 딸의 이메일을 발견하게 되었다고 하면 그저 웃는다. 그 말은 딸이 뭔가 잘못하다가 적발되었을 때 그럴 의도가 없었다고 변명하는 것과 똑같은 상황이다. 당신이 딸아이의 그런 구차한 변명을 믿지 않는 것처럼 당신 딸도 마찬가지다. 내가 장담하건대, 딸이 어떻게 지내나 알아내기 위해서 딸의 일기를 보거나 메일을 뒤질 필요가 없다. 이 장에서의 전략을 따른다면 딸은 당신에게 당신이 알고 싶어 하는 것들을 얘기해줄 것이다. 그렇게 해도 되는 유일한 경우는

딸아이가 완전히 자기를 감추고 이 책에서의 의사소통 전략을 따랐음에도 불구하고 아무런 정보도 얻지 못해 정말 딸에게 뭔가 위험한 일이 벌어질 것 같은 걱정이 들 때이다.

> 나는 일기에 빈 말을 쓰진 않아요. 당신이 개를 산책시키거나 숙제를 하거나 잠자리에 드는 얘기를 쓰지 않는 것과 마찬가지예요. 당신도 평소와 달리 행복감, 불행감, 분노 같은 걸 느꼈을 때 일기를 쓰잖아요.
> ─팔로마, 16세

부모와 자녀 사이의 사생활과 신뢰는 큰 주제이다. 내 생각을 피력해보겠다. 자녀들은 사생활의 비밀을 가장 중요하게 생각한다. 당신이 그 비밀을 침해하면 소중한 보물을 훔친 것과 마찬가지다. 그런데 비밀을 캐는 것 외에는 다른 수단이 없을 때도 있다. 이런 때는 딸의 말을 전혀 믿을 수 없는 상황이다. 하지만 그런 큰일을 저지를 땐 신중하고 사려 깊어야 한다. 왜냐하면 역풍을 맞지 않고 여러 번 그런 행동을 취하기 힘들기 때문이다. 그런 일이 드러나면 딸은 당신을 완전히 믿지 않고 거짓말과 속임수를 쓴다.

또 하나 생각해야 할 사실은 어떤 자녀들은 내가 설명한 것처럼 거짓말을 하거나 속임수를 쓰지 않는다는 점이다. 어떤 자녀들은 딱 한 번 거짓말을 하고 나서 많이 불편해하고 다시는 그러지 않는다. 어떤 자녀들은 항상 그런 식으로 처신하도록 습관이 든다. 그래서 이에 대해 아래와 같은 다른 대화법도 있다.

> 나는 네 사생활을 존중해. 그러나 네가 지금 처신하는 걸(딸의 행동을 정확히 묘사해준다) 보면 네가 말하는 게 전부가 아니라는 생각을 하게 된단다. 나도 이렇게 하고 싶진 않아. 나도 계속해서 네 문자메시지, 페이스북을 보거나 다른 부모에게 전화하고 싶진 않단다. 하지만 네 행동을 보면 내 선택의 여지가 별로 없는 것 같아. 그래 한번 이것에 대해 얘기해보자꾸나. 도대체 네가 원하는 게 뭐니?

딸의 거짓말을 적발했을 때 어떻게 해야 하는가?

탐색전략을 통해서 당신이 딸의 거짓말을 적발했다고 하자. 딸이 흥분했을 때 말을 거는 것보다 유일하게 더 어려운 일은 딸이 잘못했을 때 말을 하는 것이다. 유난히 잘 피해가고 얼버무리는 여자애들도 있다. 그런 소녀들은 잘못이 적발되어 곤란한 지경에 처했음을 알게 되면 무마하는 데만 몰두한다. 당신도 그 정도로 잘 집중해야 한다. 단, 긍정적인 방향으로.

한 가지 요령이 있다. 정보가 힘이다. 무턱대고 화만 내면 당신이 알고 있는 걸 노출할 수 있기 때문에 그렇게 하지 말아야 한다. 딸에게 접근하는 전략은 딸에게 일어난 일에 대한 딸의 의견을 알고자 하는 태도와 방어를 분쇄하는 것이다. 이렇게 함으로써 당신이 딸의 입장을 존중하는 걸 보여줄 수 있고(내가 동의라는 용어를 사용하지 않음에 주목할 것) 당신이 아는 걸 노출하지 않고도 최대한의 정보를 얻을 수 있다. 지각이 있는 소녀들은 곤란에 처했을 경우 그걸 잘 안다. 핵심은 부모들이 그에 대해서 얼마나 많이 아느냐이다. 당신이 모르는 일도 있을 수 있다. 딸의 목표는 계속 감추는 것이다.

딸이 말할 때 그걸 받아 적어라. 지나친 얘기를 하는 걸로 들릴지 모르겠지만 이렇게 하면 딸의 말에서 나타나는 모순을 더 빨리 알아차릴 수 있다. 기록을 해 놓으면 당신이 딸에게 한 말이나 반대의 경우나 딸이 부인하기 힘들다. 소녀들은 부모들의 피곤함이나 집중하지 못하는 산만한 심정을 이용하기 때문에 이렇게 하면 예민해지고 부모를 비난하고 자기를 믿지 못한다고 주장하게 될 것이다. 만약 당신이 딸을 믿지 못한다면 앞서 내가 언급한 대로 그걸 인정해도 무방하다. 최소한 거짓말은 하지 말고 그 사실을 얘기하면 된다. 딸에게 그 사건에서 딸의 편에 서고 싶을 뿐이라고 얘기하라.

친구들 앞에서는 직면하지 마라!

무슨 할 말이 있어도 나중까지 기다리거나 딸이 당신이 일하고 있는 부엌으로 올 때까지 기다려라. 딸의 체면을 살려주는 건 매우 중요한 일이다. 만약 당신이 딸 친구들 앞에서 딸에게 반박을 하면 당황하고 십중팔구는 당신에게 신경질을 낼 것이다. 한번 이렇게 생각해보자. 딸은 당신이 자기 부모라는 걸 안다. 그래서 당신에겐 좀 더 스스럼없이 편하게 대한다. 이 점이 항상 그 자리에 있는 부모의 애로사항이고 딸은 당신의 사랑을 당연한 것으로 여긴다. 그런데 친구들은 다르다. 딸은 항상 친구들에게 자신의 존재를 입증해야 한다. 그렇게 하는 한 가지 방법은 부모에게 반항함으로써 독립적이라는 걸 보여주는 것이다. 그래서 딸이 혼자 있을 때까지 기다려준다고 해서 당신이 항복하거나 딸이 그 상황을 모면하는 게 아니다. 사실 기다림 자체가 처벌이다. 곤란한 상황에 처했을 때를 생각해보라. 종종 그 상황에서 제일 안 좋은 것은 당신이 잡혀 있고 처벌을 기다리고 있는 것이다.

당신이 딸을 믿지 못할 만한 이유가 있다면 왜 그런지 딸에게 말하라. 당신을 의심하게 만든 구체적인 행동을 묘사하고 당신이 그때 어떤 심정이었는지, 무엇을 원하는지, 당신의 신뢰를 되찾기 위해서 그녀가 할 수 있는 게 뭔지 설명하라. 기억해둘 것은 딸이 사실을 조금씩 더 밝힐 수도 있다는 점인데, 그렇게 할 여지를 주어라. 당신과 갈등이 있든 당신과 공유하길 원하는 안 좋은 경험이 있든, 얘기를 조목조목 자세히 하진 않아도 대강이라도 풀어놓을 것이다.

대화하기

한 시간 전에 어젯밤 딸이 머문 장소에 대해 거짓말을 한 것을 알게 되었다고 하자. 딸은 당신에게 어젯밤에 친구네 있었다고 했지만 친구와 남자애들과 같이 밖에 나왔다. 같이 잤다고 생각한 친구 엄마에게 전화가 와서 알게 되었다고 하자. 그러면 잠시 진정하고 작전을 세워본다.

> 당신 : 지난 밤 일로 얘기 좀 하고 싶구나. 네 생각엔 어젯밤에 무슨 일이 있었던 것 같니?
>
> 딸 : 내가 그걸 어떻게 알아요? 그리고 상관도 안 해요. 어쨌든 간에 난 혼날 거잖아요.
>
> 당신 : 그래, 넌 내가 어떤 일이 있었다고 짐작한다고 생각해?
>
> 딸 : 내가 엄마에게 거짓말을 했다고 생각하잖아요. 난 거짓말 안 했는데. 내가 매기네 집에서 자기로 되어 있었는데 그 대신 밖에 나갔으니까 그

렇게 생각하겠죠. 근데 엄마는 내가 매기네 집에서 나가면 안 되고 걔네 집에서 자야 된다고 얘긴 안 했잖아요.

당신 : 넌 네가 어디 있었는지 잘 모르게 하려고 나한테 제대로 얘기를 안 해주었으니 거짓말한 거야.

딸 : 난 거짓말한 거 아니거든요?

당신 : 내 질문엔 대답을 안 하는구나. 너는 네가 한 일을 내가 아는 게 싫으니까 나한테 제대로 얘기하지 않았잖아?

딸 : 난 몰라요(이 맥락에서는 당신이 그렇게 얘기하면 당신 말이 맞다고 인정은 한다는 의미임).

당신 : 그래, 우선 네가 왜 그랬는지 알고 싶어.

딸 : 엄마가 열 낼 줄 알았어. 봐, 지금 엄마는 아무것도 아닌 것 가지고 난리치고 있잖아요.

당신 : 내가 열 받는 데는 두 가지 이유가 있어. 먼저 너는 의도적으로 나를 속였어. 둘째로 네가 나하고 매기 엄마를 속였기 때문에 어른 중에 너희들이 어디 있는지 아는 사람이 없었어. 그게 핵심이야. 다시 한 번 따져 보자. 네가 어른들을 속이고 나서 거기서 빠져나오고 싶을 때 너희들 위치를 아는 어른이 없으면 그게 훨씬 더 어려워져.

딸 : 알았어요. 어떤 벌을 주시려고요?

당신 : 넌 내가 네 시야에서 안 보였음 하는 마음에서 내게 거짓말을 했어. 그래서 너랑 나랑 더 많이 보게 될 거야. 네가 거짓말을 하니까 내가 지나치게 통제하는 엄마처럼 되어서 너를 애 취급하게 되잖아. 앞으로 2주 동안 전화하고 메일 금지야. 그리고 신뢰를 다시 찾으려 노력해야 할 거야. 그게 얼마나 걸릴지 모르겠는데, 시간이 많이 걸릴 거란 건 알아.

만약 딸이 속임수를 써서 집을 나갈 때

딸이 목요일 혹은 금요일에 빠져나갔는지와 같은 지엽적인 사안에 매몰되지 마라. 중요한 것은 딸이 속임수를 쓴 것이고 당신은 부정직함과 안전의 문제를 거론해야 한다. 아래와 같이 말할 수 있다.

나는 네가 집을 몰래 빠져나간 걸 알아. 나는 그걸 가지고 잔소리하고 싶진 않지만 내가 그걸 알고 있다는 걸 너도 알았으면 한다. 나는 널 매일 밤 감금하고 어린애나 죄수처럼 다룰 수도 있지만 그게 이 문제를 푸는 데 효과가 있을 거라고 생각하지 않아. 그렇게 하면 내가 네 적이 되고 너는 기회만 되면 몰래 나갈 거잖아. 내가 보기엔 너도 애 취급당하고 싶진 않을 것 같은데 넌 자꾸 내가 그렇게 하게 만드는구나. 네가 계속해서 몰래 집을 나가려고 하면 나는 네가 안전한 걸 알 때까진 계속 걱정할 것이고 나는 너를 믿으려 하지 않을 거야. 그러면 서로 불신하게 되고 너는 집이 감옥같겠지. 자, 이제 어떻게 하면 좋겠니?

만약 딸이 이 말을 듣고도 인정을 않고 합리적인 대화를 못하면 당신이 통제할 수 있는 구체적인 무언가 혹은 권리를 박탈하라. 딸의 행동을 보면 달리 대안이 없기 때문에 딸에게 자기를 애처럼 대하는 이유를 상기시켜주어야 한다.

딸에게 줄 수 있는 최악의 징벌

소녀들이 생각하는 최악의 징벌은 분명하다. 반복해서 그들은 같은 말을 한다. 최악의 징벌은 당신이 자신을 존중하지 않고 실망하는 것과 또래들과의 의사소통 수단을 박탈하는 것이다. 수많은 소녀들이 내게 아래의 말과 비슷한 얘기를 했다.

나는 아빠를 정말 존경하고 그 얘기를 많이 했어요. 아빠가 내게 줄 수 있는 최악의 징벌은 나에 대한 존중감이나 신뢰를 상실하는 거예요.　　　　　　　　　─제인, 16세

나는 엄마하고 싸우는 게 싫어요. 엄마랑 싸우면 전화와 컴퓨터 사용을 제한하거든요. 어쩌다가 일이 이렇게 되었는지 모르겠어요.　　　　　　　　　─클레어, 14세

딸이 친구들과 의사소통하는 수단을 제거하는 건 항상 심각한 벌이다. 이메일이나 전화, 외출을 금지하면 소녀들에게는 이것이 가장 치명적이기 때문

에 심각한 상처가 된다. 그리고 어떤 경우에도 일단 벌을 주고 나면 마음이 바뀌어서 그걸 경감시키거나 가중시키지 말아야 한다. 그렇게 하면 부모로서의 신뢰를 잃는다.

아이들(자녀나 제자)을 훈육할 때의 전반적인 전략은 다음과 같이 구성한다.

1. 자녀들이 잘못한 것을 구체적으로 얘기한다.
2. 부모나 교사로서 내가 믿고 있는 것과 배치되는 것이 무엇인지 구체적으로 얘기한다.
3. 어떤 권리를 얼마나 제한할지 구체적으로 얘기한다.
4. '탈출구'를 열어둔다. 즉, 자신이나 나를 자랑스럽게 만들 수 있는 수정 행동을 할 수 있게 한다.

딸이 원한다고 당신이 알고 있는 것들

소녀들은 종종 자기들 스스로 부모님에게 얘기하기 힘든 걸 나와 공유하려 한다. 아래의 내용은 소녀들이 바라는 가장 대표적인 예들이다.

나는 우리 부모님이 이랬으면 좋겠다

정확한 시각에 나를 태워주고 데리러 왔으면 좋겠다. 이건 매우 중요하다고요!

나의 문화에 대해서 더 많이 가르쳐 주었으면 좋겠다.

내 친구들을 만났으면 좋겠다.

판에 박힌 인종에 관한 고정관념이나 종교관을 버렸으면 좋겠다.

내게 선택의 기회를 더 넓혀 주었으면 좋겠다.

지저분한 내 방을 더 이상 걱정하지 않았으면 좋겠다.

내게 조금 더 인내심을 보여주었으면 좋겠다.

자기 삶에 조금 더 관심을 가졌으면 좋겠다.

내가 자유를 원하지만 더 가까워지고 싶다는 걸 이해했으면 좋겠다. 나는 독립적인 인간이다. 내 능력이나 정체감을 제한하지 말고 내가 나의 직관을 따르게 해주고 나를 지지

해주었으면 좋겠다.

부모님들이 정말 나를 자랑스럽게 생각하시도록 하는 소망이 있다는 걸 알았으면 좋겠다.

그리고 부모들이 딸들과 의사소통하는 방식에 대해서 확실히 알게 해주었으면 하는 것들은 무엇이었을까?

나는 우리 부모님이 이랬으면 좋겠다

나하고 더 실질적인 대화를 했으면 좋겠다.

내가 자랑스러울 땐 그걸 표현해주었으면 좋겠다.

내가 열정을 보이는 것에 대해서 더 많이 얘기해주었으면 좋겠다.

내가 혼자 있고 싶어 할 땐 내 방문을 닫아 놓는 걸 이해해주었으면 좋겠다. 내 방문을 닫아 놓으면 내가 진정으로 혼자 있고 싶다는 의미이다. 부모님들이 간섭하면 더 짜증만 난다.

우리 부모님들이 알아야 할 것

접촉을 원할 때도 있지만 그게 간섭을 원하는 건 아니에요.

다른 부모들에게 내 문제를 담은 이메일을 보내는 걸 원치 않아요. 그건 사태를 악화시킬 뿐이에요.

부모님과 얘기를 하고 싶지만 모든 걸 다 얘기하고 싶진 않아요. 나는 문제가 해결되어 말할 수 있는 단계가 될 때까지 기다릴 거예요.

형제들 사이의 의리가 부모님에 대한 효도보다 더 강할 수도 있어요. 형제들이 원치 않은 일을 부모님에게 얘기하지 않을 수도 있어요.

우리 아빠는 때로 성차별적인 태도를 보이는데 난 그게 싫어요. 예를 들면 내 남동생은 아무도 엿듣거나 누구와 통화하는지 물어보는 간섭을 받지 않고 여자애들과 통화가 가능해요. 그런데 나는 항상 전화를 그만하란 얘기를 들어요. 특히 그 상대가 남자애 같아 보일 때는요.

통하는 대화법

• 나는 문제가 생기면 보통 엄마에게 가요. 엄만 구체적인 해결책을 제시하지 않으니까

요. 엄만 이렇게 말하시곤 해요. "나한테 몇 가지 생각이 있어."

- 엄마는 항상 귀담아 듣고, 집중해주세요. 그리고 내가 잘못한 경우에도 "사랑한다, 얘야."라고 하세요. 그리고 정말 독서를 많이 하세요.

- 아빠는 "선생님한테 가서 얘기해."라고 얘기하지 않아서 아빠가 편해요. 아빠는 "한번 의논을 해보자꾸나. 이렇게 하면 더 낫지 않을까?"라고 하세요. 아빠가 들어주신다는 이유만으로 나는 불만스러운 일이 생기면 종종 아빠에게 가서 얘기해요. 아빠에겐 무슨 얘기도 다 할 수 있어요.

- 엄마는 단계적인 대안으로 제시해주세요. 이렇게 말씀하시죠. "만약 이게 안 통하면 저렇게 해보자."라고 하시고 "어떻게 하는 게 더 나을 것 같아?"라고 질문하세요.

- 아빠는 날 웃기세요. 그러고 나면 좀 풀어져요.

- 나는 할아버지에게 얘기해요. 할아버지가 연세가 좀 드셨지만 일이 돌아가는 건 잘 아시는 것 같아요.

- 아기 돌보미에게 얘기해요. 그 분은 내게 조언을 하지 않아요. 그냥 내 말을 듣고 내가 그걸 이해하도록 해줘요. 게다가 엄마는 나보다 훨씬 더 학교 일에 더 많이 관여하세요.

통하지 않는 대화법

- 엄마는 너무 완고해서 나는 별로 말을 안 해요. 내가 엄마에게 뭔가 말할 때는 누군가가 내가 좋아하지 않는 일을 했을 때예요. 내가 잘못을 했을 때나 실수를 했을 때처럼 내 문제일 경우에는 얘기하지 않아요. 엄마는 그런 경우 내게 심하게 잔소리를 하시거든요. 엄마에겐 내가 잘한 게 있어서 기분 좋으실 만할 때만 얘기해요.

- 엄마에게 가서 얘기하려고 하면 그만 징징거리라고 하세요.

- 엄마에게 곤란한 상황에 대해서 얘기하면 엄마는 너무 흥분하시거나 바로 선생님이나 교장선생님에게 가서 얘기하자고 해요. 그러면 난 "엄마, 교장선생님에게 갈 필요 없어요."라고 하고, 엄만 "그래도 가보자."라고 하세요.

이렇게 하면 딸이 당신을 진지하게 받아들인다

위에서 언급한 내용들이 작용하게 하려면 먼저 언행이 일치하는 모습을 보여야 한다. 위선적인 모습보다 당신의 권위를 더 갉아먹는 건 없다. 딸은 그런 모습을 척 보면 다 안다. 아이들이 따라주기를 기대하면서 당신 자신은 실행하지 못할 가치관은 펼치지도 마라. 만약 다른 사람들 뒷담화를 하고 나서 (특히 딸이 아는 다른 자녀) 딸이 그렇게 하지 않을 거라고 기대하지 마라. 만약 당신이 거짓말을 하거나 속임수를 쓰면 딸도 그렇게 할 거라고 생각하라. 만약 당신이 실수를 저지르고 그것을 인정하지 않는다면 딸에게 책임감 있는 태도를 기대하지 마라. 당신이 방어적이고 실수를 인정하지 않으면 딸은 자기만 옳다고 할 것이다. 이 말은 실수를 저지르면 안 된다거나, 모든 걸 다 인정하라는 의미가 아니다(사실 그걸 인정하는 때가 두 사람이 강하게 결속할 수 있는 순간이다). 신뢰성 있는 역할모델이 될 수 있는지 여부는 당신이 믿고 있는 핵심적인 가치를 계속해서 보여주고 딸이 그렇게 살도록 원하는지에 달려 있다.

당신은 실패자가 아니다

나와 상담하는 부모들 중 많은 사람들이 자기 딸이 심하게 갈등을 빚거나 너무 자주 그러면 자신이 실패자가 된 듯한 느낌이 든다고 한다. 아니면 내 강연에서 자신들이 한 것과 다른 얘기를 할 때도 그렇다고 한다. 그런 생각은 접어도 된다. 실패자라고 느껴야 하는 경우들은 당신이 아예 시도를 않거나, 딸이나 딸의 세계와 단절될 경우, 딸이 자기 행동을 책임지도록 하지 않을 경우, 당신이 딸을 교육하지 않거나 공감, 사려 깊음, 비판적 사고, 모든 사람이 다 품위 있게 대우받아야 한다는 믿음을 솔선수범하여 보여주지 못할 때이다. 양육은 종종 감당하기 어렵고 우리들 중 극소수만 효과적인 대처기술을 교육받았을 뿐이다.

> 부모가 자신을 되돌아보는 태도를 취하기가 참 힘드네요. 우리의 선택 — 우리가 포기한 것들과 그들이 끌어안은 것들 — 을 다시 돌아보는 게 고통스러워요. 내 딸을 보고 있으면 내가 실패자가 된 듯해요. 딸의 고통을 해결해주지 못하고, 하룻밤 새 사회를 바꿀 수도 없고, 딸에게 필요한 도움을 찾아주지 못했다는 책임감과 죄책감이 들어요. —카라

딸아이가 문제가 있으면 참 창피스럽지요. 다른 부모들은 자기 애들 학교생활이나 과외 활동 얘기를 해요. 나는 뭔가 다른 사람 같고 다른 부모들은 완벽한 것 같아서 그런 얘기하기가 참 힘들어요. 내 마음도 한편으론 알 것 같지만, 한편으론 의구심이 들어요.

－미카엘라

몇몇 부모모임에 가서 우리 딸이 친구들과 겪고 있는 문제를 얘기했어요. 그랬더니 어색한 침묵이 흐르거나, 다른 엄마들이 동정심을 표시하면서 아랫사람에게 충고하는 태도를 보이더군요. 한 번도 나나 우리 딸이 지금 겪고 있는 문제를 자기들이나 자녀들에게도 있었다고는 안 하더군요. 한 번도 "무슨 말인지 알겠어요. 우리 딸도 그랬어요."라는 말을 들어보지 못했어요. 그래서 내가 멍청한 부모같이 느껴졌고 다른 부모들이 딸아이에 대해서 하는 말을 믿지 못했어요. 그래서 입을 꾹 다물어 버렸지요.

－수전

부모교실에 가서 너무 좋았던 적이 있었어요. 그때 배운 방법이 좋아서가 아니라 너무 많은 부모들이 똑같은 문제를 안고 있어서 좋았어요.

－벨

당신은 혼자가 아니다. 만약 손을 뻗쳐보면 가장 힘든 시간을 보내고 있는 당신에게 힘이 될 수 있는 부모모임을 찾게 될 것이다.

항상 기억할 것

양육은 인기투표가 아니다. 당신은 딸의 가장 좋은 친구일 필요가 없다. 당신은 딸에게 한계선을 정해주고 그런 한계가 깨졌을 때 책임을 지게 하는 부모가 되어야 한다. 딸이 당신의 간섭을 싫어하고 자기 사생활을 침해했다고 비난한다고 해도 그것은 일시적이고 딸이 나이를 더 먹으면 그 비난은 존경심으로 대체될 것이다. 만약 딸이 지금 당장은 아무리 골칫거리라고 해도 당신이 계속 딸바보 부모가 되면 나중에 딸은 사과하고 고마워하고, 자기 자식을 잘 키울 것이다. 이제 우리는 소녀세계에 들어가서 소녀들이 일상적으로 규칙을 어떻게 강화하는지 살펴볼 것이다. 그 방식은 소녀들이 안락한 유람선에서 뛰쳐나와서 타게 된 구명보트에서 탈출하는 길, 즉 미인선발대회다.

미인선발대회 : 누가 인기상 수상자*가 되길 원하는가?

열세 살인 당신 딸이 '파티에 초대를 받아 구두를 새로 사야 한다'며 계속 당신에게 요구한다. 딸과 함께 마지막으로 쇼핑한 기억이 떠올랐다가 일시적으로 잊히고 어느덧 당신은 쇼핑몰로 가고 있다. 쇼핑몰 안으로 들어서자마자 당신은 현란한 영상광고와 딸이 걸친 브랜드가 유행이 지났음을 알려주는 네온사인과 마주친다. 그리고 당신 딸보다 결코 더 나이가 들어 보이지 않는 생기발랄한 점원들의 안내가 쏟아지듯 하자 피로감이 몰려오고, 마침내 탈진해 이 모든 상황이 당신을 위협하는 자극으로 여겨지면서 다소간의 편집증이 발동한다. 물론 이런 의심은 진실을 담고 있다.

일은 다음과 같이 진행될 것이다. 딸이 꼭 사야 할 제품에 시선을 고정하면 당신의 입에서는 신음소리가 나온다. 우스꽝스러워 보이는 그 구두는 너무 비싸고 힐은 너무 높아 딸이 신기에는 너무 섹시하게 여겨진다. 당신 마음에 드는 다른 구두를 집어 "이건 어떠니?"라고 말해보지만, 딸은 눈을 흘기고, 애원하다가 마지막에는 타협을 시도한다. "엄마가 이걸 사주면, 한 달 동

---

* 역주 : Miss Congeniality—미인선발대회에서 가장 재미있거나 인기 있는 사람을 지칭한다고 한다. 미스 에이전트라는 샌드라 블록 주연의 영화로 원어로는 Miss Congeniality이다.

안 강아지도 산책시키고, 방 청소도 열심히 하고, 매일 설거지를 할게요. 약속해요." 딸의 애원에도 당신이 시큰둥한 태도를 보이면 딸은 노골적으로 독선적인 분노를 퍼붓고 "치, 엄마는 너무 쩨쩨해요."라며 압박하기 시작한다.

그때 당신은 다른 엄마들이 당신을 바라보는 시선을 느끼기 시작한다. 점원이 우리 모녀 주변을 서성이기 시작한다. 당신은 당신 딸이 다니는 학교의 다른 소녀들을 생각한다. '그들 중 상당수는 내 딸이 원하는 이 구두를 신고 있을 거야.' 당신의 마음은 이내 흔들리기 시작한다. 만일 모든 부모가 딸에게 이 구두를 사주었다면, 틀림없이 당신도 사는 게 맞다. 이것은 단지 구두일 뿐이지, 가격이나 구두의 디자인 문제보다는 그런 구두가 없는 게 더 큰 문제가 될 것 같고 더구나 40%나 세일을 한다. 당신 딸과 구두를 살지 말지를 함께 걱정하는 것이 더 큰 문제가 된다… 그리고 그 걱정은 당신의 신용카드를 결국 넘겨주었다는 것을 알아차리고 나서야 끝난다.

좋다, 겉보기에는 구두를 두고 벌이는 우스꽝스러운 싸움 같지만, 왜 이런 상황이 항상 말싸움으로 번질까? 우선, 당신의 아이가 자라는 것을 당신이 그저 지켜보는 것이 어렵기 때문이다. 구두가 상징하는 것은 딸이 이제 성적으로 성숙해 가고 있다는 것이고, 당신은 딸이 너무 조숙해진 것으로 생각할 수 있다. 만약 당신이 불안을 상당히 견딜 줄 아는 부모라고 하더라도, 딸이 섹시해지기 원할 때는 불안해진다. 하지만 그 구두는 딸에게도 똑같이 의미 있는 물건이다. 왜 딸은 구두를 갖지 못하면 세상이 마치 끝나는 것처럼 행동할까? 지금까지 당신은 당신 딸이 합리적인 아이라고 믿었을지 모른다. 무엇이 딸을 그렇게 행동하도록 만들었을까? 무엇이 그 구두가 딸에게는 그저 발에 신는 것 이상의 의미를 갖고 있다는 사실을 기억하기 어렵게 만드는 것일까?

기억해야 할 점은 이런 갈등이 절대 구두 한 켤레를 사는 문제만은 아니란 점이다. 그것은 스타일, 미(美)와 이미지의 문제이고, 구두는 딸이 또래 집단과 그 문화에서 사회적 위치를 점하고, 딸의 관계에 어떤 영향을 줄지에 대한 것이다. 아이의 마음에서 구두는 또래에서 사회적으로 수용되고 유지하거나 또래들의 무시를 끝내는 열쇠인 셈이다. 딸은 그 구두를 갖게 되면 삶이 더 괜찮아질 것이라고 정말로 믿는다.

당신 딸이 다시 제정신을 찾기 위해서 당신이 할 수 있는 일이 있을까? 딸이 노출이 심한 옷을 입거나 몸매가 드러나는 바지나 키를 15센티미터나 더 크게 해주는 구두를 신는 것을 당신이 당장 멈추게 할 수 있을까? 비록 당신이 정반대로 말한다 해도 딸이 못생겼다고 느낀다면 당신은 어떻게 할 것인가? 계층과 인종의 문제가 당신 딸이 갖고 있는 미의 정의에 영향을 주겠는가? 이것들이 이 장에서 내가 다루려는 대강의 질문들이다.

역설적으로 내가 처음 강의를 시작했을 때 '아름다움'이 소녀들에게 미치는 영향을 간과하기 쉬웠다. 그것은 그들이 숨 쉬는 공기만큼 흔하거나 보이지 않아서였기 때문인지 모른다. 미와 스타일은 소녀들의 세상에서 너무 중요해서 그것 없이는 그 어떤 것도 무의미하다. 당신이 딸아이를 볼 때는 그저 아름다운 소녀로 보이겠지만 딸은 자신의 너무 큰 코와 '뱃살'과 턱에 난 여드름을 절대로 그냥 지나칠 수 없다. 이 모든 것은 항상 수치심을 자극하는 것들이기 때문이다. 소녀들은 자신들의 자존심이 매번 도달할 수 없는 미적 기준에 고통스럽게 매달리게 하는 세상에서 수년째 허우적거리는 것 같다며 내게 말해 왔다. 다음은 이들이 세상을 보는 관점을 요약한 것이다.

당신이 꼭 알아야 하는 것

- 소녀들의 미의 관심은 실제로 너무나 이른 나이에 시작된다. 당신의 여덟 살 난 딸이 아름다운 것과 못생긴 것에 대한 아주 구체적인 의견을 갖고 있다고 해도 놀라지 마시라.
- 소녀들은 자신을 끊임없이 다른 사람들과 비교한다.
- 소녀들은 외모상 자신들이 좋아하는 장점이 있다면, 다른 애들이 아니라고 할까 봐 그것을 결코 인정하려 들지 않는다.
- 소녀들은 외모상 자신들이 싫어하는 단점이 있다면, 거기에 꽂혀 강박적으로 집착한다.

- 소녀들은 자신들이 예쁘게 보이는지, 괜찮아 보이는지에 대해 끊임없이 안심하기를 원한다.
- 소녀들은 자신이 미디어에 의해 불가능해 보이는 미적 기준에 조종당하는 것을 알면서도 계속해서 그런 기준을 고수한다.
- 대부분의 소녀들은 외모에 집착한다. 그렇지 않으면 자존감을 내세울 만한 재능이나 다른 기술로 자기를 표현할 수 있는 다른 방법을 이미 찾았을 것이다.
- 대부분의 소녀들이 다이어트를 위해 굶고 있는 친구를 보고 드는 감정은 항상 걱정과 부러움이 반반이다.
- 소녀가 자신을 '표현하는' 방법으로 코와 입술에 피어싱을 하거나 머리 염색을 하는 색깔이나 'GAP'과 'BCBG' 사이에서 선택하는 것은 자신이 스스로를 보는 관점이나 소속감을 확인하게 한다. 그녀의 표식은 여성 행동지침에 대한 입장이나, 이 문화에서 소녀로 사는 것에 대한 의사표현 수단이다.

청소년기는 미인선발대회와 같다. 당신 딸이 참가자가 되길 원치 않더라도 다른 사람들은 그녀를 참가자로서 바라볼 것이다. 소녀들의 세상에서 모두가 자동으로 대회에 참가한다. 소녀들은 어떻게 승리를 할까? 여성행동지침을 똑같이 따라함으로써 승리한다. 그러나 그런 승리가 만약 자신의 고유의 정체성을 희생해서 달성되거나 타고난 자신의 가치가 미적 기준에 따라 달라질 수 있는 것이거나, 대부분의 시간을 자신의 외모야말로 자신이 신경 써야 할 가장 중요한 것으로 생각하며 보냈다면 자신이 생각도 없는 무비판적인 사람이 될 수도 있기 때문에 그런 승리야말로 종종 엄청난 대가를 치르게 한다.

당신이 만일 딸을 자신의 내적 가치를 자신의 외양보다 소중하게 생각하도록 키웠다면, 당신은 딸이 자기 외모로 매우 심각하게 판단 받거나 반대로 아주 잔인할 정도로 그들을 판단하는 것을 알고서 질겁할 수 있다. 하지만 이해가 되는 이런 속마음과는 상관없이 당신은 이런 주제가 여전히 호소력이 있고 딸이 어쨌든 미인선발대회에서 경쟁하는 듯한 경험을 무시하지 못할 것이라고 인정할 필요가 있다. 미인선발대회에서처럼 왕관을 차지하기 위한 많은 경연이 펼쳐진다.

> 미인선발대회에서 우승하기란 불가능해요. 하지만 많은 애들이 다른 애가 우승할 것으로 생각하면서도 여전히 어떻게든 이기려고 하고, 자신을 다른 사람들처럼 평범하다고 여기지 않아요.　　　　　　　　　　　　　　　　　　　　　　　 −이사벨, 17세

여성다움 : 미인선발대회의 원칙

당신 딸이 우리 문화에서 소녀가 되기 위해 특별한 과외수업은 필요치 않다. 대신에 아침에 일어나서 자기 전까지, 소녀는 어떻게 행동해야 할지 지속적인 강화를 통해 배운다. 무엇을 입어야 하고, 어떻게 머리를 잘라야 하고, 인사를 어떤 식으로 해야 하고, 어떻게 악수를 하는지 등은 우리 문화에서 소녀가 되기 위한 방법을 반영해 준다.

당장 제대로 하려고 시도하는 것은 소녀들에게는 벅찬 일임이 틀림없다. 실수하는 것에 두려움을 느끼지만 그런 실수들이 정확히 무엇인지는 종종 알지 못한다. 흔히 자신들이 완벽해야 한다고 느낄 뿐만 아니라 그런 것쯤이야 문제없이 할 수 있어야 한다고 느낀다. 소녀들은 '빅토리아 시크릿'에서 정의된 여성다움으로 가혹한 평가를 받는다. 소녀들에게는 엉덩이와 곡선이 나올 데는 나오고 들어갈 데는 들어가야 하고, 깡마른 체격에, 털을 다듬고, 깔끔하거나 좋은 향기가 나는 게 여성다움이다. 이런 종류의 여성다움은 강력하지만 그 실체가 애매모호하다. 하지만 미인으로 선발되기 위한 조건은 외모에만 국한되는 것은 아니다. 그 기준은 다른 사람들이 당신을 전체적으로 어떻게 보느냐에 달려 있다. 그런 면에서의 외모는 단지 겉포장에 불과하다.

> 다른 선물처럼 당신이 잘 '포장'된다면, 사람들은 그 선물이 더욱 가치 있는 것으로 생각할 거예요.　　　　　　　　　　　　　　　　　　　　　　　　　　 −조, 17세

물론 여성다움의 기준은 점점 더 복잡해지거나 미묘한 차이를 갖기에 소녀와 여성들이 드세지기도 하고 공격적이거나 경쟁적인 운동선수처럼 보일 수 있다. 여전히 경기장에서 가장 상업적인 성공을 거둔 여자 운동선수를 보라. 그들은 여성행동지침의 정의에 그럴듯하게 잘 들어맞는다. 이런 선수들처럼 사회적인 인정을 받으려면 소녀들은 여전히 부드럽고 예쁘면서 위협적이지 않아야 한다. 많은 부모들이 어린 나이의 소녀들을 경쟁적인 스포츠에 입문하도록 격려하는 것은 놀랄 만한 일이지만, 그럼에도 불구하고 우리는 여전히 그런 융통성이 없는 미의 정의에서 그들을 해방시키기 위해 가야 할 길이 먼 사람들이다.

> 모두들 몸매가 좋고 날씬하기를 원해요. 누구도 살찌는 것을 원치 않고요. 피부와 근육은 탄력이 있어야 되지만, 알통이 튀어나와서는 곤란해요.　　　　－코린, 18세

당신 딸이 커서 최고경영자가 되기를 원한다면, 아니 적어도 사람들이 당신 딸을 대단하게 여기길 원한다면, 다음 네 가지 외견상 세세한 것들을 꼭 가르쳐라.

1. 다른 사람과 악수할 때는 눈을 보며 자신 있게 악수를 하게 한다. 힘없는 악수는 안 된다.
2. 자연스럽게 재채기를 하게 해라. 당신 딸은 작고 연약한 소녀가 아니다. 부끄러워하지 말게 하라.
3. 만약 질문을 하게 된다면, 평서문으로 말하지 마라. 평서문은 마지막 단어에서 억양이 더 올라가지 않는다.
4. 곤충이나 아주 작은 동물 때문에 곤란해한다면, 자리를 피하거나, 용기나 휴지를 사용해서 조용히 없앤다.

저기 미스 아메리카가 온다

모든 학교에는 아름다움의 성배를 하늘 높이 들고 있는 것 같이 눈부신 소녀가 한 명씩은 있다. 그녀가 근처에 있으면 뭇 남성들은 말하는 것조차 잊는다. 소녀들은 때론 그녀에게 꿀리거나 부러워하면서 그녀가 정말 완벽할 거라 생각한다. 일부 소녀들은 그녀와 어떻게든 친구가 되려고 한다. 어떤 소녀들은 뒤에서 그녀를 욕하면서 약점을 찾기도 한다. 미의 아이콘의 속마음은

어떤지 한번 들어보자.

> 사람들은 아름다워지면 삶이 더 편해질 것이라고 생각하지만 그렇게 단순하지만은 않아요. 엄마는 내가 항상 예쁘게 보여야 한다며 많은 압박을 주셨어요. 엄마는 사람들에게 멋있게 보이는 것이랑 자신을 잘 보여주는 것이 중요하다고 항상 말씀하셨지만 저는 가끔 그건 엄마에게나 중요한 것이라고 생각을 했어요. 내가 예쁘게 보일 때 엄마는 행복해하세요. 난 행복하지 않으면서도 그런 체해요. 내가 이렇게 얘기하고 다니면 사람들이 내 말을 믿지 않을 거예요. 비꼬듯이 얘기하겠죠. "그래. 너한테는 그런 것이 힘든 일인가 보네." 만약 당신이 예쁘다는 조건을 갖췄다는 이유로 어떤 문제라도 있으면 안 된다고 하면 어떨 것 같아요?
> ─ 길리안, 16세

난 이 소녀가 고전적인 미의 기준인 키가 크고 날씬하고 금발에다 아름다움을 다 갖췄다는 사실에 당신이 놀라지 않을 것이라 여긴다. 만약 많은 소녀들이 닮기를 원하고 부러워하는 이 소녀가 정작 본인은 이게 다 쓸모없는 것이라 느낀다면 그것을 보는 다른 이들이 어떤 기분이 들지 상상할 수 있을까?

당신 딸도 모든 소녀들처럼 이 소녀의 기분을 느꼈던 순간이 있었을 것이다. 나는 종종 소녀들에게 묻는다. "너는 하루에 평균적으로 얼마나 자주 체중이나 외모에 대해서 생각하는 것 같니? 그리고 긍정적인 평가와 부정적인 평가는 각각 몇 대 몇인 것 같니?" 그들은 내 말을 듣고 항상 좋은 평가를 하지 않느냐며 웃는다. 어떤 소녀들은 자신이 멋지게 보이거나 형편없이 보이거나 자신감이 있거나 그렇지 않은 때에 대해서 확실히 알 수 없다고 대답한다. 하지만 꽤 많은 사람들에게 이런 평가의 순간은 자신이 누구이며, 무엇이 될 수 있는지에 대한 전체적인 자기 개념 형성에 영향을 준다.

소녀들은 역시 자신을 끊임없이 다른 소녀들과 비교하고, 객관적으로 비교한 대로 느끼려 하지 않는다. 나는 모든 소녀들의 선망의 대상인 아름다운 소녀들을 셀 수 없이 많이 만나 가르쳤지만, 그녀들은 자신의 결점이 누구나 다 볼 수 있는 거라며 확신하고 있었다. 그것은 그들이 방송에서 보는 연예인이나 자신들 주변에 '완벽한' 소녀들의 기준으로 늘 자신을 바라보고 평가하기 때문이다. 그래서 당신 딸이 와서 자신이 얼마나 추하고 뚱뚱하고 코가 못

생겼는지 얘기한다면 당신이 무슨 말을 한다 해도 그녀가 믿고 있는 바대로 존재함을 알아야 한다.

당신은 당신 딸이 예쁜데도 자신은 그렇게 생각하지 않는 이유에 대해 의아하게 생각할지 모른다. 딸을 무조건적으로 사랑하기 때문에 당신의 말은 딸에게 전혀 통하지 않는다. 그래서 "엄마니까 그렇게 말하는 거예요."라고 딸이 말하는 것이다. 당신이 조건을 더 따져가며 딸을 사랑하고 있다면, 당신의 의견은 더 중요한 의미가 있다. 당신이 딸에게 예쁘다는 말을 해주어야 하기 때문에 그런 칭찬을 하지 말라는 의미가 아니다. 하지만 가끔은 당신의 얘기가 왜 통하지 않는지 아는 것이 중요하다.

엄마, 아빠가 딸이 완벽하고 예쁘다고 계속 딸에게 얘기하는 것이 중요해요(딸에게 살을 빼거나 좋은 직업을 가지라고 잔소리하지 않았으면 해요). 물론 여기에 큰 의미를 부여하지 않는 경우에도 그래요. 우리가 스스로 예쁘다고 얘기하지 못하잖아요. 하지만 우리가 소중하고 아주 멋지고 예쁘다고 부모님이 생각해주셨으면 좋겠어요.
— 매기, 18세

저는 여태 자신이 예쁘다고 생각하는 애를 본 적이 없어요. 당신은 모든 결점을 조목조목 따져보겠지요. 그렇게 되면 당신이 생각지도 않았던 것들이 단점 목록에 추가되어 점점 길어질 거예요.
— 조니, 15세

전야제 드레스 심사

달성하기 힘든 미의 기준을 좇아 그 기준에 도달하려고 하는 것은 소녀들의 권력구조에서 가장 중요한 요소 중 하나이다. 소녀들은 이런 역동을 예민할 정도로 알고 있고 불행히도 그것을 멈추기 위해서 그들이 할 수 있는 것이 뭔지 아는 소녀들은 소수에 지나지 않는다. 역설적으로 소녀들의 또래 집단에 들어가기 위해서는 개인의 스타일이 아니라 집단에서 받아들여지는 스타일을 따를 수 있는 의지가 더 중요하다. 당신의 자녀가 그걸 따른다면 그들은 그녀를 받아들일 것이다. 거기에 반기를 들거나 그들의 표준에서 벗어난다면 분명히 따돌림을 당할 것이다.

여왕벌이 "넌 뭘 입고 있니?"라고 항상 묻지만, 그게 "귀엽게 보이는데, 입고 있는 게 뭐니?"란 의미가 아니라 "맙소사, 도대체 너란 애는 뭘 입고 있니?"란 뜻이에요.

─가브리엘, 11세

제 부모님은 도시에서 맞벌이하셔서 친구들이 입는 것 같은 비싼 옷을 저는 살 수 없어요. 물론 저도 좋은 옷을 입고 싶어요. 그래서 항상 엄마한테 용돈을 더 달라고 해요. 적당한 옷을 사 입어서 저도 거기에 소속되고 싶거든요. 하지만 제가 받는 용돈 액수를 생각해보면, 한 달에 두 번 이상 같은 옷을 입지 않는 것(인기 있는 또래 그룹의 불문율)은 불가능해요.

─애비, 15세

어렸을 때 나는 애버크롬비나 케이트 스페이드와 같은 디자이너 로고가 새겨진 가장 비싸면서도 섹시한 하이힐을 신으려고 하지 않았던 것 같다. 내 생각으로는 소녀들 특히 더 어린 소녀들에게는 그것이 섹스어필에 대한 것이 아니라 가장 비싼 브랜드나 물건을 소유하고 과시하는 의미가 있었던 것 같다.

─애나, 20세

여왕벌이 항상 스타일을 창조하지는 않지만, 방송에 나오는 스타일에 대한 정보를 또래 그룹의 나머지 구성원들에게 알려주는 전달자 역할을 한다. 이 모든 것의 아이러니는 이 여왕벌도 따라 한다는 것이다. 단지 그들은 자신 주변에 있는 어떤 것도 흉내를 내지 않은 것처럼 보이는 능력이 정말 뛰어나다. 여왕벌은 여왕벌의 원칙을 엄격하게 고수하고(왜냐하면 여왕벌이 모든 원칙을 만들었기 때문에), 원칙을 깨고 '쿨함'의 정의를 벗어나는 것을 재빨리 바로잡는다. 이런 견책의 공포는 아주 강력해서 대개 '상위' 또래 집단의 사람을 모방하게끔 영향을 주어, 모든 소녀들이 여왕벌의 추종자가 되게끔 한다. 결과는 이들 또래 집단의 구성원이 모두 같아지는 것으로 나타난다.

이 소녀들은 모두 다 아름다운 것도 아니지만 너무 비슷해 보여요. 자매 같은 거죠. 몸뚱어리도 같고요. 모두다 하나같이 체구가 작아요.

─린, 16세

딸의 또래 세계에서 표시가 중요한 이유

우리가 좋든 싫든 표시가 소녀들의 마음을 통제한다.

─제이드, 17세

표시는 당신 딸이 어떻게 소녀들의 세상에서 받아들여지거나 거부되는지에 대한 또래 공동체의 사회적 위계와 그녀가 속한 집단에서 자신의 위치에 대한 기표(signifier)다. 여기서 말하는 표시는 의상, 머리스타일과 전체적인 스타일을 선택하는 것 모두를 의미한다. 그녀가 하는 운동이나 그녀가 속해 있는 스포츠클럽, 학교에서 얼마나 공부를 잘하는지 혹은 부모가 얼마나 돈이 많은지가 다 그런 표시인 셈이다. 특정한 또래 집단의 표시들은 좀 더 독특할 수 있다. 가령 축구팀 집단(대개 나이가 많거나 약간 운동신경이 뛰어난 애들과 한두 명의 엄친딸 신입생들)은 대개 특정 브랜드의 스포츠 머리띠를 모두 착용한다.

불행히도 부모들은 딸이 어떻다고 알려주는 그런 표시를 종종 잘 인식하지 못한다. 표시는 딸에게 어떻게, 언제 다가가는지를 알려주는 열쇠인 동시에 딸에 대한 정보를 제공하는 원천이 된다. 딸의 외모가 갑작스러운 변화를 보일 때 부모들은 그것을 아주 개인적인 것으로 받아들여서 딸에게 어떤 의미가 있는지 전혀 알아채지 못한다. 딸이 당신에게 충분한 관심을 받지 못한다고 느껴서 일부러 이상한 옷차림을 하는 게 아니라면, 딸이 입는 옷과 머리스타일은 결국 기겁할 정도가 되어 큰 싸움이 벌어지기 전까지는 당신과 아무런 관계가 없을 것이다. 많은 부모들은 이런 표시를 자신들을 무시하는 무례의 표시로 받아들이지만 사실은 그렇지 않다. 그것은 정체성의 표현이다. 당신의 자녀는 당신의 지지와 인정을 원한다. 당신이 자기를 자랑스러워하기를 원하고, 자기가 한 결정이 존중받기를 원한다. 당신의 자녀는 당신 마음에 안 드는 옷을 입고 이상하게 화장을 했어도 당신에게 당신의 자녀로 받아들여지기를 원한다. 당신이 딸을 받아들이지 않는다면 딸은 어쩌면 당신이 자신을 짓밟아버린 것으로 생각할 수도 있고, 인생에서 외모가 최우선 순위를 차지하는 나이에 자기감을 형성하고 탐색하는 삶의 귀중한 시기에 당신에게 거부당했다고 느낄 수 있다. 당신이 딸에게 혀의 피어싱이 아주 정신 사나워 못살겠다고 말한다면(그리고 '치과에서 돈이 얼마나 깨질지'도 걱정할 것이다), 당신은 그녀의 최고의 관심사에 대해 좀 더 조심하라는 투로 말했다고 생각하겠지만, 딸은 당신의 말이 그렇게 들리지 않을 것이다. 오히려 그녀는 자신이 누구인지 혹은 자신이 중요시 여기는 것에 대해 당신이 인정해주지 않았다는 말로 받아들인다. 그래서 당신과 그렇게 격렬히 싸우는 것이다. 그 것은 당신이 딸을 부정했기 때문에 자신의 영혼을 위해서 싸우는 일로 느낀다. 한 가지 더 주의할 점은 당신이 그런 일로 기겁하면 딸아이는 자신을 무조건적으로 받아주는 사람들은 자기 패거리밖에 없다고 확신한다는 것이다.

 딸을 기겁하게 하는 말

모든 피어싱이 다 똑같지 않다. 어디에다 무엇을 피어싱할지는 소녀세계에서 자신의 생각을 드러내는 표시물이다. 예를 들어 배꼽에 피어싱을 하는 것은 '지침에 따른' 행동이고, 입술에 피어싱을 하는 것은 '지침을 벗어난' 행동이다.

수영복 심사 : 누구의 가슴이 최고로 뽑힐까?

가슴이야말로 가장 확실한 여성다움의 표시 중 하나이다. 유방확대시술이 늘어나면서 그 문화적인 가치는 가파르게 상승했다. 소녀들은 자기 주변 사람들 사이에서 하나같이 똑같이 확대한 가슴을 많이 보게 되고 성형하지 않은 가슴은 비정상인 것처럼 보이기 시작한다.

하지만 가슴성형을 한 여자들이 많지 않았던 시절에도 친구들 중에서 처음으로 가슴이 커졌던 소녀를 기억해보라. 분명히 그때는 모두에게 중요한 순간이었다. 당신이 그 소녀였는가? 남자애들의 놀림과 다른 여자애들이 한 말이 기억나는가? 봄에 처음으로 피어난 수선화처럼 이것은 사춘기에 돌입했음을 정식으로 알려주는 신호다. 많은 남자애들은 소녀의 몸에서 나타나는 변화에 얼어붙고, 다른 여자애들은 불안감, 호기심, 질투심을 동시에 느낄 수 있다. 그녀는 아직 사춘기 전 단계의 불안과 흥분을 분출시켜야 하는 나머지 모든 어린 꼬마들에게 상담자가 된다. 그리고 당신이 만약 사춘기에 이미 접어든 열두 살 소녀라면 이런 상황을 잘 통제할 수 있을 가능성이 희박하거나 없을 것이다.

이런 역동은 그녀가 자신이 가진 성의 위력을 알아차리게 되었을 때 훨씬 혼란스럽게 다가온다. 이 소녀는 갑자기 문자 그대로 소녀의 이상을 구현했다는 이유로 주목을 받고 인기를 누리게 된다. 그녀는 한편으로는 주목받기를 원하고 좋아하면서도 관심의 의미 때문에 불편해져서 혼란스럽다. 그녀는 관심의 대상이 되기 때문에 좋지만 과연 그 관심이 그녀가 원하는 것일까? 그럴 수도 있고 아닐 수도 있다.

내가 어렸을 때, 여자애들은 내 가슴이 점점 더 커지는 것에 대해 남자애들보다 더 안 좋은 반응을 보였다. 6학년 때 수영장 파티에 갔었던 것이 기억난다. 나처럼 가슴이 성장하고 있었던 또 다른 애가 있었다. 나는 그 애와 어울려보려고 했지만 — 당시 나는 가슴이 큰 게 전혀 의식되지 않았다 — 그 애는 의도적으로 몸을 감추기 위해서 물속에 계속 있었다.   — 올리비아, 16세

나는 7학년이 되기 전 여름 동안 가슴이 커졌다. 나는 1년 내내 헐렁한 스웨터만 입고 다녔다.   — 헤일리, 15세

어떤 남자애가 "발이 없으면 신발을 신겠냐?"고 해서 아니라고 대답했다. "그러면 가슴이 작아서 필요도 없는 브래지어를 왜 하는 건데?"라고 물었다. 남자애들은 아주 비열하다.   — 마시, 16세

우리 반 여자애 중 하나가 분명히 셔츠 안에 휴지를 채워넣었는데 수업 중에 티슈가 보였다. 여자애들이 그걸 알고 그 애의 자존심을 아주 짓밟아버렸다.   — 에반, 11세

7학년 때 여자애들이 브래지어 안에 휴지를 채워넣는다는 것을 알게 되었다. 우리가 재채기를 할 것 같으면 "어이, 그 안에 있는 휴지 한 장만 줄래."라고 했을 때, 전부 다 웃으며 자지러졌다. 아주 못된 짓이었지만 너무 우스운 일이었다.   — 알렉스, 18세

내가 5학년 때 한 여자애가 양쪽 가슴이 모두 D컵 크기였다. 그녀의 가슴은 모든 사람들의 대화의 주제가 되었다. 그녀에게 수많은 시선이 쏟아졌다. 아마도 겉으로만 그런 척했는지도 모르지만, 그녀는 그걸 좋아하는 것 같았다. 여자애들은 아주 부러워했다. 내 생일파티에서 우리는 수건을 셔츠 안에 넣고, 안 보이는 남자애들을 향해 추파를 던지는 시늉을 하면서 그녀를 놀렸다.   — 사이먼, 17세

사이먼이 생일파티에서 사춘기가 빨리 찾아온 그 소녀를 놀린 것은 자기기만적인 행동이다. 사실, 사이먼과 그녀의 친구들은 남자를 꼬실 수 있는 힘

과 능력을 가진 것이 어떤 것인지 그녀를 모방하는 시도를 한 것이다. 자, 일부 여자애들은 어떤 주목의 대상이 되는 것에 아주 편안하게 느끼는 것이 사실이고, 어떤 것에 종속되었다고 느끼지 않는다. 성적 매력의 과시가 개인적 능력을 상실하는 대가가 아니라 사실상 권력의 원천이라는 철학을 갖게 된다. 괴짜 같은 선배 언니들은 몸을 남들에게 과시하는 것이 권력을 얻는 방법이라고 믿었지만 난 그것은 속임수라 생각한다. 당신의 몸을 남자애들을 조종하거나 관심을 얻기 위해서 과시할 때, 당신이 가진 힘이라곤 거의 항상 표면적인 힘에 불과하다. 왜냐하면 문화(여기서 문화는 주변 사람들이다)는 당신에게 그런 식으로 행동하기를 요구할 것이기 때문이다. 그리고 그것은 다섯 살 아이처럼 행동하는 것을 의미한다. 대저택에 살게 되는 플레이보이지의 여자모델들을 생각해보라. 그들은 재미있고 천진난만하고 귀엽다. 그러나 진정으로 권력을 가진 모습이라고는 볼 수 없지 않은가?

체모

다른 사람들이 다리털을 가지고 놀리기 시작하면, 소녀들은 털이 없는 게 소녀세계의 보이지 않는 중요한 규칙이라 깨닫게 된다. 정말로 이것은 어린 소녀들에게 소녀세계와 여성행동지침을 들이밀게 될 때에 처음 맞닥뜨리는 주제 중 하나이며 이것은 점점 더 어린 나이에서 일어나고 있다. 한 세대 전에는 그 성가신 현상이 12~14세 사이에서 시작되었는데, 지금은 열 살 내지는 심지어 열 살 미만에서 그런 일이 생긴다. 제모를 하지 않는 흑인과 라틴계 소녀들은 그런 검열의 영향을 받지 않는 시절도 있었지만, 이제는 더 이상 그렇지 않다. 지금의 문화에서는 소녀들에게 체모는 잘못되고, 수용되지 않고, 수치스러운 것이기에 당장 밀어야 할 것이 되었다.

만약 열한 살 된 딸이 털을 밀겠다고 하면 당신은 언제 딸에게 그걸 허용해야 할까?

우선은 이것이 당신과 딸에게는 통과의례의 절차임을 이해해야 한다. "절대 안 돼. 열네 살이 되면 그때 엄마한테 얘기해."라고 말하고 싶거나 면도기를 쥐어주면서 제모를 시켜줄 수 있지만, 이 순간이 사실상 중요한 순간이다. 이럴 때 내가 하는 방법은 이렇다. 당신이 해야 할 우선적인 일은 대화 도중에 딸이 쑥스러워하기 때문에, 당신은 친절하면서도 무비판적인 자세를 유지해야 한다는 것이다. 그리고 딸에게 제모의 장단점을 친절하게 물어보는 것이다. 내 생각에는 이렇다. 제모의 장점은 놀림당할 일이 없다는 것이고, 단점은 다른 사람들을 기쁘게 하기 위해서 자신이 희생하거나 변해야 하는 것이다. 그래도 딸이 제모를 원한다면, 그때 나는 허락한다. 왜냐하면 그렇게 하지 않으면 그녀는 다른 아이들의 잔인함에 대한 공공의 표적이 될 수 있기 때문이다. 당신이 그녀가 한 결정에 동의하지 않는다 해도 당신의 대화가 쓸모없었던 것은 아니다. 당신은 불편할 수 있는 주제에 대해서 열려 있고, 사려 깊은 대화를 나누었기 때문이다. 이것은 앞으로 당신이 사춘기나 데이트나 섹스에 대한 민감한 주제를 딸과 나눌 수 있도록 하는 좋은 선례가 될 것이다.

하지만 딸에게 제모를 허락했다 하더라도 이는 체모에 대한 모든 것을 다 허용한 무제한 통행권 같은 것이 아니다. 당신이 딸에게 브라질 산 비키니 왁스 같은 걸 사도록 하는 게 적절하다는 생각은 어떤 상황에서도 하지 않는다. 이것은 어느 모로 보나 나쁜 생각이라는 걸 말해줘야 한다. 당신이 내 말을 믿지 않는다면, 다음 진료시에 당신 딸의 주치의에게 물어보라. 브라질 사람들이 어떤 사람들인지. 그들의 문화에서는 체모의 완전 제거가 그들의 문화에서 가장 섹시한 여자란 털이 전혀 없는 여자라는 메시지를 담고 있다. 하지만 털이 없는 유일한 여성은 사춘기 전의 꼬마 소녀들뿐이다. 정말 말도 안 되는 일이다.

승자 없는 경쟁

그동안 난 체중과 줄곧 싸워 왔다. 2년 전 훨씬 더 뚱뚱했을 때 사람들이 놀려댔고, 방과 후 나는 매일 울었다.   ─앤, 15세

우리 부모님은 항상 누나의 체중에 대해 끈질기게 뭐라고 하셨어요. "너 정말 그걸 먹을

생각이니?"라는 식으로 이야기를 하시거나, 살만 빼면 뭐를 사주겠다는 식으로 얘기하시죠. 우리 누나는 스물두 살인데 아직도 부모님은 살을 빼라고 하세요. 누나가 참 안됐지만 어찌할 방법이 없어요. 더 섬뜩한 것은 부모님은 그런 잔소리 때문에 상황을 더 악화시킨다는 생각을 못한다는 것이에요.　　　　　　　　　　　　　　　　—마크, 20세

난 엉덩이가 큰 편은 아니다. 사람들은 나를 백인 소녀와 비교하면서 내가 너무 깡말랐다고 많이 놀린다. 난 굴곡이 뚜렷하지 않은 몸매를 가진 나를 있는 그대로 받아들여주는 사람들과 어울리고 싶었다.　　　　　　　　　　　　　　　　—앨리샤, 17세

난 내가 다니는 기숙학교의 여자애들이 모두 식이장애일 거란 생각이 든다. 나는 이게 어느 정도는 아무도 식이장애를 심각하게 생각하지 않고 서로 친하게 지내지 않기 때문이라고 생각한다. 우리는 모두 미쳐가고 있고, 그것을 표현할 방법을 모른다. 그렇다고 해서 12학년 중 한 명이 10학년 후배 세 명에게 토하는 방법을 알려주었던 사실이 정당화되는 건 아니다. 나는 그 선배가 싫다.　　　　　　　　　　　—케이티, 18세

대부분의 많은 소녀들에게, 어린 시절부터 체중은 절대적인 가치척도이다. 하지만 그 이상일 때도 있다. 특히 체중조절 외에는 마음대로 할 수 있는 게 아무것도 없다는 생각이 들 때 그것은 통제를 상징한다. 소녀들은 마른 것이나 '나올 데는 나오고 들어갈 데는 들어가는' 곡선미가 살아 있는지의 여부에 대해 신경 쓰는 것과 별도로, 자기 체중에 결코 만족하지 못한다. 소녀들의 우정에서 가장 슬픈 일 중 하나는 또래 집단이 서로 간의 전투에서 모두 패배하고 있다는 편집증을 강화시킨다는 것이다. 소녀의 친구가 단식을 할 때 모든 소녀들이 하는 걱정은 "그 애가 살이 좀 찐 정도라면 나는 완전 비만이야."이다. 그녀의 내면의 목소리가 속삭인다. "내가 그녀를 걱정하고 있는 걸까, 아니면 그녀가 단식을 끝까지 해낼까 봐 질투하는 것일까?"

나는 최근에 식이장애가 있는 10학년 소녀에게 다음과 같은 편지를 받았다.

우리는 서로 더 가까운 사이였지만, 그 애는 걱정하는 모든 사람들을 자기 인생 밖으로 내모는 것 같아요. 하지만 우리가 예전처럼 좋은 친구 사이로 지내지 않더라도, 전 그 애가 쌀 한 톨까지 계산해서 먹어야 한다고 생각하지는 않았으면 좋겠어요. 전 그 애가 자기 인생과 자기 자신에 대해 더 행복감을 느꼈으면 좋겠어요. 그리고 그 애가 이 병을 대학교까지 가져가지는 않았으면 좋겠어요. 대학교에서 영원히 망가질 것 같아서 두렵

거든요.

　물론 저도 그 애가 도움을 받기를 원하지만, 제가 도움을 줄 수 있는 입장은 전혀 아니에요. 그녀가 아직은 초기의 부정 단계에 있어서 도움을 받게 하려는 건 쇠귀에 경읽기예요. 이제 그 애를 지켜보는 게 힘들어요. 그 앤 내셔널 지오그래픽 채널에 나오는 가난하고 기아에 허덕이는 아프리카 어린이랑 똑같아요. 덕분에 전 예전보다는 식이장애에 대해 더 많이 알게 되었어요. 내 주변의 사람들이 먹지 않는 것도 귀신같이 알아낼 수 있을 정도로요. 그 애가 병을 앓게 된 후, 제게 편집증이 생긴 것 같아요. 사람들과 얘기를 하다 보면 결론은 식이장애 얘기고, 우리가 알고 있는 사람들 중에 식이장애가 있는 사람이 얼마나 많은지에 대해서 얘기를 하곤 해요.　　　　　　　－로리, 15세

그리고 인기상 수상자는…

소녀들은 건방져 보일 때 대가를 치르게 된다는 것을 안다. 그들이 아무리 매력적인 사람으로 관심을 받는 걸 간절히 원한다고 해도, 스스로 미의 여왕이라고 주장하면 곤란해진다. 그래서 소수의 소녀들만 인기상 수상자로 인정받기 위해 경쟁한다. 이게 현실이다.

- 당신이 당신의 친구들과 이야기할 때, 특히 그들과 비교할 때 당신을 좀 더 낮춰야 한다. 그리고 그들을 칭찬해라. (당신이 그들과 같이 있지 않다면, 당신의 생각대로 말해도 좋다.) 어느 소녀가 다른 소녀에게 정말 예쁘다고 칭찬할 때 무슨 일이 일어날지를 그려보자. 칭찬을 받는 수혜자는 고마워할까? 거의 그렇지 않다. 오히려 "아니야. 나는 너무 뚱뚱하고 끔찍하게 보여. 네가 그렇게 말했다니 믿을 수 없어. 네가 나보다 훨씬 근사해 보이는 걸." 같은 반응을 보인다. 소녀들은 칭찬을 받고 나서는 교만하게 보이지 않기 위해서 자신을 깎아내려야 한다.

- 그들이 자신을 깎아내릴 때, 당신은 친구들을 옹호해야 한다. 어차피 당신이 당신 자신을 깎아내릴 때 그들이 당신을 옹호해줄 것이기 때문이다. 그래서 당신도 자신이 뚱뚱하다고 말해야 하나? "오 맙소사, 너 오늘 멋진데!" 소녀들은 누가 가장 뚱뚱한지에 대해 그야말로 서로서로 경쟁하듯 말한다("너는 나보다 훨씬 날씬해, 너랑 비교하면 나는 정말

뚱땡이 소 같아.”).

- 위에 언급한 것들을 너무 많이 하지는 말아야 한다. 왜냐하면 당신이 항상 칭찬을 구걸하는 것으로 보여 그게 상대방을 짜증나게 할 수 있기 때문이다.

혼혈과 성형

내가 여러 인종적 유산을 물려받은 혼혈인으로 자라오면서 항상 느꼈던 것 중 하나는 어느 인종에도 들어맞지 않는다는 것이었다. 내게는 푸른색 눈에, 금발의 키가 크고, 마르고, 가슴이 풍만한 전형적인 미국 백인 소녀 같은 미적인 이미지도 있었지만 루시 리우와 밍나 웬과 같은 여배우들처럼 작고, 날씬하고, 길고 검은색 머리와 이국적 특징과 창백한 피부를 가진 아시아적인 미의 이미지도 있었다. 그런 이미지 중에서 내가 공통적으로 가진 딱 하나는 흰 피부다. 만약 흰 피부가 아니었다면 나는 어디에도 소속감을 결코 느끼지 못했을 것이다. 아시아 여자들이 더 백인처럼 보이고 싶어 하는 건 정말로 사실이다. 예를 들어 우리 엄마는 눈을 더 동그랗게 보이려고 눈꺼풀에 테이프를 붙인다. 내 한국 친구들 중 하나는 전에 나한테 창백한 피부를 가진 것은 행운이라고 말했는데, 그 이유가 그 친구가 한국에 갔었을 때, 사람들이 그녀를 햇볕에 탄 피부 때문에 ‘촌년’처럼 보인다고 말했기 때문이다. 요즘은 눈이랑 코도 백인과 똑같이 만들어주는 수술이 있다고 한다. 물론 이곳 미국에서가 아니라 한국에서 할 수 있다. 한국에서는 성형산업이 아주 성행하고 있다. 그들은 서양의 패션 잡지들을 들고 다니고, 코카서스 인종의 미의 기준을 충실히 따르며 코와 눈을 고치고 자신의 얼굴을 백인들처럼 보이기 위해 안면윤곽 성형도 마다하지 않는다. 당신이 제이 로와 비욘세 같은 여자를 볼 때, 둘 다 금발이 매력적이고 햇볕에 탄 백인들로 보이지만, 인종차별적 요소가 우리가 아름다운 것으로 여기는 기준들에서도 내재해 있음을 깨닫게 된다.   —엘리, 21세

이 책이 처음 출간된 이후로 몇 년 동안, 미와 인종에 관해서 꽤 많이 바뀐 것처럼 보인다. 흑인이나 라틴 계열 여자들이 잡지의 표지사진을 장식하고 있고, 미국의 영부인마저 흑인이다. 그렇다고 정말 변했겠는가?

다시 말하지만, 이것 역시 좋고 나쁜 것이 뒤섞인 답변이다. 잡지 표지로 백인이 아닌 여성 연예인들을 자주 볼 수 있게 되었지만, 우리는 사실을 좀 더 자세히 들여다볼 필요가 있다. 그들은 거의 모두 캐러멜 색상의 피부와 긴 직모를 가졌다. 미셸 오바마 여사는 흑인 중에서도 피부가 더 검지만 머리카

락과 손톱 손질을 하지 않을 정도의 자신감 넘치는 흑인이라는 점에서 좀 변형된 여성상이다. 하지만 여기서 이런 질문을 하게 된다. 라틴계나 흑인 소녀들은 자신들을 비욘세, 리한나, 키아라, 제시카 알바, 미셸 로드리게즈와 에바 멘데스의 얼굴로 자신을 볼까? 다른 말로 얘기해볼까? 당신이 곱슬머리나, 뚱뚱한 몸매와 넙적한 코를 가졌다면 어떻게 느껴야 할까?

나는 밝은 피부, 날씬하고 굴곡 있는 라인을 가진 '아름다운 여인'의 기준이 우리 문화가 인종을 차별하지 않는다는 증거가 될 수 없다고 생각한다. 혹은 그런 모습을 가진 소녀가 여전히 어떤 신체적 특징은 다른 것들보다 더욱 더 가치 있다는 유해한 메시지를 주지 않는다는 근거도 될 수 없다. 이런 흑인이나 라틴계 여성들이 현재 우리의 미의 기준에 포함되는 것은 좋은 현상이지만, 흑인이나 라틴계 소녀가 미인이 되기 위해 받아들일 수 있는 가장 쉬운 방법은 문화가 요구하는 '백인'의 이상적 기준에 근접하는 것이다.

비욘세는 정말 깡마르게 되는 것은 자신을 죽이는 것이라며 그렇게 하고 싶지 않음을 반복적으로 언론에 얘기해 왔다. 타이라 뱅크스 역시 자신의 S라인을 대중이 사랑하는 것에 아주 강경할 정도로 목소리를 높였다. 이런 연예인들이 이룬 업적은 의심할 여지가 없지만, 그들이 하는 말은 단지 굴곡 있는 자신들의 몸매를 사랑한다는 말이지 지방덩어리를 사랑한다는 게 아니다. 그들은 똥배나 늘어진 팔뚝 살을 사랑하지 않는다. 왜냐하면 그들에게 그런 것들은 없으니까. 그런데 이런 걸 보고 우리는 이제 다양한 신체유형을 받아들일 만큼 진보했다고 할 수 있을까?

그것을 다른 관점에서 보자. 퀸 라티파나 제니퍼 허드슨과 같은 사람이 레드카펫을 걸을 때, 기자들은 항상 "있는 그대로의 모습을 편안하게 받아들이는 게 너무 멋져요. 그녀는 정말로 미인은 바싹 마르지 않고도 여전히 대단해 보일 수 있음을 보여줍니다."라는 식으로 이야기한다. 하지만 절대로 다음과 같이 얘기하지 않는다. "니콜 리치, 키이라 나이틀리, 미샤 바튼을 좀 보세요! 너무 깡말라 보이고, 간신히 걷고 있는데요. 저런 모습들은 우리에게 선망의 대상이 됩니다."

그리고 분명한 것은, 이런 주제가 흑인이나 라틴계 소녀에게만 국한된 것은 아니라는 점이다.

인도식 미의 기준은 긴 머리와 밝은 피부, 우아하면서도 크고 아름다운 갈색 눈과 굴곡 있는 몸이라 할 수 있지만, 이 역시 위치가 적재적소에 있었을 때에 해당된다. 우리 문화에서는 여자의 피부가 창백할수록 더 아름다워 보인다고 항상 얘기한다. 그런 편견이 여전히 내 또래 집단의 소녀에게도 존재한다. 우리 엄마는 항상 내 창백한 피부가 햇볕에 그을리지 않도록 햇볕에 있지 말라고 하신다. 내 친구들도 다른 인도 여자애가 시켜 먹는다면서 놀린다. 난 모든 인도 여자애의 또래 집단과 어울리곤 했지만, 우리는 모순으로 가득 찬 사람들이었다. 우리는 다른 그룹에도 친구들이 있다고 하지만, 사실은 그렇지 않다. 우리는 다양한 많은 또래 집단에 소속된 것처럼 행동해야 하지만, 현실은 다른 그룹에서도 받아들여질 수 있는 그룹에만 속해야 한다. 인도식 팔찌를 끼는 것은 아주 쿨한 것이지만(특히 인도 옷과 장신구들이 현재는 최신유행이지만) 인도와 파키스탄의 분할을 논의하는 것은 쿨하지 못한 것이 된다. 인도 애들의 또래 집단은 아주 배타적이었지만 내가 내 전통을 자랑스러워했던 유일한 방식은 인도 애들 집단에 맞는 구성원이 되지 않는 것이었다. 이것은 다른 모든 소녀들처럼 내가 다른 애들보다 더 특별해지기를 원하기 때문에 이기적인 것이고, 나는 그 그룹 안에 있을 수 없게 된다. 그럼에도 불구하고, 그 집단 안에서의 삶은 전부 다가 뭔 척 행동하는 것이다. 가장 진실된 자존감을 가진 애들은 그런 문화적 집단에 들지 않았다. 나와 가장 친했던 친구 중 한 명은 일본 애였는데, 그 애도 나랑 같은 생각이다.
— 니디, 16세.

나는 소수인종 집단이 많은 동네에서 성장했고, 학교도 그곳에서 나왔다. 나는 내 친구들 중 누구와도 외모가 같지 않았기 때문에 나는 늘 내가 못생겼다고 생각했다. 성장도 아주 늦은 편이어서 심하게 어색한 청소년이었다. 그러다가 갑자기 키가 커져서 길어진 팔다리로 뭔가를 할 때 적응하느라 시간이 좀 걸렸다. (어색하다고 한 것은 절제된 표현인 셈이다.) 내 친구들은 검은색 곱슬머리였는데 나는 직모였다. 그리고 나는 키가 크고, 창백하고, 깡말라 가슴도 납작했는데, 내 친구들 중 대부분은 나보다 키가 작고, 굴곡이 있는 몸매에 갈색이나 검은색 피부를 가졌다. 나와 키가 비슷하거나 큰 애들일지라도, 그들은 내가 갖고 있지 않은 굴곡 있는 몸매를 지녔다. 내가 다니는 학교에서 가장 예쁘고 인기 있는 여자애는 나와 비슷한 것이 하나도 없어, 개랑 비교할 때 나는 못생겼다는 생각이 들었다. 금발에 푸른색 눈을 가진 이상적 기준에 나를 맞추길 원하는 것은 내게 좌절감을 안겨주었다. 나는 백인처럼 보이기보다는 소수인종의 미의 기준을 더 좋아했던 것 같다. 백인 기준으로 볼 때 나는 예쁘지 않았고 금발도 아니고 푸른 눈도 아니며 가슴도 풍만하지 않았기 때문에 실제로 그것은 이중구속이었던 셈이다. 그렇기는 하지만, 나는 학교에서 받아들여지고, 그런 기준에서 예쁜 사람이 되고 싶었기 때문에, 나는

소수인종의 미의 기준을 선호한 채 금발의 미의 이미지를 거부했다.   —엘리, 21세

백인처럼 행동하기

인종적으로 다양한 학교에서조차, 흑인 학생들은 매년 이어져 오는 복도나 식당의 지정구역이 있다. 어떤 흑인 학생이 거기서 어울리기 싫어하고 다른 집단 친구들과 어울리면 다른 흑인 또래 집단에 낄 수 있을까? 대개 그럴 수 없을 것이다. 사실상 이런 소녀들은 자신들이 백인처럼 되려고 노력하기 때문에 겪는 상실감을 종종 내게 얘기한다. 인종이나 경제적인 수준이 다른 학교에서, 부유한 유색인종 학생들이 분열되는 걸 보아 왔다. 그들은 복도나 구내식당에서 어디에 앉을까? 그들 자신의 인종에 대한 충성심은 어디에 있을까? 그들이 '백인 억양으로 이야기할 때', 그들은 변절자가 되는 것인가?

젊은 사람들은 자신들이 '흑인문화'의 전형적인 화신이 되거나 영화, TV나 음악에서 보여주는 대로 허용하는 것과 실생활 사이에서 선택을 해야만 하는 것처럼 느낄 수 있다. 그리고 성인들도 물론 이런 역동에 기여하는 바가 있다.

> 어른들은 모두 내가 단지 흑인이기에 교외의 고급주택가에서 살 수 없거나 고상한 말투를 쓸 수 없을 것이라고 믿는다. 그들은 모두 내가 빈민가 출신인 것처럼 말하길 기대한다. 사람들이 내가 똑똑하고, 괜찮게 가정생활을 하는 것을 보고 매우 놀랄 때, 그때 난 정말 좌절감이 든다.
> —니아, 18세

물론 우리 문화의 저변에는 백인처럼 행동하는 것은 교육수준이 높고 예의 바르며 단정한 모습인 데 반해 흑인처럼 구는 것은 무식하고 무례하며 시끄럽고 성적으로도 난잡한 것을 의미한다. 불행히도 나는 이런 메시지를 강화하는 부모들을 많이 만나보았다. 예를 들어 내가 지역사회에서 일하기 전에 나는 항상 주최 측 인사들과 전화회의를 했다. 그 사람들이 유력한 백인의 교외지역 공동체 출신이면, 그들은 항상 내가 말할 내용과 그들의 자녀들에게 보여주는 것에 종종 우려를 표시했다. "그냥 확인하고 싶었을 뿐이에요."라고 변명하곤 하지만, 나는 질문의 형태를 띤 다음과 같은 언급을 필연적으로 듣게 된다. "우리는 서로서로 다 알고 지내는데, 우리 아이들이 그들이 해서

는 안 되는 것에 노출되지 않는지 반드시 확인하고 싶습니다. 우리 애들은 성적인 것이나 폭력적인 것에 노출되는 것이 많은 당신 지역의 아이들과는 같지 않습니다. 우리 동네에는 그런 유해환경이 없습니다." 그러는 사이에 그들의 자녀들은 집에서 평면 스크린으로 'GTA(Grand Theft Auto)' 게임을 하거나 그들이 내려 받은 최신 포르노를 보고 웃고 있을지 모른다.

나쁜 머리카락

많은 백인 여성들은 '좋은 머리카락'과 '나쁜 머리카락'의 주제가 비백인 지역사회에서 얼마나 절실한지 전혀 알지 못한다. 당신이 이 부분을 읽고, 자연적으로 직모를 갖고 태어났다면, '백인 머리카락'은 곱슬머리를 만들기 위해 파마를 하는 것이지만, '흑인 머리카락'은 그것을 펴도록 파마를 하는 것이라는 것을 알았는가? 일부 여성들이 하고 있는 길게 땋은 머리들은 가모로 수백 달러짜리이고, 완성하는 데는 족히 10시간이 소요되며, 심한 두통이 생길 정도로 아주 꽉 조여 맨다는 것도 아는가? 자신의 머리카락이 백인 머리카락이면 '좋은 머리카락'을 가졌다고 여긴다. 반면에 곱슬거리면 '나쁜 머리카락'이란 소리를 듣게 된다.

내 학생들의 이야기를 들어보자.

> 엄마가 내 머리카락을 잡아당기느라 매일 아침 한 시간 동안 앉아 있어야 해요. 너무 아파서 울기까지 해요.
>
> 내 머리에 뭘 해야 되는 것이 싫어요! 머리카락이 좀 더 부드러웠으면 좋겠어요!
>
> 가끔 파마를 하다 피부에 화상을 입을 때가 있어요.
>
> 땋은 머리를 하느라 두통이 정말 너무 심해요.
>
> 곱슬머리는 나쁘다고 사람들이 항상 얘기하는데, 저는 곱슬머리예요. 내가 할 수 있는 게 아무것도 없다는 것이 기분을 나쁘게 해요.

교실에 있던 다른 백인 여자애들은 이 얘기를 듣고서 충격을 받았다. 그때까지 그들의 친구들이 무엇을 겪고 있는지 전혀 상상할 수 없었기 때문이었다.

우리 안에 내재된 인종차별

> 나는 사람들이 흑인 소녀치고는 귀엽다고 얘기해주는 것이 너무 싫어요. - 모니카, 16세

> 당신은 밝은색 피부에 괜찮은 머리카락을 갖고 싶다. 당신은 거울로 자신을 응시하며 생각한다. "그 애는 너무 예뻐. 그녀처럼 하얀 피부색이었더라면 얼마나 좋을까. 내 코는 왜 갸름하지 않을까? 나는 왜 이리 못생겼을까?" 내가 가르치는 도미니카 지역공동체의 아이들은 아주 검거나 하얗거나 둘 중 하나이다. 검은 피부의 소녀들은 흑인 소녀들과 같다. 그들이 하얀 피부를 가진 소녀의 머리카락을 쓰다듬으면서 말한다. "나도 그녀와 같은 머리카락이었으면 얼마나 좋을까. 그 애는 너무 예쁜데." - 소니아

최악의 인종차별은 당신이 속한 그룹에서 나올 수 있고, 그에 대해 말하기는 대단히 어렵고 또한 고통스럽다. 당신이 돈을 써야 하는데 돈이 나올 데가 없게 될 때, 훨씬 더 어려워지지만 그런 경제적 표시들 역시 소녀들의 자기감에 어떻게 결정적인 요소가 되는지 훨씬 더 잘 설명해 준다. 내가 가르치는 곳에 노동자 계층이나 더 빈곤한 계층이 있더라도 그들은 항상 자신의 머리카락, 의상이나 손톱까지도 또래 소녀들에게 항상 최신 유행으로 치장하는 걸 본다. 여왕벌은 항상 제일 잘 손질된 머리와 손톱을 하고 있다. 이들 소녀들은 그런 표시들을 유지하기 위해 어마어마한 돈을 쓰는데 그렇게 하는 것이 자신의 입지를 굳혀 나간다고 믿기 때문이다.

> 나랑 일하고 있는 도미니카 소녀들은 내가 피부색이 좀 하얗다면 더 많은 혜택과 선택의 기회가 있었을 거라고 얘기해요. 그리고 피부가 더 검으면, 제대로 된 남자애들을 사귀지 못한다고 이야기해요. - 마리크루즈, 22세

내가 워싱턴 D.C.에서 인종과 미에 관해 고등학교 수업을 같이 진행하고 있었는데, 그 학교의 학생들은 전부 흑인이었다. 그 학생들은 백인 소녀들이 얼마나 날씬한지, 그리고 왜 백인 소녀들한테는 자기들처럼 '날씬할 필요성' 같은 문제가 없느냐고 얘기했다. 우리가 그들이 가진 문제에 관해 토론했을 때, 나의 흑인 동료가 말했다. "난 캘리포니아 출신이고 이 방의 어느 누구도 피부가 하얗게 보이는 사람은 전혀 없는데." 순간 너무나 조용해서 숨소리도

들릴 정도였는데, 그때 여왕벌이 앉아 있었던 뒷줄에서부터 심상치 않은 적대적 기운이 터져 나오기 시작했다. 거기에선 모든 소녀들이 자신의 머리카락을 곧게 펴느라 노력했는데, 여왕벌은 그중에서 가장 백인다운 특징을 가진 애로, 가장 좋은 의상을 갖추고 손톱까지 신경 썼다. 내가 그들의 대화가 오고 가는 것을 들었을 때, 나는 그 방의 분위기가 너무 긴장되었기 때문에 내 자신이 안 보이는 것처럼, 왠지 벽 쪽으로 붙어야 할 것 같은 분위기를 감지했다. 하지만 소녀들은 이런 주제를 토론해야만 한다. 왜냐하면 우리가 우리 안에 내재된 인종차별 요소에 도전하지 않는다면, 소녀들은 계속해서 서로의 자기감을 공격할 것이기 때문이다. 피부가 하얀 소녀들이 선천적으로 그들이 다른 소녀들보다 우월하다고 믿는 것이 아니라 대신에 그들이 인종차별의 역사나 인종차별이 자신의 색깔을 부나 미로 우월하게 인식하는 것에 어떻게 영향을 주는지에 대해 배우지 못한다면, 그들은 무의식적으로 이런 문화적인 가치를 선택하고 강화할 것이다.

그런데, 이런 주제를 이해하는 것은 소수인종에게만 국한되어서는 안 된다. 당신 딸의 인종, 계급, 종교와 민족성에 상관없이, 표식(marker)과 아름다움의 문화적 정의와 인종 사이의 관련성을 이해해서 그녀가 인종주의에 의거해 다른 사람을 평가절하하거나 인종주의에 반발할 수 있다는 걸 알아야 한다. 더욱 희망적인 점에 주목하자면, 우리가 소녀세계에서 훨씬 더 많은 인종차별적인 요소를 제기할 수 있음에도 불구하고, 나는 이 소녀들의 세대가 우리에게 인종에 대한 더욱 많은 교훈을 가르쳐줄 수 있다고 믿는다. 물론 인종차별은 젊은이들 사이에서도 지속될 수 있지만, 그들은 또한 다른 인종의 사람들과 함께 성장할 것이고 서로 다른 인종의 사람들과 데이트를 하는 것에 더 익숙해질 것이다. 다시 말하자면, 이것은 아이들을 색깔에 무지하거나 혹은 인종차별에 관심 없는 사람으로 만들자는 것이 아니다. 오히려 그들을 통해 다인종적인 세계에서 살아가는 방법에 대해 더 많은 것을 배워 나갈 수 있음을 의미한다.

그 시절에 나는

체중과 외모 문제로 생기는 자녀와의 갈등은 부모가 자신의 딸을 돕지 못하게 하는 방해물일 수 있다. 당신이 이것과 관련된 당신 감정의 응어리를 제일 먼저 다루지 못한다면, 당신 딸을 도울 수 있는 방법은 어디에도 없을 것이다.

당신의 체중과 외모에 대해 어떤 느낌이 드는가?

당신 딸은 만약 당신에 관한 그 질문들에 어떻게 대답할 것 같은가?

당신은 당신의 체중에 대해 얼마나 자주 이야기하는가? 매주? 매일? 당신의 체중에 대한 평가가 좋은 날인지 그렇지 않은지를 결정하는가?

누군가가 당신을 칭찬할 때, 당신은 그들에게 감사해하거나 혹은 당신 자신을 낮추는가?

당신은 당신 딸이 어떻게 보이는지 딸에게 얘기하는가?

딸은 당신이 당신 자신을 어떻게 생각하는지 이해하는가? 당신은 당신이 느끼는 바를 그녀가 알기를 원하는가?

당신이 십대였을 때를 다시 한 번 생각해보라.

당신이 당신 몸에서 가장 신경 쓰이는 부분은 어디인가?

당신은 성장하는 동안에 어떤 사람들을 흠모했는가? 그리고 그들이 완벽했다고 생각하는가?

당신이 십대였을 때, 당신의 정체성의 표시는 무엇이었고 당신의 스타일은 무엇이었는가? 당신은 왜 그걸 골랐는가?

이 책을 처음 출간한 이래로, 성형수술을 받았던 교육자와 엄마들 사이에서 다소 불편한 상황이 발생했다. 내가 교육을 시작했을 때에는 이런 주제를 다룰 것이라곤 전혀 예상하지 못했다. 처음으로 이것이 내 관심사가 되었을 때, 나는 남부 캘리포니아에서 가르치고 있었다. 이른 오후에 나는 보수적인 체크무늬 치마와 버튼다운식 셔츠가 교복이었던 8학년 소녀들과 상담을 하고 있었다. 늦은 저녁에는 부모강연이 예정되어 있었다. 강연 시작 30분 전에, 교장선생님이 나를 따로 불러서 그의 사무실에 가 앉히고 말했다. "와이즈먼 여사가 나 대신에 부모에게 말해준다면 큰 도움이 될 겁니다. 내가 엄마들에게 얘기하고 싶은 것은 엄마들이 그런 노출이 심한 옷을 입고 학교에 제발 나타나지 말아달라는 겁니다. 우리가 학생들에게는 교복을 입어야 한다고 말하면서, 엄마들이 가슴이 보이도록 파이고, 정말로 꽉 끼는 옷을 입고 나타난다면 아이들에게 무슨 메시지를 주겠습니까? 성인 남자로서 말하기는 좀 그래요. 그래서 당신이 부모들에게 옷을 좀 더 적절하게 입으라고 말씀해 주시면 좋겠어요." 나는 지난 5년 사이에 이처럼 나를 따로 불러 같은 요청을 한 교장선생님들을 셀 수 없이 많이 만나보았다.

엄마들이 자신을 가꾸고 예쁘게 보인다면, 당신의 몸에 대해 자신감을 가질 수도 있고 당신에게 더 많은 권력이 따를지 모른다. 하지만 예쁘게 보이는 것과 여성 연예인이나 십대인 딸을 더 닮기 위해 당신의 몸을 성형하는 데 관심이 쏠려 있는 것과는 큰 차이가 있다. 게다가 당신은 학교가 전문적인 장소라는 것을 기억할 필요가 있다. 나는 당신이 당신의 자녀를 데려다 주기에 적당할 정도로 꼭 정장을 입으라고 말하는 것이 아니다. 하지만 아주 작은 요가복이나 꽉 끼는 청바지에 작은 상의를 입고 오는 것은 부적절하다는 것이다.

제발 우리와 경쟁하는 것을 그만했으면 좋겠어요. 그게 정말로 불편해요. —미아, 17세

우리가 부모의 성형수술에 대한 주제를 갖고 이야기하던 중이었기 때문에 한마디 하자면 십대 소녀들 역시 유방확대수술이 필요없다. 그녀가 가슴이 얼마나 납작한지에 집착하는 것에도 나는 관심이 없다. 당신이 딸에게 성형수술을 허락한다면, 당신은 그녀를 자신의 신체와 내적 가치가 결코 만족스럽지 않다는 느낌으로 그녀를 방황하게 만드는 일에 동조하고 있음을 알아야 한다.

당신이 돕기 위해 할 수 있는 것

당신 딸이 우리의 문화적 이상과 그녀가 매일 당면하는 또래 집단과 미에 대한 편견에서 나오는 믿기 힘든 압력을 잘 다루기 위해서 당신이 할 수 있는 것이 많이 있다. 다음 절에 있는 미인선발대회를 통해서 당신에게 차근차근 설명하겠지만, 부모들이 딸의 말을 잘못 이해하고 역효과를 내는 방식으로 개입하는 경우가 흔하다. 그것은 자신들이 갖기 원하는 가장 친한 관계를 약화시키는 쪽으로 몰아가게 되는데, 부모와 자녀 사이의 가장 흔하게 다투는 발화점을 다루는 데 있어서 유용한 팁을 제공해줄 것이다. 내 목표는 당신이 당신 딸이 가진 스타일과 미에 대한 집착을 이해하고, 그녀가 가진 내적인 미와 자율성을 적절히 발휘하도록 그녀를 양육하는 것 사이에서 적절한 균형을 유지하게 하는 데 있다.

전야제 드레스 심사에서 승리하기 : 의상 전쟁의 휴전

당신 딸의 행동과 외양을 당신을 비춘 것처럼 보기 쉽기 때문에, 딸이 당신이 비명을 지르거나 숨고 싶은 마음이 들도록 자신을 드러낼 때는 몹시 괴로울 것이다. 당신 딸이 매일 입는 의상과 헤어스타일을 생각해보자. 당신 생각에는 당신 딸이 당신에게 무슨 메시지를 주는 것으로 보이는가? 그녀는 그녀의 또래 친구들에게 무슨 메시지를 주고 있는 걸까? 그녀가 머리를 자주색으로 염색하거나 아주 섹시하게 보이기를 원할 때 당신은 어떻게 해야 할까?

딸이 매우 살벌해요

일부 소녀들이 하는 피어싱을 보면 나도 모르게 움츠러들 때가 있다. 당신 딸이 가장 최신 유행의 감성적인 스타일로 옷을 입었다고 가정해보자 ― 그녀는 올 블랙으로 입고, 메이크업은 창백한데, 눈 주위가 검게 칠해져 있다. 의심할 여지없이, 그녀를 보는 사람들은 무서움을 느낄 정도다. 그걸 보자마자 당신이 내뱉을 말은 "당장 위로 올라가 다른 옷 입고 나와! 사람들 놀라겠다!"일 것이다. 그렇게 하지 말고 사람들에게 보이는 것에 대한 당신의 걱정스러운 느낌은 한쪽으로 치워둬야 한다. 당신 딸이 그런 옷과 메이크업을 통해서 표현하기 원하는 그것을 찾아내야 한다. 당신은 여기서 당신의 말투가 너무 불안하거나, 당황하게 들리지 않도록, 오히려 존중의 의미로 전달되도록 하려고 주의해야 한다. 그녀의 머리스타일이 바뀌었다는 것을 확인한 즉시 왜 그랬는지를 물어봐야 한다. 내가 전에 딸의 말을 경청해야 한다고 얘기한 것을 기억하라. 이 시점이 이것에 대해 자신에게 질문할 수 있는 아주 좋은 시간이 될 것이다. "왜 검은색 립스틱을 발라야 하지? 그 군화가 의미하는 것은 뭐지? 과연 편안할까? 그걸 신고 돌아다니면 어떨 것 같니?"

당신 딸이 방어적이라면, "난 정말 이게 너한테 얼마나 중요한지 알고 싶구나. 우리 딸한테 중요한 거면, 엄마한테도 중요한 거니까."라고 말해보자. 당신 딸이 "모든 사람들이 피상적으로 보이는 것이 싫어서 그렇게 하는 거예요."라고 대답한다면, "좋아, 그 점은 인정해. 하지만 그런 차림으로 주일에 교회를 같이 가는 것이 문제없다고 거짓말은 못하겠어. 그런 것 역시 나는 네가 선택해야 할 문제라는 점을 전적으로 믿어." 당신이 당신 딸이 내린 결정을 좋아하지 않더라도 그것이 그녀에게 얼마나 중요한지 이해하고 어쨌든 그렇게 말해주는 것이 중요하다. 그리고 솔직히 당신 딸이 이렇게 얘기한다면 당신에게 한 가지 아주 좋은 것을 말해주는 것이다ー만약 그녀가 자신의 모든 친구들이 그렇게 하기 때문에 자기도 따라서 입는 게 아니라면, 그녀가 세상에서 자신의 위치에 대해서 생각할 수 있다는 아주 좋은 경우일 수도 있다. 이 말은 그녀가 비판적인 사고를 시작했다는 의미이기 때문에 아주 훌륭한 일이다.

많은 부모들이 안 좋은 내용이 확실한 항의를 제기할 것으로 알고 있다. 즉, 당신이 그녀가 그런 헤어스타일, 메이크업과 의상을 선택하도록 '허용'한다면, 무슨 힘으로 그녀가 마약을 하거나 섹스를 하는 것을 금지할 수 있을까? 하고 말이다. 내 얘기를 한번 들어보라. 당신은 어쨌든 그런 힘을 갖고 있지 않다. 당신이 갖고 있는 것은 그녀에게 결정을 잘할 수 있도록 하는 가치를 심어주는 능력이다. 부모의 '권리헌장'을 기억해보라. 당신의 권리에 정직, 자기와 타인에 대한 존중, 그리고 책임이 포함된다면, 그리고 당신 딸이 그걸 알고 그것을 내재화한다면, 그것은 가장 잘된 방어이다. 당신에게 할 질문은 "내가 내 딸에게 나의 권리헌장이 무엇인지 물었을 때, 그녀가 그 답을 알겠는가?"란 점이다. 그녀는 당신의 권리와 예상을 이해할 필요가 있다.

당신 딸이 머리를 녹색으로 염색하기를 원할 때, 당신이 그것을 왜 금지하는지 설명하고, 그녀에게 그것을 허용한다. 몇 년 뒤에, 자기의 녹색 머리 때문에 머리 옆 피부는 누르스름해 보이고, 끔직하고, 악랄한 표정을 한 자신의 사진을 스칠 땐 자기 잘못으로 돌릴 수밖에 없다. 반면에 당신은 그때나 지금이나 현명하고 합리적인 부모처럼 보일 것이다.

지금 나는 그녀가 그녀의 메이크업과 의상을 선택할 수 있다고 말했다. 하지만 나는 그 말에 단서를 달아야겠다. 이것은 14세 이상의 소녀들에게 해당되는 것이다. 11세 소녀가 메이크업을 하도록 한다는 것을 의미하는 것이 아니다. 당신과 당신 딸은 획기적인 이정표가 필요하다. 한 세대 전에 부모들은 16세까지 화장금지나 데이트금지와 같은 규칙을 갖고 있었다. 당신과 당신 딸 사이에서 권력투쟁이 생기기도 하지만, 그녀의 인생에서 안전감을 주고 기반을 제공하고 성장의 이정표를 보증하는 규칙을 다룸에 있어서 명확한 선이 있었다. 그래서 당신의 십대 초반의 딸이 당신에게 화장을 하게 해달라고 애원했을 때, 화장을 허락하기 전에 먼저 피부관리하는 법을 더 배워야 한다고 하라. 그런 후에 그녀에게 싸고 좋은 기초 화장품을 사주면서 타협의 선물로 립글로스 한 개 정도는 사주어라.

미와 외모에 대한 권력투쟁의 문제는 그것들이 짜증만 나게 하거나 비생산적인 데 있다. 왜 그럴까? 당신이 이 문제에 대해 딸과 싸운다면, 당신이 그 문제를 넘어서 오는 술, 마약과 섹스에 대해 얘기하게 될 때, 책임 있는 선택을 하는 데 있어서 당신의 신뢰가 손상될 수 있다. 그것은 딸의 반항의 시기를 연장하는 것이기도 하다. 그녀는 당신과 싸우느라 바빠서 자신이 어리석은 결정을 하고 있다고 결코 인정하지 않을 것이다. 가끔 '싸움은 가려서 해야 한다'는 격언이 진실이었음을 알게 된다.

당신 딸이 외출을 허락하기 민망할 정도로 섹시한 옷을 입을 때

당신 딸이 당신의 핵심가치에 완전히 배치되는 너무 섹시한 옷을 입기를 원할 때 어떻게 해야 하나?

> 섹시하게 입는 것은 성숙함을 원하는 것에 관한 일이다. 당신 딸이 최신 유행하는 미니스커트를 입었다고 비난하는 것은 그것을 더욱 매력적으로 만들어줄 뿐이다. 당신은 단호히 반대만 할 수는 없다. 당신은 일종의 타협점을 찾아야 한다. —체리스, 16세

여기에는 당신이 실제로 당신 딸에게 행사할 수 있는 힘이 있다. 왜냐하면, 당신 딸이 힙합 댄스대회에 나갈 섹시한 옷을 사주는 것은 당신에게 달려 있기 때문이다. 화려한 쇼핑몰 매장으로 데려가는 것은 당신인 셈이다. 아이들이 어릴 때 당신이 확실한 입장을 취하는 것과 그 이유를 설명해주는 것이 얼마나 중요한지에 대해 아무리 강조해도 지나치지 않다.

그렇다. 이것이 당신이 꼭 설명해야 하는 것 중 하나이다. 왜냐하면 이런 상황에서 "내가 부모이기 때문에"나 "내가 전에 그렇게 말했기 때문에"와 같은 말은 전혀 효과가 없다. 나는 당신에게 당신의 자녀가 동의할 수 있는 지점을 찾아 판단하라고 말하는 것이 아니다. 내가 말하는 것은 이때야말로 당신이 딸을 둘러싼 소녀들의 세상의 권력에 대한 정보를 딸과 함께 나눌 수 있는 좋은 기회라는 점이다. 그리고 부모로서 당신이 할 일은 그녀가 그것을 견뎌낼 수 있도록 돕는 일이다. 당신이 지금 이 일을 하면 당신 딸이 그녀가 원하는 것을 할 수 있고, 살 수 있고, 입을 수 있는 더 많은 자유가 주어졌을 때 그것을 하는 것이 훨씬 더 용이할 것이다.

하지만, 시간을 약간 빨리 돌려서 당신에게 8학년 딸이 있다고 상상해보자. 당신은 지금 금요일 밤에 거실에 앉아 있다. 당신 딸은 계단을 내려가 재빨리 거실을 통과해 쏜살같이 달려 나가려 하지만, 당신에게 걸리고야 만다. 딸을 보니 정말 짧은 치마와, 무릎 높이의 부츠를 신고, 끈에 매달린 셔츠를 입고 있다. 당신은 분통을 터뜨리고 싶다. 당신은 다음과 같이 대화를 해야 할 것이다.

정신적 준비 : 일단 숨을 깊이 들이쉬고, 불안과 분노를 떨쳐내려 노력하라. 기억할 것은 이것은 절대로 당신을 무시하기 위해서 입는 복장이 아니라는 점이다.

딸 근처에 친구가 있는지 확인하라. 친구가 있으면, 최대한 조용히 말할 수 있도록 하는데 '나랑 개인적으로 얘기하고 싶다'고는 말하지 마라. 왜냐하면 그렇게 말하게 되면, 당신이 그녀를 그녀의 친구 앞에서 난처하게 만드는 것이 되어 당신 말을 절대 들으려 하지 않을 수도 있기 때문이다. 대신에, "얘야, 잠시 좀 부엌으로 와 줄래? 부탁할 것이 있어."라고 얘기하자. 태연한 말투를 유지하자.

어떤 계획이 있는지 물어보자. 그런 후 다음과 같이 당신 자신의 말투로 이야기해보자.

아마도 내 얘기가 잔소리처럼 들리겠지만, 네가 입은 옷을 보고 엄마가 무얼 느꼈는지 너한테 얘기하고 싶구나. [눈을 그만 흘길 때까지 기다려라.] 엄마가 지금 네가 입고 있는 것을 입지 못하게 금지했더라면, 너는 집을 나가자마자 다른 모습을 보일 수도 있다는 것을 알아.

하지만 네가 입는 방식이 엄마를 걱정하게 하거든. 왜냐하면 네가 좀 더 나이 들고 섹시해 보이기 때문이야. 엄마가 걱정하는 것은 사람들이 너를 더 나이 많은 사람으로 대하거나, 그런 이미지를 유지하도록 너한테 스트레스를 줄 수도 있다는 점이야. 엄마는 우리 딸이 어디 가서도 뿌듯하고, 자신감이 있기를 바라. 그래서 여기서 나가면, 밤새 네가 느끼는 것보다 너를 다르게 행동하도록 만드는 네 옷이 바로 실제 너 자신인지 스스로에게 물어봐야 해.

그런 후, 다음 날 아침식사를 하면서, 그녀가 그 질문을 어떻게 생각했는지 물어봐야 한다.

패션계의 디바

당신은 누가 패션계의 디바인지를 주제로 딸과 이야기하는 방법에 혼동을 느낄지 모른다. 당신이 그렇지 않다면, 그렇게 해야 한다. 이상적으로 대부분의 부모들은 자신의 자녀들을 강하고 유능하며 재미있는 사람으로 키우기를 원한다. 당신 딸이 만약 연예잡지와 연예관련 웹사이트에 빠져 있다면 어떻게 할까? 당신 딸이 그녀의 친구들과 똑같아지기 위해서 친구들의 옷이나 치장을 모방한다면 어떻게 할까? 당신 딸이 올 블랙으로 옷을 입고 있다면, 일단 기겁하지는 말아야 당신이 맛이 가지 않을 수 있다. 난 그녀가 무엇을 입고 있든지 간에 그녀가 입고 있는 옷과 그녀의 스타일은 그녀가 세상에서 가치 있게 생각하고 있는 것을 당신에게 말하는 가장 좋은 방법 중 하나라는 점을 당신이 알았으면 한다. 그녀의 모습에서 그녀가 타인을 맹목적으로 모방하는 것이라면, 다른 분야에서도 당신 딸이 그렇게 할 가능성이 있기 때문에 당신이 관심을 가져야 한다.

제가 섹시하다고 생각해요? 핼러윈 면제

소녀들이 섹시한 의상을 입기 위한 핑계를 댄다는 것을 알고 있었는가? 핼러윈은 누가 봐도 가장 확실한 핑곗거리지만, 핑계가 될 만한 기회만 있으면 섹시한 옷을 입을 것이다. 당신뿐만 아니라 친구들한테도 야한 옷 입는 걸 정당화할 수 있는 기회란 뜻이다. 이런 때는 소녀들 서로가 비난("너는 그 애가 입고 온 거 봤어? 아주 저질이야.")의 걱정 없이 최대한으로 섹시하게 입어도 되는 '무전투' 시기이다. '나쁜' 소녀가 되는 건 자유다!

전 핼러윈이 너무 좋아요. 핼러윈에는 귀신도, 천사도, 부유한 프랑스 처녀도 될 수 있죠. 다른 누가 뭐라 해도 걱정 없이 섹시해질 수 있는 핑계죠.　　　　　　－린, 16세 우리는 연예인의 날을 만들어 모든 사람이 짧은 치마와 짧은 상의를 입을 수 있는 구실로 이용했다. 어느 누구도 그것에 대해서 뭐라 이야기할 수 없었다. 왜냐하면 사람들에게 매춘부라고 불리지 않고도 당신이 원하는 모든 것을 입을 수 있기 때문이다.

—니아, 18세

그래서 당신 딸이 벨리댄서처럼 입거나 요즘 나온 연예인 스타일로 완전히 부적절한 옷으로 여겨지는 옷을 입을 때(복장 전체가 요란법석이 아니라, 단지 구두가 부적절할 수도 있다) 당신이 그녀에게 어떤 반응을 보이기 전에 딸이 가진 동기를 알아차려야 한다. 좋든 싫든, 그녀는 당신이 가진 힘을 시험해보려는 의도일 수 있다. 당신이 당신 딸에게 이렇게 말할 수 있다면, "네가 만약 X를 입으면, 너는 사람들이 너를 섹시하게 생각한다는 걸 알아야 돼. 그게 어떤 사람들에게는 너를 표적으로 삼는 일이 될 수도 있어. 너만의 경계를 알아야 한다고. 네가 할 수 있는 것과 어떤 사람들과는 하기 싫은 것을 확실히 구분하는 것이 좋아."

당신이 분명하고 상대를 존중하는 방식으로 느낀 점을 딸과 소통하려는 시도라도 할 수 있다면(당신 생각에 실수라고 해도), 당신의 말은 딸이 필요할 때 마음속에 남아 있을 것이다. (나는 이 주제를 11장에서 더욱 심도 있게 다룰 것이다.)

수영복 심사 초월하기

당신 딸이 당신에게 올 때까지 기다리지 마라. 딸은 5학년이나 6학년 때쯤에는 신체 발달 상태를 친구들과 비교할 수 있다는 점을 확실히 알아야 한다. 그녀가 가슴이 큰지 완전히 가슴이 납작한지는 상관없다. 그녀에게 다가가 앉아서 얘기해라. "엄마는 너에게 네 학년의 애들에게는 지극히 정상적일 수 있는 것에 대해서 얘기하고 싶구나(네 나이에는 정상적이라는 것을 말하지 않았음에 주목해야 하는데, 이 용어는 부모들의 입에서나 나올 수 있는 말이기 때문이다). 엄마는 네게 벌써 그런 일이 일어났는지에 대해서 확신할 수 없지만, 확실한 것은 신체 발달 속도는 사람마다 다르다는 거야. 어떤 애들은 브래지어가 필요하고, 어떤 애들에겐 필요없지. 둘 다 정상이야. 그래서 그것 때문에 놀림을 당하기도 하는데 그것은 옳지 않아. 혹시 그런 경우를 본 적이 있어?"

그에 대한 대답이 '아니요'라면, 그때는 그녀를 안심시켜주면서 대화를 끝낸다. "좋아, 아직 일어나지 않았다니 다행이야. 하지만 그런 일이 생겨서 네가 그런 것에 대해 얘기하고 싶다면, 엄마는 즐겁게 너랑 얘기할 수 있어." 대답이 '예'라면, 그녀가 어떤 기분인지에 대해서 계속 질문하면서 귀 기울여야 한다. 그녀가 할 수 있는 일이 무엇인지, 그녀의 기분이 더 나아지기 위해 다른 애들에게 어떻게 이야기할지 머리를 맞대고 같이 생각해보는 시간을 갖는다. 그녀의 발달이 일러서 다른 애들이 시기한다고 하면, 그 이유를 설명해주어야 한다. 하지만 그녀를 괴롭히는 애들을 비난하지 말도록 충고할 필요가 있다. 자칫 그들이 더 화가 나서 앙심을 품고 보복할 수도 있기 때문이다. 딸에게 얼마나 딸이 아름다운지, 그리고 다양한 체형과 체구의 인간의 몸은 전부 다 아름다운 것이라고 말해주어라. 지금 겪고 있는 신체적인 변화를 확인할 수 있는 책과 웹사이트들을 참고하는 것도 좋다. 당신에게 그런 이야기를 듣는 것이 가장 좋지만, 가능하다면 당신 딸이 생각하는 것이 쿨하고 스타일리시하다고 얘기해줄 수 있는 사람을 찾는 것도 괜찮다. (기억해야 할 점은 이것은 당신 딸의 선택이지 당신의 선택이 아니다. 당신은 그 사람을 온전한 사람으로 여겨야 한다.) 그녀가 딸의 나이였을 때 그녀가 가졌던 비슷한 불안을 공유할 수 있는 여자라면 좋다.

이제 사춘기의 마지막 주제만 남았다. 가끔은 부모들이 "네 몸이 변하고 있기 때문에"라며 그것을 아주 멋지고 흥미로운 것으로 얘기하는 것에 너무 집착하는 것을 본다. 물론 사춘기를 겪고 있는 당신 딸에게 신체에 대한 자신감을 갖기를 원하는 것은 이해할 만하지만, 당신은 그녀에게 사춘기는 때로 당황스럽고, 그렇게 신나는 일이 아닐 수도 있다고 생각할 수 있는 여지는 남겨줄 수 있어야 한다. 소녀들은 신체적 발달로 그들이 자신과 그녀의 동료에 대해서 어떻게 느끼는지 이야기할 필요가 있다. 그리고 그것을 그들의 삶의 맥락에서 이해한다. 생리를 하면 어떻게 하느냐가 다가 아니다.

당신이 여기까지 읽었는데 당신 딸이 십대 중반에 들어섰다면, 걱정하지마라. 당신은 여전히 그녀와 이야기할 수 있다. 다음과 같이 이야기하면서 당장 대화를 시작해보자. "엄마는 너랑 뭔가에 대해서 확인하고 싶은 게 있어." 그리고 당신 자신부터 먼저 돌아보라. 당신의 스타일이 당신에 대해 무엇을 말해주는가? 왜 그렇게 생각하는가? 그런 후 당신의 자녀에게 질문하라. "너의 스타일이 너에 대해서 무엇을 말해주지?"라고 말이다.

하나 이상의 미적 기준

당신 딸과 함께 패션잡지나 연예잡지를 살펴보고, 당신이 찾을 수 있는 전형적인 미의 이미지에 대해 이야기해보자. 당신이 그녀와 함께 TV를 볼 때 광고시간에는 소리를 줄이고, 딸이 생각하는 아름다움은 무엇인지 물어보자. 딸이 즐겨 찾는 웹사이트에 들어가서 그것들을 분석하는 것도 좋은 방법이다. 그 사이트에서 여성들은 뭐라도 고쳐야 할 게 있다고 말해주는가? 그것들이 당신 딸에게 소녀들의 가치와 소녀들의 세상에 대한 믿음에 대해 무엇을 말해주는가? 이것이 당신 딸에게는 새로운 소식이 될 수 없지만, 그녀가 이것을 말로 표현하는 것이 중요하다. 그녀가 기대에 부합하기 위해서 희생하는 것이 무엇인가? 지금 외모가 그녀의 또래 친구들에게는 어떻게 중요한지에 대해 말해보자. 또래의 기준을 유지하기 위해서 그녀는 어떤 종류의 압력을 받았는가? 그녀가 규칙을 위반할 때 무슨 일이 생기는 것일까? 당신의 목표는 방송의 이미지나 친구들이 그녀의 매력과 자존감에 대한 느낌에 어떤 식으로 영향을 주는지 그녀가 더 많이 인식하게 하는 데 있다. 그녀가 친구들과 관련된 다른 많은 상황에서도 그렇게 하고 있을 가능성이 있기 때문에 "네가 어떻게 보이고 자신에 대해 어떤 느낌이 드는지를 누가 결정하니?"라고 물어봐야 한다.

내 딸이 방과 후 집에 와서 자기가 아빠보다 피부가 더 검은 것 같아 예쁘지 않다고 애기했다. 딸에게 왜 그렇게 생각하는지를 물어보자, 그녀는 학교에서 어떤 애가 피부가 검은 여자애들은 예쁘지 않다고 했다는 것이다. 당장 학교로 달려가 그렇게 말한 애를 찾고 싶었다. 그런 말에 너무 상처를 받았기 때문이다. —존

그 아버지에게 나는 어떻게 얘기했을까? 우선 이런 주제가 당신에게 어떤 영향을 주었는지에 대해 당신 자신이 분명히 짚고 넘어갈 것이 있다. 당신의 어린 시절을 떠올려보고, 그 당시에 자신에 대해 어떻게 느꼈는지 그와 같은 것을 딸과 나눠보자. 우선 딸에게 예쁘다고 말해주어라. 그녀가 혼자가 아니라고 당신이 말하는 것을 꺼리지 않았으면 좋겠다. 많은 다양한 문화권의 소녀들이 검은 피부, 넓적한 코와 곱슬머리 등에 대해 동일한 이야기를 들으면서 성장한다. 당신 딸에게 인도나 한국, 아프리카에 있는 소녀를 상상해보도록 하고, 그녀가 만약 다른 아이들처럼 피부가 하얗지 않다거나, 직모가 아니라는 이유로 놀림을 받거나 무시를 당한다면 같은 처지의 그 소녀에게 딸은 어떤 충고를 해줄 수 있을까? 지금 당신 딸은 자기 자신에게도 그와 똑같이 말해줄 필요가 있다. 당신은 당신 딸이 음흉한 인종차별적인 요소가 가득한 세상 때문에 수치심을 느끼거나 무가치하다고 느끼지 않기를 원한다. 그녀는 이 문제를 더 큰 관점에서 바라볼 필요가 있다. 왜냐하면 그것이 그녀 혼자만 느끼는 문제가 아니고 이 문제가 그녀가 생각하는 것보다 더 큰 문제라는 것을 깨달을 것이기 때문이다. 그녀는 그런 평가를 그런 맥락에서 이해하기 시작하고, 희망적으로는 모든 여성이 아름다운 것으로 여기는 가치에 대해 옹호할 수 있는 권한이 생기게 될 것이다.

체중 다루기 : "나는 소처럼 뚱뚱해요."

당신 딸에게 청바지를 새로 사주려고 한다. 지난해부터 딸의 엉덩이가 도드라졌다. 당신은 20개 이상의 다른 스타일과 사이즈를 가지고 피팅룸에서 입어보라고 한다. 하지만 딸은 다 싫다고 한다. 얼마 있다가 그녀는 피팅룸에서 나왔는데, 거의 울기 직전이다. "내 모습이 싫어, 너무 뚱뚱해졌어." 당신이 체중에 대한 당신 고유의 문제와 여전히 씨름하는 중이라면 이런 상황은 당

신과 당신 딸 사이에 적절한 매개체로 작용할 수 있다. 그녀를 위해서 당신이 효과적인 역할모델이 될 수 있도록 함께 당신을 갖춰 나가야 한다.

당신 딸이 과체중일 때 우선적으로 할 것은 당신이 갖고 있는 응어리를 재확인하고 그런 영향을 받는 것을 중단시키는 것이다. 그녀는 정말로 너무 뚱뚱한가? 아니면 당신이 당신 자신의 문제를 딸에게 투사하고 있지는 않은가?

그럴 이유가 없는데도 당신은 전전긍긍하게 되는가? 딸이 날씬해서 당신의 미적 기준을 충족해줄 '필요'가 있는가? 그녀가 당신이 기대하는 것보다 더 통통하다고 해서, 그녀를 의지가 박약하거나 게으른 사람으로 평가하고 있지는 않은가?

나는 그들의 부모가 딸에게 자신이 '뚱뚱하다'는 메시지로 상처를 주고, 가끔은 의도치 않게 주었던 가슴 찢어지는 대화들이 얼마나 많았는지에 대해서 다 얘기할 수는 없을 것이다. 당신이 딸이 쿠키를 먹고 있는 것을 보고 말한다. "너는 그걸 꼭 먹어야 하니?" 이것은 부모의 용어로는 "너는 네가 얼마나 뚱뚱한지 보고도 모르니?"이다. 다른 메시지 역시 별로 도움이 되지 않는다. "네가 살을 빼면 더 예뻐지니까 엄마가 그렇게 말하는 거야. 너는 최고로 예쁘게 보이고 싶지 않아?" 그리고 다음과 같은 뇌물 공세는 제발 잊기를 바란다. "네가 5킬로그램만 빼면, 네가 원하는 스마트폰을 사줄게."

당신 딸이 실제로 항상 정크푸드를 먹고, 진정으로 과체중이라면, 당신은 그것에 대해 언급할 필요가 있다. 도움이 되는 것은 이렇다 — 건강한 저녁식사를 하고, 위가 포만감을 느낄 수 있도록 먹을 때 천천히 먹어야 한다는 것과 살을 빼는 것은 그녀가 재미난 신체적 활동을 할 때 저절로 따라오는 부산물이 되도록 하는 것이다.

그녀는 무술반 수업에 1순위 지원자가 될 수 있다. 어떤 무술 수업이 있는지 확인하고 그중 하나를 3개월 동안만이라도 등록시켜라. 나는 무술을 지도한 적이 있었는데, 당신이 찾고 있는 선생님이 무술 수업에도 있으며 이는 '코치'라는 사람이다. 코치들은 힘든 운동, 명확한 목표와 단체 활동을 통해 학생들을 격려한다. 그들은 자신이 한 공적에 대해서 자랑하지 않고, 학생들을 체중이나 신체적인 활동을 가지고 깎아내리지 않는다.

이것은 어려운 싸움이다. 소녀들은 '건강에 도움이 되는 음식을 먹어라'를 '너는 뚱뚱하구나'라는 의미로 듣는다. 체중 문제가 당신에게 계속되는 싸움이라면, 먼저 당신 딸에게 시인하는 것이 가장 좋다(하지만 그녀가 이미 그것을 알고 있을 가능성이 크다). 방송의 힘이 강력함을 인정해라. 아무리 자유로운 여성일지라도 우리 문화에서 방송이 우리에게 어떻게 되어야 한다고 전하는 메시지의 영향력에서 완전히 벗어나기 힘들다. 이 문제를 당신 딸과 함께 토론해보라. 8~12세의 어린 소녀들과는 잡지를 통해서 그녀들이 건강한 여성으로 생각하는 여성상을 찾아보도록 해본다. 그런 후에 여성 잡지에서 당신이 찾을 수 있는 건강하지 않은 여성상을 찾아보게 한다. 그녀가 이런 여성상에서 무엇이 옳고 그른지를 분석할 수 있도록 돕는다. 그런 후 그녀의 친구들이나 동료들로부터 체중에 관해 받게 되는 메시지가 무엇인지 그녀와 얘기해본다. 이들 메시지가 그녀를 자신에 대해 좋게 여기게 하는가? 그녀가 외모를 바꾸기 위해서 동료로부터 느끼는 압력은 무엇일까?

당신 딸이 당신에게 들을 필요가 있는 메시지는 당신이 그녀를 있는 그대로 사랑한다는 것, 그리고 당신은 우리 모두가 살고 있는 세상이 끔찍할 정도로 사람들의 체중에 대해 평가를 하고 있다는 것은 알지만 그녀의 체중에 관한 모든 대화는 그녀의 체중에 대한 장점과 자신감에 기초한다는 것이다.

당신 딸이 식이장애라면

만약 당신 딸이 굶게 되는 식욕부진증이나 폭식 또는 폭식 후 구토와 같은 대식증이 있는 것으로 의심되면 식이장애 전문치료자에게 의뢰해 치료를 받게 하는 것이 필수적이다. 이런 이유로 이 장에서 식이장애의 징후를 소개하며, 이 책의 말미에는 다른 유용한 정보를 찾아보게 해두었다. 우리는, 완벽주의자이며 강압적인 부모를 기쁘게 하기 위해 굶어서 살이 쏙 빠진 가녀린 소녀를 식이장애의 전형으로 생각하고 있다. 내가 상담을 해왔던 많은 소녀들의 부모들은 그런 고정관념에 전혀 일치하지 않을 정도로 사랑이 많으며 지지적이었다. 당신 딸이 식이장애라고 당신 자신을 비난하며 시간을 허비하지 마라. 당장 전문적인 도움을 받아보라.

식이장애의 증상과 징후

감정 증상

태도의 갑작스러운 변화

살 빼기나 살찌는 것에 대해 지속적으로 얘기함

문제를 부정함

외모에 대한 안심을 지속적으로 갈구함

행동 증상

거의 항상 기분변화가 심함

체중감소나 체형을 감추기 위해서 헐렁한 옷을 입음

음식에 대해 자주 이야기하며, 음식을 갖고 다니고, 음식에 대한 집착으로
과민해 보이며, 강박적 행동을 보임

음식이 나오는 사회적 모임을 회피함

다른 사람 주변에서 음식을 먹는 것을 갑자기 중단하고, 항상 이미 먹었다
고 함

음식에 대한 의식적(儀式的) 행동이 있음(음식을 잘게 썰거나, 오랜 시간
동안 먹거나, 다른 사람들이 샀거나 요리한 음식은 꺼림)

신체 증상

갑작스러운 체중의 변동(증가 또는 감소)

복통

지속적인 피곤감, 건망증

현기증과 어지러움, 오한

배냇솜털(체온을 조절하기 위해서 몸에서 자라는 아주 작고 보송보송한
하얀 털)

식이장애가 의심되는 친구에게 해줄 일

당신 친구가 식이장애라고 인정할 때 그녀가 도움을 받을 수 있도록 격려하고, 믿을 수 있는 어른에게 얘기할 수 있게 한다(부모, 학교 상담사, 코치, 교사, 목사, 사제 등).

당신의 체형과 신체 크기, 음식, 다이어트, 체중감소나 체중증가에 대해 논평하는 것을 피하라.

어색한 상황을 만들지 않도록 노력하라. 친구가 오길 거절해도, 사회적 기능을 발휘할 수 있는 모임에 지속적으로 초대하라.

경계를 설정하고 친구의 식이장애까지 당신이 책임지지 않는다는 것을 기억하라. 당신이 친구의 병을 고쳐줄 수는 없지만, 같이 있으면서 지지해 줄 수는 있다.

당신이 식이장애라면

믿을 수 있는 친구나 어른 혹은 전문가에게 얘기하라. 혼자서는 식이장애를 고칠 수 없다. 시간이 있고 바쁘지 않을 때 찾아가 부탁하라. 말하고 싶은 것을 연습하라. 쓰고, 크게 말하고, 머릿속에 다시 한 번 상세하게 그려보라.

어른들 대부분이 식이장애를 이해하지 못한다. 사람들이 충격을 받는다거나, 문제를 부정하거나, 화를 내도 절대 낙담하지 마라.

건강해지기 위해서 노력하고 있는 자신에 대해 자랑스러워하라. 잊지 마라. 당신은 건강하고 행복해할 만한 자격이 있다.

식이장애가 음식, 신체의 크기, 체중이나 몸매에 관한 것만이 아님을 이해하라.

음식과 체중에 대한 집착과 강박만이 유일한 증상은 아니다.

식이장애에 대해 경험 많은 전문가에게 도움을 구하라.

당신의 필요에 대해 솔직해져라. 식이장애는 치료하기 어렵고, 그렇기 때문에 당신은 많은 도움이 필요하다. 도움을 구하고 당신이 필요한 것을 구체적으로 말하라.

식이장애 관련 온라인 자료

식이장애에 대한 유명한 사이트 : www.somethingfishy.org

미국식이장애협회 : www.nationaleatingdisorders.org

식이장애 진료의뢰 및 네트워크 센터 : www.edreferral.com

쇼핑몰로 돌아가서 : '구두를 사는 순간'을 정의하기

우리가 이 장을 시작하면서, 당신 딸이 엄마로부터 쟁취해낸 구두에 대해 친구들에게 문자를 보낼 때 당신은 패배를 합리화하고 있었다. 하지만 지금 당신은 그것이 그녀에게 왜 그렇게 중요한지를 알고 있다. 여왕벌은 지난 주 그녀가 신고 온 구두에 대한 신랄한 비평을 해댔고, 당신이 언급했던 구두는 이미 철 지난 유행이 되었으니 이제 다른 구두를 사줄 것을 요구한다.

당신은 언제까지 그걸 받아들여 당신 딸이 그 또래 집단에 맞추도록 도움을 주고, 그렇게 해서 여왕벌을 기쁘게 할 것인가? 당신은 언제 그녀가 그 상황에 맞서 스스로 홀로서기를 하도록 격려할 텐가? 나는 그녀가 뭔가 특별한 것을 '가져야' 한다고 할 때마다 당신이 항복해야 한다고 말하는 것이 아니다. 오히려 그 반대이다. 그녀가 흐느껴 울더라도, 자격이 있는 것처럼 행동해도, 무례하게 행동해도 거기에 대한 보상을 결코 해서는 안 된다. 내가 말하고 싶은 것은 '안 돼'라고 말하기 전에 이런 주제들이 당신이 그녀 나이 또래였을 때 얼마나 중요했던지를 기억하라는 것이다. 그녀가 미인선발대회라는 상황에서 받게 되는 압력을 기억하라. 당신이 공감할 수 있다면 그녀를 진심으로 대하는 것이 훨씬 쉬워지게 될 것이고 이것은 당신을 합리적이며 공감적인 사람으로 받아들이게끔 할 것이다. 그것은 또한 서로가 동의할 수 있는 해결책으로 이끌 수 있다. 당신은 평편한 구두를 원하고, 딸은 굽이 10센티미터인 구두를 원한다면, 5센티미터로 타협할 수 있다. 당신은 블랙을, 딸은 반짝이를 원하면, 약간 장식이 있는 것을 사줄 수 있다. 당신이 지난 달 구두를 사느라 돈을 많이 썼기 때문에 더 이상 한 푼이라도 쓰고 싶지 않다면 그녀는 당신과 그 비용을 분담하거나, 비용을 지불하기 위해서 잔심부름을 해야 하거나, 모든 추가 비용은 딸이 부담한다는 원칙하에 상호 간에 합의된 예산 범위 내에서 지출해야 한다.

이것은 단지 구두에 대한 것만은 아니라는 것을 기억하라. 어떤 것이라도 선례로 남을 수 있다. 당신 딸이 도와달라고 했는데, 당신은 안 된다고 했다. 그녀는 당신이 뭘 모르고 꽉 막힌 사람이라고 느낀다. 어쨌든 그녀는 그렇게 이해하고 지금은 당신 몰래 그것을 하고 있다. 그녀가 열세 살이라면, 그것은 구두다. 그녀가 열다섯 살이라면, 그것은 열아홉 살 먹은 남자친구가 될 것이다. 당신이 체감하는 딸의 성장 속도는 그녀가 받고 있는 문화적 압력에 대한 당신의 인식과 당신 자신을 그녀의 문제를 존중하고 잘 들어주며 서로 수용가능한 해결책을 찾기 위해 협력하는 사람으로 관계를 설정하는 두 가지에 의해 좌우된다.

우리 모두는 우리의 삶을 통해 미인선발대회에서 나타나는 문제와 힘겹게 싸우고 있다. 그 대회가 당신과 당신 딸에게 어떤 영향을 미치는지 인정하고 바라볼 수 있다면 그 힘의 일부는 사라진다. 당신 딸이 어떤 클래스에 있든지, 미인선발대회는 인정사정없는 경쟁 장소다. 그녀가 승리하더라도, 결국 지는 싸움이다. 왕관을 차지하기 위해서 자기가 가진 소중한 것을 많이 희생해야 하기 때문이다. 당신은 그녀를 대회장소 밖으로 빼낼 수는 없더라도 그녀에게 품위와 우아함을 가지고 자신이 타고난 자부심을 믿으면서 당당히 무대 위를 걸어갈 수 있도록 가르쳐줄 수는 있을 것이다.

비열한 소녀들 : 놀림, 험담 그리고 평판

사만다는 지난 한 달 동안 자신의 삶이 엉망이 되었던 것은 메간의 뒷담화 때문이라는 것을 최근에 알게 되었다. 지난밤에 사만다는 자기를 '뚱땡이 암소'라고 놀리는 익명의 음성메일을 받았는데, 뒷배경에서 메간의 웃는 목소리를 들었다. 오늘 메간은 아무 일도 없었다는 듯이 태연하게 행동한다. 그러나 지난 수업시간에 사만다가 메간과 그녀의 친구들 곁으로 지나갈 때 그 애들이 비웃자 사만다는 더 이상 참을 수 없었다.

사만다 : 너는 도대체 언제 철이 들어 험담을 그만둘 거니?

메간 : 지금 무슨 말 하는 거야? (빈정대는 말투로, 보란 듯 눈을 굴리며 다른 애들에게 말하고 있다.)

사만다 : 내가 네 웃음소리를 못 들었을 거라 생각해? 도대체 뭐가 문제야?

메간 : 미안하지만, 문제는 나한테 있는 게 아냐.

사만다 : 그게 무슨 뜻이야?

메간 : 내가 하는 말을 기분 나쁘게 받아들이지 말고, 네가 딜런한테 하는 꼴은 눈뜨고 못 봐주겠더라. 걔는 널 좋아하지도 않는데. 하기야, 네가

완전 잡년처럼 구는 걸 원하는 건 너의 자유지만.

사만다 : 넌 도대체 문제가 뭐야?

메간 : 난 문제없는데. 먼저 말 꺼내기 전엔 난 아무 말도 안 했잖아? 네가 이렇게 감당 못할 거면 묻지를 말았어야지. 얘들아, 이렇게 어처구니없이 난리치는 애가 완전히 돌기 전에 얼른 가자.

사만다가 포기하고 메간을 때렸다면 사만다를 탓할 수 있을까? 당신이 사만다의 부모라면 메간은 못된 애라고 생각하고, 메간의 부모도 자기 딸을 이런 괴물로 키운 것에 대해 동일하게 죄책감을 느끼지 않았을까? 당신이 사만다의 부모라면 어떻게 해야 할까? 당신이 메간의 부모라면 어떻게 해야 할까?

당신이 알아야 할 것

- 그것은 99.99%의 소녀들이 험담을 한다는 사실이고 당신 딸도 예외가 아니다.
- 당신이 이 사실을 더 오랫동안 더 단호하게 부정할수록 당신 딸이 받게 되는 험담의 폐해는 더욱 커질 것이다.
- 우리가 이 주제를 다룰 때 당신이 심한 험담을 할수록, 당신 딸 역시 점점 나빠질 것이다(그리고 당신 생각에 당신 딸이 당신 말을 듣지 않았던 것 같다).
- 소녀들은 거의 항상 다른 누군가나 혹은 어떤 것에 관해 그들의 행동을 비난한다. 당신 딸이 소문을 낸 것으로 비난받고 있다고 치자. 당신 딸이 잘못이 있다고 인정하기보다는 누가 그녀를 정보 제공원으로 노출시켰는지 알려고 할 것이다. 마치 고자질한 애가 정말 잘못이 있었던 것이 되면 처음 험담을 했던 그 사람은 편리하게 그 상황에서 잊힐 수 있다.
- 당신 딸이 열두 살이 넘었으면 소녀들은 당신 딸을 잡년(slut)이나 개 같은 년(bitch)이라 욕할 수 있다. 그리고 아마 그녀도 다른 소녀들을 똑같이 잡년이나 개 같은 년이라 부를 수 있다. (이런 욕설들이 당신 딸의 입

밖으로 나가는 것을 당신은 결코 들어본 적이 없었을 것이다.)

- 기술의 발전으로 험담의 파괴력이 커지고 있다. 당신 딸은 험담이 일단 '퍼지면' 절대 없어지지 않을 것이라고 쉽사리 그리고 당연히 생각할 것이다. 모든 사람이 그 험담에 대해 영원히 알고 있을 것이기 때문에, 그녀는 결코 험담의 영향력에서 벗어날 수 없을 것이라고 생각할 것이다.
- 당신이 당신 딸에게 휴대전화를 주는 나이가 어릴수록 당신 딸은 험담에 더 빨리 노출되거나 더 빨리 험담에 가담할 것이다.
- 이미 5세 무렵부터는 "그냥 농담이야!"라는 말이 누군가를 망가뜨리고 나서 잘못을 하지 않았다고 부정하는 방식으로 너무 자주 사용된다.

이 장에서 나는 놀리거나 험담하기나 평판이 당신 딸의 자기감, 사회적 효능감과 우정에 어떻게 영향을 미치는지에 대해서 살펴볼 것이다. 괴롭힘의 대상이 집단의 무리 안에 있든지 혹은 밖에 있든지 험담과 괴롭힘을 다루는 여러 방법을 모두 분류할 것이다. 당신이 당신 딸을 위해 어떤 싸움을 해야 하는지 그리고 당신 딸이 스스로 싸워갈 수 있도록 내버려두는 싸움은 어떤 것인지 알게 해서 당신에게 더 많은 전략을 제공할 것이다. 하지만 나는 당신 딸이 만약 루머를 퍼뜨리는 주모자가 될 때는 과감한 조치가 필요함을 당신에게 말하고 싶다. 험담의 피해자가 되었던 대부분의 소녀들이 험담의 가해자가 된다. 당신 딸이 누군가에게 잔인할 수 있다는 것이 당신이 상상하는 것 이상으로 심할 수 있다. 당신 딸을 다르게 가르치는 것은 당신에게 달려 있다.

어쩌면 당신 딸이 다른 여자애들에게 잔인하고 끔찍하게 대하는 것을 상상하면 힘들지도 모른다. 특히 당신 딸이 집에서 그런 추태를 전혀 보이지 않았다면 더욱 그럴 것이다. 이면에서, 딸이 가십녀인 게 속상한 당신은 딸의 친구들이 딸을 가십쟁이라서 따돌릴 때 은근히 딸 친구들 편에 선다.

이렇게 말하기는 싫지만 나는 내 딸이 모든 친구를 당장 잃어버린다고 해도 이해가 될 거예요. 내 딸이 너무 말하기를 좋아해서 또래 집단 안의 어떤 애라도 내 딸에게 대항해 주는 것이 제 딸에게는 좋을 것 같다고 생각이 돼요. 제가 이런 얘기를 하게 되다니 믿기지 않네요. 왜냐하면 2년 전에 당신이 내게 이런 식의 기분을 느끼게 되거나 내 딸이 이렇게 행동할 거라고 말했다면 나는 믿지 않았을 테니까요.   —메그

나는 내 딸과 친구들이 그 어린 소녀에 관해서 얘기하는 것을 우연히 듣고 믿을 수 없었다. 그 일로 한바탕한 건 물론이고 내 딸에게 무척 화가 났지만 내가 한 일은 전혀 영향을 준 것 같지 않다. 그녀는 정말 사람들에 관해 아주 나쁘게 얘기한 것을 별일 아닌 것처럼 알고 있었다.   —카렌

당신 딸이 역사수업을 받으러 복도를 걸어갈 때, 친구들과 무슨 이야기를 하게 될까? 수업 받을 내용 아니면 최신 소문들일까? 누굴 놀리거나 험담하는 것이 당신 딸의 머리 주위에서 매일 떠나지 않는데, 그것이야말로 또래 집단에서 인기를 반영하는 생명줄과 같다. 당신 딸이 그녀의 친구들과 유대관계를 맺을 수 있는 토론회를 한 것처럼 느낀다 하더라도, 놀림과 험담은 소녀들에게 상처를 주고 자신감을 파괴시키는 가장 강력한 무기로서 작용할 수 있다.

당신의 목표는 당신 딸이 놀림과 험담이 과도해질 때를 인식하고 그때 뭔가를 할 수 있도록 교육하는 것이다. 이것은 당신 딸이 친구들과 서로 등을 돌리게 되거나 또래 집단에서 누렸던 편안한 자리가 위협받는다는 의미이기 때문에 조금의 과장도 없이 매우 야심 찬 목표임이 틀림없다. 하지만, 이것은 내가 3장에서 이야기했던 챔피언의 시간이다. 그녀가 다른 누군가를 옹호할 때 자신의 자리를 상실하는 대가를 치를 가치가 있다고는 생각하지 않을 수 있다. 혹은 지금 일어나고 있는 것이 잘못되었음을 직감적으로 느낄 수 있을지 몰라도, 실제로는 그것을 직접적으로 지적할 수는 없거나 그 일을 멈추게 하기에는 자신을 무력하게 느낄 수도 있을 것이다.

교실로 다시 돌아가보자. 나는 10~18세 소녀들에게 자신들의 우정이 왜 좋은지 얘기해주기를 자주 요청했었다. 다음은 그들이 했었던 흔한 대답이다. 당신은 다음을 할 수 있다.

내 자신이 될 수 있다.

친구에게 뭐든지 말할 수 있다.

친구를 신뢰할 수 있다.

친구가 주는 지지에 의존할 수 있다.

철없이 굴 수 있다.

시간을 많이 보낼 수 있다.

옷을 공유할 수 있다.

비밀을 말할 수 있다.

하지만 당신이 알다시피 이런 우정도 항상 그렇게 도움이 되지 않을 수도 있다. 소녀들이 인기의 장점에 대해 30초 동안 짧게 말하길 원하고 대신에 인기의 단점에 더욱 집중하는 것처럼 그들은 나의 다음 질문에 더 많이 반응하는 것 같다. "그래서 네가 소녀들과의 우정을 안 좋게 생각하는 것은 무엇 때문이니?"라고 하면 그들의 공통된 반응은 다음과 같다. 친구는 다음을 할 수 있다.

친구가 뒷담화를 할 수 있다.

당신에 대해 험담할 수 있다.

친구가 두 얼굴을 할 수 있다.

친구는 시기할 수 있다.

친구가 경쟁할 수 있다.

친구가 비난할 수 있다.

친구가 비판할 수 있다.

당신의 비밀을 말할 수 있다.

나를 졸졸 따라다닐 수 있다.

당신 남자친구를 빼앗아갈 수 있다.

친구가 내 친구들을 선택하게 만들 수 있다.

당신을 배신할 수 있다.

소녀들이 대답을 하도록 하자, 서로에게 했던 비열한 짓들의 목록을 완성하기 위해서 서로 웃으며, 서로에게 굽실거리기도 했다. 놀라운 사실은 소녀들의 인종, 지리적 위치, 계층이나 종교 등에 관계없이, 나는 항상 동일한 대답을 듣는다는 것이다. '부정적인' 목록을 좀 더 주의해서 살펴보자. 하나의 주제가 명확히 보일 것이다. 그것들은 외모이든, 스타일이든, 친구들이든, 인기이든 남자친구 문제이든 모두 경쟁에 관한 것이다 — 소녀들이 여성행동지침에서 어떤 지위를 확보할 필요가 있다고 생각한다.

소녀들이 성적이나 스포츠에서 경쟁적일까? 그렇다. 하지만 거기에는 미묘한 차이가 있다. 내가 가르치는 학생의 약 3분의 1이 그 목록에 성적과 운동경기를 포함시켰다. 소녀들은 이런 특성들을 자신의 성공을 위해 필요한 전반적인 패키지의 일부로서 고려하는 경향이 있다. 동시에 그들은 학업적 성취나 운동경기 결과에 대해서 너무 연연해하지 않을 수 있다. 소녀세계에서 일반적인 규칙은 당신의 성공을 과시해서 다른 사람들을 불편하게 하면 안 된다는 것이다. 이것은 우리가 소녀들이 배웠으면 하고 성인기까지 간직했으면 하는 교훈은 아니다.

놀리기

내가 가르치는 학생들은 내가 학창시절에 애들에게 놀림을 받았는지 물어보는 것을 좋아한다. 나 역시 그랬지만 요즘 아이들처럼 심하지는 않았던 것 같다. 7학년과 8학년 때 나는 힘 있는 또래 집단에 속했지만 나는 그 또래 집단 안에 있는 사회적 위계에서 하층민이었다. 외부에서 볼 때는 나는 인기가 조금 있는 것처럼 보였다. 그러나 안에서 볼 때 나는 전혀 그렇게 느낄 수 없었다. 우리 집단 안의 소녀들은 항상 정확히 내가 가장 자신 없어 하는 부분을 가지고 놀렸다. 나는 내 집단에서 쫓겨나는 위험을 감수하고 싶지 않았기 때문에 그걸 참고 견뎌야 했다. 나는 몇 년 뒤에 대학을 졸업하고 샌프란시스코에 산 이후에도 그런 일이 있을까 봐 겁을 먹고 있었다. 어느 날 식료품점에서 나의 예전 또래 집단의 여왕벌을 보았는데, 그녀를 보자마자 한 치의 망설임도 없이 그 가게에서 도망치듯 빠져나왔으니 말이다.

거의 모든 사람에게서 놀리는 것에는 양면성이 존재해 왔다. 그것이 얼마나 심각한가? 놀리는 것은 다면적으로 진행될 수 있고 내가 인기를 두 가지 방식으로 정의했던 것처럼 놀림에도 다른 정의가 존재한다. 당신이 당신 딸에게 신뢰할 수 있는 사람이려면, 당신은 이 둘의 차이점을 구분해야만 한다. 나는 소녀들이 서로를 놀리거나 심각해질 때를 이해하기 위해서 노력하는데, 가끔은 소녀들도 그런 식의 노력을 한다. 당신이 심각하다고 여기는 것들은 항상 그렇지는 않고, 당신 딸이 실제로 느끼는 것을 정확히 숨기기 때문에 심각한 것도 태연하게 느낄 수 있다. 당신 딸의 의도나 딸과 친구들 사이의 힘의 역동에 따라 그녀가 이해하는 것 이상으로 훨씬 많은 것들이 진행될 수 있을 것이다. 당신은 놀림을 성격에 따라 구분할 수 있는가? 당신 딸은 어떻게 구분하는가? 나는 놀리는 것을 다음 세 가지로 분류한다.

좋은 놀림

좋은 놀림이란 위대한 우정의 주춧돌 같은 것이다. 당신을 신경써주고, 충분히 잘 알고 있고, 당신에게 편안히 느껴지는 누군가가 당신을 놀리고 당신에게 농담을 할 수 있다. 당신에 '대해서'가 아니라 당신과 '함께'하는 것이 요점이다. 좋은 놀림에는 다른 사람을 깎아내리는 의도는 전혀 없고, 놀리는 이는 당신의 '농담금지구역', 즉 당신이 절대로 놀림을 받고 싶지 않은 게 무엇인지 이해하고 있다.[*] 당신 딸은 놀리는 이가 좋아해서 놀리는 것이고, 자신을 깔아뭉개려고 하는 의도가 없다는 것을 알 수 있다. 당신 딸이 그것을 좋아하지 않는다고 말한다면, 그 행동은 멈춰야 할 것이다.

의도적이지 않은 나쁜 놀림

누군가를 놀리면서 당신이 그녀의 감정에 상처를 주고 있음을 모르기 쉽다. 우리 모두는 그것을 다 해봤고, 우리 모두 놀림을 당하는 사람도 되어봤다.

---

[*] Rachel Simmons, *The Curse of the Good Gril*, Penguin, 2009.

당신이 좋아하는 누군가에게 그들이 한 일이 마음에 들지 않는다고 이야기하는 것은 항상 쉬운 일이 아니다. 우리가 무엇을 해도 풍파를 일으킬 정도로는 하지 말도록 배웠기 때문에 소녀들과 여성들이 그와 같은 상황에 처하는 것은 상당히 어려운 일이다. 하지만 악의적인 의도가 없을 때는(이것이 덜 민감한 것이라고 말하려는 것은 아니다), 놀리는 이가 그 행동의 영향을 이해한다면, 변명하려 하지 말고 자신이 좋아하는 누군가에게 상처를 주었다는 것을 알았기 때문에 그녀에게 진심 어린 사과를 해야 한다. 놀리는 이가 그녀를 깎아내릴 의도는 없고 대신에 그녀가 어떤 기분인지, 그녀에게 상처를 주었다는 것을 몰랐다는 것을 당신 딸이 알 수 있을 것이다.

나쁜 놀림/말로 상처주기

놀림 자체가 해롭지 않음을 의미하기 때문에 실제로 나쁜 놀림은 놀림이 아니다. 사실 이것은 그들이 가장 취약하게 느끼는 부위를 정확히 공격하고 노출시켜 가장 심한 고통을 유발하기 때문에 말로 상처를 주는 것에 가깝다. 말로 상처주기는 내가 앞서 언급했던 '농담금지구역'을 목표로 한다. 우리가 가장 가깝게 지내는 사람들보다 그런 것을 더 많이 아는 사람이 누굴까? 또래 집단의 안과 밖에서 모두 어떤 방식으로든 일어날 수 있다. 그것은 사회적인 토템폴에서 놀리는 이 밑으로 놀림을 당하는 아이의 자리를 만들기 위해 시행되는 추한 행위이다.

고전적인 전략은 가장 심한 굴욕감을 주기 위해 확실한 대상에게 가차 없는 공격을 퍼붓는 것이다. 그리고 나서, 그녀가 자신을 방어할 때 "너는 농담으로 받을 수 없니?", "너는 왜 이런 걸로 유난을 떠는데?"라고 말함으로써 가해자들은 그 희생자를 무시해버린다. "어 그냥 농담한 건데."라며 얼버무리는 변명이 좌절감을 주는 이유는 당신에게 상처를 주었던 그 사람은 그런 말로 자유를 얻게 되는 데 있다. 더욱 심한 것은, 놀림을 당했던 소녀가 종종 그녀의 친구 집단 안에서 자기 위치를 잃지 않기 위해서 "미안해, 내가 어리석었어."라며 먼저 사과하거나 그런 놀림을 참는 것이다.

어떤 소녀도 남보다 우위에 서기 위해서 남을 놀릴 수는 없다. 만약 그녀가 그렇게 한다면, 권력이 더 강한 소녀들이 그녀를 자신의 자리로 되돌리려는 발언과 함께 처벌할 것이다. 가끔 자기 자신을 깎아내리거나 잘못을 충분히 시인하면서 자신을 낮추는 소녀는 그 집단 안에서 평형상태를 회복하게 된다.

또래 집단 안의 나쁜 놀림은 계층질서를 유지하거나 그룹의 규칙을 깨뜨린 누군가를 강등시키는 역할도 한다. 또래 집단 밖에서 나쁜 놀림은 그 그룹이 속해 있는 전체 커뮤니티와의 관계에서 그 집단의 힘을 유지하는 것에 관한 것이다.

왜 소녀들은 이것이 나쁜 것인지 '알면서도' 서로에게 이런 짓을 할까? 특히 청소년기 초기에 소녀들의 우정은 자주 변하게 되는데, 그런 변화들이 심한 불안을 유발할 수 있다. 이런 일이 생길 때 전에 친구였던 소녀들은 서로에게 말로 악랄하게 상처주는 것이 가능해진다. 어떤 소녀가 한 집단을 떠나다른 집단으로 가게 될 때 남은 친구들은 거절감을 느낀다. 하지만 그들은 '거만한 듯 보이거나, 속이면서' 그녀에게 화를 내야만 한다고 믿으며 그 감정을 숨긴다. 물론 그런 일에는 어느 정도 맞는 사실도 분명히 있겠지만 대개 그 초기의 감정 밑에 있는 어떤 것이 훨씬 더 문제를 일으키는 질문일 수 있다. "그녀가 왜 나를 떠났을까? 내게 무슨 문제가 있나? 그녀가 떠나면 내가 뭐가 되지? 다른 애들도 그렇게 생각할까?"

적어도 이런 역동은 학교생활에 집중하는 것을 매우 어렵게 만들 수 있고 많은 소녀들은 자신을 비참하게 만드는 사람들을 피하기 위해서 뭐든지 할 수 있다. 그런 괴롭히는 사람과 대면하지 않기 위해서 소녀들이 말해준 여러 전략이 여기에 있다.

- 그녀는 일부러 꾸물거려 버스를 놓친다. 사정을 모르는 그녀의 부모는 딸이 게으르고, 학교 가는 것을 중요하게 생각하지 않는다며 혹은 버스를 놓치면 다른 가족들의 출근이 늦어진다는 것을 깨닫지 못할 정도로 미성숙하다며 불같이 화를 낸다.

- 온종일 학교에서 화장실 이용을 피한다.
- 지각을 하는 한이 있더라도, 수업에 가장 멀리 가는 동선으로 간다.
- 헤드폰으로 음악을 듣거나 귀마개를 하고 변함없이 몰두하는 모습을 보인다.
- 사람들이 그녀 주위에서 무엇을 이야기하는지 선택적으로 듣는 체할 수 있도록 또는 그런 이야기를 해도 신경 쓰지 않는다는 모습으로 항상 책을 읽는 척한다.
- 많이 아픈 척한다.
- 배고프지 않은 척하거나 공부를 더 해야 하는 듯해서 식당에 가지 않는다.

나는 가끔 친구들이 그냥 나의 징징거리는 소리로 듣고 별 신경 안 쓰게, 다 기어들어가는 소리로 나를 그만 놀리라고 말해요. 그리고 이런 소녀들이 과연 내 친구들이었을까라는 생각도 들 정도예요. 놀림을 받는 여자애가 아주 약하게 저항한다면, 놀리는 애들은 "우리는 그냥 농담을 한 건데, 그렇게 과장해서 생각 좀 하지 마."라고 말할 거예요.
　　　　　　　　　　　　　　　　　　　　　　　　　　　　　　　　－조던, 17세

당신이 일이 다 잘 풀리기를 바란다면 어떤 얘기도 해서는 안 돼요. 하지만 그러고 나서 당신은 화가 나거나 누군가가 당신이 느끼는 기분에 대해서 이야기해주기를 원하기 때문에 항상 친구에게 그것에 대해 얘기하게 되지요. 그때 가끔은 그 친구가 다른 사람들에게 이야기하게 되어 그것이 모든 것을 엉망진창으로 만들어 버려요. 나는 정말로 우리가 왜 그렇게 됐는지 이해할 수 없어요.
　　　　　　　　　　　　　　　　　　　　　　　　　　　　　　　　－파멜라, 16세

이런 소녀들이 내 절친들이에요. 나는 그들에게 뭐든지 이야기해요. 그들은 나를 응원해주고요. 하지만 우리가 그렇게 가깝다면 그 애들은 왜 항상 나를 놀렸을까요? 그들이 내 진정한 친구였다면 왜 항상 내 기분이 상하게 했을까요? 내가 무언가를 말하는 게 그렇게 두려웠을까요?
　　　　　　　　　　　　　　　　　　　　　　　　　　　　　　　　－그리어, 14세

　당신 딸이 그리어가 한 질문에 스스로 답을 해볼 수 있다면 모든 것이 훨씬 수월해질 것이다. 하지만, 대부분의 우리와 마찬가지로 소녀들은 종종 친구들을 위해 변명을 하거나 자기는 무관심해서라는 자기합리화로 행동, 실행

욕이 무슨 대수인가?

"그치만 엄마, 그게 우리가 말하는 방식이라고요. 거기에는 어떤 뜻도 없다니까요."

당신 딸이 애정을 표현하는 말로서 '개 같은 년(bitch)'이란 단어를 쓰는가? 당신 딸이 전화를 받으면서 친구에게 "야, 씹탱구리야(Hey Bitch)."라며 생기발랄하게 욕설을 쓰는가? 그렇다면 당신은 (a) 이게 문제라고 생각하거나 (b) 그녀가 당신을 실망시킬 때 뭔가 끝장난 것 같은 느낌을 받을 것이다. 어쨌든 당신이 옳다. 이것은 문제이고 여기에 그녀가 다르게 생각하게 하는 방법이 있다. 어린애들이나 십대들이 쓰는 성적인 욕설에 별 뜻이 없는 이유는 그들이 그것을 정상인 것처럼 너무 자주 듣기 때문이다.

정확히 그게 문제이다. 그게 너무 흔하기 때문에 올바르게 생각할 수 없다. 그래서 나는 당신 딸에게 이렇게 말하게 한다.

네 생각에 내가 너무 오버한다고 느낄 수도 있겠지만, 네가 반드시 알아야 하는 것이 있어. 어원적으로 지금까지 '년'이란 단어는 여성들이 자신의 의견이나 권리를 표현할 때 그들을 입닥치게 하는 말로 쓰여 왔어. '잡년'과 같은 용어는 여성을 어떤 의견이나 권리도 가질 수 없는 오직 성적인 대상으로 생각하게 만들도록 사용되기도 했거든. 엄마는 네가 존중을 요구해야 하는 상황에서 여자는 무조건 입을 다물어야 한다고 믿는 그런 사람은 아니었으면 좋겠어. 네 입 밖으로 나오는 말을 엄마가 통제할 수는 없겠지만, 지금이라도 너도 알다시피 네가 하는 말에 책임을 지는 그런 강한 여성이 되기를 부탁하고 싶어. 그게 힘 있는 여성들이 하는 거라고.

에 옮기는 것을 피한다. 그리고 어떤 경우든, 어린 소녀가 그런 느낌에 대해 체계적인 생각을 하는 것은 쉽지 않고, 당신에게 물어보는 것은 더 어렵다.

그 상황은 어떻게 해도 지는 것처럼 느껴진다. 그녀는 자신을 비참하게 만드는 친구들과 어울리면서 스스로 덫에 걸린 셈이다. 그리고 그녀가 이것을 언급하지 못하면, 그녀는 그녀의 친구들인 양 가장하는 가해자에 대해서 대항하지 못하는 자신에 대해 매우 화가 날 것이다. 나중에 당신 딸이 자신을 존중하지 않는 사람과 데이트를 왜 하는지 당신이 스스로에게 물어볼 수 있을 때 다음을 명심해라. 그녀는 위협에 직면하여 침묵하는 것을 학습하고 있다. 그것에 대해 맞서는 것보다 위협을 참는 것이 덜 고통스럽다고 여긴다.

험담하기

험담은 돈과 같다. 우리는 험담을 교환하고, 팔고, 빌리기도 한다. 우리가 험담을 가치 있게 여기는 이유가 바로 이것이다.   —제인, 16세

나는 아무 이유 없이 사람들에게 비열하게 굴지 않는다. —셀리아, 12세

당신에게 험담을 나누는 누구든지 당신에 관한 험담을 하게 될 것이다. —코트니, 15세

상황을 직시해보면, 우리 모두는 험담을 한다. 통화하면서, 파티에서, 식사하면서, 그리고 가족들이 다 모인 자리에서도 말이다. 소녀들도 다르지 않다. 사실상 어른들이 왜 그걸 더 잘한다고 생각하는가? 우리는 어렸을 적부터 그 기술을 갈고닦아 왔기 때문이다. 그래서 험담을 멈추기가 거의 불가능에 가깝다. 내 친구가 만약 어떤 재미있는 정보로 직장에서 나를 호출할 때 내 친구에게 당장 그만두라고 말해야 하나? 물론 아니다. 하지만 여기에 차이점이 있다. 험담은 여전히 당신의 일상을 파괴할 능력을 지닌 반면에 성인인 당신의 삶에 대한 영향은 대개 피상적이며 아주 잠깐 동안일 수 있다. 당신이 누군가에게 상처를 줄 것이란 것을 알게 될 때에는 입을 좀 다물고 있기를 바란다. 하지만 당신이 십대라면 양상이 매우 다르다. 놀림과 더불어 험담은 서로에게 모욕을 주거나 그들의 사회적 위치를 강화하기 위해서 사용하는 가장 기본적인 무기들 중 하나다.

도입부에서 말한 것처럼, 험담의 영향력은 기술의 발달과 함께 드라마틱할 정도로 커졌다. 마치 청소년들은 험담대회에 참가하기 위해서 자동적인 반응을 멈추게 하는 내적 제동장치를 상실한 것처럼 느껴진다. 다른 누군가의 난처함과 굴욕감은 다른 누군가의 오락거리가 되거나 그 사람을 점점 심각하게 만드는 기회가 된다. 소녀들은 말 그대로 그들이 하는 모든 것과 심지어 부모의 눈앞에서 보내는 문자메시지라도 전 세계가 다 보고 있다고 느끼기에 험담은 항상 굴욕감을 준다. 그리고 그것은 사실이다.

아마도 당신은 당신의 행동이나 다른 사람들 앞에서 말한 뭔가에 의해서 당신 딸이 굴욕감을 느낄 때 그녀의 자아중심성이 확 드러난 것을 봤을 것이다. 내 딸이 여자가 될 때(Reviving Ophelia)에서 저자인 메리 파이퍼는 '상상 속 관객 증후군'을 기술했다. 그 책에서 그녀는 그녀의 엄마가 연극에서 박수를 치는 방식에 창피함을 느꼈다. 현실에서 그녀의 딸을 제외하곤 어느 누구

도 그녀가 박수를 이상하게 친다고 생각하지 않고, 설령 그렇게 친다 하더라도 그게 뭐가 중요한가? 그러나 이 소녀는 모든 사람이 전부 그녀와 더 나아가 그녀의 엄마에게 주목하고 있다고 진심으로 믿고 있다. 당신이 어떤 누구도 눈치채지 못하는 뭔가를 해서 당신 딸을 당황스럽게 만들었다면, 그녀에 관한 루머가 퍼져나갈 때 당신 딸이 어떻게 느낄지를 상상해보라. 그녀는 마치 수치와 모욕이란 광고를 하고 있는 네온사인을 걸친 것처럼 느낀다. 그리고 모든 사람들이 학교 가기 전이나, 수업중이나, 학교를 마친 이후에도 문자메시지나 페이스북, 그리고 메신저 등을 통해 그 소문을 퍼 나를 것 같은 당신 딸의 편집증은 오필리아도 그랬던 것처럼 실제로 느껴진다.[*]

나는 어떤 수업에는 수업시간 전부를 험담에 대한 토론으로 할애한다. 수업이 10분 남짓 남았을 때, 나는 소녀들에게 현실적으로 그들이 험담하지 않을 수 있다고 보증할 수 있는 시간이 얼마나 되는지 물어본다. 그들은 킥킥대기도 하고, 논쟁하기도 한다. 그게 가능하다고요? 그들이 할 수 있대요? 그들이 왜 그걸 하기를 원하는 거죠? 대부분은 30분도 못 돼서 다시 험담을 하게 될 것이라고 생각한다. 이런 시간을 보내며, 그들은 친구들과의 대화가 험

험담이냐 환기냐

소녀들은 종종 자신들이 실제로 험담을 하게 될 때 뭔가를 해소하거나 친구로부터 조언을 얻고 있는 척한다. 조언을 얻거나 피드백을 받을 때 다른 사람들의 반응을 살피는 것에는 잘못된 것이 전혀 없다. 그래서 무슨 차이가 있을까? 험담은 어떤 사람이 누군가를 모욕하거나 고립시킬 목적으로 그 사람에 대한 정보를 퍼트리는 것이다. 환기는 당신이 갖고 있는 경험에 대한 당신의 느낌을 표현하는 것이다. 예를 들어 당신이 다른 소녀에게 아주 화가 나서 다른 친구에게 무슨 일이 일어났는지 말하고 거기에 대한 당신의 느낌을 이야기한다면 그것은 환기이다. 당신의 친구들이 그 정보를 얻고 다른 사람들에게 이야기해서 극적인 뭔가를 일으키거나 사람들이 그 소녀를 좋아하지 않게 만든다면 그것은 험담이다. 부모로서 당신이 해야 할 일은 당신 딸에게 자신의 기분을 표현하거나 조언을 듣기 위해서 친구에게 다가가는 것과 혹은 다른 사람을 망치게 하는 의도로 친구에게 접근하는 것의 차이를 가르치는 것이다.

---

* 역자주 : Reviving Ophelia는 메리 파이퍼가 '미국 여자청소년들의 자기를 되찾아주기'라는 부제를 갖고 1994년 발간한 단행본으로 뉴욕타임스가 선정한 베스트셀러. 동명의 드라마와 영화로도 제작이 되었다. 참고로 오필리아는 셰익스피어의 햄릿의 여주인공 이름이다. 출처 : 위키피디아

담을 위주로 돌아가는지 생각해보도록 한다. 여기에 그들이 적어낸 서약들이 있다.

"우리 8B 학급은 이 수업을 떠나 다른 수업으로 갈 때 험담을 하지 않을 것과 배타적인 태도를 취하지 않을 것임을 약속합니다."

"우리 6C 학급은 4월 2일 오늘 2시간 동안 서로에 대해 모함하거나, 거짓말하거나, 험담하거나 소문을 퍼뜨리지 않을 것임을 약속합니다."

간혹, 어떤 소녀들은 야심 찬 열망을 갖고 다음과 같이 적는다.

"우리 9B 학급은 3일간 험담을 하지 않을 것임을 맹세합니다."

나는 그 소녀들이 자신들의 서약을 준수할 것이라 생각하지 않는다. 목적은 그들이 일상적 대화의 많은 부분이 험담을 위주로 돌아간다는 것을 깨닫게 하는 데 있다. 이런 연습을 통해서 그들이 느끼는 바가 있을 것이다. 다음 수업에서 그들이 가장 많이 했던 말은 "우리가 얘기하는 모든 것이 다 험담이었다는 것을 알고, 아주 섬뜩했어요."였다.

소녀들이 무엇에 대해 험담하는가?

4학년

어떤 애가 남자애들에게 미쳐 있나?

누구하고 누가 사귀고 있나?

그 학급에 어떤 소녀가 가장 건방진가?

그 학급에서 피해야 할 애는 누구인가?

6학년

우정

친구와의 갈등

또래 그룹 안/사이의 경쟁

남자애들과의 강렬한 사랑

9학년

누가 선배 남학생과 친구가 되려고 하나?

누가 인기 있나?

다른 소녀들의 남자를 가로채는 여자애는 누구인가?

어떤 남자애들이 여자애들에게 이용당하는가?

어떤 여자애들이 남자애들에게 이용당하는가?

학급에 어떤 여자애들이 선배들에게 관심을 받나?

어떤 파티에 초대를 받았고, 초대받지 못했나?

누가 술 먹고, 마약을 하고, 섹스를 하나?

11학년

어느 신입생이 선배 남학생에게 고백을 했나?

지난 파티에서 누가 누구와 섹스를 했나?

누가 누구와 바람을 피웠나?

누가 술 먹고 마약을 했나?

지난 파티에서 누가 바보 같은 짓을 했나?

누가 이용당하고 있고, 왜 그렇게 되도 되는지/그렇게 되면 안 되는지

평판

험담과 평판은 둘 중 어느 하나가 없으면 홀로 존재할 수 없다. 평판은 끊임없는 험담의 부산물이고 좋든 나쁘든 평판은 소녀들을 덫에 걸리게 한다. 또래 집단처럼, 당신 딸은 아마도 십대 후반보다는 십대 초반에 더욱 융통성 없이 평판을 받아들일 것이다. 나는 처음에 소녀들과 평판에 대해서 토론할 때 그들에게 다음 세 가지 질문을 던진다─(1) 어떤 소녀가 나쁜 평판을 얻게 될 때, 그게 그녀의 잘못일까? (2) 네가 한 번 좋거나 나쁜 평판을 받으면, 항상 그런 평판이 따라다닐까? (3) 친구가 나쁜 평판을 받게 될 때, 친구를 도와

야 할까?

대다수의 어린 소녀들과 십대들은 당신이 가진 평판에 대해서 책임이 있다거나 항상 기를 못 펼 것이며 친구를 도와줄 때 그들도 다칠 것이라고 믿는다. 십대 후반의 애들은 사람들이 그럴 만한 일을 전혀 하지 않았음에도 나쁜 평판을 얻을 수 있다는 것을 알고, 그 평판이 전학을 가야만 하는 상황을 초래한다 해도 가끔 그런 평판을 잊고 지낼 수 있다.

어디선가 소녀들이 그 평판을 진실로 믿기 시작하기 때문에 평판의 영향력은 당신 딸의 십대 시절 내내 지속될 수 있다. 그들이 누구인지(기질, 자기감과 인격)가 그런 평판과 뒤섞인다. 이것이 그들이 어리석은 짓이나 위험한 일을 한다는 것을 자각할 때 '내가 왜 그랬을까?' 하는 동기에 대해 자주 혼란스러워 하는 또 다른 이유이다. 그들은 친구나 남자애들 혹은 부모를 기쁘게 하기를 원하기 때문에, 그들은 자신의 이미지를 유지할 수 있는 더 나은 결정에 반해 뭔가를 하게 될 것이다.

다음은 내가 소녀들과 대화하면서 보거나 들었던 여러 평판들을 모아본 것이다. 처음 4개는 6학년들까지에 해당된다. 이것들과 그다음의 것들은 7학년 애들로부터 알아낸 것이다.

드라마 퀸

그녀는 관심의 중심이 되어야 한다. 그녀는 어떤 남자애가 어떤 여자애를 좋아하는지를 맞추려 든다. 그녀가 화가 나면 손을 뻗쳐서 당신이 말하지 못하도록 막을 것이다. 그녀는 전문적인 거짓말쟁이로 모든 다른 사람들보다 더 우월하다고 생각한다. 항상 내가 무엇을 해야 하는지 명령한다.

소녀 같은 소녀

그녀는 분홍색이나 아마도 보라색을 좋아한다. 그녀는 벌레 같은 것을 보면 굉장히 기겁을 한다. 그녀는 더러운 것을 못 참는다. 그녀는 손톱을 반짝반짝하게 하거나, 그럴 수 없을 때는 전문적으로 형광펜을 이용해서 손톱에 색깔을 칠한다. 그녀 주위에는 구름떼 같이 많은 남자애들이 있다. 그녀는 패션 디자이너가 되길 원하며 항상 옷 얘기를 한다. 그녀는 공주풍의 웹사이트나 옷을 입혀주는 게임을 좋아한다.

> 그녀는 사람들이 그녀를 위해서 문을 열어주기를 원해요. 이미 문이 열려 있는데도 말이죠.
> —케리아, 11세

> 가끔 소녀 같은 애나 드라마퀸 같은 여자애를 만나요. 그건 저한테 일어날 수 있는 것 중에서 아주 최악이라고 생각해요. 당신 집에 불이 나서 곧 폭발하게 될 것 같은 느낌 같은 거예요.
> —애니, 10세

알랑거리는 애

소녀들은 대부분 그녀를 신뢰하지 않으며 교사들도 그녀를 좋아하지 않는다. 알랑거리는 애는 저학년에서는 선생님이 없을 때 자신이 나서서 규칙의 집행자 역할을 하며 사태를 악화시킨다. 그녀의 또래들은 그녀가 믿을 수 없을 정도로 짜증나는 것을 알면서도 숙제로 자신을 도와줄 때에만 그녀를 이용할 것이다.

말괄량이

당신이 성장했을 때와 똑같다. 인형놀이나 분장놀이를 하지 않고 오히려 피구를 즐기거나 남자애들과 거칠게 논다.

완벽한 소녀

모든 사람이 그녀의 삶은 완벽하다고 생각한다. 반면에 그녀는 그것이 가짜라고 느낀다. 어떤 순간에 누군가가 커튼을 열고 그녀를 노출시킬 것으로 걱정한다. 그녀는 실수를 피하기 위해서 처절하게 노력하고, 자신에게 극단적으로 가혹하다. 그녀는 자신의 결점을 쉽게 찾고 충분히 괜찮다는 생각을 전혀 하지 못한다. 그녀는 자신이 가진 어떤 이미지에 뒤처지지 않으려고 녹초가 되도록 애를 쓴다. 그녀는 통제력을 상실할까 봐 혹은 그녀가 처해 있는 압력에서 벗어나려고 알코올중독자나 마약쟁이가 될까 봐 술도 마약도 전혀 하지 않는다.

남자의 여자

그녀는 여자들은 너무 호들갑스럽기 때문에 '항상 남자애들과만 지내는 것이 좋다'고 주장한다. 그녀가 듣게 되는 가장 큰 불만 중 하나는 정치나 성관련 이슈로 남자들과 여자들이 논쟁을 벌일 때 남자들 편을 든다는 것이고, 남자들은 그런 이유로 그녀를 아주 좋아한다. 그녀는 자주 자신의 느낌을 무시하고, 남자에 집착하지 않는 것처럼 행동한다. 그녀는 결국 자신을 성적 대상물로 대하도록 만들고, 남자들도 그녀를 그런 식으로 대한다. 그녀는 자신이 이리저리 안 끌려 다니는 강한 사람이라고 자신에게 말한다. 그래야 마음 편히 잠들 수 있으니까.

사립학교 다니는 귀공녀

그녀는 학교를 좋아한다. 3년 동안 남자친구가 있다. 그 남자친구도 사립학교를 다니는 생기발랄한 애들 중 하나다. 그녀는 모든 위원회에 들어가 있다. 고딕(Emo/Goth) 소녀처럼, 이런 평판은 오랜 시간이 지나도 건재하다. 많은 부모들이 이런 사립학교에 다니는 자녀를 매우 좋아한다. 왜냐하면 그들의 내적인 삶이 그들이 입는 옷처럼 깨끗하게 보이기 때문이다. 이것은 사실일 수 있지만, 꼭 그렇다고 보장할 수는 없다.

고딕 소녀

사람들은 수년간 그것을 다른 식으로 불러 왔지만, 여기에서 이 소녀는 머리에서 발끝까지 검은색 옷을 입고, 대개 머리를 검게 염색하고—항상 검은색으로 염색하지는 않는다—어두운 음악을 듣고, 냉소적인 표현과 어두운 스타일을 직시하지 못하는 사람들을 겁먹게 한다. 그녀는 인기 있는 또래 집단의 사람들과 인기에 초연한 것 같은 인상을 준다. 가끔 그녀는 다른 사람들을 겁먹게 하는 말을 한다. 그녀는 딱딱한 외적인 모습에도 불구하고 타인에게 쉽게 상처받을 수 있고, 인기 있는 또래 집단이 그녀의 삶이나 그녀의 친구들을 비참하게 만들 때 어른들한테 가서 말하거나 상의할 필요가 없다고 생각한다.

레즈비언(동성애하는 여자)

6학년 때는 남자애들과 축구를 하지만 8학년이 되면 남자들은 그녀와 놀지 않는다. 여자애들 역시 그 애와 놀지 않는다. 그녀는 그룹에 들어가기를 거부한 채 조용히 지낸다. 그리고 소외감을 느낀다. 꼭 필요할 때는 의사표현을 하지만 그러고 나선 다시 그녀의 세계 속으로 숨는다. 그녀의 동료들은 흔히 그녀가 게이가 되었다는 루머를 퍼트린다(게이일 수 있지만, 항상 그런 것은 아니다). 깨달아야 할 중요한 것은 이런 평판은 그녀의 성적인 경향보다는 그녀의 남성적인 외모나 그녀가 갖고 있는 성 중립적인 모습에 기인한다는 것이다. 부모와 교사들도 그녀가 마음을 터놓게 하는 데 있어 정말 힘든 시간을 갖는다. 하지만 그렇게만 된다면 그녀는 정말로 재미있고 연민 어린 아이임을 알게 될 것이다.

출세주의자

카멜레온 같은 소녀다. 그녀는 자신이 모방하고 싶은 소녀나 좋아하는 남자와 어울리기 위해서 자신을 끊임없이 바꾼다. 그녀는 자신이 갖고 있는 생각을 표현하는 것이 두렵기 때문에 자신의 의견을 다른 사람들에게 의지하는 편이다. 그녀는 남들의 표적이 되는 것을 끔찍하게 여기고 힘 있는 다른 소녀들에 의해서 쉽게 조종당한다. 남자애들과 여자애들은 너무 힘들게 노력하는 그녀를 몰래 비웃을 수 있다.

악평 : 난잡한 년

매춘부, 기형아, 기분 잡치게 하는 인간. 그 비슷한 무엇이든지 다 함축한다. 그렇게 많은 의미를 전달하고 많은 응어리를 갖고 있고 소녀들의 행동과 의사결정을 통제하는 단어는 별로 많지 않다. 내가 하는 작업에서 가장 힘든 일 중 하나는 소녀들의 성을 끊임없이 착취하려는 세상에 소녀들이 얼마나 취약한 계층인지 확실히 이해시키는 한편 자신이 성숙해진 성생활에 자부심을 느끼도록 소녀들을 격려하는 것이다. 여기에 '잡년'이란 평판이 오게 되면, 소녀들은 '잡년처럼 행동한다는 것'과 '잡년인 것' 중 하나를 문제 삼는 것이다. 잡년처럼 행동한다고 비난받을 것 같은 두려움이 특정 상황에서 소녀들의 행동을 통제한다. 예를 들면 당신 딸이 파티에 갈 옷을 고를 때 너무 난잡하게 보이지는 않으면서도 섹시하게 보이도록 그 수위를 조절하는 것이다. 즉, 남자애들에게는 매력적으로 보이면서도 다른 소녀들의 노여움을 초래하지 않도록 하는 정도로 말이다.

> 제가 친구 셋이랑 농구를 하고 있었어요. 친구들 중 한 명은 여자애였고, 나머지 둘은 남자애였죠. 우리가 잠시 농구를 하고 있었는데, 우리 학교 7학년의 어떤 여자애가 오더니 자기도 같이 할 수 있냐고 물었어요. 그래서 된다고 했죠. 잠시 후에 그녀는 운동복 상의와 바지를 훌러덩 벗더니 꽉 끼는 민소매 티셔츠와 바지만 입고 있는 거예요. 우리는 농구를 계속하긴 했지만, 남자애들이 집중을 못하더라고요. 제 생각에 그 여자애는 자기 몸매를 과시하고, 남자애들에게 추근대는 듯했어요. 어이없는 농구 경기가 되어버렸어요. 정말이지 잡년처럼 행동한다는 게 딱 그거일 거예요.   ―브렛, 11세

이 시나리오를 바라보고 있던 그녀(농구장의 다른 소녀)가 어떤 것을 느꼈을지 그녀에게 물었을 때, 그녀의 반응은 훨씬 더 복잡했다. 그녀는 7학년 소녀의 행동을 괜찮다고 인정하지 못하는 만큼 그녀가 남자애들에게 주목받는 것을 시기하는 마음 때문에 갈등을 겪었다. 소녀들은 그들 자신으로 사는 것과 섹시한 옷을 드러내 보이는 것 사이에서 선택을 해야 한다고 느끼는데 이것은 그들에게 엄청난 갈등이 된다. 어느 소녀가 섹시한 옷을 입고 그런 역할을 한다면 뭇 남자애들의 주목을 받을 수 있겠지만 소녀들의 공분을 살 위험에도 처할 것이다. 그리고 그녀에 대해 악의적인 뒷담화를 해댈 것이다. 그래서 그녀는 두 가지 상충하는 의제를 갖고 있는 집단을 만족시키려는 불가능을 달성하려고 할 것이다. 그녀 역시 자신이 성적으로 남자애들과 상호작

용을 하게 될 때, 그녀의 오직 성적인 부분만이 남자애들이 자신을 가치 있게 여기는 것임을 인정하지 않고는 그들과 잘 어울리지 못할 것이다. 소녀들이 잡년처럼 군다고 서로를 비난할 때 이런 상충되는 감정과 혼동은 더 커질 것이다.

어린 소녀들한테는, 잡년으로 불릴 위험은 허용되는 행동과 의상의 한계를 뜻한다. 그들은 '너무나 많이' 치근덕대거나 '너무 심한' 노출을 하는 애를 묘사할 때 그 한계를 이용한다. 그들은 타인에게 어떻게 보일지에 대해서 개인적으로 안심할 수 있는 수위가 쉽게 흔들리거나 혼동한다. 그것은 말 그대로 여성을 성적인 대상으로만 보는 세상에서 그들이 어린 소녀에서 여성으로 변하는 과정에 있기 때문이다. 그것들은 혼란스럽게도 하고, 동시에 흥분하게도 하고, 모두를 무섭게 하는 것일 수 있다.

그래서, 잡년처럼 행동한다는 것은 소녀가 학교의 복도나 영화관, 쇼핑몰이나 파티와 같이 '공식적인' 곳에서 술에 취해 누군가에게 몸을 던지는 것으로 볼 수 있는 그녀의 외모나 행동으로부터 얻게 되는 꼬리표이다. 잡년이란 혐의는 적어도 소녀들이 남자애들이랑 연애를 하게 될 뿐 아니라 오럴섹스나 성관계도 할 수 있는 8학년쯤은 되어야 들을 수 있다. 그리고 잡년의 평판은 소녀의 성생활을 비난하는 것 이상으로 그녀가 쉽게 남자를 차버리고, 많은 남자애들과 성관계를 갖는 것 등을 의미한다. 이것은 비난받는 이가 모든 사람들의 판단, 질투, 호기심, 그리고 공포까지 다 받아내는 것이기 때문에 거의 떨쳐버리기 힘든 평판이다. 내가 나쁜 평판을 가진 소녀들과 이런 작업을 할 때 처음에 그들은 나를 경계한다. 그들은 왜 나를 신뢰하지 못할까? 그들은 자주 타인으로부터 느꼈던 비판과 거절을 차단하기 위해서 자신 주위에 거대한 장벽을 쌓는 것을 배워 왔기 때문이다.

내 학급에 이런 소녀들이 있을 때, 나는 그녀들의 반항적인 표정만으로 그들이 누구인지 알아차릴 수 있다. 가장 안 좋은 표현은 여성행동지침 행동 밖에만 있지 못하는 소녀들에게서 나오지만 실제로는 그 그룹 안의 다른 소녀들 때문에 고생한다. 처음에는 이런 주제를 갖고 이야기하는 것이 그들에게는 위험해 보인다. 그들에게 상처를 주는 것을 이야기하는 것이기에 그들은 내가 그들을 공정하게 대할 거라고 믿을 이유가 전혀 없다.

케이트는 나의 10학년 수업 중 한 반에 있었던 아이였다. 그녀는 수업에 처음 왔을 때 그 수업이 따분할 것으로 생각해서 지각을 했다. 그녀의 표현은 ─내가 지각한 걸 지적할 때까지 기다렸다고 말할 정도로─도전적이고 적대적이었다. 그녀는 처음에는 교실 뒤편에 앉았다가 5분이 지나자 바로 내 앞으로 다가왔다. 여성행동지침에 나오는 행동들이 칠판에 적혀 있었고, 소녀들이 또래에서 하고 있는 다른 역할을 토론하고 있었다. 케이트는 뭔가를 노려보면서 내가 알아들을 수 없는 말을 했다. 내가 그녀에게 다시 말해 달라고 했을 때 인기 있는 소녀들 중 하나가 "아, 걔한테 신경 쓰지 말아요. 원래 그래요."라고 했다. 케이트의 얼굴에 어두운 그늘이 드리웠고 자세가 경직되었다. 다시 말하기를 "제가 애들이 싫다고 말했죠? 선생님도 쟤들을 믿지 못할 거예요. 쟤들은 비열하고, 어리석고, 시기심이 많아요. 다른 애들도 이 반 애들처럼 내가 남자애들한테 관심을 더 많이 받기 때문에 질투하는 거라고요. 애들이 날 잡년이라고 부르는 것을 알지만 별로 신경 쓰지 않아요." 그녀가 얘기했을 때, 반 학생들의 분노감이 파문처럼 터져 나오는 것을 느꼈다. 인기 있는 소녀들은 질투한다고 비난받는 것 이상으로 싫어하는 것은 별로 없다.

케이트와 같은 소녀들을 봤던 것으로 기억되는 선배 소녀가 했던 말을 잘 들어보자.

> 7학년에서 남자애들에게 항상 추근거리는 여자애를 눈여겨봤었어요. 문제는 그 애가 자초해서 다른 애들과 멀어지는 거였어요. 그 애는 사람들이 부여했던 잡년의 역할을 꽤 잘 받아들였어요. 그 애가 추근거렸던 남자애들은 그녀와 진심으로 관계를 유지하지 못했어요. 나는 그 애가 그런 대접을 받는 것을 원치 않았지만 나도 그 애가 받고 있었던 관심을 갈구했어요. 하지만 내가 그녀 주위에 있었을 때는 항상 믿기 어려울 정도로 내숭을 떨었고, 긴장했어요. ─그레이스, 17세

소녀들은 잘해봤자 케이트와 같은 애들과는 불편한 관계가 되거나 최악의 경우에는 그녀를 무시하고 어떤 관계도 맺지 않으려고 한다. 한편 케이트는

소녀들을 믿지 않았고 그럴 만한 이유가 있었다. 케이트는 속으로 모든 소녀들은 다 나쁘다고 생각하고, 소녀들에 대한 그녀의 불신 때문에 남자를 믿는 문제에 대한 판단력까지 흐려진다. 그녀는 자연히 자신을 기분 좋게 할 사람을 찾아다닐 것이다. 케이트가 원하는 관심을 얻어내는 가장 쉽고 빠른 길은 남자애들과 어울리는 것이다. 케이트와 어울리길 원하는 대부분의 남자애들은 소녀들을 오직 성적인 대상으로만 대하면서 자신의 남성성을 증명하고 싶어 하는 애들이다. 케이트는 자신이 받고 있는 관심을 외면하고 싶지 않기 때문에 남자들이 원하는 것을 해줄 것이다. 그녀는 자신을 거절하지 않는 사람을 절대 거절하지 못할 것이다.

케이트와 같은 소녀들에 대해 가장 슬픈 사실 중 하나는 많은 소녀들이 의지할 사람이 자신밖에 없으며 자신들이 남성들 위에 군림하는 자리에 있다고 믿으면서도 종종 사랑과 섹스를 낭만적으로 받아들이고 있다는 점이다. 그들은 누군가가 자신을 있는 그대로 봐주고 사랑해주는 소망에 사로잡혀 있는 소녀들일 뿐이다. 그들은 연애를 할 때마다 이 사람이 그 사람이기를 바라는 소망이 마음 한구석에 존재한다.

> 남자애들이 나를 잡년이라고 할지 몰라요. 그래도 남자애들은 여자애들하고 달리 겉으로 표현은 하지요. ─사샤, 15세

그 시절에 나는

- 당신은 떨쳐버릴 수 없는 평판으로 덫에 걸린 것 같은 느낌을 받은 적이 있었는가?
- 그때 당신은 놀림을 받았는가? 당신은 무엇 때문에 놀림을 받았는가? 당신은 그걸 어떻게 다루었는가?
- 당신이 당신 딸의 나이였을 때, 험담을 퍼뜨리다가 들킨 적이 있는가?
- 당신은 무엇에 관해 험담을 했는가? 당신은 그걸 어떻게 다루었는가?
- 당신 딸의 절친 명단을 적어보라. 그들은 당신 딸의 편인가 아니면 당신

딸을 오히려 힘들게 하는가?

- 당신이 비열하다면, 당신은 당신 딸의 어떤 점에 대해서 놀렸을까? 당신 딸이 거기에 어떻게 반응하리라고 생각하는가?
- 당신은 지금도 다른 사람들에 대해 험담하거나 놀리는가?
- 당신 딸은 당신이 험담하는 것을 듣는가?

당신이 할 수 있는 것

당신 딸을 도울 수 있는 첫 단계는 당신 삶에서 놀림과 험담의 역할을 인정하는 것이다. 내가 이 장의 서두에서 말했던 것처럼 당신이 험담이나 상처주는 말을 "그냥 농담이었어.", "기분 나빠 하지마." 또는 "너는 너무 예민해."라는 식으로 얼버무린다면, 당신은 딸에게 나쁜 행동을 따라 하게 하는 것이다. 당신이 보는 가십 프로를 꺼버리고 남의 사생활을 다루는 잡지 구독을 그만두는 것이 낫다. 나는 그것들이 많은 사람들에게 일말의 죄책감과 함께 즐거움이 되는 것을 알지만 우리가 당신 딸을 위해서 얘기하는 것이니 당신이 딸에게 신뢰할 수 있는 역할모델이 되었으면 한다.

지금부터라도 그녀가 조롱받고 따돌림을 당하고 나쁜 놀림의 대상이 되거나 악평을 받을 때를 대비해 전투 계획을 짜고 당신 딸을 무장시킬 필요가 있다. 당신이 어떤 식으로 행동해야 하는지 내 학생들이 나와 공유했던 방법을 하나 예를 들어 소개해본다.

> 내가 신입생이었을 때 많은 남자애들이 좋아했던 새로운 여자애가 한 명 있었어요. 그 학급의 여자애 둘이 '로리 쇼어는 왕걸레'라는 페이스북 그룹을 만들었어요. 다음 날 어떤 여자애가 로리한테 그 그룹에 관해 말해줬어요. 로리는 그 소녀들과 정면으로 부딪혔죠. 그 소녀들 중 한 명은 딱 부러지게 "그래. 내가 했다. 그래서 뭐 어쩔 건데?"라고 말했죠. 다른 소녀는 실제로 로리의 정말 좋은 친구였는데 계속해서 자기는 절대로 그런 적이 없다고 했어요.　　　　　　　　　　　　　　　　　　　　　　－호프, 16세

이 비열한 이야기에는 우리가 토론하고 있는 모든 주제가 담겨 있다. 소녀들이 말한 것을 살펴보자.

- 페이스북 그룹을 만들었던 여왕벌(그것을 했다고 인정했던 여자애)은 로리를 파멸시키고, 다른 애들 위에 군림하는 자신의 힘을 과시하기 위해서 그 짓을 하고 있다.
- 방관자는 자신이 관련되었다는 것을 계속 부정한다. 그녀는 여왕벌에게 겁을 먹고 있고, 로리에게 깨끗이 자백하기에는 너무 부끄럽다.
- 메신저는 로리에게 그 그룹에 관해서 얘기해주었던 여자애다.

이런 일이 당신 딸에게 일어난다면, 당신은 이것을 어떻게 다룰 것인가? 우선 가장 중요한 일을 먼저 하도록 한다. 당신은 당신 딸에게 비열하게 대했던 여왕벌이나 다른 소녀를 그저 미워할 수도 있다. 부모들이 화가 나서 다른 소녀 집에까지 쳐들어가 그녀의 부모에게 고함을 지르는 것이 당연하게 느껴질 만큼 그런 모습을 보는 것이 어렵지 않다. 솔직히 당신이 이 이야기를 듣고, 이 상황이 당신 딸에게 일어났을 때 그 소녀들을 퇴학시키지 않고서는 당신 딸을 다음 날에도 등교시킬 의사가 전혀 없을 거라 생각했더라도 나는 전적으로 이해한다.

당신의 딸이 희생자일 때 "그냥 잊어버려."라고 말하지 마라

이런 상황에서도 무시하는 것이 최선이라고 믿는 부모들이 있다. 어떻게 보면 성숙한 전략처럼 들릴지 모르지만, 소녀들은 그 충고로 자신들의 세계를 부모가 전혀 이해하지 못한다고 느낀다. 소녀들에게 문제가 생기면 바로 도움을 주어야 한다. 즉각적으로. 모든 학생들이 그 페이스북 그룹을 알고 있고 설령 학교 선생님들이 그 사실을 안다 해도, 선생님들은 그 주동자들을 처벌하지 않을 것이다. 왜냐하면 페이스북은 학교와 아무런 관련이 없고 주동자들은 학교 밖에서 일을 벌였기 때문이다. 당신이 로리라고 상상해보라. 다음 날 어떻게 얼굴을 들고 학교에 갈지 걱정하는 것 외에는 아무 생각도 못할 것이다. 길게 내다볼 수 없기 때문에 내년보다는 다음 주가 로리에게는 더 중요하다.

학교의 모든 아이들, 특히 페이스북 그룹을 만든 아이들이 다음 날 로리가 어떻게 반응할지 지켜보리라는 것을 로리는 알고 있다. 로리가 이 상황을 어느 정도 통제할 수 있다고 느끼려면 무슨 말을 할지, 자세는 어떻게 유지할지, 그리고 어떤 목소리를 낼지 알아야 한다.

 딸을 기겁하게 하는 말

그 외 말하지 말아야 할 것 : 걔들은 단지 질투하고 있을 뿐이야.
　　　　　　　　　　　　　걔들은 불안정해서 그래.
　　　　　　　　　　　　　너는 걔들이 없는 편이 더 나아.
　　　　　　　　　　　　　강하면 돼.
　　　　　　　　　　　　　신경 쓰지 마.

무슨 말을 할까

만일 당신이 로리의 부모이고, 로리가 울면서 집에 오지 않는다면(이것은 굉장히 끔찍한 상황이므로 가능하다), 뭔가 잘못되고 있다거나 그것이 무엇인지 알아차리기는 힘들다. 4장에 나와 있는 '경청하기' 부분을 다시 읽어보라. 기억하라. 딸이 말할 준비가 되어 있을 때 당신도 반드시 말할 준비가 되어 있어야 한다.

만약 당신 딸이 말하고 싶어 하지만 대수롭지 않은 일처럼 표현한다면, 딸을 믿지 마라. 그것은 대단한 일이다. 딸이 속상해한다는 걸 알면, 부드럽게 접근하라—"내가 틀릴 수도 있겠지만 네가 속상해하는 것 같구나. 무슨 일인지 얘기해줄 수 있겠니?"

딸이 먼저 다가왔지만 당신이 그 순간 말할 수 없는 상황이라면 언제가 좋은지 딸에게 말해주어라. 늘 명심해야 할 것은 당신이 준비가 되었을 때 기회는 사라질 수도 있다는 점이다. 왜냐하면 당신이 준비하고 있는 사이에 딸은 이미 친구에게 얘기하거나 엄마에게 먼저 얘기를 하는 것에 대해 다시 생각해볼 수 있기 때문이다. 만일 뒤로 미루어야 한다면 시간을 정하되 가능한 빠른 시간으로 정하고 그 약속을 절대 잊지 마라!

딸과 놀림과 가십 문제에 대해 대화함에 있어 두 가지 목표가 있다. 첫 번째는 딸과 생산적인 대화를 하는 것이다. 즉, 대화를 통해 딸을 지지해주고 당신이 언제든 도움을 줄 수 있으며 판단하지 않고 들어줄 수 있는 사람임을 확신시켜야 한다. 두 번째는 딸이 현실적인 전략을 세우도록 돕는 것이다 ─ 당신이 흥분하여 펄펄 뛰거나 문제를 더 악화시켜서는 안 된다는 의미다. 첫 번째 목표 달성 없이 두 번째 목표를 달성할 수는 없을 것이다. 어떻게 대화가 진행되는지 보자.

딸 : 음… 있잖아요… 잠깐 얘기할 게 있는데요?

부모 : (세금을 내면서, 은행 잔고를 확인하면서, 여러 가지 일 처리에 정신이 팔려서) 어? (당신의 뇌가 느려지면서 기어를 옮긴다.) 무슨 일이야?

딸 : 아무것도 아니에요. 뭐, 별일은 아닌데, 학교 애들 몇 명이 페이스북에 나에 대해 뭔가를 했어요.

부모 : (좀 더 주의를 기울이되 평상시 목소리를 유지하며) 걔들이 뭘 했는데?

딸 : 난리치지 않는다고 약속하면 말할게요.

부모 : 난리친다는 게 무슨 뜻인지 구체적으로 얘기해줄래?

딸 : 있잖아요, 학교에 전화 걸거나, 그 애들 부모에게 전화하거나, 다시는 페이스북 못하게 한다든지요. 내가 얘기해도, 절대 그렇게 하지 않겠다고 약속하셔야 돼요.

부모 : 알았다. 지금 당장 그 사람들에게 전화를 걸진 않을게. 그리고 네가 나한테 어떤 얘기를 하건 어떻게 할지에 대해 같이 차근차근 생각해본다고 약속할게. 하지만 아무것도 하지 않을 거라는 건 약속할 수 없구나. 왜냐하면 반드시 해야 되는 것이 있을 수 있고, 너와의 약속을 어기는 것도 원치 않아.

딸 : (침묵. 눈물이 고인다.)

부모 : 잘 듣거라. 지금 무슨 일이 일어나고 있는지 모르겠지만 엄마는 들

을 준비가 되어 있단다. 나중에, 다른 누구에겐가 이 일을 말해야 한다면 우리가 같이 누구에게 갈 건지, 언제 갈 건지 결정할 거야. 그래서… 걔들이 어떻게 했는데?

딸 : 진짜로 기분 나쁜 말을 해요. 정말로 화가 나요!

부모 : 걔들이 한 말이나 행동을 좀 더 자세하게 말해줄래?

딸 : 학교에 어떤 애가 페이스북에 그룹을 만들어 놓고 '로리 쇼어는 왕걸레'라는 이름을 붙였어요.

부모 : (한 번 크게 숨을 쉬어라! 아이의 옆에 가서 아이를 안아주어라.) 그런 일이 있었다니 너무 마음이 아프구나. 네가 아니더라도 누군가가 다른 누군가에 대해 어떻게 그런 말을 할 수 있는지 이해가 안 간다. 나를 믿고 말해줘서 고맙구나. 제일 중요한 건 이 상황을 어느 정도 통제할 수 있다는 자신감을 갖기 위해 네가 할 수 있는 일을 생각해내는 거야.

자, 이제부터는 전략을 짜보자.

다섯 가지 옵션이 있고, 첫 번째 옵션이 효과가 없다면 다음으로 넘어간다. 목표는 딸이 일어난 일에 대해 직접 얘기하도록 하는 것이다. 편의상, 그 가십을 퍼뜨린 아이를 RMG(Really Mean Girl)라 부르자.

- 당신 딸은 RMG와 대면할 수 있다.
- 딸은 선생님이나 상담선생님께 도움을 요청할 수 있다.
- 당신은 RMG의 부모에게 전화할 수 있다.
- 당신은 교사에게 말할 수 있다.
- 당신은 교무실 담당 관리자에게 말할 수 있다.

옵션 1 : RMG와 대면하기

1단계 : 딸 준비시키기

끔찍한 상황이지만 생명을 위협할 정도는 아니다. 하지만 당신의 딸은 그렇게 느낄 수도 있다. 그러므로 딸이 안전하지 않다고 느낀다면 옵션 1은 건너

뛰고 옵션 2로 넘어가라. 하지만 당신은 딸이 RMG를 대면할 수 있도록 적어도 노력은 했으면 한다. RMG와의 대면은 딸이 가장 하고 싶지 않은 것이다. 하지만 딸은 그 순간을 향하여 천천히 준비해나갈 것이다. 우선 조용한 곳으로 딸을 데려가서 이번 사건이 일어난 날짜, 시간, 들었던 말, RMG가 뭐라고 말하고 행동했는지를 포함해서 세세한 내용을 적어보라고 하라. 그 상황에서 아이가 어떻게 느꼈는지, 지금은 어떤지, 아이들의 행동을 중단시키기 위해 어떤 조치를 원하는지가 반드시 포함되어야 한다. 결국, 딸은 속에 있는 끔찍한 감정을 글로 표현하는 것이다.

그 사건에 대해 기록을 남겨야 하는 다른 이유가 있다. 당신은 결코 최악의 상황을 상상하기 싫겠지만, 대비하는 것이 좋다. 당신 딸이 그 사건을 건의하기 위해서는 무슨 일이 있어났는지 그리고 어떤 행동을 취했는지 밝혀야한다. 그리고 구체적인 날짜와 시간, 가해자의 행동, 그리고 이 문제를 건의하기 위해 딸이 취했던 행동 단계들을 보여준다면 학교 측은 그 문제를 아이들 간의 갈등으로 종결짓지 못하고 좀 더 심각하게 다룰 것이다.

그런 다음 딸에게 거울을 보고 말하는 연습을 시켜라. 목소리는 차분하고 안정되어야 하고 눈빛은 확신에 차 있되 도전적으로 보여서는 안 된다. 확신에 찬 보디랭귀지가 필요하다. 꼿꼿하게 서서 얼굴을 직시해라. 당신과 연습하거나 딸이 신뢰할 수 있는 다른 어른과 같이 대화를 연습해보자고 딸에게 제안할 수도 있다. 딸이 해야 할 말을 연습할 때 SEAL(2장에서 이 기술에 대한 토의 부분을 보라)을 최대한 활용하는 것을 잊지 마라.

딸이 해야 할 일은 다음과 같다.

- 하던 일을 멈추고 전략 짜기
- 딸이 싫어하는 것과 일어났으면 하는 일을 설명하기
- 다른 사람으로부터 모욕을 당하는 느낌 없이 삶을 살아갈 당당한 권리가 있음을 확신하기
- 관계를 단단히 결속하거나 혹은 벗어나도록 하기(예를 들면 잠시 친구

와의 절교)

2단계 : RMG에게 말하기

만약 딸이 신체적으로 안전하다고 느낀다면, 적어도 RMG와 한 번 정도는 말을 해볼 필요가 있다. 딸이 안전하다고 느껴지는 곳이어야 하고, 다른 아이들이 구경거리로 지켜볼 수 없는 곳이어야 한다. 소녀들에게는 도서관이 안전한 장소이다. 거기엔 도서관 사서가 지키고 있고 다른 장소보다는 조용하다. 무엇보다 딸이 생각하기에 가장 적합한 장소를 선택해야 할 것이다. 절대 컴퓨터나 휴대전화로 RMG와 맞서지는 마라.

딸이 준비가 됐다면, RMG가 체면을 잃고 다른 아이들이 둘러싸고 맴도는 일이 없도록 조용히 불러내어 대면해야 할 것이다. 딸이 다른 친구들 앞에서 RMG를 대면한다면 부작용이 따를 것이다. RMG가 설령 자신의 잘못에 대해 미안한 마음이 있더라도, 올바르게 행동하려는 욕구가 실제 행동으로는 절대 나타나지 못할 것이다. 왜냐하면 다른 아이들이 보는 앞에서 자신감 넘치게 보이는 것이 그녀에게는 더 중요하기 때문이다. 만일 RMG가 친구들과 함께 있다면, 딸은 개인적으로 만나자고 요구해야 할 것이다. ("자습 시간에 도서관에서 11시에 잠깐 볼 수 있을까?") 한 가지 주의할 것이 있다. 간혹 소녀들은 이런 식으로 만날 때 물리적인 도움을 받기 위해 친구들을 데려오기도 할 것이다. 이런 경우라면 딸은 다른 아이들에게 이 일은 RMG와 자신과의 개인적인 만남이므로 자리를 비켜달라고 요청해야 한다. 이것은 자칫 소녀들 사이에서 한 편의 엄청난 드라마로 만들어질 수도 있지만 이 상황 자체가 극적인 사건이기 때문에 문제될 것은 없다.

대화는 이렇게 진행될 수 있다.

딸 : 잠시 얘기 좀 할래?

RMG : 뭔데?

딸 : 페이스북 그룹이 네가 한 짓이라는 걸 알아. 이제 그만했으면 해. 너는 그걸 없앨 수 있잖아. 네가 날 왜 미워하는지 모르겠지만, 어쩔 수 없지.

너는 날 한 방에 날려 버릴 수도 있고 내 인생을 더 비참하게 만들 수도 있다는 걸 알아. 하지만 이젠 그만하라고 부탁하고 싶어.

RMG : 어쩌라고.

딸 : 야, 나도 너랑 친구하고 싶은 마음 없어. 하지만 나는 너한테 온라인에서 공격당하지 않고 학교에 다닐 권리가 있어.

당신은 이것을 읽고 다음 두 가지를 생각할지도 모른다 — (1) 우리 딸은 이렇게 할 리가 없다. 그리고 (2) 이렇게 하는 것은 효과가 없을 것이다. RMG가 어차피 너를 한 방에 날릴 건데 왜 귀찮게 하냐고? 나의 대답은 이렇다. 당신 딸이 어떤 단계를 취하더라도 그것은 성공한 것이다. 딸이 자신의 감정을 글로 적는다면 위의 예와 똑같이 하지 않고 당장은 RMG를 대면하지 않겠다고 결심하더라도 그 역시 성공적이다. 왜냐하면 딸은 사람을 대면하는 것을 배우는 첫 번째 과정을 밟아야 하기 때문이다.

SEAL의 전체적인 목표는 불안과 분노의 감정에 갇힌 사람에게 한 걸음 나아갈 수 있는 방법을 제시하는 것이다. 이 시나리오에서 어떤 일이 일어났고 그 때문에 기분이 어땠으며 그 일이 중단되길 원했다는 것을 딸은 구체적으로 표현했고 긍정적인 멘트로 마무리 지었다. 상대편 소녀가 '승리했다'고 우겨도 당신 딸이 잃은 건 아무것도 없다. 실제로 "나는 인정해. 네가 나한테 한 짓이 나를 비참하게 만들었어. 하지만 나는 여기 네 앞에 서서 네 잘못을 지적할 만큼 강해."라고 말하는 것이 딸에게 힘을 더 실어줄 수 있다.

RMG가 "어쩌라고."라며 대화를 마무리했던 것에 주목하라. 딸에게 말해주어라. 대부분의 못된 애들은 그들의 행동을 직면시켰을 때 너를 오히려 공격할 것이라고. RMG가 이렇게 말할 리는 없다. "내가 미안해! 너를 왕따로라고 한 게 너한테 상처가 될지 몰랐어! 다시는 그러지 않는다고 약속할게!" 만일 RMG가 그렇게 말했다 하더라도 당신 딸은 그 애를 절대 믿지 않을 것이다. 그러니까 '어쩌라고'는 원하는 답을 얻은 것만큼 좋은 답이다. RMG가 즉각 사과를 하고 두 사람이 친구가 된다거나, RMG를 말로 깔아뭉개 버린다거나, 자신의 행동을 후회하는 RMG를 뒤로하고 유유히 자리를 뜨거나 하지 못하면 소녀들은 종종 자신이 실패했다고 여긴다. 당장의 목표는 RMG의 행동을 멈추게 하는 것이다. 이길 수 있는 유일한 방법은 로리가 자신이 쉬운 먹잇감이 아니라는 것을 보여주는 것이다. 다른 포식자들과 똑같이 RMG는 가장 쉬운 희생자를 쫓아다니고, 로리는 자신이 쉬운 먹잇감이 아니라는 것을 증명하고 있다. 자신에 대한 RMG의 반응을 통제할 수 없다는 것이 가혹한 현실이며, 딸은 단지 자신의 행동을 통제할 수 있을 뿐이다.

만약 RMG가 그 문제를 비껴가며 "누가 그걸 너한테 말했지?"라고 물었을 때, 당신 딸이 바짝 정신을 차리도록 하라. 소녀들은 주로 자신을 곤경에 빠뜨린 사람을 비난함으로써 그들의 행동에 대한 책임을 회피하려는 경향이 있다. RMG가 이처럼 딴소리를 하며 회피할 때, 당신 딸은 이렇게 얘기할 수 있다. "내가 어떻게 알았는지는 중요하지 않아. 중요한 건 이제 그만하라는 거야."

만약 RMG가 그 패거리 안에 속한 친구라면, 당신 딸은 '임시로 절교를 하고' 우정이 지속되기 위해 무엇이 필요한지 자세히 말해주어라. "있잖아, 우린 언젠가 다시 친구가 될 수도 있지만 내가 얼마나 상처받았는지 네가 이해할 때에만 가능해. 친구라면 서로에게 그렇게 하지 않아."

옵션 2 : 선생님께 알리기

많은 어린이들과 십대들이 이 같은 문제를 겪을 때 선생님께 알리는 것을 꽹장히 꺼린다. 내 경험으로 미루어볼 때 3학년까지의 경우 괴롭히는 아이들이 선생님에게 말하면 가만 놔두지 않겠다고 협박하거나 주위 어른들에게 말하더라도 어른들이 그 일을 어떻게 효과적으로 처리해야 할지 모르는 경우가 대부분이다. 어른들은 괴롭힌 아이에게 사과하게 하고 흔히 알고 있는 공동체 규범에 대해 다시 상기시킨 다음 끝낸다. 그러나 내가 앞에서 말했듯이 도움을 줄 수 있는 어른도 있다. 당신 딸은 언제 어른에게 알릴지, 누구에게 가야 하는지에 대한 학습이 필요하다.

당신 딸이 RMG에게 의사표현을 했음에도 불구하고 못된 행동을 계속한다거나 또는 그 문제가 너무 커져 딸 혼자 감당하기가 버거워진다면 그땐 당신이 선생님에게 가서 이 사실을 말해야 한다. 단순히 '고자질' 또는 '일러바치기' 정도로만 생각하기 때문에 소녀들은 입을 다문다. 왜냐하면 그렇게 했을 때 RMG가 반드시 복수하리라고 아이들은 확신하기 때문이다. 만약 딸에게 이렇다 할 전략이나 그 전략을 실행하는 데 도움을 줄 사람이 없다면, 위의 가정은 사실이 된다. 현실에서 딸이 아무런 행동도 하지 않으면서 단지 그 문제가 사라져버리기만 바라고 있다면 그 문제는 아마도 해결되지 않을 것이고 오히려 딸을 괴롭혔던 아이들에게 더 힘을 실어주는 결과만 낳을 것이다. 추측하건대 다른 아이들처럼 당신 딸도 괴롭히는 일당들에게 자신의 삶을 휘둘리도록 내버려두고 싶지는 않을 것이다.

그래서 다음 단계는 선생님이나 상담사에게 알리는 것이다. 당신 딸이 직접 선생님을 선택하는 것이 좋은데, 딸의 얘기를 잘 듣고, 딸을 존중하고, 딸과의 약속을 잘 이행하는 선생님이어야 한다. 4장에서 언급된 동맹을 기억하라. 당신은 여기서도 같은 기준을 적용해야 한다. 직접 대면하거나 이메일을 통해서 나누는 대화가 어떻게 진행되는지 살펴보자.

딸 : 와이즈먼 선생님, 수업 마치고 따로 말씀 좀 드려도 될까요?
나 : 물론이지. 시간이 좀 걸릴까? 조용한 장소도 필요하니?
딸 : 아마도요….
나 : 알았어. 마지막 시간 마치고 올래?

이 부분이 SEAL의 멈추고 전략 짜기에 해당된다.
마지막 수업 시간 이후…

나 : 로리, 무슨 일이니?
딸 : 있잖아요, 애들 몇 명이 저를 심하게 괴롭혔어요.
나 : 걔들이 어떻게 했는지 말해줄 수 있겠니?

딸 : (SEAL의 설명 부분) RMG와 그 친구들이 나를 걸레로 부르는 페이스
북 그룹을 만들었어요.

나 : 오, 저런! 오늘 학교에 오는 것도 큰 용기가 필요했겠구나. 나를 믿고
이렇게 얘기해줘서 정말 고맙다. 이번 일로 네가 얼마나 힘들어했을지
상상이 되는구나. 너를 어떻게 도울 수 있을까?

딸 : 저는 그냥 그 일이 없어져 버렸으면 좋겠어요.

나 : 충분히 이해한다. 이 일을 어떻게 해결할 것인지 같이 생각해보자꾸
나. 그동안 네가 어떻게 해 왔는지 우선 말해주렴.

딸 : 저는 그만하라고 했지만 그 애는 듣지 않았어요.

나 : 내가 그 애랑 얘기해볼게. 내가 어떻게 얘기하면 좋을지 같이 생각해
보자.

딸 : 좋아요. 그런데 제가 그 얘기를 했다는 건 비밀로 해주세요..

나 : 걱정마라. 어쩌다가 그 일을 알게 됐다고 말하면 돼.

당신 딸은 그 사건에 관하여 적어 놓은 것을 모두 복사해서 그 선생님께
드려야 한다. 당신 딸의 목표는 앞으로 무엇을 할 것인지, 언제 할 것인지에
관해 선생님과 딸 간의 합의를 도출하여 기록하는 것이다. 만남 후에 당신
은 선생님께 이메일을 보내 딸을 만나주고 지원자가 되어 준 데 대해 선생님
께 감사를 표하고 만남의 결과로써 앞으로 어떤 일이 진행되어 나갈지에 대
해 아이가 이해하고 있는 것을 한 번 더 말씀드릴 필요가 있다. 48시간 안으
로 회신을 해달라고 요청하라. 사람들은 마감시간이 주어질 때 더 일을 잘한
다. 만약 마감기한을 넘겼다면 이틀 후에 딸이 선생님께 가서 어떻게 되고 있
는지 물어보고 당신은 그 내용을 다시 이메일로 보내 확인을 해라. 만약 마감
기한을 넘겼다면, 이때가 당신이 개입을 해야 할 때이다.

이 글을 읽는 교사들은 부디 유념하여 주기 바란다.

당신이 좋은 교사이고 당신이 맡은 반을 긍정적인 학습 환경으로 이끌었다면 학생들이 심각한 사적인 문제를 가지고 도와달라고 당신을 찾아올 가능성이 많다. 그것은 훌륭한 교사가 받을 수 있는 보상 중 하나이다. 당신은 그야말로 목숨을 구하거나 삶을 바꿀 수 있다. 하지만 당신이 그 상황을 다루는 데 훈련되어 있지 않다면 정말 두려운 순간이 될 수 있다. 이것만 기억하라. 당신은 학생을 좀 더 전문지식을 가지고 있는 누군가에게 연결해주는 다리다. 당신이 그것을 해결하기 위해 상담학 학위를 딸 필요는 없다. 당신에게 필요한 건 오직 그 학생과의 관계가 전부이다. 그러므로 학생이 당신에게 다가올 때 내가 앞에서 기술했던 '아이가 부모에게 도움을 요청할 때'와 같은 대사를 쓰면 된다. "그런 일을 겪게 되다니 정말 안됐구나. 나한테 말해줘서 고맙다. 우리 같이 해결해보자꾸나." 만약 학생이 다른 사람에게 알리지 말아달라고 부탁한다면, 66쪽에서 언급한 것과 같은 전략을 따르면 된다. 이 상황에서 당신의 역할을 절대 과소평가하지 마라. 이 상황을 효과적으로 다룸으로써 당신의 학생은 성인을 찾아가 도움을 청하는 것에 대한 확신과, 열악한 상황에서 빠져나오는 긍정적 경험을 한 것이다.

옵션 3 : RMG 부모에게 알리기

RMG의 부모에게 전화를 걸어 악마 같은 그들의 딸에 대해 소리치고 싶은 유혹이 아무리 심하게 들더라도 그것은 이 상황을 다룰 수 있는 효과적인 방법이 아니다. 만약 그 부모가 당신이 원하는 그대로 행동했다 하더라도—당신과의 전화를 끊고, 그들 딸에게 소리를 지르고 한 달 동안 외출금지를 명한다—그다음엔 어떤 일이 일어나겠는가? 다음 날 당신 딸은 복수를 작정한 RMG와 함께 등교할 것이다. 당신 딸과 RMG는 어떠한 어른의 감독도 없는 어느 지점에선가 만날 것이고, 괴롭힘은 점점 더 심해질 것이다.

당신이 개입하는 것은 아주 중요하지만 현명하게 처신해야 한다. RMG의 부모가 딸이 한 짓을 전혀 모르는 상태라고 가정하자. 그 부모에게 찾아가서 이 문제를 해결하는 데 도와달라고 부탁하되, 부모 역할을 잘못했다거나 딸을 잘못 키웠다는 식으로 비난하지 마라. 지금이 SEAL을 실행할 때다.

당신 : 안녕하세요, 저는 로리 엄마예요. 기분 언짢으시겠지만 우리 아이들한테 어떤 일이 일어나고 있는지 말씀 드려야 해서요. 시간 괜찮으세요?

RMG 부모 : 글쎄요, 지금 많이 바쁘기는 하지만 말씀하세요.

당신 : 감사합니다(진심을 담아서 말하도록 노력하고 비꼬지 마라). 어머니

도움이 필요해요. 부모 대 부모로서 말씀 드리는 건데, 굉장히 힘드네요. 그 집 아이가 페이스북 페이지를 만들어 저희 딸을 걸레라고 했답니다.

RMG 부모 : 뭐라고요?!! 확실한가요? 우리 아이가 그랬다는 걸 어떻게 아시죠?

당신 : 로리가 그 집 아이에게 그만하라고 했지만, 소용없었어요. 로리가 학교에 가기를 두려워하고 있어요. 상황을 개선하기 위해서는 어머니의 도움이 정말로 필요해요.

RMG 부모 : 그런데 왜 우리 아이가 했다고 생각하는 거죠?

당신 : (숨을 크게 들이쉬고 목표를 상기하라) 그 집 아이가 했다고 인정했어요. 저희가 아이들끼리 해결할 수 있도록 노력했지만 소용없었어요.

RMG 부모 : 글쎄요, 제가 아이와 얘기해보긴 할 텐데, 제가 어떻게 하면 될까요?

당신 : 로리는 페이스북 그룹이 당장 없어졌으면 해요. 그리고 그 집 아이가 로리에게 사과했으면 합니다. 제가 또 걱정되는 건, 어른들이 옆에 없을 때 로리가 더 괴롭힘을 당할 수 있다는 거예요. 왜냐면 그 집 아이가 곤란에 처하게 되어 화가 날 수 있으니까요. 혹시 그런 일이 일어나지 않도록 할 좋은 방법이 있을까요?

만약 로리에게 적극적으로 관여할 아빠가 있다면(공감 능력이 있는), 그에게는 이런 전화통화를 할 그 이상의 능력이 있다. 그러므로 아빠들이여, 아빠가 딸을 대신한 분별력 있는 지지자라는 사실과 딸이 그런 아빠를 의지할 수 있음을 보여줄 수 있는 좋은 기회를 놓치지 마라.

당신이 전화를 받는 부모라면

때는 6시이고, 혼자임을 만끽하며 거품 목욕을 하기 위해 깨끗한 욕조로 향하고 있을 때(그렇지 않다면 십중팔구 아이들에게 그만 싸우라고 소리치며 허겁지겁 저녁 준비를 하고 있는) 그 순간 전화벨이 울린다.

로리 엄마 : RMG 어머니신가요?

당신 : 네… 그런데요?

로리 엄마 : 그 집 아이에 대해 할 얘기가 있어요. (독선적인 분노로 가득 찬 떨리는 목소리로)

당신 : 그래요…. 무슨 일이죠? (당신은 이 대화가 지역봉사 프로젝트에 관한 것이 아니라 자신에 관한 일이라는 걸 눈치채고 딸을 째려본다)

로리 엄마 : 이때까지 살면서 이렇게 혐오스러운 일은 난생 처음이에요! 애들이 짓궂기는 하다지만 그 집 아이는 해도 해도 너무해요. 당신이 딸을 어떻게 키웠는지 모르겠지만 만약 우리 딸이 그 집 애가 한 짓을 했다면 저는 가만히 놔두지 않았을 거예요.

당신 : 네???

로리 엄마 : 당신의 천사 같은 딸이 내 딸을 걸레라 부르는 페이스북 그룹을 만들었다고요. 우리 딸은 매일 밤 울다가 잠이 들고 너무 창피해서 학교도 가지 않으려고 해요. (당신의 머리는 욱신거리기 시작하고 눈은 찌푸려진다. 얘가 어디 있지? 당신은 거실로 들어가서 휴대전화로 통화하고 있는 딸을 발견한다. 당신은 의아해한다. '우리 딸이 그렇게 끔찍한 짓을 할 수 있을까? 내가 못된 부모인가? 지금 가려고 하는 학교 모임에 나온 모든 사람들이 이 일을 벌써 알고 있는 건 아닐까?' 머릿속에 떠오르는 오만 가지 생각을 짜맞추면 다른 부모들이 어떻게 생각하는지 금방 알게 된다.)

당신 : 듣는 것만으로도 힘들지만 전화해주셔서 감사하고 정말로 죄송해요. 언제, 어떻게 일이 생겼는지 얘기해주시겠어요? 좀 더 자세히 알려주시겠어요? (옮겨 적는다.) 딸과 얘기해보고, 오늘 밤 다시 전화 드릴게요. 언제 전화할까요?

로리의 부모는 대개 하소연을 하고 싶어 하기 때문에 이런 통화는 길어질 수 있다. 그러므로 시간이 없다면 정중히 사과하고 왜 통화할 수 없는지 설명하고 언제 다시 통화할지 상대편 부모에게 정하도록 하라. 그리고 정해진 시간에 정확하게 전화하라.

> 이 같은 상황에서 생길 수 있는 또 다른 일은 RMG의 엄마는 자신의 딸이 책임질 수 있도록 지도하지만, 피해자 엄마가 도를 넘어서는 반응을 보임으로 해서 RMG 엄마는 방어적이 되며, 딸의 악의적인 행동도 정신병적인 피해자 엄마의 반응 때문에 흐려진다. 말하자면, 이 엄마는 처음부터 무모한 행동으로 자기 무덤을 판 것이다. ─에밀리, 20세

> 우선 그들이 하는 얘기를 듣고 나서 딸의 얘기를 들어요. 그건 아이의 책임이에요. 비난하는 사람을 만나보지도 않고 비난을 받는 것은 잘못됐다고 생각해요. 저는 대명사도 쓰지 않아요. 예를 들어 "전화가 한 통 왔어⋯ X에 대해 얘기하던데, 그에 대해서 아는 바 있니?" 그다음엔 제 딸이 선택해야 한다고 생각해요. 아이는 여전히 형편없는 행동을 계속할 수도 있고, 달라질 수도 있어요. 그런데 지금은 그런 게 전혀 효과가 없어요. 왜냐하면 굉장히 화나 있거든요. ─페기

옵션 4 : 교사에게 알리는 부모

앞의 세 가지 전략이 효과가 없었다면 당신과 딸은 아이의 담당교사를 만나야 한다. 교사를 만나기 전 학교 방침과 학생들의 품행이나 괴롭힘에 관한 주법을 숙지하라. 당신 자신을 딸의 입장을 대변하는 옹호자로 생각하고, 너무 앞서 나가지 말아야 한다. 학교 관계자에게는 협조와 존중의 태도로 다가가라. 만약 뚜렷한 증거가 없다면 그들을 이 문제의 일부분으로 추정하지 마라.

이것은 아주 중요하다. 왜냐하면 대부분의 교사들과 학교 관계자들은 문제가 있을 때만 부모들과 접촉한다. 그 결과 부모들은 방어적이고 자식의 행동에 책임을 지지 않으려는 태도를 가진 것으로 비치며 지나치게 감정적이고 지엽적인 것만 챙기는 사람으로 여겨지게 된다. 게다가 많은 부모들이 교실 내에서 뭔가 자신들이 싫어하는 일이 벌어지면 그 즉시 교사들이 감당할 수 없는 상태로 막 나가기도 한다. 정말이다. 그렇게 행동하는 것은 문제를 축소시키기보다 확대시킬 것이다.

이 모임을 대비할 때 당신이 딸의 말을 받아 적는 동안 딸은 SEAL을 다시한 번 검토하는 것이 좋다. 그리고 나서 모임을 가지는 동안 가능한 모든 상

황에서 딸이 말하도록 미리 약속을 해야만 한다. 만약 딸이 몹시 불편해한다면 아이가 요청할 경우 당신이 적어 놓은 것을 보고 딸을 대신해서 말할 것이라고 안심시켜라.

일단 모임에 가게 되면 교사에게 참석해주어서 감사하다는 인사를 하고 SEAL을 실행하라. 대화할 때 부모 중 한 사람은 자녀가 학교에서는 안전하다고 느껴야 하며 그럼으로써 공부에 최선을 다할 수 있다는 것을 언급해야 한다. 페이스북 그룹은 딸이 안전하게 느끼고 공부에 집중하는 것을 방해한다. 당신은 이미 그 문제를 해결하기 위한 여러 시도를 하였고 상황은 변하지 않았다. 교사로부터 조치에 대한 확실한 마감일자를 받아내라. 만약 교사로부터 존중받지 못하거나 무시당하는 느낌이 들거나, 마감일자가 지켜지지 않는다면 짧은 편지나 이메일을 써서 교장선생님과 접촉하겠다고 말하라.

옵션 5 : 관리자에게 알리는 부모

만약 교사에게 불만이 있다면, 이제는 교장선생님께 말해야 한다. 나는 내 책인 *Queen Bee Moms*(엄마 여왕벌)에서 이에 대해 자세하게 썼지만 요지는 다음과 같은 명확한 입장 정리가 필요하다는 것이다—당신 딸은 교사 중 한 사람에게 도움을 요청했고 당신도 역시 도움을 요청했으나 아직 도움을 받지 못하고 있다. 당신 딸은 학교에 가서 반복해서 도움을 청하고, 학교는 아무런 해결방법도 제시하지 않고 있다면, 그 결과로 당신 딸은 학교 수업에 집중

보고와 밀고

소녀들이 나이가 들어 감에 따라 어른에게 일러바치거나 말해서는 안 된다는 압력이 점점 더 강해진다. 이런 이유로 아이들이 다른 사람에게 알리려는 시도를 할 때조차도 무슨 일이 일어났는지에 대해 불분명하고 두루뭉술하게 묘사할 수 있다. 또한 아이들의 나이가 많을수록 괴롭힘은 더 심해지고 모욕적이 되기 때문에 말하기가 더 어렵다. 만약 어른들이 이런 역동을 이해하는 훈련이 되어 있지 않다면 아이들이 무엇을 말하려 하는지 제대로 들을 수 없고 그 문제를 더 잘 파악하기 위한 질문을 할 수도 없을 것이다.

그러므로 '고자질과 알리는 것의 차이는 무엇인가'를 복습하는 것은 당신과 딸이 이 문제를 극복하도록 돕는 데 매우 중요하다.

할 수 없을 것이다.

만약 당신 딸이 방관자라면

제일 처음 이런 상황에 대해 설명했던 때를 기억하는가? 다른 한 소녀가 있었는데, 이 모든 상황에서 반쯤 연루된 방관자였다. 그 아이는 RMG의 분노를 무릅쓰고 RMG에게 맞서 싸워야 했는가 아니면 조용히 있어야 했는가? 이 아이가 페이스북 그룹을 만들 때 도우지 않았고 단지 가입만 했다면 이 아이에게는 어느 정도의 책임이 있는가?

우선 아이로부터 그 얘기를 듣지는 못할지도 모른다. 당신은 다른 부모에게 듣거나 학교로부터 호출될 것이다. 어느 쪽이건 간에, 일단 당신 딸의 친구가 연관되어 있다고 들었다면, 딸에게 그 방관자만큼의 책임이 있지는 않더라도, 작지만 무엇인가는 할 수 있는 위치에 있었다는 것을 자신은 알고 있을 것이다. 당신은 딸에게 그 일에 대해 물어봐야 할 것이다. 왜 딸이 당신에게 얘기하지 않았을까? 그녀는 다음의 네 가지 일이 일어날까 봐 두려워하는 것이다—(1) 당신은 딸에게 화를 낼 것이다. (2) 당신은 딸에게 뭔가를 하도록 만들 것이다(예를 들어 사과하라든지). (3) 당신은 더 이상 RMG와 딸이 어울리지(놀지) 못하게 할 것이다. 또는 (4) 아마도 제일 중요하리라, 당신은 인터넷을 끊어버리든지 또는 휴대전화를 압수할 것이다.

당신이 하고 싶은 말을 전달하는 데 어떻게 SEAL을 이용할 것인지 살펴보자.

당신 : 페이스북 페이지에 관한 얘기를 들었는데 말이야, 혹시 그에 관해서 얘길 좀 할까?

딸 : 아니요, 별로.

당신 : 글쎄다, 얘기를 해봤으면 좋겠구나. 정말 로리를 왕걸레라 부르는 그룹이 있었니?

딸 : 네, 모든 게 엉망진창이 됐어요. 말도 안돼! 저는 진짜 그렇게 하고 싶지 않았어요. 저는 RMG가 조금은 뒤로 물러서주길 바라는데, 개는 그러지 않아요.

당신 : RMG가 그렇게 하면서 얻고 싶은 게 뭐지?

딸 : 몰라요. RMG는 그냥 그 애가 싫대요.

당신 : 그래도 RMG가 그렇게 행동하는 이유가 분명히 있을 거야.

딸 : 걔는 로리가 남자애들한테 주목받는 게 정말 싫은가봐요. 그것 때문에 로리가 점점 더 거만해진다고 걔는 생각해요.

당신 : 그럼 너에게 물어보자. 너의 목적은 뭐지?

딸 : 그게 무슨 얘기죠?

당신 : 글쎄, 내가 잘못 생각하고 있을 수도 있지만, RMG가 화낼 때 충분히 화내라고 그냥 두는 게 더 쉽지 않았을까?

딸 : 아마도요.

당신 : 그래. 내가 너의 입장이었다고 해도 굉장히 힘들었을 것 같다. 그렇다 하더라도, 이런 상황에서 내 딸이 정의롭게 행동하고 맞설 수 있었으면 좋겠어. 너는 그만두게 하려는 시도도 하지 않았고 어른에게 알리지도 않았으니, 너도 그 문제에 가담을 한 것이야. 그러니까 문제를 바로 잡기 위해 네가 뭘 해야 할까? (가능한 선택 : RMG와의 대화를 SEAL을 이용해 준비하는 것, 로리와 부모님에게 사과하기, 인터넷/휴대전화 사용 제한하기)

만약 당신 딸이 심술궂은 험담꾼이라면

나는 늘 다른 사람 얘기를 해요. 그리고 대부분 부모님께도 말해요. 많은 것들을. 하지만 내가 일종의 비열한 무엇인가를 했다면, 나는 대체로 그것을 말하지 않거나 하더라도 할 말을 고르고 골라서 해요. ─이브, 13세

당신이 딸의 비열한 행동을 직면할 때, 당신이 아는 사실 그대로 말해주어라. 딸이 어떤 변명이나 정당성을 주장할지라도 당신이 이 문제를 얼마나 심각하게 받아들이는지를 알려줄 수 있는 벌을 주어야 한다. 당신 딸이 그토록 형편없이 행동한다는 것을 인정하기는 어렵겠지만, 적어도 당신이 딸의 잘못된 행동을 인정한다면 당신이 부모 역할을 잘못하는 게 아니다. 오히려 정반대

이다. 교사들과 나 같은 사람은 어떤 부모에 대해 불평할까? 자신의 딸은 귀여운 천사이며 그 사랑스러운 딸을 타락시킨 다른 이들을 비난하는 부모이다.

그러므로 로리의 부모님과 방금 통화를 했다고 말하고, 딸에게 따로 만나자고 요청하라 — 형제자매와 따로 있는 자리에서. 양쪽 부모가 같이 대화를 나누어서, 딸이 당신 둘 사이에서 오고 간 정보차이를 이용하지 않도록 하라. 만약 당신이 이혼한 상태라면, 어떤 식으로든 전 배우자와 협력관계를 유지하고, 배우자에게 이 상황을 알려서 배우자가 딸이 자신의 행동에 대해 책임지도록 도와줄 수 있게 하라.

> 당신 : 그래 — 네가 아는지 모르겠는데, 좀 전에 로리를 걸레라고 부르는 페이스북 그룹을 네가 만들었다는 이야기를 들었다. 네가 그 그룹을 만드는 데 어떤 식으로든 관여를 했니?
>
> RMG : (팔짱을 끼고 투덜거리며) 진짜 짜증나! 그 계집애가 허풍을 떠는 거라고요!
>
> 당신 : 내 질문에 답을 해라.
>
> RMG : 나도 알아요. 그런데 내 아이디어는 아니었어요. 모니카의 생각이었다고요.
>
> 당신 : 네가 그걸 조금이라도 썼니?
>
> RMG : 그래요! 다 내가 했다고요! (눈을 부라리며)
>
> 당신 : 그래, 이 일에 대해 내가 어떻게 생각하는지 몇 가지 네가 알아야 할 것이 있다. 가장 중요한 건, 누가 생각해냈는지는 상관없다는 거야. 나는 네가 그 일에 대해 책임지도록 할 거야.
>
> RMG : 알았다고요! 평생 외출금지를 시키라고요!
>
> 당신 : 그게 아니야. 첫째, 네가 테크놀로지를 좀 더 책임감 있게 다룰 수 있는 법을 배웠다고 생각될 때까지 내가 네 휴대전화를 가지고 있을게. 다음 달까지 너는 페이스북을 할 수 없고, 나는 네가 마지막으로 로그인한 때가 언제인지 확인할 거다. 로리 가족에게 전화를 걸어 우리가 방문

해도 되냐고 물어보고, 너는 가서 나와 로리의 부모님이 지켜보는 앞에서 로리에게 사과를 해야 한다.

RMG : 어림도 없어요! 엄마는 제정신이 아니에요!

당신 : 네가 비윤리적인 행동을 했을 때, 네가 책임지도록 하는 것이 나의 의무란다. 엄마는 너를 정말 사랑한단다. 그래서 아무것도 하지 않고 그저 옆에 서 있기만 할 수는 없단다. 잘못을 바로잡을 수 있는 용기를 가져야 해. 이렇게 하는 것이 어렵다는 거 알지만, 늘 내가 너와 함께할 거다. 또, 네가 한 말이 맞겠지만, 혹시 네가 한 말보다 더 책임이 크다는 걸 알게 되면, 벌이 추가될 수도 있어. 네 행동을 내가 모르고 지나갈 수도 있지만, 알게 될 때도 있잖아.

RMG : 알았어요. 엄마가 생각하고 싶은 대로 생각하세요. 상관없다고요!

당신 : 힘들다는 거 안다. 오늘 밤, 그동안 있었던 일을 다시 떠올려보고 다시 엄마한테 오거라. 네 말을 믿어주마. 하지만 그렇게 하지 않는다면 이후부턴 네 말을 믿지 않을 거야. 엄마와 나눈 이 대화나 학교에서 내린 결정 때문에 네가 로리를 더 힘들게 한다면, 나도 훨씬 심각하게 조치를 취할 수밖에 없구나. 다시 한 번 얘기할게. 네가 이 일 때문에 정말 화났다는 건 이해하지만, 어떤 상황에서도 복수는 안 돼. 네가 벌을 받는 건 로리가 말했기 때문이 아니라, 네가 로리에게 한 행동 때문이라는 걸 알아야 해.

그런 후, 로리의 부모님께 전화를 해서 당신이 사과하러 가도 되는지 물어보라. 그들이 좋다고 하면, 다음 날 그곳에 갈 시간을 정하라. 그들이 아니라고 하면, 딸에게 사과 편지를 적게 한 다음 딸을 로리의 집까지 데리고 가서 딸이 직접 그 집 우체통에 편지를 넣게 하라.

사과를 하기가 얼마나 힘든지에 대한 짧은 메모 : 누군가로부터 네가 다 망쳐버렸다는 말을 듣거나 나쁜 짓 할 때 걸리면 방어적으로 되기 마련이다. 그러므로 그 아이에게는 일어난 일과 취해야 할 행동에 대해 돌이켜 생각해

딸을 기겁하게 하는 말

타인의 아이가 무례하거나 못되게 행동하는 것을 부모가 목격한 경우, 다음 둘 중 하나의 행동을 보인다 — 시선을 돌리거나 무례하게 행동한 그 아이 앞으로 나아가서 소리를 지를 것이다. 종종 사과를 강요한다(설령 아이가 사과를 한다 하더라도 진심은 아니다). 하지만 둘 다 효과는 없다. 만약 당신이 도망간다면, 그 아이는 당신이 아무 상관도 하지 않거나 겁내고 있다고 느낄 것이다. 만약 그 아이를 다그친다면, 그 아이가 입을 완전히 닫아버리거나 아니면 친구들 앞에서 창피당하지 않으려고 무례한 말을 하며 강력히 저항하면서 당신을 압도할 수 있다. 여기서의 목표는, 어른들이 차분하고 도덕적인 권위를 가지고 갈등을 다룰 수 있다는 사실을 아이들이 믿게끔 하는 것이다. 그러려면 위의 행동보다는 SEAL을 사용하여 어떻게 다가가서 말할지를 구상해보라.

볼 시간이 필요하다. 이상적으로는, 아이에게 하룻밤을 주어 고민하도록 하라. 그렇게 함으로써 아이들에게 일어난 일에 대해 감정을 정리하고 내재화하여 그들의 행동에 진심으로 책임지도록 하는 것이다.

사과의 기술

아이에게 사과하는 법을 가르치는 것은 부모의 가장 신성한 책임 중 하나이다. 불행하게도 진정한 사과는 값지지만 보기 드물다. 유명인사는 그들이 잘못했다는 것을 깨달았을 때 사과하는 것이 아니라 잘못이 발각되었을 때 사과한다. 대중매체들은 사과하는 것을 체면이 손상되거나 존경심을 잃는 것으로 묘사하곤 하지만, 실은 그 반대이다. 우리는 역할모델이 될 만한 멋진 사과를 볼 수 없었다. 우리는 그것을 바꿔야만 한다.

사과는 강력하다. 왜냐하면 사과는 후회와 상처주는 행동에 따른 결과를 인정한다는 것과 피해자의 존엄성을 확인했다는 것을 공개적으로 보여주는 것이기 때문이다.

진정한 사과는 다음과 같아야 한다.

- 자신이 저지른 행동에 대한 참 이해가 수반되어야 한다. 특히 아이가 어릴 때는 무엇 때문에 사과를 하는지 확실히 이해시키도록 하라. 그렇지

않으면 아이는 또다시 다른 사람을 상처줄 수 있다. 자신의 행동에 대해 그럴싸한 변명을 하지 못하게 하라. ("그 애한테 X라고 말한 게 아니었어요. 제 생각에는 그 애가 잘못 받아들인 것 같아요.")

- 사과하는 사람의 행동만 언급하라—그 사과에 다른 사람의 행동이나 말이 포함되어서는 안 된다.
- 사과 안에 또 다른 모욕이 숨겨져 있어서는 안 된다. ("네가 너무 예민해서 사과를 받아야 하겠다니 유감이다. 그래, '미안하다'. 이제 됐니?")
- 조건 없이 해야 한다. 만약 "… 때문에 그랬을 뿐이야." 또는 "네가 … 하지 않았다면 나도 그런 말 안 했을 텐데." 등의 말이 포함된다면 그건 사과가 아니다.
- 진정으로 뉘우쳐라—시켜서 하는 사과만큼 나쁜 건 없다. ("우리 엄마가 사과하래." 또는 "어떻게 생각하면 내가 미안하다고 말해야겠지.")
- 상대방으로부터의 맞사과를 기대하지 말고 해야 한다. 만약 상대가 "나도 미안하다."라고 호의적인 말을 하면 그건 보너스다.
- 사과가 강한 비난을 불러올 수 있다는 것을 이해해야 한다. ("그래, 넌 나를 진짜 힘들게 했다고! 네가 그런 짓을 할 줄은 몰랐어!")

사과가 조작될 수 있다는 것을 명심하라! 낮은 서열에 있는 소녀들은 실수로라도 더 높은 서열 여자애의 권위를 건드린 행위에는 사과한다. 그리고 다른 이의 마음을 다치게 한 행동에 대해서는 진심으로 사과하지 않는 반면, 서열이 높은 여자애가 다른 사람을 비참하게 만들 권위에 도전한 것은 오히려 사과하는 것이다.

RMG가 사과하기를 거부하거나 제대로 된 사과를 하지 않는다면?

당신은 딸과 함께 예의 바른 인간이 되기 위한 긴 여정에 올랐다는 것을 기억하라. 당신이 그 본보기가 되어야만 한다. 당신과 딸은 로리의 집으로 가서, 딸을 대신하여 로리의 부모님 앞에서 로리에게 사과하면 된다.

로리, 우리 가족을 대신하여 딸이 너한테 했던 것을 사과하고 싶구나. 그건 엄청나게 상처를 주는 행동이었고, 있어서도 안 되는 일이었어. 만약 다시 그런 일이 생긴다면, 나한테 연락을 주렴. 여기에 내 이메일과 전화번호가 있다. 만나줘서 고맙다.

만약 십대의 당신 딸이 자신이 직접 사과하지 않고 다섯 살 난 아이처럼 행동한다면, 다섯 살 난 아이처럼 대해주어라. 그것은 딸이 선택할 문제이다.

사과 받기

당신 딸이 사과를 받는다면, 딸에게 이것을 꼭 가르쳐라. "괜찮아, 걱정하지마."라고 말하는 대신 "사과해 줘서 고마워."라고 말해야 할 것이다. 이것은 아주 중요하다. 왜냐하면 괜찮다고 말을 한다면, 무엇보다 그 사과를 원했던 당신의 감정을 무시하는 것이 된다. 내가 8학년 소녀들과 같이 했던 한 해 동안 깨달았던 또 한 가지는 진정한 친구를 감별하는 법이다. 그 친구가 사과할 때, 당신이 그 사과를 믿을 수 있을 수 있어야 한다. 그리고 당신이 그들에게 사과할 때에도, 그들 역시 당신을 믿을 수 있어야 한다.

회복

당신과 딸이 내가 설명한 모든 방법을 동원했는데도 불구하고 소녀들이 여전히 딸에게 못되게 굴 수 있다. 바라건대 그 아이들이 더 이상 험담을 하거나 서로 갈라놓기를 멈추게 할 수 있는 마법의 주문이 있었으면 좋겠다. 하지만 그것이 가능하겠는가? 우리가 할 수 있는 것은 이 같은 힘든 경험을 통하여 딸이 개인의 영역을 만들고, 유지하고, 다른 소녀들에게 전달할 수 있도록 하는 것이다. 관계를 변화시킬 있도록 사과하는 것과 사과를 받아들이는 것을 가르칠 수 있다. 내가 학생들에게 얘기했듯이, SEAL을 이용하여 이 같은 상황을 잘 다룰 수 있다면, 결과에 관계없이, 독설은 독기를 잃게 될 것이고, 앞으로 인생에서 가장 힘든 대립관계를 만나더라도 이를 해결해낼 통제력과 자신감과 능력을 가지게 될 것이다.

권력다툼과 정치 : 소녀세계에서
진실을 말한다는 것

릴라는 5학년 말 방학 후 다시 등교한 지 얼마 안 되었고 자기 책가방을 찾을 수 없었다. 그녀는 분명히 계단 밑에 가방을 놓았지만 거기에 없었다. 다른 학생들이 가방을 챙겨 수업을 들어가는 동안 릴라는 복도, 화장실과 수업을 들었던 교실들을 뒤지고 다녔지만 어디에서도 그 가방을 찾을 수 없었다. 릴라는 공황상태에 빠지기 시작했다. 그녀는 톰슨 선생님이 내주신 과제를 제출해야 했지만 가방을 잃어버렸다는 뻔한 거짓말을 믿어줄 것 같지 않았다. 그녀는 좌절감에 빠져 엄마가 물건을 잃어버렸을 때 하라고 한 대로 온 길을 되돌아서 운동장에 가보았다. 그 가방은 운동장 한가운데 있었다. 릴라는 도대체 그게 왜 거기 있는지 알 수 없었다. 그때 릴라 뒤에서 웃는 소리가 나서 뒤를 돌아보자 재키와 애비가 히죽거리며 그녀를 쳐다보고 있었다. 릴라가 자기들을 쳐다보는 걸 보자 그들은 서둘러 교실로 돌아갔다.

3주 전에 애비는 너무 운 좋게도 가고 싶었던 콘서트 티켓을 두 장 얻었다. 그리고 애비는 예전처럼 크리스티나와 친하진 않았지만 그녀와 같이 가기로 했다. 콘서트 날 밤에 크리스티나는 일찍 와서 기분 좋게 함께 붙어 있었다. 크리스티나가 최근에 같이 어울려 다니고 역시 콘서트에 와 있던 이사벨라로부터 문자메시지를 받기 전까지는 모든 게 다 너무 근사했다. 중간 휴식시간에 그들은 만나기로 약속했지만 애비는 그 약속을 하자마자 후회했다. 크리스티나는 다른 애들 앞에서는 애비를 별로 아는 척하지 않기 때문이다. 그들은 자리로 돌아갔고 크리스티나는 문자메시지를 몇 개 더 받았다. 그녀는 애비에게 이사벨라에게 받을 게 있다면서 자리를 떴고 다시 돌아오지 않았다. 애비는 크리스티나에게 문자를 보냈지만 콘서트가 끝날 때까지 응답이 없었고 끝날 때 "내 걱정 하지마, 너희 아빠 오시면 알려줘."라는 문자를 보냈다. 아빠가 오시고 나서도 20분이나 더 지나서 크리스티나를 만나게 되었지만 애비는 아빠에게 이런 사정을 솔직히 얘기하지 않았다. 그다음 날 크리스티나는 자기가 잘못한 게 없다고 잡아뗐다.

소녀세계에서 권력다툼은 거기에 참여한 사람들조차 너무 쉽게 자기가 한 일을 부인하기 때문에 끔찍하다. 그것은 서로 속고 속이는 게임이다. 참여자들은 미칠 지경이지만 푸념할 수 없다고 느낀다. 권력다툼에서 중요한 것은 그것이 자기 자신이나 다른 사람들의 감정을 무시하라고 가르친다는 사실이다. 이 장에서는 전형적인 권력다툼과 통과의례의 집단 역동을 파헤치고 딸이 남에게 휘둘리지 않고 친구들에게 도움을 얻을 수 있는 방법에 대한 조언을 하려 한다. 권력다툼은 남들이 지목할 만한 증거를 남기지 않고도 자신의 권력을 강화하려 할 때 하는 게임이다. 권력다툼에서 희생자들은 자기의 반응이 옳은지에 대해서 확신이 없고 권력을 쥔 소녀가 자기의 동기나 행동을 부인하거나 합리화할 수 있다. 부모들은 딸이 권력다툼에 빠져 있어도 '모든 사람이 친구가 될 수 있는 건 아니다'라거나 '사람들은 거절이나 실망을 겪게 되어 있다'는 믿음으로 딸의 불평을 쉽게 무시한다. 딸들은 착하게 지내려 하지만 다른 소녀들이 그를 악용한다.

당신이 꼭 알아야 할 것

- 당신의 딸은 어쩔 수 없이 소녀세계에서 권력다툼과 정치를 경험해야 한다. 당신이 권력다툼을 막을 수는 없지만 딸이 권력다툼에서 보이는 자신의 반응에 대해서 신뢰하고 그에 맞서는 것이 정당하다는 걸 가르칠 수는 있다.
- 이런 경험들이 딸에게 통과의례지만 당신에게는 부모로서의 통과의례

이기도 하다. 두 사람이 겪을 고통을 평가절하하지 마라.

- 대부분의 소녀들은 한 가지 역할에 국한되지 않는다. 즉, 당신의 딸은 따돌리는 역할, 아무 말도 하지 않는 관찰자의 역할, 따돌림을 당하는 경험을 모두 할 수 있다.

- 이상하게 보일지 모르지만 딸이 희생자든 가해자든 딸에게는 항상 자기 행동을 정당화하는 이유가 있다.

- 화해는 종종 안정적이지 못하다. 싸우던 두 소녀가 잘 해결했다고 말할 수도 있지만 한 소녀가 다른 소녀를 공격하는 것으로 이어질 뿐이다. 이런 일은 특히 약자 입장의 소녀가 그 상황을 괜찮다고 받아들일 때 특히 그렇다.

- 기술은 권력다툼을 더 쉽게 해준다. 소녀들은 얼굴을 맞대고는 할 수 없는 얘기들을 전자장비를 이용해서 한다. 그들은 자기들이 한 일이 파장이 커지거나 적발되었을 때 문자 그대로 자기들이 했다고 믿지 못한다. 조정되었어야 할 것 같은 갈등이 이어지고, 작은 갈등이 확대되고, 학교의 모든 사람들이 그들이 쓰는 드라마, 싸움, 음모를 알게 된다.

딸이 세 살이 되기 시작하면서부터 놀이에 초대받게 되고, 딸이 파티나 밤샘파티에 초대를 받거나, 영원한 절친, 평생의 절친이 생기거나, 학교에 데려다 주었을 때 딸이 친구들에게 둘러싸이면 부모로서는 안심이 된다. 내 아이가 학교 복도를 걸어가는데 주변 학생들이 행복한 표정으로 우리 아이를 바라보는 장면처럼 편안한 순간은 내 인생에서 별로 없었다. 그 순간에는 세상의 모든 것이 다 좋은 듯했다. 그래서 당신이 이런 경험을 할 때마다 그 경험을 잘 따져보고 그런 경험들에 모두 어두운 측면이 있다는 걸 깨달아야 한다. 그 어두운 면들이란 파티에 초대받지 못하고, 절친과 헤어지고, 한마디의 언질도 없이 갑자기 집단에서 쫓겨나는 일 등이다.

소녀세계에서의 권력다툼은 소녀들이 자기 세계에서 좋아하지 않는 일들을 바꿀 수 있는 힘과 능력에 대해서 배울 수 있기 때문에 무엇보다 더 중요하다. 모든 소녀들의 목표는 때로 고통스러운 이런 과정을 잘 헤쳐 나가는 방법을 배우고, 지혜와 개인적인 도덕관을 세울 수 있는 반성의 과정을 거치고, 정체감에 대한 근본적인 이해를 하는 것이다.

서문에서 내가 한 말을 다시 한 번 생각해보자. 품위는 타협할 수 있는 게 아니다. 딸의 것도 아니고, 다른 누구의 것도 아니다. 모든 사람들이 잘 지낼 경우에는 자신과 다른 사람들을 품위 있게 대하는 게 어렵지 않다. 그러나 화가 났을 때 다른 사람들을 품위 있게 대하려면 평소의 인격이 뒷받침되어야 한다. 그러므로 당신과 딸이 이런 어려운 상황을 헤쳐 나가기 위해서는 아래의 원칙을 염두에 두어야 한다.

딸이 이런 상황을 헤쳐 나가는 모습을 지켜보는 게 쉽다고 말하려는 건 아니다. 딸의 친구들이 딸을 너무 함부로 대하지만 딸은 항상 그들을 용서할 수도 있다. 새로운 친구들을 만나라는 당신의 말을 믿지 못하진 않던가? 딸은 두 달 전에 자신을 차버린 남자애와 댄스파티에 갈 수도 있다. 딸은 자기가 이용당하고 있다는 걸 깨닫고 있을까? 항상 갈등을 빚는 친구들과 어울려야 할까? 당신이 뒷짐 지고 바라보고 있을 때 큰 실수를 한 건 아닐까?

대부분의 부모들은 자신의 역할이 점잖게 안내하고 지지하는 것임을 안다. 그들은 시시콜콜한 일까지 다 참견하는 과보호 부모가 되고 싶어 하지 않는다. 문제는 사회적인 갈등과 권력다툼이 생길 때 벌어진다. 그 일은 심한 불안과 분노감을 초래하여 부모들에겐 바로 그 문제를 해결하여 거기서 벗어나고자 하는 생각만 떠오른다. 그러나 이런 문제는 딸에게 사회적 능력, 도덕적 리더십, 자신이나 주변 사람들에 관한 진실을 말하는 법을 배워서 진지하게 받아들여질 수 있는 학습의 기회가 된다는 점을 기억하라. 이 과정은 인내와 시간이 필요하다.

소녀세계에서의 분노의 규칙

여성행동지침과 소녀세계는 소녀들이 분노감을 표출하는 방식에 관한 엄격한 규칙을 분명히 가르친다. 이에 관한 우스운 일은 소녀들이 집단의 규칙을 따르면 사람들이 자신을 진지하게 받아들이지 않거나 진심으로 들어주지 않는 방식으로 소통하는 것만을 배운다는 것이다. 그런 점을 알지 못한 채 우리들 대부분은 분노를 표출하는 소녀세계의 규칙을 따르고 있다.

- 분노를 내면화하고 속으로 조용히 삭혀라.
- 너의 감정을 심각하게 받아들일 필요가 없다는 확신이 생길 수 있도록 웃어 넘겨라.
- 상대가 알아차리고 이유를 물어볼 때까지(이렇게 되면 좋겠지만) 내색하지 마라. 상대가 물어보면 "괜찮아.", "어쨌든 뭐."라는 식으로 말해서 너의 분노를 부인하고 너의 마음을 알 수 없는 다른 사람에게 풀어라.
- 참다 참다 결국 그만하라는 요청을 하지만 다른 사람들은 아래와 같은 말로 너를 무시할 것이다.

"너한텐 농담도 못하니? 너는 너무 빡빡해."

"넌 너무 감정적이고 예민해. 생리 얼마 안 남았어?"

"왜 그렇게 야비해?" 혹은 "나쁜 계집애 같으니라고."

"내가 좀 빈정대긴 했어. 나 원래 그런 앤 거 너도 잘 알잖아."

- 작은 일(남들에게는 작은 일일 수도 있지만 내게는 아닌)이 너를 건드려서 눈물이 터지거나 울부짖어 보지만 결국 한 번 더 그 감정이 무시당하게 될 때까지 속으로 삭히고 있어라.
- '누구한테 감히'라는 태도를 가지고 상대를 파멸시킬 노력을 하라.
- 말싸움이든 진짜 싸움이든 하라.
- 감정을 죽이기 위해 마약이나 알코올을 이용하라.

위에서 열거한 여덟 가지 방법 중에서 어떤 것도 다른 사람과 갈등이 생긴 상황에 대해 자신을 품위 있게 해주거나 진정으로 느끼는 감정을 잘 표현하게 할 수 없다. 지금부터 사람들이 하는 역할을 도식화하고 SEAL 기법을 이용해서 당신과 딸을 위해 이런 규칙에 변화를 줄 것이다.

파티에 초대받지 못할 때

나이에 상관없이 파티에 초대받지 못하는 것보다 더 사람을 초라하게 만드는 것은 없는 것 같다. 반면 파티걸은 그날 하루 여왕벌이 되어 친구들의 자문을 받아서 누구를 초대할지 말지 결정한다. (만약 당신이 딸에게 남자애들을 초대하도록 하면 내가 9장에서 밝히는 것처럼 상황은 훨씬 더 가열된다.)

메리 : 아만다한테 생일파티 초대 문자 받았니? 그 파티 멋질 거야!

애나 : 나한텐 아직 안 왔어… 내 전화 이번 주에 완전 맛이 갔어.

메리 : 아, 너도 분명 초대받을 거야. 내가 한번 알아보고 너한테 알려줄게.

그날 오후

메리 : 아만다가 그러는데 자기 엄마가 친구 몇 명만 초대하라고 했대. 정말 친한 친구들 말이야.

애나 : 알았어.

메리 : 내가 아만다에게 말해서 너 초대하라고 할게.

애나는 이 일을 어떻게 처리할까? 몇 가지 전형적인 권력다툼에서의 각자의 감정, 동기, 가능한 결과와 더 나은 결과(자긍심 가지기)를 도표로 그려보았다(251쪽 참조). 나는 소녀들이 자신들이 하는 역할과 관심을 두고 경쟁하느라 친구들과 갈등을 겪을 때마다 이 표를 사용하기를 바란다. 딸에게 이 표를 보여주고 예를 몇 가지 들어주어 이 표의 원리를 이해하게 하라.

소녀들의 동기를 이해하면 그녀가 무엇을 하고 싶은지 파악하는 데 도움을 줄 수 있다. 앞의 사례에서 아만다는 여왕벌(최소한 임시로라도 권력자이다)이다. 메리는 전달자(가운데)이며, 애나는 공격대상(뒤에 남은 사람)이다. 생일파티라는 드라마가 어떻게 전개될지 살펴보도록 하자.

만약 당신이 아만다의 부모라면 당신은 생일을 맞은 딸에게 특별한 선물을 제공하고 싶을 것이지만 그 과정에서 다른 소녀들이 상처받기는 원치 않을 것이다. 만약 당신의 딸이 큰 학교에 다닌다면 모든 사람을 다 초대할 필

	애나	메리	아만다
감정	거절감을 느낌.	중간에 껴서 갈등을 느끼지만 한편으론 자신이 중요하다는 느낌을 받음.	관심 받는 것을 즐김.
동기	갈등 – 초대도 받고 싶지만 초대를 구걸하고 싶지는 않음.	갈등 – 친구를 돕고 싶지만 자신의 사회적 지위를 확고히 하고 싶기도 함.	자기 방식대로 생일 파티를 치르고 싶음.
가능한 결과	위계에서 제일 낮은 위치에 있다고 느낌.	자신이 중요하다는 느낌을 받음.	자신이 원하는 것을 얻음.
교훈	집단에 받아들여지기 위해서는 변화되어야 한다는 것을 깨달음.	자신의 메신저 위치가 갖는 위력을 인식함.	다른 사람들을 통제하는 권력을 알게 됨.
바람직한 대안	이런 상황을 자기 탓으로만 생각하지 않는다.	중간에 껴서 갈등이 되지만 이 상황을 자신이 중요하다는 느낌을 받는 데 이용하지 않는다.	다른 사람들에게 상처 준 것을 깨닫고 파티의 문호를 연다.

요도 없고, 그렇게 해도 부를 과시하는 좋지 못한 역할모델이 된다. 만약 작은 학교에 다닌다면 한두 명을 제외한 모든 사람을 초대하는 일이 생기지 않도록 해야 한다. 초대장을 딸과 함께 만들면서 실제로 작용하는 당신의 가치를 보여줄 수 있다.

먼저 딸의 감정에 공감하고 딸이 가장 좋아하는 사람들만 파티에 초대하고 멋져 보이고 싶은 마음을 이해할 수 있다고 말하라. 하지만 다른 사람들을 포용하고 존중하는 결정을 내리는 것이 중요하다는 사실 또한 언급해야 한다. 어떤 친구를 초대하라고 강요하지 말고 그 친구가 초대받지 못했을 경우 느낄 감정을 살펴볼 수 있게 하라. 과대사고에 물든 행동을 하지 않게 해서 배타적인 선택보다는 더 많은 친구들이 오도록 제안하라. 초대 명단을 같이 만들고 이를 따르게 하라. 만약 친구가 누구를 대신해서 와서 부탁을 하면 마음을 바꾸도록 한다. 위의 예라면 애나를 초대할 수도 있는데, 반작용을 고려

해야 한다. 딸이 '억지로' 애나를 초대하게 되었기 때문에 애나가 파티에 와서 딸의 야비한 모습만 맞이할 수도 있다. 그렇게 되면 애나와 함께 부엌에서 애나의 부모를 기다리다가 그들이 왔을 때 당신들이 나쁜 부모라는 식으로 째려보고 가는 끔찍한 경험을 할 수 있다.

만약 당신의 딸이 추종자인데 생일 파티의 주인공이라면, 여왕벌과 그 부하들은 초대 명단을 작성할 때 딸의 의견을 따르는 것처럼 보일 수도 있다. 이것에 속지 마라. 그것은 작전이다. 그들은 자기들이 싫어하는 친구들을 초대하지 못하게 하려 하거나 남자들을 초대하도록 압력을 넣을 것이 틀림없다. 딸이 아무리 성숙하고 친절하다고 해도 만약 딸이 파티를 열거나 콘서트 같은 곳에 가려 하면 학교에서 그 얘기를 안 할 수 없다. 당신은 행사 때마다 모든 사람을 다 초대할 수 없다. 그리고 소녀들은 모든 행사에 매번 초대받지 못할 수 있다는 점을 받아들여야 한다. 이 말은 이런 상황을 조율하는 일반적인 원칙이 있다는 의미이다. 여기 나의 원칙을 소개한다.

초대장을 배포할 때 딸에게 구식이지만 편지를 보내도록 하라. 이메일보다는 훨씬 더 시간이 걸리지만 소녀들이 그 편지를 서로 전달하기 힘들기 때문에 더 낫다.

나는 아래와 같이 딸에게 얘기할 것이다.

1. 나는 네가 파티 얘기를 최소한으로 할 걸로 기대한다. 나는 네가 하는 말을 다 통제할 수 없지만 다른 사람들이 초대받지 않기 때문에 상처를 받거나 소외감을 느낄 수 있다는 사실을 알았으면 한다. 넌 친구들을 초대하도록 허락받았지만 그 과정에서 다른 사람들의 마음을 상하게 해도 된다는 허락은 받지 않았다. 이것이 나의 법이다.

2. 나는 네가 그 법의 정신과 조항을 모두 존중했으면 한다. 이 말은 네가 초대받은 친구들에게 조용히 속삭이며 파티에 대해서 얘기하거나, 초대받지 못한 친구들이 다가오면 도망가는 식의 행동으로 어물쩍 넘어가는 식의 명백히 잘못된 행동을 하면 안 된다는 의미이다. 나는 그런 행동을 수용할 수 없는 행동이라고 생각한다.

3. 만약 내가 선물로 네게 베풀어준 파티를 네 친구들의 마음을 상하게 하는 데 이용하는

걸 알게 되면 나는 파티를 취소할 수도 있다. (만약 당신이 이런 처분을 내릴 때 딸이 아무리 하소연하고 사과하고 다시는 그러지 않겠다고 해도 단호하게 지켜야 한다.)

파티를 하는 동안 딸은 모든 손님에게 친절하게 대해야 한다. 이렇게 하는 의미는 딸은 사람들을 초대하고 나서 무시하라는 허락을 받은 것도 아니고, "엄마가 너를 꼭 초대하라고 했어."라든가 "아빠가 모두에게 파티에 올지 물어보라고 했어."라고 했기 때문에 초대받은 거라는 티를 내서는 안 된다는 것이다. 나는 파티가 열리는 동안 초대받은 모든 사람의 휴대전화를 한곳에 모아놓아서 당혹스러운 사진을 찍거나, 저속한 문자메시지를 보내지 못하게 할 생각도 있다. 만약 그들이 부모에게 전화를 하려 할 때에는 언제든 와서 전화를 쓰고 다시 당신에게 돌려준다.

'초대받지 못한 사람들을 위한' 시나리오에 등장하는 부모들 중에서 메리의 부모는 그 상황에서 자기 역할이 뭔지 알아내기 힘들다. 만약 무슨 일이 일어나는지 알게 되면 딸이 이해하도록 당신이 도와야만 하는 첫 번째 질문은 그녀의 동기를 알아내는 것이다. 딸이 애나가 초대받지 못했기 때문에 마음이 상하거나 전달자로서의 중요한 역할을 했기 때문에 중간적인 입장에 있을까? 만약 그녀가 그 이야기의 주인공이라면 그녀는 집단 내에서 자기 위치를 굳히는 데 이용할 가능성이 더 높다. 당신들은 스스로에게 그녀가 전달자나 '스타'의 역할을 하는 게 왜 중요한지에 대한 질문을 던져야 한다. 만약 그녀의 묘사가 애나에 대한 공감에 초점을 맞추고 있다면 그녀가 초대받는 게 어떤 이득이 있는지 질문할 좋은 기회다(인기 있다고 생각할까?). 그녀는 무엇을 잃을까?(인기나 친구의 감정에 따라 결정을 내리고 있는가?)

만약 당신이 애나의 부모라면 당신은 딸에게 "참 안됐구나. 그래도 얘기해줘서 고맙다. 어떻게 하고 싶니?"라는 요지의 말로 반응해야 한다. 당신에게도 이런 경험이 있다면 개인적인 얘기를 나눌 수 있는 좋은 기회다. 그런데 이런 상황은 딸이 당신과 뭔가를 공유하기는 하지만 당신이 아무것도 해주지 않아도 되는 그런 상황이다. 딸은 그저 하소연하길 바란다. 그녀는 당신이 상대 부모와 통화를 하면서 초대해달라고 사정하길 바라지 않는다. 당신이 그래서도 안 된다. 초대에 관한 일로 어떤 상황에서도 절대로 상대 부모에게 전화하지 마라. 당신이 상대 부모와 통화하는 어떤 상황에서도 초대 자체를 놓고 얘기해선 안 된다. 만약 당신이 이렇게 하면 이는 딸에게 사회적 지위가 개인적인 존엄성보다 더 우위에 있고 부모의 사랑은 사회적 지위에 기반을 두고 있다는 걸 가르치는 게 된다. 딸이 파티에 초대받지 못해서 고통스럽고, 감정이 상했겠지만 그에 대처하는 **능력을 강조하는 것이 더 중요하다**. 파티 날이 되면 딸이 좋아하는 다른 일을 같이 해서 딸에게 인생에는 파티만 있는 게 아니라는 걸 일깨워준다. 이제 만약 딸이 SEAL 기법을 사용하려 한다면 생일을 맞이한 소녀(만약 둘이 오랜 친구였고, 초대받지 못해서 너무 놀라고 상처 받았다면)에게 선언한다. 딸은 다음과 같은 말을 할 수 있다.

> **당신의 딸** : 이런 얘기하기 참 불편하지만 너 생일파티 한다며? 너 나 초대 안 했더라?
>
> **생일 맞은 소녀** : 응, 엄마가 네 명만 초대하라고 해서…(다른 변명도 가능)
>
> **당신의 딸** : 난 네가 죄책감 느끼고 날 초대하라고 전화한 건 아냐. 하지만 나 많이 놀랐어. 난 그저 네가 날 초대하고 싶지 않을 만한 일을 내가 했나 싶어서… 그게 궁금해.

그리고 만약 그 정도가 적절하다면(생일 맞은 소녀에게 굴종하는 식이 아니라면) 그녀는 경청하고 사과할 준비가 되어 있어야 한다. 왜냐하면 초대하지 않는 소녀의 마음을 상하게 하는 행동을 했기 때문에 그런 결정을 내렸을 수도 있기 때문이다. 이런 과정의 목표가 초대에 있지 않다는 점을 기억하라. 대신 목표는 이런 과정을 숙고해보고, 이를 표현하는 것이다.

쓸모없는 사람 : 나뉜 우정과 추종자

제니퍼와 킴버는 6학년이고 좋은 친구였다. 그들은 가끔 그 집단에 정말로 들고 싶어 했던 사라와 함께 놀았다. 킴버와 사라는 한때 정말 좋은 친구였지만 요즘에 킴버는 사라가 지루하다고 생각하고 있다. 제니퍼는 토요일 밤을 같이 지새기 위해서 킴버를 초대했다. 사라는 그 얘기를 건너 듣고 그들에게 자기도 함께 있게 해달라고 요청했다. 제니퍼는 자신은 사라에게 진저리가 나고 다른 친구를 알아보라고 했다. 킴버는 제니퍼가 사라에게 이렇게 대하는 게 마땅치 않았지만 아무 말도 하지 않았다.

같이 밤을 지샌 다음 날인 일요일 아침에 제니퍼와 킴버가 놀고 있는데 제니퍼의 엄마가 화가 나서 그 방으로 뛰어들어 와서 제니퍼와 단 둘이 얘기하자고 했다. 제니퍼의 방 바로 밖에서 제니퍼의 엄마는 제니퍼에게 사라의 엄마가 전화해서 학교에서 있었던 일을 알려주었다고 했다. 제니퍼의 엄마는 제니퍼에게 정말로 화가 났고 그녀는 한 달 동안 친구를 데려와 같이 잘 수 없게 되었다. 제니퍼가 가장 먼저 한 일은 킴버에게 투덜거리는 일이었다.

제니퍼 : 사라가 한 일이 말이 되니? 걔 자기 엄마에게 울면서 달려가서 이르는 바람에 이젠 내가 곤란해졌어. 밥맛이야!
킴버 : 그래, 나도 믿을 수가 없네.

월요일 아침에 제니퍼와 킴버는 등교해서 복도를 걸어가다가 사라를 보았다.

제니퍼 : 사라, 너 무슨 짓을 한 거야? 네 엄마에게 달려가서 이르는 바람에 내가 곤란해졌다고! 우리 엄마는 너희 엄마 얘기를 듣고 내가 널 안 불렀다고 생각하셔. 그래서 나는 이제 아무도 초대할 수 없게 됐어!
사라 : 무슨 말 하는 거야?
제니퍼 : 내 말이 무슨 영문인지 모르는 체하지 마.
사라 : 미안, 나는 몰랐어. 진심이야. 미안해. 나는 좀 속이 상했지만 엄마에게 아무에게도 얘기하지 말라고 했어. 이걸 수습하려면 어떻게 하면 되겠어?
제니퍼 : 이미 너무 큰 사고를 쳤어. 자, 가자, 킴버.

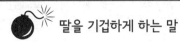

딸을 기겁하게 하는 말

화가 많이 나도록 한 사람에게 "넌 너무 짜증나."라는 식으로 짜증난다는 단어를 사용하지 말 것. 왜 그래야 할까? 사람이 짜증이 날 만한 이유가 백만 가지도 넘기 때문이다. 너를 짜증 나게 하는 사람이 그 행동을 그만두기 위해서는 원인이 되는 행동이 무엇인지 알아야 한다.

표에서 다시 한 번 각자의 역할을 정리해본다.

	사라	킴버	제니퍼
감정	따돌림 당하고, 거절당하고, 속상하고, 화가 났을 수도 있다.	어떤 방관자의 역할을 하는지가 중요하다. 죄책감으로 괴로워할 수도 있고 권력은 합리화되고 분노한다.	분노하고 방어적이다. 사라를 고립시키고 싶어 한다.
동기	다른 소녀들이 자신을 좋아하길 바랐지만 거절당해서 상처 받는다.	우정과 '옳은' 일 사이에서 갈등한다.	곤란한 상황에 빠진다. 그러나 억지로 사라의 친구가 되고 싶지는 않다.
가능한 결과	집단에게 사과하거나, 자기 성격을 집단에 적응하기 위해서 맞추거나 다른 친구를 찾는다.	사라와 떨어져 지낸다.	자신들과 어울리지 못하도록 사라를 왕따시키거나, 자신을 따르도록 킴버를 왕따시킨다.
교훈	자기 감정이 상했다는 걸 표현하거나 강한 소녀에게 대적하면 곤란에 빠진다. 다시는 엄마에게 얘기하지 않는다.	제니퍼야말로 여왕벌이니 잘 보여야 한다.	애들을 따돌리는 것이 역시 효과가 있다.
바람직한 대안	두 소녀에게 자기 감정이 어떤지를 얘기하고 자기 입장을 확실히 한다. 당당하게 그들에게서 떠난다. 기존의 친구들을 사귀는 대가가 너무 크기 때문에 새로운 친구를 사귄다.	제니퍼에게 가서 사라에게 대하는 그런 행동이 좋지 않다고 얘기하며, 상황을 더 좋게 하기 위한 대안을 제시한다.	자신이 한 행동에 대한 책임을 지고 사라와 킴버 모두에게 사과한다.

사라의 부모인 경우 : 이런 상황에서 사라는 권력을 쥔 사람이 약한 사람들을 괴롭힐 수도 있고 희생자가 그에 대해서 '털어놓으면' 보복이 뒤따른다는 걸 배웠다. 2장에서 얘기한 대로 아이들은 어른이 개입할 경우 상황이 더 악화될 것이라고 믿고 있다는 걸 기억하라. 부모가 자기 자녀가 무시당하고 있다는 걸 알게 되면 그들은 아이들이 더 잘 알고 있다는 걸 잊는다. 만약 괴롭히는 행동이 노출되어 문제가 생기게 될 경우 가해자가 언젠가는 자신이 그 사실을 말한 것을 알게 되고, 그때는 곁에서 도와줄 수 있는 사람이 아무도 없을 것이라는 사실을 잘 알고 있다. 이런 상황에서 어른들의 개입은 피해자가 어떻게 하고 싶은지에 대한 전략 수립을 돕는 것, 그리고 그 행동을 스스로 할 수 있다는 확신을 주는 데 그쳐야 한다. 딸이 자기 뒤에는 부모님이 있다는 걸 알아야 할 필요가 있기 때문에 이런 개입은 도움이 된다. 그러나 당신에겐 딸이 자기 앞가림을 할 수 있다는 확신이 있다는 걸 딸이 알아야 할 필요가 있다. 이 말의 의미는 다른 부모에게 전화해서 딸이 따돌림 당한 것을 불평하지 말고 딸이 당신을 믿고 얘기한 내용을 다른 사람에게 발설하지 말아야 한다는 것이다. 만약 당신이 계속해서 딸의 문제를 해결해주려 하면 딸은 스스로는 아무것도 할 수 없다고 생각할 것이고 자기 감정과 관련해서 당신을 믿지 않을 것이다. 이럴 경우 당신에게 가면 문제가 더 악화된다는 증거가 된다.

항상 그렇듯, 당신이 취할 수 있는 첫 번째 조치는 딸의 마음을 공감하는 것이다. 따돌림 당하는 것은 괴롭고, 특히 추종자라고 괄시받는 경우에는 다른 소녀들이 당신의 딸을 성가신 존재로 보고 있다는 걸 쉽게 인정하기 어렵다. 그러나 그게 사실이라면 딸과 그 얘기를 해야 한다. 그렇게 하지 않으면 딸의 6학년에서 8학년 기간은 더 고통스러울 것이다. 뒤에 나오는 친구 권리 장전을 딸과 함께 읽어보라. 킴버와 제니퍼가 자신을 그렇게 보고 있는지 질문해보라. 만약 그렇다면 왜 그 애들과 여전히 어울리고 싶어 할까?

당신과 딸 모두에게 가장 어려운 질문은 왜 이런 일이 발생했는지에 대한 것이다. 그 대답이 무엇이든, 그다음 질문은 마찬가지로 어렵다. 예를 들어 딸이 다른 친구들만큼 남자애들에게 관심이 없어서 친구들을 짜증나게 했다면 그것이 자신을 바꿔야 할 만한 일일까? 나는 아니라고 생각한다. 그녀는 자기 페이스와 시간표에 맞춰 남자애들에게 관심을 가져야 한다. 반면에 딸이 친구들을 방해하고 끊임없이 친구들의 일을 간섭하기 때문에 짜증스럽다면 스스로 돌아보고 달라져야 하는 일일 수도 있다.

딸이 자기 행동과 인격의 차이를 구분하는 것은 매우 중요하다. 그녀는 자기 행동을 바꾸고 싶어 할 수는 있지만 자신의 정체감을 바꾸려 해서는 안 된다. 딸과 킴버와 멀어진 걸 어떻게 생각하고 있는지 허심탄회하게 얘기해보라. 각자 다른 일에 빠지게 되었는가? 만약 그렇다면 사라가 킴버의 관심을 '따라가야' 한다는 압박을 받았는가? 딸에게 각자가 다 자기의 계획이 있고, 남자애들이나 옷 그리고 킴버가 더 '성숙한' 관심이라고 생각하는 어떤 것에 관심이 있는 척할 필요는 없다고 환기시켜주어라. 사라는 킴버가 자기 나름의 관심사가 있고, 그걸 공유하는 다른 여자애들과 어울리고 싶어 한다는 게 정당하다는 걸 인정해야 할 필요가 있다. 제니퍼에게 초대하라고 부탁해서는 안 되지만, 초대받지 못해서 어떤 심정인지 킴버에게 얘기할 수 있다. 그리고 문자나 메일이나 메신저가 아니라 직접 대면해서 그 얘기를 할 필요가 있다. 예를 들어

사라 : 킴버, 잠깐 얘기 좀 할 수 있니?

킴버 : 그래, 무슨 일인데? (아마도 무슨 일인지 알고 있을 것이다.)

사라 : 이런 말 하긴 좀 그런데, 난 네가 분명 이전만큼 나하고 어울리고 싶어 하지 않는 것 같아 보여서 그 얘기를 하고 싶어.

킴버 : 그렇지 않아! 네가 무슨 말 하는지 모르겠다.

사라 : 기분 나쁘라고 한 소리는 아냐. 우린 좋은 친구니까 그 얘기를 하고 싶은 것뿐이야. 왜 나하고 어울리고 싶어 하지 않는지 말해줄 수 있어? 네 말을 최선을 다해 듣는다고 약속할게.

사라가 이 대화에서 모든 걸 완벽하게 말해야 하는 건 아니며 사라는 킴버

에게 원하는 대답을 듣지 못할 수도 있다는 걸 기억해주기 바란다. 사라가 킴버에게 정중한 태도로 자기 감정을 직접 얘기하고, 듣기에 거슬리는 얘기를 할 때라도 진실하고 존중하는 의사소통은 직접 대면해서 하는 사람들 사이에 형성된다는 점을 얘기하도록 격려하라. 그 말은 사라도 기분이 나쁠 수도 있는 말을 들을 준비가 필요하며, 그런 과정을 통해서 자신을 추스릴 수 있는 사회기술을 배우고 실천할 수 있다.

우정이라는 것이 그 수명이 다할 수도 있다는 걸 깨닫는 건 고통스럽지만 딸에게 많은 사람들의 우정이 기복이 있고 사라와 킴버가 나중에 더 잘 맞을 수도 있다는 점을 일깨워주어라. 반면, 킴버가 좋은 친구가 되는 것보다 집단의 일원이 되는 데 더 관심이 있다면 사라는 이런 우정을 지켜야 할 가치가 있는지 평가해볼 필요가 있다.

킴버의 부모인 경우 : 이 상황에서 킴버가 어떻게 하길 바라는가? 소녀들은 친구 선택의 권리가 있다. 그들은 그 과정에서 다른 소녀들을 불쾌하게 만들 권리가 없을 뿐이다. 반면 어떤 소녀는 지나치게 '착할' 수도 있다. 물론 당신은 딸이 다른 사람에게 친절하길 원하겠지만 항상 자기보다 다른 사람들을 먼저 생각하지는 않았으면 하고 바랄 것이다. 지나치게 '다른 사람들에게 맞춰주는 사람'은 사람들이 자기를 이용하게 만든다.

딸이 한 행동에 찬성하지 않는다고 해도 우선 공감을 해주고 자기 나름의 방어를 할 수 있게 허용하라. 상황을 딸의 관점에서 바라보고 딸이 '제대로 처리하지' 못했다고 해서 화난 모습을 보여주지 마라. 이런 상황은 매우 복잡하고 당신이 깊게 생각할 필요가 있다. 사춘기 시절에 소녀들의 의리의 대상이 나뉘는 일은 흔하다. 만약 킴버가 사라의 편을 들면 킴버는 사라의 영원한 우정을 얻겠지만 제니퍼를 '배신'하게 된다. 제니퍼를 배신하면 곤란한 상황에 처한다. 왜냐하면 제니퍼는 다른 소녀들을 동원해서 킴버를 따돌려 복수를 하려 하기 때문이다. 만약 킴버가 사라를 배신하면 사회적으로는 어려움이 없을 것이다. 사라가 십중팔구 나중에는 킴버를 용서할 것이다. 만약 당신이 열두 살이면서 킴버의 입장이라면 제니퍼하고 매일, 하루 종일 어울릴 텐데 어떻게 할 것인가? 제니퍼 편을 드는 것이 유일한 선택일지 모른다. 제니퍼는 위협이 될 수 있다. 모든 패를 다 쥐고 있는 사람에게 대항하는 것이 얼마나 어려운지를 인정하라.

당신의 다음 조치는 킴버가 자기 행동에 대한 책임을 지게 하는 것이다. 소녀들은 자기들의 나쁜 짓을 다른 사람의 탓으로 돌리는 데 도가 텄다. 제니퍼는 사라가 자기 엄마에게 불평을 터뜨리지만 않았어도 이런 일은 생기지도 않았을 것이라고 믿고 있다. 킴버의 입장에 서 있는 거의 모든 사람들이 뒤로 물러서서 집단 내에서 힘 있는 소녀의 비위를 맞춘다. 소녀들은 위계질서에 따라 제니퍼의 책임회피를 지지한다. 다른 소녀들은 아무도 이의를 제기하지 않을 것이며 상황 파악이 가능한 어른이 아무도 없기 때문이다.

소녀들은 사라의 입장에 있는 소녀들에게 화를 내지만 그것은 견제하는 전술일 뿐이다. 당신의 딸이 그 전술 뒤에 숨게 하지 마라. 이 상황은 딸에게 다른 사람을 존중하는 걸 가르칠 수 있는 좋은 기회이다. 딸은 사라 편이 되어야 함을 인정할 필요가 있다. 그리고 제니퍼에 대해서 질문하라. 딸은 다른 사람들에게 휘둘리는 사람이 되고 싶어 하는가? 그녀는 다른 사람들이 괴롭힘을 당할 때 아무 말도 않는 사람이 되고 싶은가? 미래에는 이런 상황을 어떻게 다루고 싶은지 질문하라. 그녀가 제니퍼나 사라에게 무슨 말을 하고 싶은지에 대해서 당신에게 다 얘기할 수 있게 격려하라.

만약 킴버가 정말로 용감하다면 킴버가 제니퍼 앞에서 사라에게 사과하는 게 제일 좋다(사과에 대한 추가적인 내용은 6장 참조). 킴버는 제니퍼에게 사라에게 일어난 일에 대해서 유감이라고 얘기한다. ('제니퍼가 사라에게 한 일'이라는 표현은 쓰지 않는다. 첫째 제니퍼가 방어적으로 될 수 있고, 둘째 킴버가 제니퍼 편에 섰던 일에 대해서 책임을 져야 하기 때문이다.)

제니퍼의 부모인 경우 : 당신은 화가 나고 당혹스러울 수 있겠지만 제니퍼가 이 일을 통해서 배울 수 있는 교훈에 집중하라. 다른 부모들이 당신 딸의 비행에 대해 비난하기 때문에 자신의 양육방식에 의문을 품기 쉽다. 제니퍼의 행동을 심각하게 받아들이는 한편 이를 불행하지만 현실적인 양육과정으로 바라보라. 사라의 엄마에게 말해줘서 고맙다고 하고 제니퍼의 행동을 사과하라. 그리고 제니퍼 편에서 얘기를 들어보고 (아마 처음에는 사라가 제니퍼의 얘기를 듣지 않아서 제니퍼가 나쁜 사람이 되는 과정에 집중하게 될 것이다) 강조할 점은 "킴버하고만 시간을 보내고 싶은 건 잘못이 아냐. 하지만 그렇다고 그게 사라를 그런 식으로 대한 것에 대한 변명이 되거나 정당화되는 것도 아냐."라는 내용이다. 킴버의 부모와 마찬가지로 남을 잔인하게 대하는 건 나쁜 것이기 때문에 사라에 대한 감정이 중요한 것이 아니라는 점을 강조하라. 어떻게 행동하라고 얘기해주기보다는 "네가 모든 사람하고 다 친구가 될 필요는 없어. 하지만 그걸로 사람들에게 잘못하는 걸 정당화하지 마. 또 이런 상황이 닥치면 스스로에게 이 사람과 어울리는 게 왜 문제가 되는지 질문해봐. 왜 네가 그 애를 싫어하는 걸 나타내고 싶어 할까?" 사라에게 전화해서 무례했던 걸 사과하도록 제니퍼에게 부탁하고(6장의 '사과의 기술' 참조) 확실히 그렇게 하는지 지켜보라. 킴버에게도 전화하게 해서 중간에서 곤란하게 만든 점을 사과하게 한다. 마지막으로 "사라가 너에 대한 말을 해서 화가 난 건 알겠지만 그 때문에 네가 사라의 인생을 나쁘게 하는 걸 보고 싶진 않구나."라는 식의 말을 하라.

영원한 절친 혹은 하루살이 절친?

나는 소녀들의 절친한 관계가 소녀들의 관계 중에서 가장 강력한 관계이며 권력다툼이 이를 가장 위태롭게 하는 요인이라고 확신한다.

소녀들과 소년들은 절친은 자기 나름의 세계에 사는 것으로 본다. 그들은 독자적인 언어와 암호가 있다. 그들은 옷도 바꿔 입는다. 그들은 동시에 한 사람을 좋아할 수도 있고 7학년 때까지 깨지지 않았다면 그 시기를 전후해서 한 사람이 사회적 지평을 넓히려 할 때 깨지는 게 보통이다.

그때부터 그들은 화해하고 다시 깨지고, 다시 화해한다. 때로 둘 다 각자 집에 있을 때만 어울리는 관계가 될 수도 있다. 다른 또래 소녀들이 있을 때는 한 사람이 다른 사람을 거의 신경 쓰지 않고, 더 나쁜 경우에는 못되게 군다.

나는 우리 둘이 있을 때는 내게 너무 잘해주지만 사람들과 같이 있으면 못되게 구는 친구가 있어요. 문제는 우리 부모님들이 친구라는 거죠. 나는 걔하고 둘이 있는 건 좋지만, 다른 면을 보면 좀 역겨워요.
                                                                    —켈리, 13세

당신의 딸이 못된 짓을 할 수도, 당할 수도 있다. 당신의 딸이 친구와 싸웠을 때 친구를 비난하거나 부정적인 것만 보지 않도록 하라. 그리고 당신이 먼저 그렇게 하지 마라. 왜냐하면 그다음 주에 둘이 다시 친구가 될 수 있기 때문이다. 다시 한 번 딸에게 우정이란 게 좋을 때도 있고 나쁠 때도 있으며 돌이킬 수 없는 행동을 할 필요는 없다는 걸 일깨워주어라. 딸에게 멀어지지만 여전히 사이가 좋은 사람도 있다는 점을 받아들일 수 있도록 하라. 친구를 상실하여 상한 마음을 가볍게 여기지 마라. 메일이나 문자 대신 직접 만나서 얘기하는 게 중요하다는 것을 강조하라. 이런 상황에서는 직접 만나서 얘기하는 것이 항상 더 낫다. 이런 방식은 메일이나 문자의 특성 때문에 생기는 '해석의 오류'에 빠질 위험성이 더 적다. 당신이 상황을 개선할 뾰족한 방법은 없지만 이런 일은 당신이 경청하는 기술을 익히고, 딸이 이런 관계에서 자연스럽게 발생할 수 있는 고통이나 어려움을 딛고 살아남을 수 있다는 걸 깨닫도록 도울 수 있는 기회이다.

약속의 땅에서 쫓겨나다

그 일은 10월에 시작됐어요. 나는 우리 집단에서 소외된다고 느끼기 시작했어요. 그 집단의 한 명인 브리트니는 내게서 멀어져 갔고 나는 걔가 완전히 멀어지기 전에 걔하고 더 가까워지고 싶었어요. 내가 다가갈 때마다 걔는 도망갔어요. 나는 굉장히 속이 상했어요. 그래서 나는 내 감정을 걔한테 표현했어요. 그 애는 내가 자기를 쫓아다닌다고 했어요. 나는 동의했어요. 실제로 그랬으니까요. 우리가 대화한 후에 나는 내가 다시 홀로 남겨지지 않을 것 같아서 행복했어요. 그런데 내가 틀렸어요. 그 일이 있은 후에 브리트니의 축구팀 동료에게 들었는데, 축구 시합 전에 브리트니와 친구인 브리아나가 내 흉내를 냈대요.
　나는 킴과 어울려야겠다고 결심했어요. 그다음 날 나는 당당하게 점심을 먹으러 갔지만 내가 식당에 들어갈 때 브리트니하고 우리 집단의 다른 애들 몇 명이 자리를 다 차지하고 있었어요. 나는 그 애들이 한 일로 마음이 많이 상했어요. 나는 어쩔 줄 모르고 엉엉 울었어요. 울음이 멈추질 않았어요. 상담선생님과 상담을 했더니 그 선생님은 브리트니의 절친 중 한 명인 크리스타와 얘기해보라고 하셨어요. 크리스타는 내 절친 중 한 명이기도 해요. 크리스타는 내게 브리트니와 집단의 다른 애들을 초대하는 파티를 열어보라고 했어요. 파티에서 브리트니와 나는 서로 사과하고 다시 친구가 됐어요. 파티는 그렇게 잘 끝났고 나는 월요일이 되길 기다렸어요.

월요일에 학교에 가니 달라진 게 아무것도 없었어요. 브리트니와 크리스타 그리고 다른 애들이 내 반대편에 앉아 있었어요. 그래서 나는 킴에게 얘기했어요. "됐어, 그 자리에 앉으라고 하지 뭐. 나는 걔네들이 필요없어." 그리고 지금까지 나는 그 애들에게 말을 걸지 않았어요. 킴은 내 인생의 가장 힘든 시간에 나하고 함께했어요. 킴이 언제까지나 고마울 거예요. 그 애는 진정한 친구예요. ─에이미, 14세

당신은 집단 안에 있다. 하지만 실제로 당신은 내쳐진 것이나 다름없다. 어느 날 당신의 딸이 등교하자 그동안 같이 지내던 친구들이 더 이상 멤버가 아니라고 말하는 날이 올 수도 있다. 아니면 그런 일이 딸의 절친에게 일어날 수도 있다. 그 이유들은 부모인 당신에게는 피상적인 걸로 보일 수도 있다. 그 이유들은 다음과 같다. 다른 사람들은 여왕벌이 자기가 신고 있는 자주색 푸마 운동화를 따라 신지 말라고 한 걸 다 알고 있는데, 딸이 여왕벌과 같은 신발을 신었기 때문일 수도 있다. 혹은 딸이 '잘못된' 상대와 어울렸거나 여왕벌이나 추종자들과 '반대파'가 되었을 수도 있거나 여타의 배신행위를 해서 그럴 수도 있다. 때로는 집단의 리더가 더 이상 받아들이지 않겠다고 선언한 것 외에는 확인할 수 있는 이유가 없을 때도 있다. 이유 여하를 막론하고 그런 일이 일어날 때마다 그 결과는 참혹하다. 소녀들은 이런 경험을 통해서 진정한 친구라고 믿는 경우에도 충동적으로 자신에게 등을 돌릴 수 있다는 걸 배운다. 여기서 든 예와 같이 이 시기는 소녀들의 진정한 우정에 대해서 배울 때다.

에이미의 엄마는 자기 딸의 7학년 시절이 완전히 끔찍했다고 했다. 그녀는 자기 딸이 비교적 행복했다가 비참해지는 과정을 보았다. 여기서 내가 에이미와 엄마를 도와서 에이미가 (엄마의 지도를 받아서) 다음 조치를 잘 취하도록 한 과정을 소개하겠다. 에이미의 엄마는 자기 딸을 솔직히 평가하였지만 ("우리 딸은 보스기질이 있고, 때론 독선적이에요.") 동정심은 잃지 않았다.

그녀는 딸과 허심탄회하게 얘기를 했고, 딸을 지지해주었다. 그녀는 브리트니의 엄마에게 전화를 걸어 자기 딸의 문제도 있지 않을까 의논하였다. 불행히도 브리트니의 엄마는 브리트니처럼 행동하였다. 다른 부모에게 정보를 얻는 방법에 대해서는 6장을 참고하고 여기서는 매우 어렵고 중요한 대화라고만 얘기하겠다. 다른 부모에게 접근할 때 당신이 공격자의 역할이 되는 부모들보다는 동맹자나 자원의 역할이 되는 부모들에게 다가가는 것이 더 효율적이다.

크리스타의 부모인 경우 : 만약 상담자가 소녀들 사이의 역학관계나 관계의 패턴을 잘 알고 있다면 효율적인 대화를 위해서 쌍방을 같이 불러 대화하는 것이 나을 수도 있다. 그러나 이런 상황에서는 에이미와 크리스타(브리트니 대신)를 함께 부르는 것은 좋지 않다. 그렇게 하면 브리트니가 어른들의 레이더 밑에 숨어 있거나, 규칙으로도 어쩔 수 없다는 인상을 줄 수 있다. 그 결과 크리스타의 파티는 브리트니가 다른 소녀들을 통제하고 결정권을 쥐는 기회가 된다. 만약 당신의 딸이 크리스타의 입장에 있고, 당신에게 파티를 해도 되냐고 묻는다면 그녀는 자기가 사회적 구심점이 된다는 사실에 흥분해서 당신에게 시시콜콜 일어난 일을 얘기해줄지도 모른다.

만약 그녀가 자신의 사회적 지위를 공고히 하기 위해서 그런 것이라면 파티를 취소하라. 만약 크리스타가 자신은 에이미와 브리트니 사이를 좋게 하려는 의도일 뿐이라고 한다면 왜 학교에서 브리트니가 에이미를 모욕할 때 합세했는지 질문하라. 당신은 크리스타에게 이 상황에서 얻고자 하는 게 무엇인지 스스로 인식하게 해야 한다. (소녀들은 다른 사람보다 자기들끼리 싸울 때 가장 못되게 싸운다.)

브리트니의 부모인 경우 : 브리트니는 자기 위치가 불안정해서 불안을 느낄 수도 있다. 그러나 그것이 브리트니의 행동의 이유 중 하나라고 해도 이것으로 그녀의 행동을 정당화할 수 없다. 그녀는 아마 여왕벌로서의 위치가 확고하다는 걸 확인하고 싶어서 에이미를 모욕했을 수도 있다. 즉, 그녀는 단지 자신이 그렇게 할 수 있다는 것을 증명하기 위해서 에이미를 모욕했을 수도 있다는 말이다. 브리트니와 대화하면서 왜 불안해지고 통제감을 상실했는지 얘기해봐야 한다. 당신의 과제는 브리트니가 자신을 불안하게 만든 것과 통제감을 느끼기 위해서 한 일 사이의 연결고리를 알게 하는 것이다. 이런 식으로 행동한 이유에 대해서 공감해주어라. 그리고 에이미에게 사과하라고 확실히 얘기하라. 그리고 형식적인 사과를 하고 같은 행동을 반복하는지 지켜보라. (학교에서 에이미를 냉대하면 사과의 정신을 명백히 훼손하는 것이다.) 다음을 주의 깊게 보라. 많은 소녀들이 휴전이나 화해를 하고 나서 기회가 생기자마자 새로운 전쟁을 시작한다.

더 나은 제안을 받았을 때 : 약속 어기기

앰버와 미셸은 고등학생이다. 그들은 항상 어울려 다녔는데 최근에는 관심사가 달라지고 다른 집단과 어울리게 되면서 예전보다 같이 어울리는 시간이 줄었다. 앰버는 인기 있는 아이들과 어울리는 반면 미셸은 예전의 친구들과 어울린다. 앰버는 미셸을 좋아하지만 미셸과 함께 있을 때면 새 그룹 애들이 좋아하는 더 재미있는 것들을 놓치고 있다는 느낌을 받고 있다.

앰버와 미셸은 토요일 저녁에 같이 지내기로 계획을 잡았다. 미셸은 저녁 7시에 오기로 되어 있었다. 5시에 앰버의 새 친구인 니콜이 전화해서 영화를 보러 가자고 했다. 그리고 니콜은 그 집단에서 정말 멋진 남자애인 윌이 앰버에게 관심이 있다고 덧붙였다. 윌도 같이 가기로 했다.

이 시점에서 앰버는 세 가지 선택을 할 수 있다.

1. 니콜에게 전화해서 자기도 가고 싶지만 미셸과 선약이 있다고 말한다. 니콜에게 자기가 없어도 재미있게 잘 놀라고 얘기한다.
2. 거짓말을 해서 미셸과의 약속을 깨고 니콜과 같이 영화를 본다.
3. 꿩먹고 알먹기 식으로 니콜에게 미셸도 같이 가도록 설득한다.

나는 내 수업을 듣는 학생들과 이 시나리오를 가지고 수백 번도 넘게 역할극을 해봤지만 미셸과의 약속을 지키는 선택을 하는 경우는 거의 보질 못했다. 약 20%만 미셸을 초대했고, 나머지는 거짓말을 했다. 순간의 망설임도 없이 거짓말을 했고 그 내용은 주로 자기 엄마를 파는 것이었다. "우리 엄마는 너무 해. 내가 집안일/아이보기/숙제를 해야 한다고 날 못 나가게 할 거야." ("할머니께서 돌아가셨어."란 거짓말도 많이 선택한 거짓말인데 그 말을 들을 때마다 경이로운 마음을 금할 수 없다. 이 아이들은 거짓말이 탄로날 거라는 걸 모를까?)

어떤 선택을 하던 소녀들은 이 상황을 통해서 중요한 교훈을 얻는다.

- 만약 앰버가 미셸과 어울리는 원래 계획대로 하면 니콜은 앰버가 잘했다고 인정해주지 않을 것이다. 그 결과 앰버는 미셸이 자기의 발목을 잡는다고 원망하고 니콜이 삐쳐서 자기와 놀아주지 않을 것을 걱정한다. 앰버는 부모님이 뭐라고 하시든 '올바른 처신'이 꼭 좋은 것만은 아니라는 걸 배운다.

- 만약 앰버가 거짓말을 하면 미셸은 보통 그걸 알게 된다. (우리의 역할극에서 우리는 소녀들이 따로 극장에 가게 해서 거짓말을 하면 들키게 되어 있다는 걸 알게 했다.) 미셸은 앰버가 이중적이고 어떻게 해야 할지 몰라 혼란에 빠질 수 있다. 그런 상황에서 똑같이 해야 할까? 미셸의 사회적 가치관이 다를 수도 있다. 그러나 앰버가 권력자인 니콜에게 선택되었기 때문에 미셸은 사회적 지위가 상승한 앰버에게 더 대항하기 힘들다.

- 니콜은 이유가 있어서 앰버를 자기 집단에 넣으려 한다. 앰버 같은 소녀는 대개 아첨꾼/추종자이거나 갈등하는 방관자이다. 미셸은 약속이 깨져서 상처를 받고, 당연히 화도 나겠지만 앰버의 사회적 지위는 더 강화된다. 미셸은 소외당하지 않기 위해서 자신이 앰버나 니콜처럼 변하기 위해 노력해야 한다는 걸 배운다. 만약 미셸이 앰버에게 약속이 깨져서 감정이 상했다는 얘기를 하면 앰버는 질투한다고 비난할 것이다. 미셸은 이런 일은 함구해야 한다는 교훈도 얻는다.

- 니콜은 사회적 지위가 높기는 하지만 종종 우정을 유지하기 위해서 사람들이 자기와 친하다는 걸 보여야 한다고 생각한다. 그녀도 다른 사람들과 같이 함정에 빠져 있다. 어쩌면 더 심한 함정에 빠져 있는지도 모른다. 니콜의 위치에 있는 소녀들은 사회적 지위 유지에 집착해서 확고한 자기 정체감을 형성하지 못하고 쉽게 무너져 버린다.

이 상황을 도표로 나타내보자.

	미셸	앰버	니콜
감정	배신감, 거절감, 분노	혼란, 방어적이며, 니콜의 관심 때문에 우쭐해진다.	무슨 말을 할까? 앰버는 집단에 받아들여졌으므로 자신에게 감사해야 한다고 느낀다.
동기	앰버와 함께하던 시절로 되돌아가고 싶어 한다.	니콜과 함께 어울려 지내고 남자애에게 관심 받는 상태를 유지하고 싶어 한다.	자신의 권력을 보여주고 싶어 한다.
가능한 결과	앰버가 자기 합리화하는 것 때문에 싸우고 앰버에 대한 기대를 접는다.	미셸이 질투하고 자기에게 치근거리는 것을 탓하면서 사과하지 않으려 한다.	앰버와 미셸의 친구관계를 무시하고 앰버에게 더 집중적으로 아부한다.
교훈	앰버에게 있어서 인기가 우정보다 더 중요하다.	미셸과 니콜 두 사람 모두와 친구가 될 수 없다. 둘 중 한 사람을 선택해야 한다.	앰버를 조종하는 위치에 있다.
바람직한 대안	앰버에게 직접 얘기하고 질투한다는 비난에 대해 효과적으로 반응한다. 미셸은 자기를 잘 추스르는 게 기분이 좋다.	미셸에게 사과하고 누구를 선택할지, 왜 그런 선택을 할지에 대해서 설명한다. 니콜에 맞설 수 있게 된다.	다른 사람 대신 자기를 선택하게 했다는 걸 이해한다. 자신의 행동을 사과하고 더 이상 그런 행동을 하지 않는다.

미셸의 부모인 경우 : 앰버나 니콜의 행동을 언급함으로써 딸의 기분을 좋게 하려 하지 마라. 당신은 누군가를 깎아내리지 않고 딸의 인격 때문에 딸이 기분이 좋아지게 하라. (일주일 후쯤에 당신이 귀가했을 때 앰버가 미셸과 같이 있는 걸 보게 되는데, 미셸은 당신이 앰버를 싫어할까 걱정할 수 있다.) 당신이 이런 일이 어렵다는 걸 인정하고, 그러나 장기적으로는 딸의 상황이 앰버보다 어렵지 않을 것이라는 점을 지적하라. 미셸은 진정한 자신의 친구들로부터 받아들여지기 위해 변화하지 않아도 되지만, 엠버는 변화해야 한다.

미셸이 앰버에게 자기 기분을 얘기하고 만약 앰버가 자기에게 질투한다고 얘기할 경우 어떻게 반응할지 미리 생각해보도록 격려하라. ("나는 네가 내가 질투한다고 생각하는 걸 알아. 그러나 지금 그게 중요한 게 아니잖아. 핵심은 우리는 같이 놀기로 약속했다는 거야. 좋은 친구는 더 좋은 제안이 온다고 해서 약속을 깨는 게 아니라는 거야.")

앰버의 부모인 경우 : 가장 큰 문제는 딸이 사회적 지위를 향상시키기 위해서 자기에게 안 좋은 일을 하려 한다는 점이다. 니콜과 노는 것이 더 재미있다는 점을 인정해주지만, 더 좋은 제안이 온다고 해도 자기가 한 약속은 지켜야 할 필요가 있다. 그 과정에서 딸이 포기한 것이 무엇인지 질문하라. 만약 "아무것도 없어요."라고 대답하면 친구 권리장전을 다시 살펴보라(276쪽 참조). 앰버가 니콜과의 우정에서 원하고 기대하는 것은 무엇인가? 니콜과 같이 있을 때 자기 자신을 유지할 수 있을까? 아니면 니콜을 기쁘게 하기 위해서 변해야 할까? 만약 그녀가 당신에게 니콜이 정말 좋은 친구라고 설득하려 한다면 그 문제로 압력을 가하지 마라. 왜냐하면 당신은 딸이 니콜을 방어해야 한다고 느끼기를 원치 않기 때문이다. 그 문제는 자기 생각대로 하게 하라.

만약 앰버가 당신의 딸이라면 딸이 미셸과 앞으로 어떻게 할지 알 수 있는 기회가 있다. 만약 앰버가 니콜과 같이 가는 계획을 변경하면 그녀는 당신을 설득할 방법을 찾아야 한다(당신은 미셸과의 약속을 지키도록 했기 때문이다). 당신은 딸의 진로에 가장 큰 걸림돌이 되었고 당신을 넘어가기 위해서 거짓말을 해야 할지 모른다. 일단 거짓말을 하면 당신은 앰버가 어디에 있는지, 누구와 함께 있는지 알지 못할 것이다. 이때가 앰버에게는 어느 때보다도 친구들과 구명선을 타는 게 더 안전하다고 느낄 때이다. 왜냐하면 엄마는 나를 이해 못해주니까 말을 안 했을 것이고 친구들에게도 뻣뻣하다는 비난을 우려해서 말을 못했을 것이다. 설혹 앰버가 자신의 입장, 규정을 친구들에게 말했다 하더라도 앰버의 규정을 존중하지 않는 친구들과 어울리기 때문에 앰버는 상어들이 우글거리는 바다에서 헤엄치고 있는 셈이다.

어떤 경우든 앰버는 미셸에게 사과해야 하고 만약 가능하다면 니콜에게 자기 감정을 얘기해야 한다. 만약 그녀가 니콜과 함께 가고, 미셸과의 약속을 깼다면 그녀는 니콜에게 "이봐, 난 내가 큰 실수를 저질렀다고 얘기해야 할 것 같아. 네가 날 같이 놀자고 불렀을 때 나는 나실 미셸과 같이 있을 계획이었어. 그런데 그 약속을 어긴 거야. 그거 때문에 마음이 안 좋아. 그리고 다시는 그러고 싶지 않아. 그래서 다음번엔 미셸을 초대하고 싶어."

만약 앰버가 미셸과 약속을 했는데 니콜이 그녀에게 못되게 굴면 그녀는 니콜에게 다른 사람을 그런 식으로 대하면 어울리고 싶지 않다고 얘기할 필요가 있다. 이기적인 이유로도 이렇게 해야 하는데 만약 앰버가 지금 니콜 편을 들면 니콜은 나중에 앰버 편을 들 가능성이 별로 없다. 당신은 딸에게 모든 사람을 항상 기쁘게 해주려 하는 데 큰 위험이 따른다는 걸 확실히 알려주어야 한다. 그렇게 하면 그 과정에서 보통 누구의 마음에도 들지 못하고 자신을 잃어버리기 때문이다.

니콜의 부모인 경우 : 당신의 딸이 상황을 통제하고 있는 것 같다. 딸과 대화하기 전에 영혼의 탐색을 해보라. 어떤 동기에서 니콜은 이런 식으로 친구관계를 맺고 유지하는가? 그녀는 기술적으로는 아무런 잘못도 하지 않았다. 그녀는 친구에게 같이 놀자고 설득했을 뿐이다. 그러나 내가 역할극을 했을 때 니콜 역을 맡은 학생들은 앰버가 일생의 기회를 놓칠 것처럼 느끼게 만들었기 때문에 자신감이 넘쳤다. 선택의 기회를 주는 것처럼 보이지만 절대 선택할 수 있는 게 아니다. 그녀는 이런 메시지를 던진다. 네가 나와 함께 있으면 너는 천국의 열쇠를 쥐게 되겠지만, 그렇지 않으면 40년 동안 사회관계가 단절된 사막 같은 곳에서 지내게 될 것이다. 당신은 자기 행동에 대해서 책임을 지게 만들 필요가 있다. (그리고 아마도 당신 자신도 책임지고 딸이 책임감을 느끼게 만들어야 한다. 당신은 혹시 딸의 인기에 너무 신경을 쓴 건 아닐까?) 만약 니콜이 미셸을 초대할 것이라고 확신할 수 있다면 그건 긍지를 가질 만한 일이다.

매복

우리가 살고 있는 세계에서 당신 딸의 권력다툼은 종종 가상세계에서 일어난다. 아래의 대화는 한 가지 예다. 앞서 제시한 모든 예들이 온라인에서도 일어날 수 있었음을 명심하라. 나는 당신이 온라인에서의 갈등이 직접 대면한 상태에서 발생한 갈등보다 더 나쁜 정확한 이유를 알았으면 한다. 온라인에서 갈등은 모든 걸 집어삼킨다. 당신이 다음에 일어날 일들을 기다리는 동안 갑자기 당신의 심장은 뛰기 시작한다.

당신의 딸인 조는 집에서 컴퓨터 앞에 앉아 숙제를 하다가 아래의 메신저 내용을 수신했다.

쉑~시한여주인공(올리비아) : 야, 니가 알아야 할 게 있어.
빛나는소녀(조) : 무슨 소리 하는 거야?
쉑~시한여주인공(올리비아) : 널 공격하는 건 아닌데, 딴 애들은 다 네가 데릭한테 들이댔다고 생각해.
반짝이소녀(조) : 날 좀 가만 내버려둬.
쉑~시한여주인공 : 널 위해서 이런 말 해주는 거야. 나는 만약 사람들이 내 뒤에서 수근대면 알고 싶을 건데.
반짝이소녀 : 하여간, 나는 너한테 할 말이 있긴 해.
쉑~시한여주인공 : 정말? 너같이 뚱뚱하고 못생긴 패배자가 내가 관심 가질 만한 얘기를 해줄 수 있을까?
반짝이소녀 : 말하지 않을게.
쉑~시한여주인공 : 그래, 네 인생이나 돌아봐. 네가 자살을 해도 아무도 신경 안 쓸 걸?

아래의 내용은 조가 오프라인에서 직접 만나서 SEAL 전략을 쓰는 예이다. 당신의 안내를 받아 그녀는 올리비아에 대항하는 전략을 세울 수 있다. 조는 올리비아가 5교시에 자기 친구들하고 떨어져 혼자 음악실에 있는 것을 기억하고 있다.

조 : 얘기 좀 할 수 있어?

올리비아 : (아무것도 모른 체하며) 그래, 무슨 일인데?

조 : 너 어젯밤에 나한테 나쁜 말 많이 했잖아. 내가 뚱뚱하고 못생기고, 자살해야 한다는 식으로. 난 네가 그런 말 그만했으면 좋겠어.

올리비아 : 뭐? 난 네가 무슨 말 하는지 모르겠어.

조 : 너 어젯밤에 나한테 메신저를 안 했다는 거야?

올리비아 : 정말이야.

조 : 그래, 네가 그랬든 다른 사람이 네 계정을 훔쳐서 그랬든 그만해줘. 부탁이야. 나한테 화나는 게 있으면 온라인 말고 직접 만나서 얘기해줘. 이유 여하를 막론하고 나는 다른 사람이 나한테 자살하란 얘기 따윈 듣지 않을 권리가 있어.

올리비아 : 물론이지. 네가 무슨 말하는지 하나도 영문을 모르겠어. (눈을 흘긴다.)

대낮에 누군가를 당신의 육성으로 일상의 언어를 써서 불러내면 갈등을 상상의 공간에서 끄집어낼 수 있다. 실생활이라면 도저히 할 수 없는 말을 온라인에서 했던 그 사람은 자신의 언어의 참모습을 직면하게 되고 그 사람이 한 말은 더 강한 호소력을 지니게 된다. 그 소녀가 진실을 인정하지 않는다고 해도 그녀는 그 메시지를 들을 것이다.

그녀는 계속하려고 날뛸 걸요? 만약 그녀가 그랬다면, 나는 그녀가 다른 아이디를 사용해서 그랬을 거라 보장할 수 있어요.　　　　　　　　　　　　　－에밀리, 17세

음성메일 폭탄

에밀리는 부모들이 여간해서는 생각하지 못하는 걸 잘 지적했다. 소녀들은 자기 정체를 숨기기 위해서 가명을 써서 계정을 만들거나 다른 사람의 계정을 사용한다.

나오미는 케이틀린과 좋은 친구지만 케이틀린이 나오미가 좋아하지 않는 일을 한다. 그러나 나오미는 그 얘기를 하지 않았다. 케이틀린이 가장 최근에 한 일은 엘라이자라는 소녀에게 심하게 화를 낸 일이다. 나오미 앞에서 케이틀린은 목소리를 위장해서 엘라이자의 음성사서함에 정말 나쁜 메시지를 남겼다. 케이틀린은 웃음을 터뜨리며 "농담이야!"라는 말로 그 메시지를 끝냈다.

아래는 SEAL 전략을 이용한 대화 내용이다.

나오미 : 난 네가 엘라이자의 음성사서함에 남긴 음성메일에 대해서 여러 가지 생각이 들어.

케이틀린 : 그런데…

나오미 : 넌 그러지 말았어야 해.

케이틀린 : 그래? 너는 지금 여기 있고 난 네가 날 막으려 할 것 같아 보이진 않는데? 사실 너도 그게 재미있다고 생각하는 것 같아 보여.

나오미 : 나도 잘못했어. 내가 재미있다고 웃는 것처럼 보였다면 그건 너한테 그만두란 말을 하는 게 너무 불편해서 그랬어. 그런데 나중에 생각해보니까 그건 실수였어. 나는 그 자리에서 바로 너한테 말했어야 했어. 하지만 내가 그때 바로 얘기하지 않았다고 해도 네가 그런 일을 하지 말아야 했다는 건 변함없어.

케이틀린 : 어쨌든. 나는 네가 그렇게 빡빡하게 구는 게 웃겨 보여. 그건 그냥 농담이었어.

나오미 : 케이틀린, 내가 아무 말 않고 혼자 맘속에 두는 게 더 편했을지도 몰라. 그렇지만 우리는 그런 거 모른 체할 정도의 사이는 아니라고 생각

해. 나는 엘라이자에게 사과할 거야.

케이틀린 : 만약 네가 걔한테 사과하면 난 너랑 다시는 얘기 안 할 거야.

나오미 : 나는 너를 어쩌지는 못하겠지. 하지만 나는 엘라이자가 비참한 기분이 들도록 하진 않을 거야.

방관자의 부모로서 딸에 대해 당신이 책임지고 할 일은 딸이 이런 상황에서 처하게 되는 곤란한 입장을 인식하게 하고 자기 행위를 인정하고 그에 대해서 말하게 하는 도덕적 책임감을 지적해주는 것이다. 대부분의 방관자들은 즉시 항의하지 않으면, 특히 비웃는다든지 해서 괴롭힘을 부추기는 행동을 하는 것 같거나 실제로 했을 경우에는 그 얘기를 다시 할 수 있는 자격을 상실한다고 생각한다는 점을 기억하라. 그러나 진실은 방관자들이 그에 대해서 말을 하면 설사 자기들의 행동에 대한 반대발언을 했다고 해도 그들의 말은 더 큰 힘을 얻는다.

칭찬을 유도하기

클라라는 당신 딸의 좋은 친구이다. 그러나 최근에 클라라는 항상 자신이 뚱뚱하고 못생겼다고 불평을 해서 딸의 신경을 거슬리게 하고 있다. 딸은 클라라를 안심시켜주려 했지만 딸이 무슨 말을 해도 클라라의 기분은 좋아지지 않았다. 딸은 당신에게 와서 클라라에 대해서 불평하고 다음번에는 클라라가 맞다고 해서 클라라를 깎아내리고 싶은 유혹을 받을 정도였다. 거기에 더해서 딸이 클라라와 어울리면서 자기 몸무게와 외모에 대해서도 의구심을 품게 되었다고 한다.

딸에게 질문해보라. "클라라가 왜 그런 말을 하는 것 같니? 클라라는 왜 뚱뚱하지도 않으면서 뚱뚱하다고 말할까?" (만약 딸이 "걘 불안정해요."라고 말하면 그 불안정함의 배후에는 무엇이 있을지 알아내도록 얘기를 더 진행해본다.) 딸에게 클라라가 자신을 깎아내리고 짜증이 나기 시작할 때 신체적인 느낌이 어떤지에 대해서 질문해본다. 클라라에게 언제 어디서 얘기하면 가장 좋을지에 대해서 생각해보도록 한다.

아래의 내용은 당신과 딸이 할 수 있는 SEAL 대화의 도입부에 해당하는 예이다.

일단 멈추고 딸의 감정과 전략을 생각해보자.

딸 : 클라라, 중요하게 얘기할 게 있어.

클라라 : 그래, 좋아. 너 나한테 화났어?

딸 : 아니, 너한테 화난 건 아냐. 하지만 네가 스스로에 대해서 얘기하는 것에 대해서 얘기해야 할 것 같아.

클라라 : 그래.

딸(설명한다) : 네가 뚱뚱하다고 하거나, 그렇지도 않은데 못생겼다고 하면 나는 그렇지 않다고 얘기하잖아. 그런데 아무 소용도 없고. 나는 네가 스스로에 대해서 마음이 편했으면 좋겠고, 이런 얘기를 매번 하고 싶지는 않아.

클라라 : 미안, 미안. 나도 그러는 게 나쁘다는 건 알아.

딸(확신하며 단호하게) : 나쁜 감정은 사과할 필요가 없겠지만 난 네 친구로서 널 돕고 싶고 그렇게 하는 최선의 방법은 우리 둘 말고 이 일에 대해서 얘기할 사람을 찾는 것 같아. 누가 도움이 될 것 같아?

그 시절에 나는

- 당신이 딸의 나이였을 때 당신은 더 좋은 약속이 생겼다고 친구와의 약속을 일방적으로 어긴 적이 있는가?
- 우정이나 신념에 관한 당신의 가치관에 대해서 딸에게 무엇을 어떻게 얘기했는가?
- 딸에게 같은 질문을 하면 딸은 무엇이라고 할 것 같은가?
- 당신은 친구들에게 화가 났을 때 그에 대해서 얘기를 하면 그들이 그 얘기를 존중해주는 정도의 친구들이 있는가?

- 권력다툼이 자신에게 생겼을 때 당신은 어떻게 다룰 것인가?

권력다툼으로 인한 좌절을 경감하기 위해 할 수 있는 일

당신은 딸이 생일파티에 초대받지 못했거나 다른 친구 때문에 한 친구를 바람맞히는 게 대단한 일은 아니라고 느낄지 모른다. "애들 일은 자기들이 알아서 하게 해야 해."라는 말을 들었을지도 모르겠다. 기억하라. 개입은 양극단의 양자택일이 아니다. 당신은 딸들을 너무 세세하게 간섭하고 싶지 않을 것이다. 당신은 애들 싸움에 끼어들고 싶지 않을 것이다. 그러나 당신은 부모로서 부모의 입장, 가치관을 보여줄 수 있는 기회로 삼기 위해 뒤에서 지켜본다. 이런 일들은 사소해 보일지 모르겠지만 실제로는 그렇지 않다. 이것들은 소녀들이 자기 감정을 속이고 아닌 체하고 자기를 희생해서 다른 사람들의 비위를 맞추거나 자존감이나 진정성을 희생하는 바탕이 된다. 감정을 상하게 할 뿐인 어린 시절의 사소한 마찰이 부모들이 가장 두려워하는 일이 될 수도 있다. 즉, 폭음, 약물, 나쁜 친구들에 대한 취약함으로 이어질 수 있다. 어린 시절의 권력다툼을 이용해서 자신에게 솔직한 것과 진정한 우정이 무엇인지에 대해서 고민할 가치가 있다는 걸 생각하게 할 수 있다.

당신은 당신 딸에게 가르치는 가치가 때로는 자기 집단에서 편히 지내기 위한 처신과 갈등을 일으킬 수 있다는 것을 알아야 한다. 당신이 딸에게 약한 아이들을 편들어주거나 괴롭힘을 당하거나 찍힌 아이들 편에 서야 한다고 가르쳐 왔다고 가정해보자. 만약 딸이 인기 없는 친구의 편을 들면 그 결과는 집단 내 친구들의 분노를 사고 당신이 올바른 처신을 하라고 한 그 가르침 때문에 지칠 수밖에 없을 것이다. 딸은 벌 받는 느낌만 느낄 뿐이다. 딸은 부모인 당신이 자기를 이해하고 있다는 걸 알아야 한다. 때로 옳은 일을 하는 것이 단기적으로는 슬픔에 빠지게 할 수도 있지만, 장기적으로는 자신의 성격이나 가치에 맞게 사는 것이 중요하다는 점을 인식하라. 딸이 거친 길을 선택한 것이 자랑스러우며, 조만간 당신이 그랬던 것처럼 딸도 자기 행동에 긍지를 느끼게 될 것이라고 얘기하라.

다음은 내가 학생들에게 설명하는 내용이다.

사람들이 네가 옳은 일을 했다고 해서 고마워할 것이라는 거짓말 따위는 안 하겠다. 네가 이런 일로 불평하면 사람들은 너를 공격할지 모른다. 그들은 네 삶을 더 힘들게 만들 수도 있다. 이것은 틀림없는 사실이다. 만약 네가 반론을 제기하면 그 결과는 사회적 거절 같은 것일 수도 있다. 그러나 너는 어려운 시기에 네 옆에 있는 사람들이 진실하고 진짜 친구들이며, 네가 어려운 시기에 친구들과 자신을 품위 있게 대했다는 걸 알게 될 것이다. 만약 네가 아무 말도 안 하더라도 사람들이 면전에서 뭐라 하지는 않을 것이다. 겉으로 보기에는 조용할 것이다. 그러나 거기에는 비용이 들고 그 비용은 너의 품위가 될 것이다. 다른 비용은 사람들이 너를 이용하고… 비록 네가 상황이 악화되는 걸 싫어한다고 해도 네가 그에 대해서 아무 말도 안 할 것이라고 믿는 것이다. 어떤 비용이 더 크다고 판단할지는 네게 달렸다.

친구관계를 통해서 얻는 것과 지불해야 할 것이 무엇이라고 예상하는지 딸과 얘기해보라. 원래 우정은 기복이 있지만 장점도 있으니 딸이 긴 안목으로 바라보고 돌이킬 수 없는 일을 하지 않도록 격려하는 게 좋다. 이 말은 딸이 관계를 다시 생각하게 만드는 사려 깊지 못한 행동들의 패턴을 확인할 수 있도록 도우라는 의미이다. 친구 권리장전을 가지고 딸의 기대치를 명확하게 정리하는 것을 도와라.

친구 권리장전

- 딸이 관계에서 원하고 필요로 하는 것은 무엇인가? (믿음, 신뢰성, 의리, 화가 났을 때 나를 존중하는 방식으로 얘기해주기)
- 친구관계에서 딸의 권리는 무엇인가? (존중감, 친절, 정직함으로 대해주길 바람)
- 친구관계에서 딸의 책임은 무엇인가? (친구를 윤리적으로 대함)
- 친구가 어떨 때 절교하는가?
  (얘기를 귀담아 듣지 않거나, 가치나 윤리를 존중하지 않을 때)

- 친구와의 관계에서 생긴 문제 때문에 어른들의 도움을 구하는 상황은 무엇인가? (문제가 너무 커 혼자서 다루기 힘들다고 느낄 때)
- 친구관계에서 딸 친구의 권리와 책임은 무엇인가? (말을 듣기 곤란한 상황에서도 경청함)

그러고 나서 가장 곤란한 질문을 한다 — 친구 권리장전과 비교해서 친구와의 관계는 어땠는가? 만약 다른 점이 많다면, 그런 관계를 유지하는 이유는 무엇인가?

딸이 그 친구가 사귀기에 적절치 않다고 판단할 경우 딸은 굉장히 외로울 것이다. 관계를 끝내는 것이 맞다고 생각할 수도 있지만 그런 생각은 큰 위로가 되지 않는다. 친구 권리장전에 부합되지 않는 친구와 결별하기 위해서는 믿을 수 없을 정도의 인격의 힘이 필요하고 그 결별 상태를 유지하기 위해서는 더 큰 힘이 필요하다. 딸의 용기를 칭찬해주어라. 다음 장에서 내 수업 경험에서 나온 사례 몇 개를 제시해보겠다.

만약, 어떻게…

아래의 예시는 권력다툼의 역할을 교육할 때 소녀들이 내게 질문한 '만약', '어떻게'라는 질문의 흔한 사례들이다.

만약 정말 친한 친구가 남들이 다 욕하는 학생이고 그 아이 편을 들면 나 역시 다른 사람들에게 미움을 받게 될 경우라면?

이 문제는 적절한 해결책이 없어 보이기 때문에 정말 힘든 상황이다. 먼저 작은 일부터 조금씩 시작하겠다. 다음에 또 누군가가 네 친구를 깔보면, 그룹 애들에게 좀 떨어진 곳에 무슨 흥미로운 볼일이 있는 것처럼 그리로 가라. 이 말을 내 방식으로 달리 말하면 '떨어져서 걸어라'이다. 만약 친구를 깎아내리는 문자, 메일, 음성메일, 메신저를 받으면 '단순히 궁금해서 확인만 하고 싶다'는 생각만 든다고 해도 삭제 버튼을 누르는 훈련을 하라. 한번 시도해보고 정말 그렇게 할 수 있는지 보라. 이 두 가지 목표를 달성하면 그 친구를 가장 싫어하는 친구와 조용히 대화하는 다음 목표를 달성하기 위한 준비를 할 수 있다. 이때 SEAL 기법을 이용할 수 있다.

나를 더 이상 좋아하지 않는다고 생각되는 사람에게 다가가는 최선의 길은?

너는 사람들이 너를 좋아하게 만들 수 없다. 그래서 내 생각엔 네가 한발 뒤로 물러서서 그 사람에게 일주일이라도 생각할 여지를 주는 게 좋을 것 같다. 일주일이 지난 후에 그 친구에게 편하게 말을 걸어볼 수도 있다. 예를 들면 복도나 교실에서 혹은 점심시간에 그 친구를 마주쳤을 때 "얘, 잘 지내?"라고 말을 거는 식이다. 그렇게 하고 나서 며칠이 지났는데 그 친구는 아무런 반응이 없고 너는 여전히 그 친구를 원한다면 한번 만나자고 하고 반응을 보라. 만약 같이 만나서 즐겁게 지내면 관계가 좋아질 수 있고 그 관계를 잘 유지하는 데 신경을 쓸 수 있다. 만약 별로 좋지 못하다면 결별하기 전에 몇 주 정도의 시간을 갖고 마음의 준비를 하면 더 편하게 관계를 끝낼 수 있을 것이다.

나를 놀리기 때문에 사람들을 믿을 수 없고, 그런 게 너무 고통스럽다면 어떻게 할까?

아무도 믿지 못하는 것도 안 좋지만 아무나 믿으려 하는 것도 마찬가지로 나쁘다. 그래서 보통은 '모든 … 항상'으로 시작하는 판단은 올바른 판단일 때가 없다. 그 두 가지는 거의 사실일 때가 없기 때문이다. 그래서 해야 할 일은 믿을 만한 사람들의 목록(또래와 어른들 모두)을 챙겨보고 그 사람들과 서서히 관계를 발전시켜 나가는 것이다. 그 목록에서 문제를 편안하게 공유할 만한 사람을 찾을 필요가 있다.

다른 사람들 앞에서 항상 나를 망신 주는 사람에게 어떻게 해야 할까?

그 친구에게는 한 번은 정색을 하고 네 감정을 얘기하는 기회를 만들어야 한다. 그런데도 다시 그런 일이 반복되면 둘이 있을 때를 기다려서 다음과 같이 말한다.

너 : 너 내가 내 옛날 남친 앞에서 어색하게 대하는 걸 딴 남자애들에게 얘기해서 나를 놀린 거 기억해? 앞으로는 그러지 마. 나도 웃긴 했지만 그건 너무 난감해서 무슨 말을 할지 몰라 그랬던 거야.

친구 : 그런 의도로 한 건 아냐. 별일 아닌데.

너 : 나한텐 별일이거든! 그러니까 내가 그 얘기하면 흘려듣지 마. 안 그럼 난 네가 또 그런 얘기를 할 것 같아서 너하고 같이 다니는 게 편치 않을 거야.

친구 : 알았어.

너 : 내 말 들어줘서 고마워. (화제를 바꿔서) 영화 좋았어?

만약 그 친구들이 계속 그러면 내가 보기에는 관계를 끝낼 시간이 된 것으로 판단된다. 아니면 냉각기를 가져라.

절친의 새로운 '절친'이 끔찍한 영향을 끼치고 자기의 관계를 위해서 친구를 이용하려 하면 어떻게 얘기해야 할까?

무슨 말을 해서 생길 수 있는 가장 큰 위험은 너의 절친이 자기 절친에게 네가 한 말을 해서 네가 곤경에 처하게 된다는 사실이다. 만약 네 생각에 그게 가장 가능성이 높은 결과라면 나라면 아무 말도 않을 것이다. 왜냐고? 일이 가장 잘 풀리는 상황이라고 해도 네 절친이 네 말을 들을 가능성이 별로 없기 때문이다. 한번 예를 들어서 생각해보자. 만약 네 부모님이 네 친구를 좋아하지 않는다고 하면 넌 어떻게 반응할 가능성이 가장 높을까? 내가 추측하기로는 "엄마, 아빠, 이런 걸 신경 쓰게 해주셔서 감사해요. 나는 걔가 왜 그렇게 못 믿을 사람인지 도저히 모르겠어요. 이제 바로 걔랑 친구 사이 끊기로 할게요."라고 하지는 않을 것이다.

그러나 만약 네가 그 말을 하는 게 옳다고 생각하면 나는 이렇게 말하라고 권하고 싶다. "난 네가 다른 누군가하고 그렇게 가까이 지내는 걸 옆에서 본다는 게 힘들다는 것 인정해. 하지만 걔가 X라는 행동을 하는 걸 보면 꼭 Y를 위해서 널 이용하는 것 같아 보여. 내가 완전 잘못 생각한 걸 수도 있겠지만,

친구니까 이 얘기를 너한테 하기는 해야 한다고 생각해."

만약 네 절친 중 하나가 네 적의 절친한 친구였고 이제 너와 적대관계가 되었다면 어떻게 해야 할까? 너는 그 애와 다시 친구가 되고 싶지만 내게서 정보를 얻기 위해서 절친 행세를 했던 애라면?

그 아이가 네 친구가 되는 게 중요해지는 이유가 무엇인지 자문해보라. 그리고 또 자문해보라. 내가 그 아이를 믿을 수 있을까? 내가 왜 그 아이를 믿어야 하지? 왜 나는 나를 이용하는 사람과 친구가 되길 원하지? 내가 그 아이와 친구가 됨으로써 무엇을 얻고 무엇을 희생할까?

만약 네 절친 중 한 명이 완전히 변했고, 너는 그게 싫을 경우에는 어떻게 할 것인가? 이런 상황에서 보통 그 친구는 지적인 데 관심이 줄고 스타일, 패션, 남자, 수다 떠는 데 관심이 더 가고 너는 그런 걸 싫어한다. 먼저 그 친구를 예전으로 되돌아오게 하기 위해서 아마 네가 할 수 있는 일은 아무것도 없다는 사실을 배워야 한다. 그러나 이런 식으로 얘기는 해볼 수 있다.

> 너 : 제이든, 너랑 나랑 정말 오랫동안 친구였잖아? 마음 한구석에서는 여전히 널 원하지만 네가 그렇게 행동할 때(네가 싫어하는 그 행동을 정확히 설명해 준다)는 그게 싫어. 사람들은 네가 그런 행동하는 걸 보고 네가 어떤 사람이라고 판단해버리잖아. 나는 내가 좋아하는 네 내면의 다른 모습, 예를 들면 네가 재미있고 똑똑하다는 거 말이야. 그걸 사람들이 알았으면 좋겠어.
> 제이든 : 나한테 왜 화를 내? 내가 너한테 아무 짓도 안했잖아? 내가 다른 일 하길 원하는 게 잘못이라고 생각하지 않아.
> 너 : 나 화난 거 아냐. 나는 내가 생각한 걸 너한테 얘기하는 거야. 네 친구로서 나는 서로 솔직하게 얘기할 수 있었으면 좋겠어. 내가 아무 말도 않고 혼자 마음속에 담고 있으면 더 편하긴 하겠지. 하지만 나는 진정한 친구라면 자기가 생각한 걸 숨기지 않는다고 생각해.

만약 친구가 자기가 화난 걸 부인하거나 화난 걸 얘기는 하지만 그 이유를 얘기하지 않으려 한다면?

이 경우는 권력다툼의 고전적인 예이다. 소녀들이 그런 행동을 하는 이유는 소녀세계가 화를 내는 방식을 통제하고 있기 때문이다. 만약 그 애가 화났다는 걸 부인하면 나는 아래와 같이 반응할 것이다.

네가 화나지 않았다고 하니까 됐어. 그런데 만약 마음이 바뀌어서 화난 걸로 판단이 되면 말이지, 내가 너한테 바라는 건 다른 사람들에게 그 얘기를 하지 말고 나한테 직접 와서 얘기하란 거야. 난 너하고 그 얘기를 해서 풀고 싶거든.

그러고 나서 나는 그 아이가 마음이 바뀌길 기다리진 않는다. 그 아이도 그에 대해서 생각을 하고 자기 나름의 결정을 하도록 하라.

만약 그 아이가 화가 난 건 인정하지만 더 이상 얘기를 하고 싶지 않아 하면 이런 식으로 얘기할 수 있다.

난 내가 널 화나게 한 일이 뭔지 얘기를 해줬으면 좋겠어. 왜냐하면 내 추측이 틀릴 수도 있으니까 네가 말할 준비가 되면 언제라도 알려줘. 난 들을 준비가 돼 있거든.

만약 네가 친구에게 화났다는 걸 얘기하거나 그 친구가 화난 이유를 얘기하고 싶은데 그 친구가 열 낸다고 너를 비난한다면?

먼저 SEAL을 의사소통 수단으로 이용하면 네가 먼저 흥분할 가능성(울고, 고함치고, 얼굴이 상기되어 망가지는)을 확실히 줄여줄 것이다. 만약 친구가 여전히 너를 그렇게 비난한다면 아래와 같이 반응하길 권한다.

먼저 심호흡을 한다.

너 : 로렌, 내가 왜 열을 낸다고 생각해?

로렌 : 나는 아무 짓도 안했어. 그런데 넌 내가 마치 너희 집 개를 죽이기라도 한 것처럼 굴잖아?

너 : 나는 네가 마이크와 잭이 있을 때 나를 놀리는 게 싫다고 얘기하는 거야.

로렌 : 맙소사! 나는 절대 그런 일 한 적 없어. 네가 너무 예민한 거지.

너 : (냉정함을 유지한 채) 나는 너에게 더 이상 그러지 말라고 부탁하는 거야. 그게 내가 바라는 전부야. 너도 네가 원하는 걸 할 수 있지만 이건 내가 부탁할게. 우리가 계속 친구하려면 네가 내 얘길 진지하게 들어주었으면 해.

친구의 사과가 진심이 아니라고 생각될 때

친구가 "좋아, 그게 너한테 중요하다면… 미안해."라는 식으로 얘기할 경우이다.

너는 "사과해줘서 고마워. 그런데 네가 사과하는 태도를 보면 마치 내가 사과 받을 자격이 없다는 식으로 말하는 것 같아. 네 마음은 어떤지 모르겠는데, 나한텐 그렇게 들렸어."라는 식으로 얘기할 수 있다.

만약 누군가 네게 사과를 했고 그게 진심인 것도 알겠는데, 같은 행동을 반복할 경우

권리장전을 실행하고 네 관계의 기준과 실제로 진행되고 있는 관계를 비교할 필요가 있다. 왜냐하면 네 친구가 네가 친구관계에서 중요하다고 얘기한 내용에 대해서 일관되지 못한 모습을 보이고 있는 것 같기 때문이다.

만약 내 친구가 내 사과를 받아들이지 않으려 한다면?

사람들이 네가 진심으로 사과하는 게 아니라고 생각하기 때문에 네 사과를 받아들이기 어려운 때도 있다. 만약 네가 그 전에도 사과한 적이 있다면 그 점을 지금의 사과에서 인정을 하고 향후 행동에서 정말로 신경을 써야 한다. 그러나 때로 사람들은 사과를 받아들이기보다는 자기가 느끼는 상처나 분노에 집착하려 한다. 이런 사람들은 "난 용서했어. 그러나 잊지는 않을 거야."라는 식의 말을 하는데 그 말의 의미는 사과를 신뢰하지 않기 때문에 진정으로 받아들이지 않는다는 것이다. 네가 할 수 있는 모든 것은 행동에 책임을 지고, 진실한 사과를 하고 물러나는 것이다. 존중하는 마음을 담은 행동 말고는 아무것도 그들의 감정을 변화시킬 수 없으며 때로는 그것도 충분치 않다. 다른 사람이 네가 한 사과를 받아들이지 않으면 좌절스럽겠지만 사과하지 않는 것보다는 더 낫다는 걸 명심하라.

만약 내가 직면할 수 있는 사람이 아니라면? 나는 이런 식으로 다른 사람에게 절대 말할 수 없을 것이다.

사람들이 네게 화가 난다고 해서 그게 관계의 끝은 아니다. 갈등을 겪은 후 더욱 돈독해지는 우정을 나눌 수 있을 때 누가 진정한 친구인지 알 수 있다. 즉, 우정이란 말을 하지 않고, 추측한 걸 확인해보지 않고, 속내를 감추고 있는 게 아니라 네가 진심으로 생각하는 것을 공유하고 네 친구의 진심 어린 감정에 귀를 기울이는 갈등을 통해서 이루어진다. 둘 중 어느 누구도 "공격한 게 아냐. 그냥 농담이야. 넌 너무 예민해."라고 하지 않는다. 너는 너의 진정한 친구를 알아볼 수 있다. 그는 네가 신뢰할 수 있는 사람이고, 의지할 수 있는 사람이다.

묻지도 말고, 말하지도 마라

당신이 부모로서 딸이 권력다툼을 하는 가운데 이용당하거나 부당한 대우를 받는데도 아무 말도 않고 있으려면 정말 힘들 것이다. 당신은 딸이 어떻게 해야 할지 말해주거나 딸을 괴롭힌 비열한 친구를 비난하고 싶은 유혹을 받을 것이다. 그러나 이런 상황은 딸이 자신의 능력을 시험하고, 나름의 기준을 만들고 자립심을 확고히 할 수 있다. 만약 당신의 딸이 괴롭히는 가해자라면 당신은 딸을 굴복시키고 딸의 권리를 빼앗음으로써 딸의 행동을 통제하려는 유혹을 받을 것이다. 적절한 방법일 수도 있지만 충분하지는 않다. 당신의 가장 중요한 목표는 딸의 행동 때문에 벌을 주는 것이 아니라 행동에 대한 책임을 지게 하는 것이다.

비판적 사고

당신의 딸은 십중팔구 내가 위에서 설명한 통과의례들을 이미 거쳤을 것이다. 위의 조언에 덧붙여 소녀들의 권력다툼에 대한 의사소통을 위한 일반적인 전략을 아래와 같이 제시한다.

- 비록 딸이 비굴하게 행동했더라도 집단의 가공할 만한 압력과 사회적 지위를 잃을지 모른다는 딸의 두려움을 이해하라.
- 딸 본인이나 친구들의 동기에 대해서 언급할 수 있는 질문을 하라. (이 장에서 제시된 것 같은 도표를 그리면 도움이 될 것이다.)
- 딸이 자신이나 친구들의 행동이 한도를 넘어서지 않았는지 명확히 알 수 있게 하기 위해서 친구 권리장전을 검토하게 하라.
- 당신의 가치와 윤리를 말해주고 그것이 딸의 행동에 반영되면 좋겠다는 의사를 전달하라. 딸에게 자신이 처한 상황에서 그 가치와 윤리가 어떻게 보이는지 묻는다.
- 딸의 반응방법에 대해서 자유로운 의견 제시와 역할극을 해서 딸이 자기 감정을 친구들을 존중하는 분위기에서 전달할 수 있으면서도 자기 입장을 분명히 주장할 수 있게 하고 자신이 원하는 것을 분명하게 요구하기 위해서 일대일로 대면해서 의사소통하는 걸 강조하라. 이런 상황에서의 성공은 모든 사람과 절친한 친구가 되거나 원하는 친구와 다시 가까워지는 것도 아니고 복수하는 것도 아니라는 걸 상기시켜주어라. 성공적인 처신은 자신을 잘 다루어서 사람들이 진지하게 받아들이고 밤에 하루를 돌아보며 자부심을 느낄 수 있게 되는 것이다.
- 실수를 하면 그에 대해서 책임을 물어라.

이 장에서 내가 도식적으로 설명한 것은 당신의 딸이 이런 어려운 통과의례를 잘 거치기 위해서 생각해야 할 필요가 있는 비판적 사고기술을 발달시키기 위한 방법론이다. 만약 딸이 그 목표를 달성하게 되면 사회적 적합성 —

개인적인 관계 속의 위계를 잘 다루기 위한 대처기술 — 을 발달시키게 될 것이다. 자존감은 사회적 적합성에서 비롯된다. 나는 높은 자존감은 부산물이라고 보며 당신과 내가 한 모든 작업의 최종적인 목표는 우리의 딸들을 건강한 판단을 내릴 수 있도록 강한 도덕적 토대를 갖춘 건강한 소녀로 양육하는 것이다. 이 목표를 달성하는 것은 쉽지 않고 이를 위해서 당신은 딸이 헤매는 것을 보더라도 자신의 반응을 잘 조절해야 할 것이다. 이 모든 게 딸이 자신의 잠재력을 최대한 살리기 위한 과정을 거치는 것일 뿐이라는 걸 잊지 마라.

남학생들의 세계

여자애들 싸움에 끼어드는 것은 저격병들이 겨누고 있는데 머리를 들어 내미는 것처럼
어리석죠.　　　　　　　　　　　　　　　　　　　　　　　　　　　　　－윌, 15세

남자애라면 장난기 있고 쿨할 줄도 알아야죠. 어리바리해 보여도, 농구도 할 줄 알고 친
구들이랑 어울릴 줄도 알아야 해요.　　　　　　　　　　　　　　　　－테오, 15세

여자애처럼 예쁜장하면 멋을 마음껏 낼 수가 없어서 안 좋아요. 이래도 저래도 손해예
요. 너무 멋 부리면 계집애 같고, 너무 안 가꾸면 여자애들이 안 따르고.　－제이크, 16세

여자애들은 존중받고 진지하게 대해주길 바라죠. 상스러운 욕을 하면 진짜 화를 내요.
항상 여자애들도 똑같이 상스러운 말을 하는데 진지하게 대해주긴 정말 힘들어요. 자기
들이나 잘 하라고 하세요.　　　　　　　　　　　　　　　　　　　－딜런, 15세

우린 진짜 필요할 때 아니면 수다 떨지 않아요.　　　　　　　　　　　－롭, 11세

당신의 딸은 남자애들이랑 같은 하늘 아래 살고 있다. 이것은 너무나 명백한
사실이지만, 남자애들과 소년의 세계가 소녀의 세계와 복잡하게 얽혀 있어
풀리지 않는다는 사실을 기억하는 것이 중요하다. 딸의 인생에서 남자애들
의 존재와 그들과의 상호관계의 질이 중요하기 때문에, 당신은 이 문제를 진

지하게 숙고해야 한다. 그러므로 딸이 아무리 어리고, 때 묻지 않고, 한술 더 떠 지금 너무 어려서 진지한 교제를 할 수 없다고 생각하더라도 딸과 이런 남자애들과의 세계를 인정할 필요가 있다. 그래야 딸이 인생의 파도를 헤쳐 나가는 데 도움을 줄 수 있다. 딸이 건강한 남자애들과의 관계를 우정이나 깊은 이성교제로 발전시킬 수 있도록 탄탄한 토대를 마련해줄 수 있을 것이다.

하지만… 딸아이가 전 남자친구와 딸의 절친한 친구가 사귀게 되어 허탈감 속에 집으로 왔을 경우를 말하기 전에, 남자애들의 세계는 어떻게 돌아가는지 이해해볼 시간을 좀 낼 필요가 있겠다. 그리고 아들이 있다면 당연히 알아볼 필요가 있겠다. 자, 부모들이 하는 두 가지 말을 살펴보자.

운 좋게 아들만 둘이라고요! 어려서는 남자애들이 더 키우기 힘들지만 조금만 기다려보세요. 커 갈수록 점점 여자애들보다 쉬워져요!

아시다시피 사내아이들은 사내아이들이지요… (이 문장이 모든 것을 설명해준다는 것처럼 고개를 설레설레 흔들며 어깨를 으쓱한다).

많은 부모들이 추호의 의심도 없이 위의 내용처럼 서로 말하기를 좋아한다. 소녀들과 상담하는 두 아들의 엄마인 내게 사람들은 특별히 위 사실을 말하길 좋아한다. 그러나 아들의 엄마라는 사실 외에도 나는 항상 사내아이들을 상담해 왔고 뭔가 '편안'해 보이는 것은 실제로는 침묵이다. 부모들은 아들이 문제를 일으키지 않기 때문에 자신들에게 찾아오지 않는다고 오해한다. 여자애한테 차이고 나서 상처받았다고 인정하면 놀림거리가 될 수 있다. 학습 방법 때문에 낙제했을 때 지적 능력이 낮다고 오해받을 수 있다. 아들이 부모의 기대에 부응하지 못할 때 능력이 안 된다고 느낄 수 있다. 못살게 가혹행위를 당하지만 참아낼 수 있다고 생각하거나, 너무 창피해서 자기가 희생자라는 사실을 인정하지 않을 수 있다. 그렇다 치자. 남자애들이 키우기가 더 쉬울 수도 있다. 그러나 흔히 남자애들은 침묵 속에서 고통스러워하고 있다. 우리는 남자애들이 말할 수 있게 도와줘야 한다.

특히 '비행'에 대한 변명으로 "사내애들은 사내애들이지요."라는 말을 우리 어른들은 이제 정말 그만할 때가 되었다. 남자애들의 흥분(firework)이나 방귀조크(fart joke) 같은 것을 말하려고 하는 건 아니다. 남자애들이 남들에게 잔인하게 대하거나 모욕을 줄 때를 말하고자 한다. '사내애들은 원래 그렇지요'라는 말은 이런 행동이 도덕적으로 문제 되지 않는다는 가정을 내포하여 이를 정당화해줄 수 있다.

이런 문제에 우리가 어떻게 일조해 왔는지 명심하길 바란다. 예를 들어보자. 남자애들이 차였을 때 뭐라고 말해주는가. 어른들의 일반적인 대답은, "세상에 많고 많은 게 여자다. 뭐하러 한 여자에게 벌써부터 매이려고 그러냐?", "잊어버려, 별거 아니야." 다음처럼 말하는 사람은 별로 없을 것이다. "어쩌나, 참 안됐구나. 울고 싶으면 울어도 좋아. 헤어지는 것(이별)은 정말 불행한(슬픈) 일이지. 네가 정말 그 여자애를 좋아했다는 걸 알아." "애야, 넌 이제 그 여자애를 뺀 세상의 모든 여자애들을 만날 수 있는 기회가 왔다고." 라고 돌려 말하는 것은 진짜 실연의 감정을 인정해주는 것이 아니다.

한편 여자아이들에게는 "네가 그 녀석보다 못한 게 뭐가 있냐."라고 말한다. '세상에 많고 많은 게 여자'라는 말 대신에 "더 좋은 남자애를 만날 거야." 또는 "아직 진짜 네 운명이 나타나지 않았을 뿐이야."라고 위로할 것이다. 다음과 같이 말하는 부모는 거의 없다. "세상에 많고 많은 게 남자야. 그저 아무나 고르면 되잖니?"

마지막으로 여자애들은 남자애들에게 몹시 못되게 굴고 남자애들도 마찬가지라는 것을 아는 것이 중요하다. 여왕벌과 못된 여학생들에게 우리의 관심이 집중되는 동안 남자애들의 언어적, 심리적 공격성을 간과하고 그들이 겪을 고통을 잊어버리고 있었다. 남자애들도 그럴까 하고 의심할지도 모르겠지만, 기술은 소년들의 또래들과의 심리전을 촉진한다. 지금 폭력적인 비디오 게임만을 콕 집어 말하는 것은 아니다. 고등학교 파티에 가는 아들에게 카메라 기능이 있는 휴대전화를 준다면, 대량 파괴 무기를 쥐어주는 것과 마찬가지다.

여러분이 꼭 알아야 할 사항

- 소년들은 강력하고 의미 있는 인간관계를 필요로 한다.
- 소년들은 종종 비탄에 빠지기 쉽다.
- 특히 당신이 여성이라면, 남자애들의 장난과 싸움의 차이를 알기가 참으로 어려울 수 있다. 소년들은 종종 그 차이를 구분하지 못하여 급기야는 피를 보는 상황까지 갈 수 있다.
- 일반적으로 소년과 소녀의 유머감각은 다르다. 남자애들에게 재밌는 것이 여자애들에게는 완전히 아닐 수 있다.
- 소년들은 소녀들과 마찬가지로 또래 문화에 영향을 받는다.
- 기술의 발달은 여자애들의 경우와 마찬가지로 나쁜 짓을 하도록 부추긴다.
- 주위 여자애들이 공부를 못하거나 몸무게나 옷치장에 매달리면, 남자애들은 여자애들을 진지하게 대하기가 어려워진다.
- 역설적으로 정말 공부를 잘하는 여학생들에게는 두려움을 느낀다. 여학생들은 이런 사실에 곤혹스러워하고 혼란을 느낀다.
- 여자애들은 남자애들이 날라리, 까진 년, 걸레, 나쁜 년이라는 욕을 할 때 싫다고 불평한다. 남자애들은 여학생들이 같은 욕을 하는 걸 듣고 보게 되면 여학생들의 불평을 존중해서 듣지 않는다.
- 여자애들처럼 남자애들도 누가 놀림을 당하거나 창피를 당할 때 따지지 못한다. 단지 차이는 꽉 막힌 년이라고 불리는 대신에 게이, 호모, 계집애라고 불린다.
- 대부분의 남자애들은 여럿 앞에서 모욕을 당하는 것에서 최악의 수치심을 느낀다.
- 대부분의 소년들은 남들에게 폭력을 행사하거나 학대하지 않는다. 극소수만 그렇고 나머지는 폭력이나 학대를 어떻게 멈출 수 있는지 그 방법을 모르고 있다.

소년세계로 초대

이해를 돕기 위해, 소녀세계를 설명했던 방식으로 똑같이 소년세계를 소개하려고 한다. 여기 여성성(femininity)의 사전적 의미와 내가 소녀세계라고 정의한 개념들을 비교해보자.

사전적 정의 : 여자의 성적 특성

소녀세계식 정의 : 소년들처럼 훌륭한 신체를 지니고 있지만, 숙녀도 날라리도 아니다. 자제력이 있지만 너무 군기가 든 것(uptight)도 아니다. 영리해서 남들이 눈치도 못 채고 내가 원하는 일을 하게 만든다.

비슷하게 여기 남성성(masculinity)에 대한 정의도 있다.

사전적 정의 : 전통적으로 남자와 관련된 특성이나 외모. 예로, 힘과 공격성

소녀세계식 정의 : 심각하지 않다. 멋을 부리거나 잘 빠진 몸매를 만들려고 속이 들여다보이는 빤한 짓은 안 한다(일부러 애써 노력하거나 목적이 잘 보이려 꾸미는 것이라면 호모라고 욕먹을 것이다). 감정이나 신체적 고통도 웃어넘겨야 한다. 어울리는 여학생이 좋아해주고 그녀의 관심을 좋아한다. 모든 일에 경쟁심을 느낀다. 그리고 다섯 살 무렵이면 전문가처럼 스포츠에 대해 토론을 할 수 있다(물론 스포츠 지식을 태권도나 쿵푸 같은 격투기나 자동차에 관한 전문 지식으로 바꿀 수도 있지만).

소년세계 강의에 앞서 소녀세계에 썼던 '지침' 개념을 똑같이 사용하려고 한다. 나는 사회적 지위가 높은 사람을 묘사함으로써 이를 설명하려고 한다. 이 사람은 누구나 알고 있다. 이 사람이 의견을 말하면 모든 사람들이 경청하고 동의한다. 그럼 이제 질문을 던져본다―그의 외모는 어떤가? 어떻게 행동하는가? 지위가 그 사람만큼 높지 않은 소년이나 남자는 어떨 것 같은가? 이 사람은 괴롭힘을 당하고 놀림을 받고 무시당할 것 같은가? 그는 외모가 어떤 것 같은가? 그는 어떻게 행동할 것 같은가?

여기 남성행동지침에 해답들이 있다.

뒤로 물러나다
약하다
키가 작다
가난하다
계집애처럼 행동한
 다/눈부시게 화려
 한/연약한
나쁜 스타일/안 어울
 리는 소지품
늘어진
이상한

힘 센, 강한 말로 표현하는 키가 큰 불굴의 근육질의, 강건한 여자를 좋아하는 여자들의 호감을 끄는 돈(재력)	재미있는(심각하지 않은) 멋진 스타일/옷을 잘 입는 비디오 게임을 잘한 다(완전 빠져 있지 는 않고)

비디오 게임을 싫어
 하는/비디오 게임
 을 못하는
호모
고자질함/고자질쟁이
학습장애 또는
 신체적 장애

소녀세계에서 언급한 것처럼, 모든 사람들이 남성행동지침처럼 행동해야 한다고 생각하지는 않는다. 그러나 이렇게 생각하는 사람들과 상대해야만 한다. 어떤 남자아이가 지침 안의 성향이 뭐든 자기는 신경을 안 쓴다고 해도 그 룰에 따라 모두를 평가하는 사람들과 교류하며, 진짜 남성적인 것이 무엇인지에 대해 주위의 문화적 영향을 지속적으로 받을 수밖에 없다. 남성행동지침은 다양하게 나쁜 쪽으로 남자애들의 행동에 영향을 미친다. 예를 들어 남자애들은 강한 우정을 원하지만, 놀림을 당할까 봐 두려워 기분이 나쁠 때라도 대부분이 친한 친구에게조차도 마음을 열고 말할 필요성을 느끼지 못한다. 도움을 청하는 것도 마찬가지로 유약하고 예민한 놈이라는 취급을 당한다. 그리고 남자애들은 사회적인 대인관계 경험 외에도 문제들이 더 있다. 학습장애가 있을 때라도 약점으로 보여 부끄러워 도움을 청하지 않는다. 결론적으로, 지침에서 알아야 할 가장 기막힌 가르침은 '지침 안의 남자다움'을 증명하는 가장 쉬운 방법은 여자애들과 박스 밖 남자애들을 우습게 보고 무시하는 것이다.

남자애들도 패거리가 있는가

우리 학교에 11학년 패거리들이 있는데, 중학교 여학생들 패거리랑 하는 짓이 똑같아요. 여자애들의 여왕벌 같은 대장이 있는데, 애들이 다 두려워해요. 농담이 아니에요. 먼저 그 애랑 얘기하지 않으면 아무 일도 못해요. 어느 날 수업을 기다리느라 야외 벤치에

아들을 기겁하게 하는 말

자세히 관찰해보면, '여성행동지침'이 지침 박스 바깥 행동들의 특징적인 바탕이다. 우리의 일상생활에서 작용하는 대인관계의 역동적인 면을 쉽게 볼 수 있는 것 중 하나가 사내아이는 여자애 같으면 안 된다고 자극하는 것이다. 부지불식간에 아들한테 말한다. "여자애처럼 던지지 마!" "여자애처럼 소리 지르지 마!" 혹은 "여자애처럼 울지 마!" 다음과 같이 말하면서 이런 말들의 문제점을 무시하려고 한다. "하지만, 사실이 그렇잖아요. 남자애들이 보통 여자애들보다 잘 던지죠. 꼬마 여자애들이 더 앙칼지게 소리 지르죠. 여자애들이 더 쉽게 울죠." 논의의 본질은 이것이 아니다. 사람들이 남자애들에게 이런 투로 말함으로써 남자아이들의 뇌 속에 부적절한 행동이나 놀림당하는 것이 여자애처럼 행동하는 것과 같다는 공식을 심어준다. 남자애들이 여자애들을 존중하는 행동을 하길 바란다면, 이런 비교하는 언행을 그만둬야 한다.

폭력적인 비디오 게임을 좋아한다고 밖에 나가 사람들을 쏴 죽이는 것은 아니에요. 현실과 비디오 게임의 가상을 구분할 줄 알죠.

많은 남자애들이 선생님과 부모들에게 위와 같이 말하며, 종종 어른들이 더 이상 간섭하지 못하게 만든다. 결국 요점은 거기 서 있기만 했지 누군가를 쏘지는 않았다고 말하려는 것이다. 말이 나온 김에, 나는 왜 남자애(청소년)들이 이런 게임을 좋아하는지 지적하려고 한다. 그 이유는 많은 흥분성 체내물질인 아드레날린이 방출되어, 현실에서 그전에 경험하지 못했던 세계를 통제하고 조작하는 압도감이 느껴지게 만든다. 여기서 진짜 문제점을 간과하면 안된다. 공식적인 입장을 밝히자면, 비디오 게임이 폭력의 '원인'은 아니다. 문제는 비디오 게임을 통해 지침 박스 밖의 행동 특성을 보이는 남자애들이나 여자애들에 대한 폭력이나 왕따(창피 주기, 따돌림), 비행(착취) 행동 등을 자연스레 정상적인 것으로 받아들이게 된다는 점이다. 그리고 이런 대인관계적 역동을 재미로 정당화하게 된다. 비디오 게임을 그저 '재미'라고 교묘히 둘러대면서 위의 행동들이 일상적인 일이 되게 한다. 게다가 당신도 '재미'라고 따라서 말하자마자, 다음 순서는 비디오 게임의 영향이 당신의 감시망을 빠져나가버리는 것이다. 이 문제는 인기 대중음악이 타인에게 군림하고 지배하는 것을 높게 평가하고, 약자라고 생각되는 사람들을 깎아내리도록 잘 포장되어 있다는 사실을 자녀들에게 이해시키는 것과 다르지 않다.

앉아 있는 패거리의 한 애를 만났어요. 우린 그 애가 패거리에 끼기 전에는 서로 매우 친했기 때문에 말을 걸어보려고 했으나 그 대장 눈치를 보니 나랑은 말하길 싫어했어요. 그래서 내가 다가가 말을 붙여보려고 하니까 그 애는 아주 성질을 부렸어요. 그래서 둘러보니 저쪽에서 그 대장이 우리 쪽으로 오고 있었어요. 꼴이 아주 가관이었죠. 그 친구는 정말 괜찮은 애였는데 대장 녀석은 매우 거만했어요. 얘가 정말 친군가 싶을 정도로 이렇게까지 대장이 자기를 조종하게 놔두는지 믿기 어려워요.　　　－엘리, 17세

남자애들도 또래 집단이 있다. 쉽게 집단이라고 부르자. 사실 남자애들은 보통 여자애들보다는 더 유연하게 다양한 부류의 친구들을 만난다. 그렇지만, 특히 남자애들 사이에 갈등이 생겨서 남성행동지침 박스 안에 맞게 행동해야 하는 순간에는 여자애들 못지않게 다음과 같은 위계질서가 살아나 행동을 좌지우지하게 된다.

대장

대장은 카리스마와 설득력, 그리고 사회적 지능(사람들의 강점과 약점을 잘 파악한다)이 높아 또래 집단의 어느 누구도 그의 권위에 도전장을 내밀기가 상당히 어렵다. 대장은 나이가 들어 갈수록 자기 집단이 여중생들의 패거리처럼 움직이면 유치하게 보이는 것을 충분히 자각하고 있기 때문에 그의 위상을 드러내지 않으려 한다. 그의 결정이나 행동이 도전을 받으면 이런 도전을 집단(조직)에 대한 배신으로 간주한다. 그는 종종 그룹의 멤버들(조직원들)에게 충성을 강요한다. 다른 애들의 권리 행사 여부도 자기가 알아서 정해준다. 마치 "나는 내가 원하는 것은 뭐든 말할 권리를 가지고 있다. 다른 애들은 너무 나약해서 그렇게 할 수 없다고 생각한다."라는 것과 같이 말이다. 만약 어떤 애의 조작되거나 부끄러운 사진이 손에 들어오면 사진을 전달하곤, 바보같이 그런 사진은 왜 찍었냐고 피해자를 욕하며 잘못을 피해자에게로 돌린다(사진을 배포, 돌린 건 자신임에 불구하고).

　대장이 얻는 것　그는 주변을 좌지우지하는 힘과 통제력을 가진다. 관심의 중심에 선다.

　대장이 잃는 것　높은 권력과 책임의 위치에 있기 때문에 참된 자기감이 흔들릴 수 있다. 다른 애들을 이용하기 때문에 진실한 우정을 놓친다. 자신이 뭐든 통제할 수 있다는 느낌을 버릴 수 없기 때문에, 누가 자기보

다 더 높은 걸 인정할 수 없다.

행동대원

행동대원(muscle)은 대장만큼 사회적 지능이 영악하지는 못하다. 행동대원은 자기보다 누가 더 권력이 강한지 질문을 하지 않는다. 그는 종종 다른 애들이 무시당하는 것이 우습다고 생각한다. 그는 다른 애들을 '게이'나 '호모'라고 놀리기 좋아한다. 이런 행동에 대해 누가 뭐라고 하면 기분이 상해서 당연하게 놀리고 무시하고 괴롭히기까지 한다. 그도 불미스러운 사진을 전달하는 데도 주동자급이다. 술을 많이 마시길 좋아하고 사회적 모임에 술을 마실 기회를 꼭 만든다.

> **행동대원이 얻는 것** 대장이 없다면 갖기 힘든 권력을 행사한다. 백으로 연결되듯 백으로 지위를 획득한 친구랑 친하게 된다.
>
> **행동대원이 잃는 것** 개인적인 견해를 표현할 권리. 대장에게 조종당한다.

뱅커(정보원)

정보통신기술이 발달함에 따라 소년세계에서도 한층 더 많은 뱅커가 생겼다. 특히 다른 애들의 약점에 관한 정보는 소년세계에서 현금(돈)과 같다. 뱅커 주위 친구들에 관한 정보를 모아 전략적으로 기회가 있을 때마다 퍼뜨려 남학생과 여학생들 모두에게 갈등을 불러일으킨다. 뱅커는 친구들의 비밀번호를 알고 싶어 한다.

> **뱅커가 얻는 것** 또래 집단에서 권력과 신변보호를 얻는다. 다른 애들이 정보원을 두려워한다.
>
> **뱅커가 잃는 것** 꼭 집어서 말할 수는 없지만 왠지 애들은 뱅커를 안 믿는다. 그래서 뱅커도 다른 애들을 믿지 못할 수도 있다.

메신저(전달자)

메신저 또한 개인 정보를 거래한다. 그러나 뱅커와 다른 점은 메신저의 동기는 그 순간에 존재감을 느끼고 싶어서이다. 그렇게 함으로써 특히 자기보다 지위가 높은 멤버들에게 인정받고 싶어 한다.

메신저가 얻는 것　자기가 개입해서 친구관계가 좋아지기도 하고 깨지기도 할 때 존재감을 느낀다.

메신저가 잃는 것　특히 메신저의 정보가 틀렸거나 다른 애들이 반박할 때 쉽게 다른 애들이 달려들어 공격한다. 쉽게 이용당하고 조종당한 후, 필요없을 땐 버림받는다.

힘든 방관자

방관자(bystander)는 또래 집단에서 좀 더 권력이 강한 친구들에게 반대하기를 꺼리고 대개 부딪히기를 싫어한다. 희생자를 돕고 싶지만 어떻게 해야 할지 확신이 서지 않거나, 그래 봤자 결과는 다를 게 없다고 포기한다. 자신의 침묵을 정당화하거나 다른 애들의 행동에 대해 변명거리를 찾는다.

방관자가 얻는 것　침묵함으로써 또래 집단에서 배척당하는 것을 피할 수 있다. 입을 열지 않음으로써 화를 피하고 배신자라는 낙인을 피하게 된다. 또한 좀 더 권력이 강한 친구들에게 붙음으로써 인기도 얻고 더 높은 지위로 나갈 수도 있다.

방관자가 잃는 것　자기 자신의 존재감을 희생하게 된다. 또래 집단의 다른 친구들이 놀릴까 봐 새로운 일을 시도하거나 관심사를 밝히지 못할 수도 있다. 자신을 비하한다. 대장의 행동을 막지 못해 무력함을 느낀다.

아부자/추종자

아부자/추종자(pleaser/wannabe)들은 대장이나 행동대원으로부터 인정을 받고 싶어 하며 그들에게 충성을 검증받을 기회를 노린다. 이들은 종종 그들의 행동, 옷차림, 또는 취미를 관찰하고 모방한다.

아부자/추종자들이 얻는 것　행동에 참여할 수 있다.

아부자/추종자들이 잃는 것 또래 집단에 완전한 소속감을 결코 느낄 수 없다. 자기 정체성을 잃는다. 자기가 누구인지 또는 무엇을 가치 있게 생각하는지 잊어버릴 수 있다. 자기에게 남들이 원하는 것만 항상 생각하다가 그 덕에 자신이 원하는 것을 잊어버린다. 교우관계에 자신감이 없다. 자신의 인격 발달과 남들과의 의사소통을 하는 데 어려움이 있다.

희생자

희생자(target)는 패거리 그룹의 분노나 놀림의 대상이다. 남들이 자신을 괴롭힌 것에 불평한 후에 사과를 할 때도 있다. 희생자는 그룹 안의 멤버일 수 있고 그룹 밖의 학생일 수도 있다.

희생자가 얻는 것 왕따나 차별대우를 받는 타인을 공감하고 이해한다. 패거리 그룹에 맞춰 사는 것의 비용을 이해하고 패거리 밖에서 더 잘 지낼 수 있다는 결심을 할 수 있는데, 그렇게 함으로써 자신에게 진솔할 수 있고, 사회적 지위가 아닌 있는 그대로의 자신을 좋아해주는 좋은 친구들을 만날 수 있다.

희생자가 잃는 것 다른 애들이 잔인한 행동을 할 때 완전히 무력해진다. 자신의 모습 때문에 따돌림 당하는 것에 수치감을 느낀다. 남들에 맞춰 자신을 바꿔볼까 하는 유혹을 느낀다. 연약한 자신이 본인의 상황을 바꿀 수 없다고 느낀다.

챔피언

챔피언은 남성행동지침 박스에 의해 조종당하지 않는다. 비판을 수용할 줄 알고, 친구를 사귀는 데 영향력을 행사하지 않으며, 그리고 더 좋은 조건을 위해 남을 배신하지 않는다. 다른 또래 집단의 친구들을 사귀고, 따로 있을 때나 같이 모였을 때나 다르게 대하지 않는다. 챔피언의 남성성은 도전받을 수도 있지만 챔피언은 구태여 입증할 필요조차 느끼지 못한다. 체면을 손상하지 않는 방식으로 대장과도 당당하게 맞설 수 있다.

챔피언이 얻는 것 자기 정체성을 확고히 간직할 수 있다. 또래 친구들이 인간 그 자체로 챔피언을 좋아한다. 사회적 지위를 얻고 유지하느라 자신을 희생할 가능성이 적다.

챔피언이 잃는 것 옳다고 생각하는 일을 하는데 주위에서 달려들어 공격해 올 때 외로울 수 있다.

소년세계에서 분노의 규칙들

소녀세계에 분노를 처리하는 문화적인 규칙들이 있듯이 소년세계에서도 마찬가지로 규칙이 있다. 그 둘은 단지 약간의 차이가 있을 뿐이다. 남학생들과 갈등이 생길 때 여러분의 딸이 좀 더 현명하게 대처할 수 있도록 소년세계의 규칙들도 알아둘 필요가 있다.

여기 일반적인 규칙들을 나열한다.

- 속으로 말없이 참는다.
- 고민을 날려버려라. 그리고 한마디 해라―"별거 아냐. 걱정 마. 괜찮을 거야."
- 웃어넘겨라. 무엇을 경험하거나 관찰하든 심각하게 생각하지 말고 어떤 수단을 쓰거나 써야만 할 필요도 없다고 스스로를 납득시킨다.
- 화났다고 인정하지 마라.
- "나를 그렇게 몰아붙이지 마, 그냥 정신줄을 놔버릴 거야."라며 신체적 폭발을 정당화하거나 화를 다스리는 것을 돕기 위해 친구들의 도움에 의지하라. 더 좋은 건 친구들이 이걸 말해주는 것이다.
- 말발로 상대를 압도하라.
- 신체적으로 상대를 압도하라. 그러나 내 편이 숫자가 많거나, 스스로 훨씬 강하거나 또는 상대가 물러설 것 같지는 않지만 싸움이 두렵지 않을 때만 그렇게 한다.
- 기분을 진정시키기 위해 술을 마시거나 마약을 복용하라.

분노 처리의 규칙들을 보면 남자애들이 왕따를 당할 때나 왕따를 당하는 친구들을 보고도 불평을 말로 표현하지 않는 핵심적인 이유를 알 수 있다. 나는 많은 남자아이들에게 질문을 던졌다. "누가 괴롭힘을 당할 때 네가 개입하는 시기는 언제니?" 그리고 그들의 답은 한결같이 "아주 많이 다쳤을 때요.", "다 죽어가는 것 같을 때요." 또는 "TV에서처럼 무슨 일이 벌어질 것만 같으면요."라고들 한다.

따라서 위험이 정말로 임박했을 때나 진짜로 강력한 폭력이 자행될 때만 경보체계를 작동한다는 남자애들의 믿음을 우리는 깨뜨려야만 한다. 그땐 이미 늦었기 때문이다.

꼬붕 vs 재수 없는 놈

남자애들 세계에서 이런 말을 정말 사용하는지 모르겠지만, 내가 강의해 온 지난 2년간 그렇고 그런 일상표현이 되었다. 내가 남자애들에게 물어보고 난 후에야 그 의미 차이를 정말로 알게 되었다. 꼬붕은 자기 뜻대로 행동할 수 없는 친구를 가리킨다. 다른 강한 친구의 손아귀에 조종당하는 도구 같다. 꼬붕은 특별히 의도해서가 아니라 그 인간 자체가 깐죽대는, 밥맛이다. 재수 없는 놈(douche bag, 휴대용 질세척기라는 비하의 느낌을 주는 말이다)은 의도적으로 재수없게 논다. 이 녀석은 남들의 체면을 깎아내리길 좋아한다. 남들이 거북해할 때 좋아한다. 재수 없는 놈은 종종 꼬붕을 이용한다. 그런데 듀쉐백을 재수 없는 놈을 표현하는 용어로 쓰는 게 우습지 않은가? '듀쉐백'이 여자들의 생리 후 청결제로 사용되는 것임을 알았다면 이런 말을 사용할지 의문이다.

여자애들이 남자애들에게 기분이 상했을 때 무슨 일이 벌어지나?

여자애들은 아주 원한을 잘 품어요. 특히 친구 많은 애들이 더 그래요. 당신에게 화가 나면 그 자리에서는 아니고 나중에 분노를 폭발시킬 기회를 기다려요. 내게 화가 나게 되었다면 두 주 정도 기다렸다가 결국 퍼부어대지요. 내 친구들 앞에서 날 쩔쩔매게 만들어버리죠. 완전히 허를 찔러버린답니다. 조용히 불러 말하면 어떻다고.   ─매트, 17세

여자애가 뭔가 부정적인 말을 한다면, 자기 기분이 안 좋다고 말하는 거예요. 남자애가 부정적인 말을 한다면, 그 자식은 그냥 병신이에요.   ─브랜든, 16세

여자애들은 기분이 상하면 거의 떼거지로 몰려와요. 몇 명이냐고요? 당신을 아주 죽사

발로 만들어버리기에 충분한 숫자가 몰려오죠.   ー앨런, 14세

패거리의 여자애들이 남자애 한 명에게 기분이 상하면, 남자애를 코너에 몰아넣고 공격해요. 남자애들 여러 명이 여자애 한 명에게 그렇게 한다면 누구든 남자애들을 혐오할 거예요.   ー제이콥, 13세

선생님이 화내면 따분하죠. 여자애들은 화나면 우르르 둘러싸고는 잔소리가 쏟아져요.   ー말레쉬, 11세

위에 언급한 역동과 남녀 학생들이 서로에게 분노감을 표현할 때 여학생과 남학생에게 각각 미치는 영향이 이 책의 연구 과정에서 깨달은 가장 중요한 것들 중 하나이다. 소녀들은 십대가 되기 전에 다른 사람과 갈등하고 대립할 경우 가장 흔한 방식이 자기를 지지해줄 또래를 필요로 하는 것이다. 즉, 한 사람을 집단으로 공격한다. 어떤 여자애들은 자신들이 한 사람에게 집단 공격을 퍼붓는다는 사실을 인정하지만, 대부분은 화를 내고 진지하게 처리할 자신이 없기 때문에 집단 공격에 의지한다. 다른 여학생들은 편들기 위해 거기 있어 주는 것이다. 물론 이 전략은 당하는 사람을 더 방어적으로 만들어 갈등을 악화시킨다. 이 말은 당하는 여자애가 화난 여자애의 말을 수긍하는 것이 불가능해질 수 있다는 의미다.

이 전략은 여학생이나 젊은 여성들 특히 고등학교나 대학교에서 남학생들에게 쓰는 방법과 똑같다. 여기엔 그럴 만한 이유가 있다. 여학생들은 까다롭다며 비난을 받을까 봐 걱정하고 있다. 그래서 열두 살 때 했던 것과 똑같은 방법으로 자기가 당한 것에만 정신이 팔려 무슨 일을 하고 있는지 알아채지도 못한 채 친구들을 끌고 와서 자기 기분을 상하게 한 상대 여학생을 여럿 앞에서 창피를 준다. 또 "야, 우리 학년의 모든 애들이 널 증오하는 걸 알기나 해?"와 같은 말을 하기 쉽다.

한 여학생이 어떤 남자애가 항상 성차별적, 인종차별적인 발언을 한다는 이유 때문에 전 학년의 애들이 그를 증오한다고 말하였다. 그 소녀는 충분히 화낼 만했기에 나는 말리지 않았다. 그러나 남자애가 똑같은 방식으로 안 하

리라는 보장이 없다. 말 그대로 똑같이 그 여자애를 공격할 것이다.

이 문제는 몇몇 학교에서 매우 광범위하게 퍼져서 지역사회의 분위기까지 흐린다. 이제 어떤 패턴이 드러난다. 남자애들은 소용이 없다는 이유로 문제의 발언을 한 그 남학생을 추궁하지 않는다. 대신 분노감을 표출하는 부담스러운 일은 '까다로운 불평꾼'으로 낙인찍힌 몇몇 여자애들에게로 향한다. 나는 정말이지 점잖게 글로 묘사하려고 노력하고 있다. 여자애들은 잘 인정하려 하지 않지만, 이런 경험은 실망스럽고 소모적이다. 사소한 일들이 쌓여 폭발하기 전까지 여자애들은 한동안 잠잠히 있는다. 그런데 그 감정폭발의 이유는 주로 쉽게 잊어버릴 만한 사소한 일이다. 그리고 앞서 있었던 다른 모욕적인 일과 관계도 없다. 대개 주위의 다른 여자애들과 불평꾼들의 화가 폭발하게 되는 순환고리가 생기게 된다. 이 분노의 희생자들은 공격을 받았다고 느끼고 불평꾼 여학생들을 무시하고 비웃는다. 이로 인해 나머지 애들은 말하는 게 소용없고 불평꾼들은 또 폭발할 일이 생기기 전까지 입을 다물며, 모든 게 다시 시작된다.

결국 남자애들은 사람들을 마음대로 할 수 있다고 생각하고, 사람을 놀리는 게 더 즐겁고 점잖게 대하는 것보다 중요하다고 믿는다. 이성애자가 맞는지 의문을 제기하여(친구들에게 호모라고 놀리는 게 공식이 되는 식) 남학생들을 입 다물게 하고, 여학생 친구들은 개 같은 년, 걸레 등 더한 욕설들을 하여 말문을 막아버린다. 때때로 그들의 행동이 걷잡을 수 없는 정도까지 되어 코치나 교장선생님이 관여하기 전까지는 그들의 비행은 감독받지 않은 채 계속된다.

일단 여학생들이 고교나 대학에 입학하면, 이 문제는 '화난 불평꾼 여학생들'을 무시한 남학생들이 다른 여학생들의 지지를 받게 되면서 한층 더 복잡해진다. 남학생을 추궁하거나 특히 '성차별주의자', '인종차별주의자', '동성애혐오자' 같은 단어를 사용하는 여학생은 항상 '성명서'나 발표하는 '정치적' 여학생으로 변한다. 그 결과 자기 주장이 정말 센 여자는 되고 싶지 않은 여성상이 된다.

다시 말해서 여학생을 쫓아다니는 남학생들을 지지하지 않는다면 (어른의 경우, 유명한 여성 정치 시사해설자를 생각해보라) 바라던 대로 할 자기주장이 센 여자가 된다. 한편 여성행동지침에 따르려는 다른 여학생들에게는 (비록 내심 동의한다고 할지라도) '까다롭고 화만 내는 소녀'를 지지하지 않고, 이런 드센 여자들과 비교해서 자기들이 더 편안하고 친근하고 거슬리지 않게 비치도록 이용한다. 불행하게도 이런 전략이 대개 먹혀드는데, 여학생들이 따지거나 힘들게 하지 말라는 남성행동강령에 맞추려고 하기 때문이다. 그래서 여학생들은 남학생을 기분 좋게 하기 위해 얌전하고 따지지 않는 것이 좋다고 믿게 된다. 그리고 자신에게 유리하다고 생각되는 정형화된 성역할 유형을 믿게 된다.

> 그 친구는 지내는 게 많이 피곤할 거예요. 그 친구는 왜 자기가 아무 말도 못했다는 느낌이 드는지 모를 거예요. 하지만 불문율이 있는 걸 알게 되겠지요. 여자라면 물 흐르듯이 대세에 따라가고 너무 큰 소리가 나지 않게 해야 한다는 정도는 알겠지요. 큰 소리는 웃을 때만 내면 되는 거잖아요.
> ―에밀리

내 생각에 몇몇 여학생들이나 젊은 여성들은 이 부분을 읽고 "우리 학교에서는 그렇지 않아요."라고 말할 것 같다. 정말 그렇다면 당신에게 매우 다행한 일이다. 그러나 운이 좋지 못한 다른 여학생들을 위해 역할모델이 되어줄 책임이 있다. 의견을 말하지 못하는 여학생들을 깔보지 말자. 대신 거침없이 자기 생각을 말하고 다른 사람을 깎아내리지 않는, 용기와 능력과 실속이 있는 품위 있는 여자가 어떤 사람인지 말과 행동으로 보여주어라.

소년세계에서 사과

남자애들이 남에게 사과해야 할 상황에서는 여자애들보다 사과를 더 잘하는 것 같다. 학급에 진짜 막강한 대장이 없는 경우, 일반적으로 서로의 다른 점들을 잘 해결하기만 하면 남학생들은 행동과 마음으로 사과하고 실제로 화를 푼다.

그러나 여학생들은 다른 여학생에게 사과해야 할 때 남학생들이 하듯 쉽게 사과하고 받아들이질 못하는데 이는 남학생들이 여학생들에게 사과를 해야 할 경우에도 마찬가지이다. 내가 6장에서 언급한 것처럼, 여학생들은 상대가 남학생이든 여학생이든 사과를 진실로 받아들이는 게 어렵다. 여자애들이 사과하고도 진심으로 대하지 않거나 계속 원한을 갖고 있는 경우를 많이 보아 왔기에 여자애들끼리의 사과를 믿지 못한다. 그러나 고등학교에 갈 무렵이면, 남자애가 사과해 놓고도 처음부터 너무나 속상했던 그 일들을 바로 또 반복하는 경험을 남자애들한테 당하기 때문에 여학생들은 남학생을 또한 많이 믿지 못하게 된다. 왜 남학생들은 진심 어린 사과를 하지 못할까? 내 견해로는 두 가지 이유 중 하나 때문이다. 첫째는 남학생들이 여학생의 감정을 진지하게 받아들이지 않도록 길들여졌기 때문이다. 둘째는 남학생들은 여학생의 감정반응이 종종 당황스러울 정도의 과장이라고 여긴다. 감정적인, 더 심하게는 울어버리는 여학생이 이런 부류의 첫 번째에 속한다. 그러므로 남학생들은 때로 진지하게 경청도 하지 않으면서 울음을 그치게 하려고 위로나 달래는 말(즉, 사과)을 하게 된다.

동성애 공포증, 못살게 괴롭힘, 그리고 진짜 남자 되기

또래들이 동성애 게이들이라고 심하게 괴롭히자, 12세 미만의 두 소년이 최근 자살하였다. 이 장을 통틀어 남자애들이 서로 동성애자라고 부르는 것에 대해 많은 언급을 했지만 그 영향이 얼마나 강력한지는 충분히 설명하지 않았다. 동성애 공포증은 소년세계에서 보이지 않는 손처럼 역할을 나눠 가해자(Perpetrator), 방관자(Bystander), 또는 희생자(Target)로 구분해버린다. 몇몇 남자애들은 협박이나 폭력을 통해 힘과 통제력을—즉, 남성성을—드러내서 다른 남자애들이 감히 대들지 못하게 한다.

이런 행동을 목격한 소년은 다음과 같은 선택을 할 수 있다. 우선은 못 본체 회피하는 수동적 방관자가 될 수 있다. 말과 행동으로 괴롭힘에 가세하는 능동적 방관자도 있다. 도망칠 수도 있다. 또는 못살게 구는 것에 저항할 수도 있다. 신체적으로 가해자에게 대드는 게 너무 지나친 것은 아니다. 이는 소년세계에서 용인되는 행동이다. 그렇지만 가해자 깡패에게 잘못됐다고 말하며 대드는 것은 소년세계가 바탕으로 하는 토대를 흔드는 위험한 행동이다.

남성성을 정의하는 문화적 모순은 한편으로는 용기를 억제한다는 사실이다. 여기서 말하는 용기란 도전을 받았을 때 싸울 수 있는 용기가 아닌, 무엇이 옳은지 자기 목소리를 낼 수 있고 저항할 수도 있는 도덕적 용기를 가리킨다. 어린애들이 서로 간에 동성애자 또는 호모라고 부르고, 부모들은 이런 말들의 폭넓은 의미를 이해하지 못하면 자녀와 부모 모두가 고통을 겪을 수 있는 환경이 조성된다. 4, 5학년이 되면, 남자애들은 그저 여자애처럼 행동해서가 아니라 괴롭힘에 대해 말로 대항하면 동성애자나 호모라고 놀림을 받는다. 학교에서 괴롭힘을 당하는 어린애를 보면 뭐라고 말하고 싶어질 것이다. 뭐라고 변호를 했다가는 호모라고 놀림을 당할 것이라는 것을 6학년만 되어도 안다. 고등학교에서는 이런 관계가 매우 강력하고 광범위해서, 대부분의 남학생들이 얼마나 억세게 자신들의 행동이 영향을 받고 있는지 잘 모른다. 따라서 한 남학생이 호모라고 괴롭힘을 당하는 걸 보거나 11학년 남학생이 9학년 여학생에게 술을 마시게 하려는 것을 보았을 때 그 여학생의 편을 들며 솔직하게 나서서 발언을 한다면 호모라는 낙인이 찍힌다.

이제는 이런 일상생활 속에서 자살을 택하는 청소년들의 비극적인 이야기를 하려고 한다. 다음 이야기를 읽고 나면 가슴이 아플 것이다. 어린 청소년 자녀를 둔 부모라면 이런 일이 벌어지면 어떡하나 걱정이 될 수도 있고 이미 겪었을 수도 있다. 아직 겪지 않았다면 자녀들이 희생양이 될까 봐 두려울 수도 있다. 남을 괴롭히는 아이들은 도대체 뭐가 잘못돼 있을까 궁금해진다. 가해 청소년들은 무자비하다. 체면이 뭔지 모른다. 도저히 이해하기 힘들어 머리를 젓게 되고 어떻게 해야 할지도 모르겠다. 다만 우리 자녀나 아는 청소년들에게 문제가 일어나지 않기를 바랄 뿐이다. 물론 자살하지 않는 수많은 사람들이 있지만, 매일 이 우스꽝스럽고 잔인한 문제를 다루어야만 한다.

우리는 실제로 자살을 막을 수 있다. 내가 '우리'라고 부르는 부모, 교사,

공무원, 그리고 청소년 관련 종사자들이 모두 힘을 합쳐야 한다. 우리가 막지 않으면 우리는 결단을 회피하는 방관자가 돼버린다. 어떻게 도울 수 있을까? 시작은 대화를 트는 것이다.

어떤 청소년이 됐든 다음과 같이 말하면서 다가가 대화를 터보자.

(학교, 또래 집단, 체육 팀 등에서) 널 괴롭히는 애들이 있는지 잘 모르겠다. 그러나 내 입장이 무엇인지 네가 확실히 알아야 해. 사람들이 '동성애자'나 '호모'라고 비하하는 말을 쓸 때 나는 견디기가 힘들단다. 그런 말은 내 가치관과 정면으로 배치되는 것이야. 너희 반에 누가 비록 잘 아는 사이가 아니더라도 이런 식으로 놀림과 괴롭힘을 당한다면 내게 말해주기를 원해. 내게 말한다고 곧바로 흥분해서 드러내 놓고 아무렇게나 사람들에게 말하지는 않아. 관계된 적당한 사람들이 관심을 가지고 해결을 모색하여 희생자가 도움을 받게 해줄 거야.

만약 네가 누군가를 실생활이나 휴대전화 또는 컴퓨터 같은 가상공간에서 괴롭힌다면, 어느 누구의 품위를 손상하는 너의 권리보다 한 사람의 존엄이 더 중요하다는 사실을 배울 수 있도록 학교 측 관계자들과 노력할 거야.

네가 희생자라면 필요한 도움을 받을 수 있도록 모든 절차를 도울 것이란다. 너는 사람들이 너를 비참하고 무가치하게 만들지 못하게 하면서 이 세상의 삶을 살 권리를 가지고 있단다.

우리 자신 또한 동성애 공포증에 솔직해져야 한다. 게이든 게이가 아니든 우리 모두는 존엄하게 대접받을 권리를 가지고 있다는 것은 말할 나위도 없다. 이 권리는 양도할 수 없다. 다른 사람의 권리 행사를 위해, 기본적 인권에 해당하는 자신의 종교나 정치를 바꿔서는 안 된다.

매우 곤혹스럽고 모순적인 것은 솔직하게 당당한 발언을 했다고 호모라고 놀리는 것이 이치에 맞지 않다는 것이다. 사회의 불의를 보고 당당하게 목소리를 내는 남자애가 다른 남자애들이랑 성교(섹스)를 하고 싶어 하는 것은 아니다. 그러나 이런 올바른 목소리를 내려는 소년들에게 "호모 같이 굴지마."라고 말함으로써 입을 다물고 침묵하게 만든다. 더욱 중요한 사실은 동성애자처럼 행동하는 것은 이제 모욕과 폭력에 대항하여 바른 말을 하는 것과 연결된다. 그렇다면 진짜 남자는 어떤 사람이 멸시를 당하는 것을 지켜보고도 아무런 발언을 하지 않는 이성애적 남자인가?

우리는 더 잘할 수 있다. 우리는 개인적으로 그리고 집단적으로도 남성성의 정의를 바꿔야만 하고 사회적 약자가 희생양이 될 때 정의롭게 변호할 수 있어야 한다. 자녀들에게 가서 대화를 해보자. 당신이 학부모라면, 오늘밤 잠자리에 들기 전에 또는 내일 학교에 가는 길에 대화를 해보자. 당신이 교사라면, 내일 교실이 매우 안전한 장소임을 확신시킨 후에 대화를 시작해보자. 그리고 당신이 동성애자가 아니라면, 대화할 책임이 더 막중하다 — 이유는 '논제'를 진행해나가다 보면 그냥 쉽게 토론을 종결하기가 어렵기 때문이다.

이처럼 동성애 공포증은 동성애를 '인정'하거나 '수용'하느냐의 문제보다 훨씬 복잡하다. 동성애 공포증은 남성성 문화의 한 초석(礎石)이다. 자녀들이 소년들과 남자들로부터 잘 대우받기를 원한다면, 여러분은 동성애 공포증에 확고한 반대 입장을 가져야만 한다.

내가 알기론 몇몇 학교에서는 총학생회가 공개적으로 동성애를 인정하고 있다. 그러나 내 생각엔 조건부적으로 인정받는 것 같다. 아이가 정말 동성애자(게이)라면, 때때로 놀리는 게 허용되지 않을 수도 있지만 남자애가 사내답지 못하거나 여자애가 남성답게 행동한다면 공개적으로 놀림감이 된다. 마음에 들지 않는 친구들의 불평을 입 다물게 하는 방법이 여전히 게이/레즈비언/호모라고 비하하는 것이라면, 우린 이 문제를 좀 더 다루어봐야 할 것이다.

올바른 행동을 하자

사실 대부분의 남학생들은 건전한 생활을 원한다. 단지 어떻게 올바른 행동을 할지 모를 뿐이다. 소년들은 용감하고, 씩씩하고, 사랑스럽고, 다정하고, 강인한 남자이길 원한다. 그러나 거칠고 지배적인 남자아이가 숭배되는 모델로 여겨지며, 여자나 소녀와 연관된 특성을 나타내면 비난받고 배척하는 상황에서는 어떻게 올바른 소년의 역할을 제대로 할 수 있겠는가? 남자애들이 원하는 것처럼 강인한 남성으로 보이지만, 한편으론 정서적으로 분명하고, 책임감 있고, 도덕적으로 용기 있는 역할모델은 어디에서 찾을 수 있을까? 배아들이나 딸이 다른 아이를 호모라고 괴롭히는 것을 듣게 된다면 어떻게 할 것인가? 더 안 좋은 경우는 남자애들이랑 어울리다가 한 애가 "야, 게이같이 굴지 마, 넌 완전 호모 걸레야."라고 말할 때 어떻게 대처할 것인가? 무슨 말이라도 해야만 할 텐데! 아마도 한 시간이 넘는 지루한 강의를 하거나 다큐멘터리를 보여주지 않더라도 다음과 같이 말할 수 있다.

당신 : 애들아, 마이크에게 "게이같이 굴지 마."라고 했는데 정말 무슨 뜻으로 말한 거야?

그러면 모두 방어적으로 대답을 이리저리 빠져나가려고 할 것이다.

당신 : 진지하게, 무슨 뜻으로 게이라고 부른 거야?
아들/딸 : 잘 모르겠어요! 별 뜻 없어요! 그냥 한 거예요.

정곡을 찌르는 질문에 당황하여 아들/딸은 눈동자를 굴리며 호흡이 가빠지지만 이를 무시하고 계속 물어본다.

당신 : 그러니까 무슨 뜻으로 말했지?
아들/딸 : 모르겠어요. 바보, 멍청이 그런 거 마이크도 신경 쓰지 않아요, 그렇지?
마이크 : 그래요, 그냥 쓸데없는 참견을 하는 거예요. 진심으로 하는 말이 아니에요.*
당신 : 그러면 우리 이렇게 생각해보자. 이건 마이크와는 관계없는 거야. 남에게 창피를 주려고 게이나 호모라고 부르는 건 허락할 수 없구나. 나는 너희들한테 좀 더 나은 처신을 기대하거든.
아들/딸 : 알겠어요. (아이들은 속으로, '알 게 뭐야, 미친년.')

* 주 : 이 상황에서 마이크는 선택의 여지없이 친구들이 하는 말이 별 뜻이 없고 신경 쓰지 않는다고 동의해야 함을 알아두어야 한다. 여기서 부정하면 나중에 더 놀림감이 된다.

우나 가수들은 예쁜 여자가 입을 열지 못하게 돈이나 선물을 아낌없이 퍼붓는데, 공감은 어떻게 하는지에 대해, 그리고 영웅은 입이 무거워야 '진짜 사나이'라는 문화에서, 무엇을 배우겠는가?

대부분 남학생들은 통제 불능이고, 부주의하고, 생각이 짧다고 믿는다면, 그리고 이런 사내아이들을 훈육하는 최선의 방법은 강하게 단련시키고 엄벌해야 한다고 믿는다면, 미래는 어떨지 불 보듯 뻔하다. 대신에 우리가 소년들에게 최선을 기대하고, 소년세계에 기여할 책임 있는 행동을 하고 존중하는 마음으로 다가간다면 약자가 모욕을 당할 때 편들어주고 담대히 변호해줄 수 있는 사람이 '남자다운 사람'이라는 믿음을 가진 강건한 남자로 양육할 수 있을 것이다.

이 장을 당신의 딸과 이야기해보라 — 그리고 아들과도 대화를 나눠보라. 딸에게 남성행동지침 박스를 보여주고 자기가 경험한 것이랑 어떻게 상응하는지 물어보라. 이 장에서 분류한 소년들의 서열에 들어맞는 남학생을 알고 있는가? 남학생으로 생활하는 것이 어떤 것일지 상상해보라고 하라. 동성애 공포증에 대해 이야기해보고, 동성애 공포증이 동성애 집단에 대한 태도에 대해서뿐만 아니라 사람들이 어떻게 반응할지도 물어보라. 인종과 종교 문제가 소년들의 문화에 어떻게 관련될지 말해보자. 이 중 무엇보다도, 딸에게 소년들도 그들만의 구명보트(행동지침)에 타고 있다는 것을 이해시켜라. 소녀들처럼 똑같이, 소년들도 구속에서 벗어나 있는 그대로의 자기로 정당하게 평가받기를 원한다. 소년세계에서 이것이 얼마나 어려운 일인지를 딸아이가 공감한다면, 그녀는 건강한 성인으로의 발달과정에서 소년들을 동등한 파트너로 받아들여 성장해나갈 수 있을 것이다.

남자의 세계를 접해보는 소녀들

우리 아버지는 남자아이가 툭 치거나 건드리는 것은 관심을 보이는 행위라고 얘기했어요. 하지만 저는 그 남자아이에게 이런 점에 대해 얘기할 수 없어서 여전히 고민이에요.
—매들린, 11세

하루는 제 코를 강하게 주먹으로 때린 한 녀석이 그의 부모님이 시킨 대로 저희 집에 와서 사과를 하고 꽃을 가져다주었어요. 하지만 그런 일이 있는 후에 학교에 있는 대부분의 친구들이 저와 그 녀석을 짓궂게 놀려댔어요. 그래서 그 이후로 저와 그 녀석은 사이가 나빠졌고 이제는 제가 그 녀석을 주먹으로 때려요.
—애비, 10세

남자애들이 데이트하러 가자고 해도 우리는 아무 데도 안 가요.
—몰리, 13세

드라마가 시작되다

에밀리와 크리스티는 7학년이고 둘 다 제이슨을 좋아한다. 그들은 각자 제이슨에게 쪽지를 보내거나 자기 공책에 그의 이름을 적으며 그에게 문자를 보내는 등 다양한 방식을 통해 그와 재미있는 시간을 가진다. 또한 방과 후 그들은 학교에 남아서 그와 같이 하교할 수 있는지 확인하기 위해 기다리고, 그의 운동 연습이 끝나갈 때쯤 우연히 그의 옆을 지나가는 척한다. 그들이 제이슨에 대한 애정이 깊어져 서로에 대한 경쟁의식을 느낄 때 그들은 서로 그를 그만 좋아하자고 약속한다. 물론 둘 다 그 약속을 지킬 생각은 없지만 각자는 상대방이 그를 그만 좋아할 것이라고 믿는다. 하지만 사실 두 명 모두 제이슨의 관심을 사기 위해 뒤에서 수단과 방법을 가리지 않으며 그중 한 명이 약속을 깨면(제이슨 그만 좋아하기) 열이 날 것이라는 걸 안다.

그들이 네 명의 같은 학년 여학생들 또한 제이슨을 좋아한다는 소식을 들으면 상황은 더욱 복잡해진다. 설상가상으로 네 명의 여학생 중 한 명인 라이자는 제이슨을 좋아하는 경쟁자 중 가장 권력 있는 학생으로서 제이슨을 좋아하는 여학생 모임에서 선발주자 격인 에밀리와 크리스티를 견제하며 위협한다. 에밀리와 크리스티는 라이자에게 가서 다음의 이유로 자신들이 옳다고 주장한다. (a) 라이자가 자기들 둘이 제이슨을 좋아하는 걸 알고 있고, (b) 라이자가 제이슨에게 저돌적으로 달려들고 있고, (c) 두 사람이 제이슨을 먼저 찍었기 때문에 라이자를 가만두지 않는 것이다. 하루아침에 이 드라마가 학생들에게 퍼지면서 학교는 떠들썩해진다. 메신저가 파견되고 여왕벌의 자문을 구할 것이며 대표자 회의가 소집될 것이다.

위에서 설명한 상황에서 에밀리와 크리스티, 라이자의 부모님들은 어떤 일이 벌어지는지 아무것도 알지 못한다. 제이슨의 부모님은 제이슨의 휴대전화가 쉴 새 없이 울리는 것을 보고 무슨 일이 있는 걸 알아차릴 수 있었다. 심지어 하루는 제이슨의 집으로 정체불명의 사람이 장난전화를 거는 경우가 있었고 이러한 장난전화는 제이슨 부모님들에게 그들이 어릴 적 겪은 사춘기를 상기시켰다.

나는 제이슨 부모님과 같은 분들과 상담을 많이 해 왔다. 이러한 부모님들의 공통점은 그들에게 아들은 헤드라이트 앞에 선 사슴으로 보이고 여자애들은 사슴을 향해 미친 듯이 달려오는 커다란 트럭처럼 보였다. 이것이 과연 사실일까? 과연 제이슨은 아무런 빌미도 제공하지 않았고 여학생들의 경쟁적인 관심이 무섭기만 했을까? 만약 당신의 딸이 이런 여학생들 중 한 명이라면 당신은 이런 상황이나 사실에 대해 알고 있었을까? 혹은 반드시 알아야 될까? 도대체 왜 여학생들은 잘 알지도 못하는 남학생 한 명 때문에 서로를 질투하고 시기하는 것일까? 그리고 이성문제로 인한 여학생들의 경쟁이 향후 당신 딸의 친구관계나 연인관계에 어떤 영향을 줄까?

이 장에서는 여자아이들의 사고방식과 남자아이들의 사고방식의 차이점에 대해 살펴볼 것이다. 이 장을 통해 당신은 여자아이들이 이성에게 매력을 발산하기 위해 어떠한 노력을 하고 본 모습이 어떻게 가식적으로 변하는지에 대해 보게 될 것이다. 당신은 당신의 딸이 이성문제로 인해 친했던 친구에게 버림받거나 남자아이에게만 신경을 쓰는 대부분의 자신의 친구들과는 달리 축구에 더 관심을 가지는 본인의 모습 때문에 자신감을 잃는 모습을 봐야 될지도 모른다. 당신은 당신의 딸이 본인의 주관으로 정해 놓은 남자아이들의 이상형 조건에 부합하지 않는다고 생각할 때 스스로 자신의 자존감을 낮춰버린다는 점을 발견할 것이다. 그녀는 사랑에 깊이 빠져 있으나 자신이 그렇게 사랑에 빠져 있는 이유는 모른다. 혹은 그녀는 그 이유를 알 수도 있을 것이다. 하지만, 다른 사람들이 자신보다 워낙 더 예쁘고 매력적이기 때문에 연애를 하고 싶어도 자신은 연애를 할 수 없다고 생각할 것이다.

반드시 알아야 할 점

- 열두 살 정도의 여학생들은 남자들과의 연애를 목적으로 친구관계나 친분을 쌓으며 유대관계를 형성한다.
- 만약 한 여학생이 남자들에게 관심을 받거나 남자를 너무 밝히면 그녀의 친구관계는 불안정해질 것이고 친구들은 그녀처럼 되려고 분발해야 한다는 압력을 받는다.
- 거의 대부분의 여자아이들은 그들이 좋아하는 남자아이 앞에서 연약한 척하거나 내숭을 떨 것이다. 이러한 무의식적인 태도는 여자아이들 본인 스스로는 당혹스럽지만 어떻게 하면 그들의 가식적인 모습을 버릴 수 있는지 모른다.

- 그녀의 주변 친구들은 그녀가 내숭을 떨며 가식적으로 행동한다는 점을 파악하고 뒤에서 그녀에 대한 험담을 할 것이다. 그들은 그녀의 이러한 태도 변화가 실질적으로 남자아이들의 관심을 끄는 좋은 방법인지 알고 싶을 것이다.
- 여자아이들과의 관계에서처럼 마찬가지로 남자아이들과 대화를 할 때 자칫 사이를 틀어지게 할 말실수를 할 수도 있기 때문에 불분명하게 말한다.
- 여자아이는 다른 사람들이나 본인에게 잘 대해주지 않는 건방진 남자아이에게 끌릴 것이다. 여자아이는 남자아이의 건방지고 불친절한 점을 아는데도 불구하고 그 사람을 계속 좋아하게 될 것이다.
- 모든 여자아이들이 이성에게 지나친 관심을 가지는 것은 아니다. 몇몇은 성인이 되기 전까지 이성에 특별한 관심을 가지지 않거나 혹은 동성애를 느낄 수 있다.
- 성적 취향을 떠나서 당신의 딸은 남자들과 강한 유대관계를 가질 것이다. 몇몇 관계는 성적인 관계로 될 수도 있지만 그런 관계는 친구관계의 깊이에 있어 별 상관이 없다.

'남자친구'와 '남친'

'남자친구'와 '남친'. 당신은 십대 때 접해봤을 이 두 가지 개념에 대해 기억할 것이다. 남자아이와 여자아이가 서로 친구였다가 연인관계가 되는 경우는 많다. 여자아이들은 친구관계와 연인관계의 선을 확실히 한다. 대부분의 여자아이들은 자기가 높이 평가하는 남자아이들과 깊은 우정을 쌓지만, 역설적으로 여자아이들은 이러한 친구관계에서는 그 남자아이들의 남성성을 나타내는 행동에 그리 구애받지 않는다. 여자아이가 솔직하게 그녀의 생각을 거리낌없이 편하게 전달한다는 것은 이러한 관계를 설명해준다. 16세의 마이크는 "제 주변 여학생들은 제가 어리숙하게 행동하면 저에게 그녀들의 이야기를 마음껏 편하게 다 얘기해줘요."라며 자신의 경험을 얘기해주었다. 하지만 많은 여자아이들이 이런 식으로 남자아이들과 편하게 대화를 하지 않는 것이 사실이다. 이번 장과 다음 장에서도 이 내용을 다루겠지만, 여자아이들은 남자친구였던 학생이 향후 애인이 될 것 같은 남자아이로 변하면 그들의 본모습을 숨긴다.

여자아이들은 그들의 친구였던 남자아이들에 대해 서로 놀리며 지낼 것이다. 만약 당신의 딸이 친한 이성 친구들(특히 같이 어릴 적부터 자라왔거나 동네 친구일 경우가 많다)이 있다면 그 이성 친구들이 로맨틱하지 않다는 이유로 친구관계를 끊을 필요는 없다고 딸에게 말해주어라. 나는 친구관계로 지내오던 남학생과 가까이 지낸다는 이유로 서로 교제한다는 거짓된 소문이 퍼져 당황해 하는 여학생과 대화를 나눈 적이 있다.

> 저의 가장 친한 친구 중 한 명은 저와 같이 자란 남학생이에요. 제 친구들은 항상 저와 그 남학생이 사귄다고 놀리면서 괴롭히는데 저는 이런 점을 어떻게 해결해야 할지 고민이 돼요. 그 애는 저에게 남매같이 느껴지지만 대부분의 주변 친구들은 저에게 이 남학생과 사귀라고 합니다.　　　　　　　　　　　　　　　　　－레이첼, 12세

여자아이들은 남자아이들에게 개인마다 조금씩 다른 반응을 보인다는 점이 정말 중요하다. 몇몇 여자아이들은 유치원에 다닌 어린 시절부터 남자아이를 쫓으며 이성에 큰 관심을 보인다. 물론 모든 여자아이들이 이와 같이 이성에 대해 지나친 관심을 보이는 것은 아니다. 이성에 대한 여자아이들의 관심에도 정도의 차이가 있다. 정말로 지나친 관심을 가지는 여자아이들이 있는 반면 별로 큰 관심이 없는 부류도 있으며 아예 관심조차 없는 여자아이들도 물론 있다. 여기서 중요한 점은 당신의 딸이 그녀의 자존감이나 본인의 가치를 이성에 대한 관심의 정도에 따라 정한다는 것이다. 그녀는 이성에 대한 관심이 많으면 많을수록 정상적이며 더 바람직한 것이라고 믿는다. 그래서 3학년 혹은 4학년 초기에, 당신은 딸에게 "여자아이들은 이성에 대해 모두가 다른 생각을 지닌단다. 몇몇은 남자아이를 지나치게 좋아하고 또 몇몇은 단지 친구로 생각하고 마지막으로 나머지 여자아이들은 그 중간이야. 네가 남

자에 대해 어떠한 생각이나 감정을 가지든 아무 상관이 없고 나이와 관계없이 너의 성향이나 이성에 대한 관심은 결코 변함이 없을 거야."라고 얘기해주어라. 그리고 항상 그녀에게 이성적 관심이 많든 적든 이성에 대해 관심을 갖는 것은 자연스러운 것임을 가르쳐주어라.

첫눈에 반함

조만간 당신의 딸은 이성 친구에게 첫눈에 반해 그에게 푹 빠질 것이고 뺨이 빨개지면서 그녀의 첫사랑은 기대와 설렘으로 시작될 것이다. 여자아이들은 자신들 기준에 굉장히 매력적인 남자아이를 지목해 그를 좋아할 것이지만 얼마 되지 않아 또 다른 남자아이를 좋아하게 될 것이다. 이런 점은 대부분 첫눈에 반해 애정이 생기는 일반적인 여학생들의 특징이다.

> 저는 특히 그 남자아이 앞에 서면 체해서 구토를 할 것 같아요.
>
> 저는 속이 짜릿해져요.
>
> 저는 숨을 쉴 수 없을 정도로 흥분되고 주체할 수 없을 정도로 웃게 돼요. 부끄러운 동시에 재미있기도 해요.
>
> 저는 정말 긴장돼요. 저는 대화할 때 제가 상대방 앞에서 말실수를 할 거라고 걱정해요.

여자아이들은 종종 남성다운 남자아이들에게 끌리는 경향이 있기 때문에 가끔은 한눈에 반해 이성을 좋아하는 것은 문제가 될 수 있다. 이 점은 신체적 발육이 개인마다 다르다는 것을 확연히 보여주는 남녀 중학생들 사이에서 확인해볼 수 있다. 한번 생각해보자. 당신은 6학년과 7학년 학생들의 발육 정도의 차이를 아는가? 두 명 정도만 멋있게 정상적으로 자라고 나머지는 대부분 그 나이의 신체발달 특성대에 비추어 맞지 않게 성장한다. 그러면 이제 전형적인 8학년 여학생과 8학년 남학생을 떠올려보라. 만약 당신이 여자아이라면 누구를 이성적으로 좋아할까? 생각해볼 필요도 없이, 당신은 같은 학년 남학생 중에서 이성적인 매력으로 상위 2%에 속하는 남성미가 있는 '남자' 혹은 더 나이가 든 '남자'를 좋아할 것이다. 비록 막 고등학교에 올라온 남자아이들은 좀 더 매력적으로 변하겠지만 그들보다 더 외향적으로 성숙한 '남자'를 좋아하는 여학생들은 더 이상 그들에게 관심이 없다. 여학생들은 지금 귀엽고 멋있는 '남자'를 원한다.

부모들 역시 남자답고 남성미가 있는 남학생을 좋아한다. 그들은 이러한 남자다운 남학생을 아들같이 키우고 싶을 것이고 그들의 딸이 이런 남자와 사귀기를 원한다. 나는 모든 남자아이들이 남자답지 못하고 비겁한 성격을 가진다고 말하는 것이 아니다. 하지만 많은 남자아이들은 오만한 자신감으로 여자들을 함부로 대해도 된다고 생각한다.

> 이런 남자아이들은 자존심이 강해요. 제 친한 친구 중 한 명이 그랬어요. 그의 주변에는 여러 여자아이들이 있어서 여자아이들을 거의 항상 옆에 끼고 다녔지만 그는 그 여자아이들을 너무 힘하게 대했어요. 그러나 그 여자아이들은 그의 난폭하고 무례한 대응을 자연스럽게 받아들이며 그와 계속 어울렸어요.　　　　　　　　　　　－제이크, 16세

한 가지 여자아이들이 알아야 할 점은 과연 왜 무례하고 건방진 남자아이에게 끌리는지 혹은 왜 그러한 남자아이로부터 과거에 상처를 받고 후회를 해도 결국 다시 그 남자아이에게 돌아가고 싶은지에 대한 답이다.

집착

왜 여자아이들은 연예인에 집착하는 것일까?

> 저희 반 학생들은 연예인과 같은 유명인에게 완전히 푹 빠져 있어요. 자기네 로커 안에다 성소를 차려놓고, 하루 종일 그들의 이름을 끄적여요. 실제로 사적으로 아는 사이가 아닌데도 특정 남자 연예인에 대한 얘기가 나오면 비명을 지르듯이 열광하고 좋아해요. 정말 이상해요.　　　　　　　　　　　－케이트, 10세

처음으로 누구에게 푹 빠졌을 때를 기억하는가? 아마도 그 사람은 당신이 실제로 아는 사람이었을 것이다. 비록 세대마다 조금씩 차이가 있지만, 당신이 실제 사적으로 아는 사이도 아닌데 열광하며 좋아했던 인물들은 대부분 션 케시디, 스콧 바이오, 루크 페리, 혹은 스콧 울프일 것이다. 그들을 기억하는가?

왜 그러면 여자아이들은 만나본 적도 없고 대화도 한 번 해본 적 없는 사람을 좋아하는 것일까? 이 문제에 대한 답은 말할 것도 없이 당연하다. 왜냐하면 실제 아는 남자를 좋아하고 그와 연애를 하는 것은 귀찮고 스트레스 받는 일이지만 직접 만나보지 못하고 친분이 없는 사람은 아주 쉽게 좋아할 수 있기 때문이다. 이런 식으로 여자아이들은 특정 연예인을 아무리 강렬하게 좋아해도 상관없고 성관계와 같은 여러 예민하고 불편한 문제들에 신경 쓸 필요가 없어진다. 이러한 이유 때문에 여자아이들은 특정 연예인의 팬이 되고 마치 그와 실제 친분이 있는 것처럼 그를 자신의 소유라고 믿으며 다른 여자아이들이 그를 좋아하는 것을 금지한다. 또한 상상 속의 이상형은 여자아이의 애인이 되며 그녀는 마음껏 그와 함께 시간을 보낼 수 있다. 만약 당신이 5, 6, 혹은 7학년 여학생이라면 교실에서 산만하고 애 같은 남학생들을 좋아할까? 아니면 상상 속에 그리는 멋진 이상형의 남자를 좋아할까?

실제 아는 이성에 대한 집착

저는 스콧이라는 남자아이에게 푹 빠진 적이 있어요. 제가 왜 그랬는지 몰라요. 지금 생각해보면 우습지만 그 당시에는 정말 저 나름대로 진지했어요. 저는 제 다이어리에 개인적 해석으로 그가 저에게 호감을 보인다고 생각되는 여러 가지 행동이나 말들을 적었어요. 저는 그 남학생 앞에서 잘 보이기 위해 애쓰며 그와 최대한 가까이 있으려고 했어요. 매일 휴식시간에는 저는 제 친구와 같이 그가 축구하는 곳 옆에 가서 수건돌리기 놀이를 했고 저를 향해 미소 짓는 횟수를 세며 기억했어요. 정말 제가 한심했어요.
— 줄리아, 12세

중학교 때 한 남학생에 대한 집착으로 제 첫사랑이 시작되었어요. 특정 이성에 대한 집착은 제가 처음으로 사랑에 빠져본 것이었기 때문에 제가 얼마나 그를 좋아했는지는 과거 경험과 비교할 수 없었어요. 원래 여자아이들은 자신들을 놀리는 남자아이들에게 끌리는 법이죠. 저는 7학년 남학생에게 푹 빠져본 적이 있어요. 저는 그와 사귀었지만 며칠 안 가 헤어졌어요. 그는 다른 여학생을 좋아했고 저는 그런 점이 정말 마음에 들지 않았어요. 하지만 그 여학생은 다섯 명의 다른 남자아이들과 어울리며 그에게는 큰 관심을 주지 않았고 이런 점은 저에게 큰 위안이 되었어요.
— 앤지, 17세

5학년 때 저는 한 남자에 푹 빠져 있었어요. 저는 제 친구들에게 그를 미칠 정도로 좋아한다고 말했고 그들은 이런 사실을 학교에 소문을 내고 다녔어요. 그는 그 이후로 저에게서 최대한 거리를 유지하려 했고 저에게 더 이상 말 한마디 걸지 않았어요.

－니나, 13세

딸을 기겁하게 하는 말

이성문제에 있어서 당신의 딸에게 말하지 말아야 할 것

너는 아직 이성에 대한 고민을 할 나이가 아니야.
너는 아직 너무 어려.
남자애가 원하는 건 딱 한 가지지(섹스). (너에게 관심이 없어.)
남자애들은 모두가 남성우월주의자들이야. (남학생들은 다들 철부지야.)

사춘기 시절의 강력한 중매쟁이 : 관계를 주선하다

사춘기 초기는 여자아이들에게 정말 짜릿하고 흥미진진한 시절이다. 몇몇 여자아이들은 이성과 연애를 해볼 수 있는 나이가 빨리 오기를 바란다. 반면에 그들은 연애와 이성문제에 있어서 겁도 많고 소심한 면이 있다(물론 이런 면은 충분히 이해할 수 있다). 그들은 주변 남학생이나 남자아이에 대한 소식이란 소식엔 전부 관심이 있으며 비록 이성 관계에 관한 소문의 주인공이 되고 싶지는 않아도 다른 사람들의 소문을 들으며 타인의 이성문제에 개입하고 싶어 한다. 그래서 다양한 방법을 통해 여자아이들은 그들 중 한 명을 뽑아 이성에게 용기 있게 다가가도록 서로를 재촉한다.

한 예로 12세인 줄리아가 수학교실로 향하는 중 그녀의 절친한 친구 애니가 급히 달려와 그녀에게 한 소식을 전해준다.

애니 : 나 방금 제레미랑 얘기하고 왔는데 매트가 너를 좋아한대! 완전 잘 됐다! 진짜 둘은 환상의 궁합이야! 나는 매트가 너를 확실히 좋아할 줄 알았어.

줄리아 : 그게 정말 사실이야? 제레미가 정확히 뭐라고 말했는데?

애니 : 매트가 너를 정말 아름답고 성격도 괜찮은 여자아이로 생각한다고

말해줬어.

줄리아는 매트를 학기 초부터 좋아했고 그에게 어떻게 말을 걸지 망설이며 지내 왔는데 마침 매트가 자신을 좋아한다는 소식을 들으니 뛸 듯이 기쁘다. 방과 후 그녀는 그녀의 가장 친한 친구 두 명과 함께 그녀가 이제 어떻게 행동하고 반응해야 하는지에 대해 상의했다. 그날 오후, 그들은 매트에게 다음과 같은 문자메시지를 보냈다.

너 정말 줄리아 좋아하니?

수업 중간에 줄리아 친구들은 줄리아의 휴대전화를 30초 간격으로 답장을 확인하며 기다렸다.

만약 매트가 '그래 맞아'라고 답을 하고 심지어 방과 후 줄리아와 따로 만나려 한다면, 상황은 더욱 흥미진진해진다. 줄리아는 그녀에게 유용한 조언과 의견을 주는 친구들에게 최대한 성의껏 대하기 위해 노력한다. 그날 오후 그녀는 모든 관심의 집중 대상이 될 것이고 온 세상이 자기 손 안에 있는 느낌이다.

하지만 간혹 줄리아의 입장인 소녀들은 이러한 상황에서 매트 같은 남자아이는 자신들이 기대했던 꿈의 이상형이 아니므로 실망할 것이다. 잡지나 TV 방송에서 나오는 멋지고 로맨틱한 남자는 도대체 어디에 있을까? 왜 매트는 단음절의 말로 무뚝뚝하고 퉁명스럽게 자신의 마음을 표현할까? 왜 그는 자신의 친구들이 곁에 있을 때 줄리아를 모르는 척하는 것일까? 하는 식의 질문들이 소녀들 머리에 떠오른다. 매트에 대한 줄리아의 기대가 줄리아의 친구들과의 밀접한 관계에 기초하고 있다는 게 더 안 좋은 점이다. 여자아이들의 관계는 끊임없는 대화가 특징이라는 사실을 기억하라. 어리바리한 풋사랑은 같은 여자친구들과의 친밀감은 물론 남자들과의 우정 수준으로도 발전하기 힘들다. 이 때문에 소녀들이 반한 남자와 데이트를 하고 나서 가장 먼저 하는 일이 주변의 친한 친구들에게 전화, 문자메시지, 메신저를 통해서 데이트 시에 남자가 했던 한마디 한마디를 분석하는 것이다. 풋사랑에 빠진 소녀는 연애 초기에 남자친구보다 오히려 그녀의 친구들과 대화를 더 많이 하게 된다.

많은 여자아이들의 첫눈에 반하는 경험은 그들의 마음속에 있는 이성과 실제로 만나지도 않은 단계인 경우가 많다. 몇몇 여자아이는 심지어 자신이 좋아한다는 사실조차 모르는 남자아이를 혼자 좋아하다가 싫어하게 되는 경우도 있다. 몇몇 여자아이들은 남자아이들과 사귈 때 관계를 계속 유지하고 발전시키지는 않고 단순히 손만 잡을 정도까지 사귀다가 헤어지고 다른 남자친구들을 사귄다. 첫 연애경험은 종종 기대했던 것보다 실망스러운 것이 사실이다.

그러면 이제 어떻게 줄리아가 매트와 서로 연계되었는지 알아보자. 처음에는 줄리아의 애착으로 시작된 것으로 보이지만, 줄리아와 친구들은 매트를 단순한 연애 실험 대상으로 정했을 수도 있다. 그럼 과연 매트는 정말 단순한 실험의 대상이었을까? 보통 대략 6학년 초의 여학생들은 이성과의 관계를 이어주는 일에 재미를 느낀다. 이 시기의 여학생들은 다른 여자아이들의 사적인 이성 관계에 큰 관심을 가지면서 교내 남자아이에 대한 궁금증을 파헤칠 수 있다. 여학생들은 종종 주변에 아는 여자아이나 친구들을 앞세워 남자아이들에 대한 소식이나 특정 이성의 성격을 쉽게 알아낸다. 누가 주선을 해서 한 여학생을 앞세우든 상관없이 주선자를 포함한 여러 친구들은 그 여학생의 연애에 대해 자세히 알 수 있고 연인 중 누가 먼저 바람을 피우는지부터 시작해 서로의 갈등이나 싸움하는 모든 행동들을 볼 수 있다. 이런 식의 과정을 거치면서 소녀들 간의 관계는 더욱 깊어진다. 더욱 흥미로운 점은 이제부터 친구들 간에 위계질서가 생기기 시작한다는 것이다.

비록 저는 여자아이들의 리더는 아니지만 친구들 사이에서 꽤 영향력이 있어요. 저는 좋은 친구들도 주변에 많고 저를 싫어하는 사람은 아무도 없어요. 제가 이성 관계를 이어줬던 친구들은 왕따거나 눈치 없는 애들은 아니지만 여학생들의 리더 또한 아니에요. 리더에 가깝다는 여학생들은 대부분 이성 관계를 이어주는 여자애들이에요. ─킴, 15세 여학생 리더가 저를 연애 실험 대상으로 만들었고 저는 어찌할 바를 몰랐어요.

—몰리, 18세

제 친구들이 혹평하는 남학생을 좋아하는 것은 정말 힘든 일이었어요. 저는 그 학생의 착한 성격이 마음에 들었지만 제 친구들은 못생겼다고 항상 그를 놀렸어요. 정말 저는 그 당시 마음이 많이 아팠고 어떻게 대처할지 몰랐어요.

—라켈, 14세

여왕벌들은 신경을 써서 다른 여학생들의 인기를 관리해준다. 리더들은 한 여학생을 정해 그녀에게 이성 관계를 주선해주는데 그들의 원래 목적은 이러한 주선을 통해 그 여학생이 여왕벌과 더 가까운 사이가 되게끔 하는 것이다. 어떤 여학생의 첫 연애상대가 정해지고 연애활동을 시작하게 되면 그녀의 연애 이야기는 관심이 대상이 되고 리더인 여왕벌에 더 확실히 소속되고 결속된다. 줄리아는 아마도 추종자, 아부자, 전달자의 역할이었을 것이고 애니는 뱅커(정보원)나 여왕벌이다. 만약 줄리아가 향후 실제로 그 남자친구를 사귀게 되면 두 여학생 모두 집단 내에서 지위가 상승한다. 사회 집단(social totem pole)에서 계급을 상승시키거나 유지하고 싶으면 여학생들은 흥미진진한 드라마의 핵심 요소인 누가 누구를 좋아하는지에 관한 뱅커나 메신저가 되어야 한다. 당신은 딸이 지난달에 친구들에게 보낸 3,000건의 문자메시지에 담긴 내용이 궁금하겠지만 그 메시지의 내용은 대부분 위에 설명된 상황과 관련된 이야기다.

여왕벌은 다른 여학생의 연애 관계를 성사시켜 주지만 만약 연애를 하게 된 여학생이 사귀던 남자친구를 더 이상 좋아하지 않을 경우 그녀에게 영향력을 행사할 수 있다. 다른 독자행동을 하게 되면, 여기서부터 갈등이 발생한다.

만약 줄리아가 더 이상 매트에 대한 애정이 없거나 정말로 남자친구를 원하지 않게 되는 경우는 어떨까? 그녀는 친구들의 격려, 관심이 대상이 됨으로써 생기는 만족감, 새로 알게 된 친밀한 관계를 쉽게 포기하기 힘들다. 그래서 그녀는 결국 그녀의 의사와는 상관없이 연애를 억지로 할 수밖에 없는 상황에 놓이게 된다. 일반적으로 12세 이하 여자아이들은 열광적으로 이성을 좋아하는 경향이 있고 설사 연애를 할지라도 그녀들이 이성과 할 수 있는 활동의 범위는 제한적일 것이다. 하지만 여기서 반드시 알고 넘어가야 할 중요한 점은 여자아이가 다른 여자아이들과의 관계를 유지하고 여성행동지침에 맞게 살기 위해 남학생들과의 거리를 둔다는 점이다.

과일주스 캔 소녀

여학생들에게 지금까지 들려준 이야기 중에 '과일주스 캔 소녀'에 대한 내용은 가장 재미있는 이야기 중 하나일 것이다. 필자는 수학여행을 다녀온 후 격분해 있는 7학년 학생들을 보며 '과일주스 캔 소녀(Fruit Cup Girl)'라는 이름을 정하게 되었다. 이 같은 이름을 지은 이유는 미아라는 여학생이 한 남학생을 너무 좋아하는데 쑥스러워서 그 남학생에게 말을 걸지 못했기 때문이다. 그녀의 절친한 친구 두 명은 수학여행에 가서 그녀와 그 남학생의 관계를 이어주기 위해 전략적인 계획을 만들었다. 수학여행지에 도착해 점심을 먹을 때 그 친구 두 명은 미아를 그 남학생 옆에 앉을 수 있게 도와주었고 그들은 옆 테이블에서 식사를 하며 미아와 남학생의 대화 내용을 엿들었다. 미아는 그 남학생과 단 둘이 남아 식사를 하면서 무슨 말을 해야 할지 망설였다. 그래서 별 생각 없이 그녀는 과일주스 캔을 열지 못하는 척을 하며 그 남학생에게 열어 달라고 부탁했다.

미아는 캔 뚜껑을 열어 달라는 그녀의 부탁이 드디어 그들의 대화를 시작하게 해준 계기라고 생각했고 그 이후로 모든 일은 순조롭게 진행되었다. 그들은 수학여행을 마치고 집에 돌아오는 길에 버스에서 서로 옆자리에 앉아 대화를 하며 더욱 친해졌다. 하지만 미아의 친구들은 미아가 그 남학생과 있으면 평소와는 달라진 모습을 볼 수 있었다. 미아는 그 남학생 앞에서 가식적으로 웃었고 내숭을 떨며 아무것도 모른다는 듯이 순진한 척했다. 그후 이틀 동안, 그녀의 친구들은 미아가 남자친구과 있을 때마다 하는 그녀의 가식적인 언행이 마음에 들지 않았다.

미아가 그 남학생과 돌아오는 버스 안에서 '무슨 짓'을 했다는 소문이 그때부터 퍼져 나가기 시작했다. (이 일은 문자메시지가 이용되기 전의 일이었다.

지금이라면 수학여행에서 돌아오는 다른 버스 안에 있는 학생들도 이 정보를 공유했을 것이다.) 미아는 이 소문 때문에 굉장히 화가 났고 그녀의 친구 중 한 명이 소문을 퍼뜨렸다는 것을 알아냈다. 수업 중 나는 그녀를 배신한 친구들에게 단단히 화가 나 있는 미아의 모습을 볼 수 있었지만 그녀의 친구들 역시 미아의 가식적인 행동에 화가 났었다.

그래서 나는 '과일주스 캔 소녀'라는 이름을 만들었다. 이 소녀는 대부분 여자아이들이 본인의 본모습을 보여주는 것과 이성에게 인기를 얻을 수 있는 가식적인 표현을 하는 것 사이에 생기는 내적 갈등을 잘 묘사해준다. 여자아이들은 사실 아무것도 모르고 생각이 없는 바보가 아니다. 사람들이 상식적으로 아는 내용 중 하나지만 막상 말로 설명은 잘 못하는 상식이다. 여자아이들도 그렇게 무능력하게 행동해야 한다고 생각하는 건 아니지만 이런 경우를 통해서 우리는 여자아이들의 행동을 통제하는 문화적 압력의 힘을 느낄 수 있다. (당신이 알지만 딸과 함께 차분히 앉아서 가르친 적은 없는 내용들이다.) 그 압력은 통제하려는 소녀들의 행동이나 심지어 소녀들 스스로에게서도 나타나는 사회적 압력이다. 나는 여학생들에게 과일주스 캔 소녀 이야기를 놓고 생각할 여지를 주기 위해 다음에 나오는 비용 대비 효율이 높은 분석을 한다.

과일주스 캔 소녀가 되면 좋은 점

- 여자아이는 남자아이들의 관심을 받을 수 있다.
- 굉장히 쉽다. 여자아이는 별 생각 없이 그렇게 할 수 있다(내심 자책하면서도 한다).
- 효과가 있다.

과일주스 캔 소녀가 되어 생기는 문제점

- 여자아이는 자괴감이 든다.
- 주변 여자친구들에게 놀림의 대상이 될 수 있고 그렇게 할 것이다.
- 본인이 사기꾼이라고 생각될 수도 있다.

- 남자아이에게 매력을 발산하는 유일한 방법은 오로지 여성스럽고 연약하게 내숭 떠는 것뿐이라고 생각할 수도 있다. 실체가 드러날까 봐 두려워진다.
- 그녀는 사람들이 자신을 진지하게 대하지 않을 것이라고 생각하며 걱정하는데 실제 그렇다.
- 여자아이는 호감이 가는 남자아이 곁에서는 저절로 가식적으로 변하게 된다.

결국 과일주스 캔 소녀는 남자아이를 얻을 수 있지만 본인 스스로가 어리석다고 느껴질 것이다. 한편 남자아이들도 대부분 과일주스 캔 소녀 같은 여자아이들과 사귀지 않거나 그들을 좋아하지 않는다. 남자아이들은 거만하고 불손한 여자아이들도 좋아하지 않지만 너무 가식적이고 생각 없이 멍청한 여자아이들 역시 좋아하지 않는다.

나는 여학생들이 남학생들 곁에서 가식적으로 행동하는 모습들을 자주 봐요. 남학생들이 교실에 들어오면 한시라도 가식을 떨지 않거나 본모습을 보이면 안 된다는 듯 갑자기 매력적으로 보이기 위해 가식으로 둔갑하는 여학생들을 보면 정말 가관이에요. 비록 인정하고 싶지는 않지만 솔직히 저도 이런 적이 있어요.　　　　　　　　　−제니, 17세

여자아이들은 자신들이 완벽하지 못하다고 느끼기에 가식으로 본인의 모습을 포장하는 경향이 있어요. 저도 사실 그래요.　　　　　　　　　−제시카, 13세

가식적인 행위를 보이는 것은 여자아이들 스스로에게 떳떳하지 못한 느낌을 줄 수 있는 문제점이 있다. 당신이 여자아이라면 가식적인 여자아이를 보았을 때 본인은 가식적이지 않으려고 할 것이다. 그 이유는 남자아이들이 그런 가식을 싫어한다는 사실을 당신은 알고 있기 때문이다. (물론 그렇다고 해서 남자애들이 가식적인 여자애를 사귀는 것을 피하는 것은 아니다.) 여자라는 자부심을 잃고 떳떳함을 잃을 수 있다는 문제를 넘어 더욱 중대한 문제는 향후 성인이 되었을 때 이성문제를 겪고 있거나 고통당하는 가식녀를 다른 여자들이 도와주지 않을 것이라는 점이다.

여자아이들이 어릴 때는 가식적인 모습을 통해 남자아이들의 관심을 쉽게 받을 수 있다. 8학년 정도 되면 여자아이들은 더욱 거리낌없이 가식적인 행동을 한다. 더 나이 많은 여자아이들도 가식을 떨지만 그럴싸한 명분이 필요하다. 이와 같은 경우 술이 등장한다. 여자아이들은 손에 맥주잔을 들고 있으면 그들의 가식은 용서받을 수 있다. 과일주스 캔 소녀가 맥주 컵 소녀가 되는 시기가 되면 그녀는 맨 정신에는 사람들이 평판이 너무 두렵기 때문에 못하는 행동을 하기 위해서 술이나 마약을 한다.

> 제가 열두 살이었을 때, 여자아이들이 남자아이들 곁에서 왜 내숭을 떨며 가식적으로 변하는지 궁금했던 적이 기억나요. 여학생들은 가끔 함께 한곳에 모여 잘생긴 남학생 옆에서 일부러 큰 소리로 웃거나 소리치며 힐끔힐끔 쳐다봐요. 아마 그 그룹에 있는 여학생 한 명이 당신에게 다가와 쪽지 하나를 줄 거예요. 지금 와서 제가 생각해보면 그들의 의도는 당연히 이성 관계를 성립시켜주는 것이죠. 그 누구도 이성 관계를 주선하기 위한 전략이 아닌 이상 그들처럼 눈에 띄게 특정 이성 앞에서 행동하지 않을 거예요.
> ─패트릭, 16세.

하지만 남자아이들은 가식적이지 않을 거라는 생각은 오산이다. 비록 여자아이들의 가식과는 조금 차이가 있을 수 있지만 남자아이들 역시 남자다움만을 강조해 여자아이들에게 잘 보이려는 경향이 있다. 남자아이가 어릴 적에는 여자아이들에게 멋있게 보이고 싶어 하고 남자답게 대범한 척할 것이다. 남자아이가 나이가 들면, 남자아이들은 보통 조직 내에서 목소리 큰 리더가 되고 싶어 하고 타인을 장난으로 조롱하며 다른 사람들의 관심을 끌려고 하는 경향이 있다.

남자 문제로 다투는 여자아이들

여자아이들이 한 이성을 독차지하기 위해 벌어지는 싸움은 종종 비겁하고 치열하다. 가끔은 친구들까지 동원해 싸움을 하는 경우도 있다. 나는 6학년 학생들의 체육수업을 맡은 적이 있다. 지난 해 수업 시작 전, 한 교사가 나에게 교내 여학생들의 비화를 알려주었다. 그 내막을 듣고 보니 사건과 관련된 여학생들은 정말 비열하고 심술궂었다. 그동안 별 진전 없이 면담도 몇 번 했었다 한다. 그 교사는 "모건이 여학생들 중에 리더인 여왕벌 같아요. 나는 그녀와 대화를 나누고 싶었는데 올해는 한 번도 마주친 적이 없었어요."라고 하며 한 여학생에 대해 설명해주었다. 나는 모건이라는 여학생을 수업 중 볼 수 있었는데 그녀는 작고 고운 외모를 가졌지만 수업시간에는 말 한마디 하지 않는 조용한 성격이었다. 그 교실에는 모건과는 다르게 굉장히 말이 많고 활발한 성격의 한 여학생이 있었는데 그녀의 이름은 브리아나이다. 그녀는 수업 후 나와 상담을 통해 조언을 얻고 싶어 했다. 나에게 상담을 요청하고 조언을 얻고 싶어 하는 브리아나는 당연히 참된 바른 학생이지만 말 한마디 없는 모건은 버릇이 없으며 차갑고 이기적인 학생이라고 나는 생각했다. 하지만 예상외로 나의 생각은 틀렸다. 두 명 모두 사실은 심술궂고 교활한 여자아이들이었다. 이성문제로 갈등이 생긴 그녀들은 서로를 견제하며 바람직하지 않은 방법을 통해 싸움을 벌여 왔고 그들의 갈등은 올해 봄 학기에 열린 학교 운동회에서 최고조에 이르렀다. 이 운동회는 학부모들이 참석하는 학교의 큰 행사로 어디에나 어른들이 있었지만 아무도 공식적인 지도를 맡은 사람은 없었다. 모건은 자신의 친구 두 명과 함께 브리아나가 '자기 남자'라고 생각하는 세 명의 인기 있는 남학생을 만났다. 브리아나는 그들이 모건과 몰래 만났다는 사실을 알아낸 후 그 남학생 세 명을 다시 자신의 편으로 만들기 위해 전략적인 계획을 구상했고 결과는 성공적이었다. 사실상 모든 학년의 학생들은 모건과 브리아나 편으로 나뉘었고 사소한 배신행위가 발각되면 무서운 협박까지 당했다. 모건은 브리아나에게 복수하기로 맹세했고 본인이 당했던 정도만큼 보복하는 것이라고 자신의 복수를 스스로 합리화했다. 결국 학기가 끝나면서야 그들의 갈등과 싸움은 멈추었다. 다음 해에 많은 신입생들이 입학을 하였고 그들은 모건과 브리아나 중 한 명의 편에 서는 것을 빨리 결정해야 했다.

여자아이는 다른 여자아이와 남자 문제로 다툼이 생길 때 어리면 어릴수록 한 여학생이 그녀가 좋아하는 이성에게 다가가 상대방 여자아이와 멀리 떨어지라고 권유한다든지 상대방에게 직접 다가가 "네가 정말 알아야 할 사실이 있어."라는 식의 언짢은 말을 통해 상대를 불안하게 만드는 정도로 제한되어 있다. 한 예로 이러한 방법들을 실제 사용했던 8학년 여학생은 나에게 조언을 구하기 위해 찾아왔다.

"저와 이 남학생은 서로 좋아하지만 그 남학생은 다른 여자아이와 어울리며 지내요. 그 다른 여자아이는 그 애가 저를 좋아한다는 사실을 모르고 있어요. 제가 그 여학생에게 이런 사실을 다 말해줘야 하나요?"

이 질문에 대한 나의 답변은 다음과 같다.

그렇단다. 너는 반드시 얘기를 해주어야 된단다. 하지만 너는 그녀에게 얘기해주는 진짜 목적이 무엇인지 너 스스로 솔직히 알아야 해. 만약 네가 그 남학생이 그녀를 가지고 노는 것이 안쓰러운 거라면 꼭 얘기해주렴. 그런데 너도 여기서 알아야 할 점은 그녀뿐만 아니라 너 또한 어쩌면 그 남학생에게 농락당하고 있을 수도 있다는 거야. 그래서 만약 너의 진짜 의도가 그 남학생이 너를 그 여학생보다 더 좋아한다는 사실을 그녀가 알고 더 이상 그녀가 그 남학생에게 접근하지 않았으면 하는 바람이면 얘기하지 말도록 해. 나 같으면 그 남학생에게 양다리 걸치지 말라고 하고, 그 남학생이 그 짓을 그만두기 전까지는 함께한 모든 게 다 끝이라고 얘기할 거야.

고백 거절 : 이성을 차고 이성에게 차이는 관계

나이에 상관없이 고백을 거절당하는 것은 뼈아픈 일이다. 여자아이들은 어릴수록 고백을 해본 적이 없고 미숙해서 그녀들의 고백이 거절당할 것이라는 짐작을 하지 못하기 때문에 이성에게 거절당할 때 상처를 심하게 받는다. 거절당하는 일은 정말 예상치도 못한 끔찍한 일이다. 나이가 조금씩 들면서 여자아이들은 이성에게 좀 더 쉽게 육체적으로 다가가게 되고 감정적으로 복잡해진다. 여자아이들은 좋아하는 이성과 친구들까지 같아지면서 더 가까워진다. 또한 그녀는 교내에서 이성 관계가 그녀의 이미지를 만들어준다고 생각한다. 여자아이는 보통 자신의 성적인 매력을 통해 자아 정체성을 발견하기 때문에 이성으로부터 거절당하면 남자아이에게 놀림감이 되었다는 느낌을 받으며 굉장한 수치심을 느낄 것이다. 마지막으로, 여자아이는 고백을 거절당하는 것을 아무리 비밀로 지키고 싶어도 결국 주변 사람들 사이에 그 소식이 퍼지게 된다. 최근 발달된 정보통신기술로 공적이거나 사적인 거의 모든 일이 유포되는 것이 가능해져서 사람들이 한마디씩 참견할 수 있게 되었다. 당신은 당신의 남자친구가 당신 몰래 다른 여자아이와 만나 어울려 지내는 모습을 보면 화가 나지 않을까? 그럴 경우 당신을 배신한 그 남자아이에 관한 내용을 유튜브에 올려 전 세계 사람들이 볼 수 있게 함으로써 그 남자를 차버린다.

보통 여자아이가 이성에게 차였을 때, 여자아이는 자기 문제점을 찾고 잘못된 성격을 고치려고 노력한다. 여자아이는 자신을 찼던 남자가 나쁜 놈이란 걸 알지만, 자기에게 다시 나쁘게 대할 걸 다 알면서도 그 남자아이에게 다시 돌아가도록 자신을 쉽게 설득할 수 있다.

> 6학년 때 제 남자친구는 저와 헤어지자는 내용을 담은 쪽지를 적어 교내 식당에서 저에게 읽어주었어요. 그는 '에린, 우리 이제 헤어지자. 나는 너와 더 이상 함께할 수 없어.'라고 말했고 저는 알겠다며 그 제안을 받아들였어요. 그러자 그는 "넌 아직 잘 이해하지 못하고 있는 거 같은데 너는 나랑 솔직히 헤어지고 싶지 않은 거 알아."라고 말했어요. 7학년 때 그는 또 한 차례 이와 같은 이별통보를 했어요. 이번엔 그는 테이프에 자신의 목소리로 저와 헤어지자는 내용을 녹음해 저에게 들려주었어요.   —에린, 18세

왜 여자아이들은 자신을 찬 남자아이들에게 다시 돌아가는 것일까? 왜냐하면 대부분 인간은 그들이 원하는 것을 얻지 못했을 때 나약해진다. 여자아이들은 쉽고 빠르게 그들이 원하는 것을 확보하고 싶어 한다. 여성행동지침이 확실한 해답을 제공한다. 여성행동지침에는 남자친구는 그녀들의 신분에 있어서 중요한 역할을 한다고 얘기해준다. 그래서 여자아이들은 남자아이들에게 잘 보이기 위해 가식적이게 된다.

이별의 장점은 그로 인해 여자친구들 사이에 강한 연대감이 형성된다는 점이다. 이런 경험을 통해서 형성되는 친밀감은 예상하지 못한 보상을 준다. 특히 실연당한 여자아이가 전 남자친구 때문에 여자친구들을 밀리했다면 그들

사이의 우정은 더욱 돈독해진다. 이별한 여자아이가 자신의 슬픔과 분노, 그리고 황당함을 친구들에게 털어놓는 동안 그들은 그 헤어진 남자아이에 대해 분석해보고 무엇이 문제였는지 밝혀내기 위해 노력한다.

여자아이가 헤어지는 것을 고민할 때 그녀의 여자친구들은 그녀와 남자친구의 관계에 대해 깊게 생각해보고 그녀가 헤어지면 좋은 점과 나쁜 점을 분석해줄 뿐만 아니라 이별 후 전략적인 대처 방법까지 자세히 알려주는 등 여러 큰 도움을 준다. 이러한 이별 문제는 여자아이들에게 어려운 일이다. 여자아이들은 그들이 생각했던 기간보다 더 오래 사귈 수도 있으며 혹은 남자친구와 헤어질 때 정확히 자신의 의사를 전달하지 못할 수도 있고 그 상황을 피할 구실을 찾는다. 가끔은 친구들이 단체로 도와주며 사귀던 남자아이에게 직접 가서 말할 수 있도록 도와준다. 아니면 친구들이 이별통고를 대신 해줌으로써 그녀가 책임을 회피하게 해주고, 그녀가 남자애가 제 풀에 지쳐 떨어지기를 바라며 완전 무시하는 동안 정신적으로 그녀를 도와준다.

온라인에서의 이별 통보

온라인에서 이별 통보를 받는 것은 정말 끔찍한 일이에요. 저의 전 남자친구는 저에게 다음과 같은 이메일을 보냈어요. "네가 아니라 내가 찬 거야. 나는 너를 더 이상 좋아하지 않아. 너는 너무 거만하고 이제 네 목소리도 듣기 싫어. 너를 좋아하긴 했지만 지금은 영 너에게 관심이 없어. 미안해. 그리고 내가 줬던 게임기 다시 돌려줬으면 해." 그 남학생은 저에게 보내기 전에 이미 그의 모든 친구들에게 그 메일을 보냈어요. 그래서 제가 다음 날 학교에 갔을 때 거의 모든 학생이 이러한 사실을 알고 있었어요.   ─조, 18세

저는 문자메시지 한 통으로 여자친구와 헤어지게 되었어요. 문자메시지는 일방통행이기 때문에 상대의 반응을 알 수가 없었거든요. 문자메시지로 그러지 말았어야 했는데…
    ─딜런, 14세

인터넷이나 문자메시지 등 새로운 정보통신기술은 나쁜 쪽으로 완전히 새로운 이별의 방법을 창조했다. 한번 생각해보자. 온라인이야말로 대면 없이 의사소통이 가능한 곳이고 상대방의 행동이 마음에 들지 않는 경우 언제든지

자신의 정당성을 입증하기 위해서 그 사람의 답글을 올려 여러 사람들과 공유할 수 있는 매체이다.

내가 가르치는 학생들이 사용하는 가장 흔한 방법은 다음과 같다. 제일 악랄한 순서대로 정리했다.

1. 페이스북에 자신의 상태현황을 '연애 중'에서 '혼자(싱글, 솔로)'로 바꾼다.
2. 문자를 보낸다.
3. 메신저를 보낸다.
4. 휴대전화에 음성메일을 남긴다.
5. 이메일을 보낸다.

저는 제 여자친구에게 차였어요. 그래서 이제는 여자아이들 앞에서는 쑥스러워져요. 저는 한때 전 여자친구를 정말 좋아했고 그녀 역시 저를 좋아했어요. 하지만 그녀는 어느날 음성메일을 남기며 저와의 이별을 통보했어요. 저는 무언가 시원하게 마무리 되지 않고 그녀와 헤어졌다는 점이 아쉽고 당황스러워요.　　　　　－크리스, 15세

당신은 부모로서 당신의 딸이 어떻게 차이고 혹은 그녀가 한 남자를 어떻게 차는지에 대해 알 필요가 있다. 이런 점을 알고 나서부터 당신은 그녀에게 지침을 줘야 한다. 다음은 내가 만들어본 지침들이다.

1. 우선 헤어졌다는 소식을 당사자에게 알리기도 전에 페이스북과 같은 매체를 통해 '관계란'에 싱글이라고 표현하여 공개적으로 밝히는 것은 삼가야 한다. 그건 정말 비열하다. 아무도 헤어졌다는 소식을 쉽게 접하지 못하게 철저한 관리가 있어야 한다. 그래서 페이스북에서 개인의 상태현황을 '연애 중'에서 '싱글'로 바꾸는 것은 바람직하지 않은 방법이다. 만약 이별을 했다는 소식을 온라인에 올리면 차인 것도 민망한데 몇 분 안 돼서 여러 친구들이 그 소식을 접할 것이다. 또한 많은 친구들이 사귀던 이성에게 차인 사람의 게시판에 "유감스러운 일이네.", "언제 헤어

졌니?", "무슨 말도 안 되는 소리야.", "둘이 정말 아름다운 연인이었는데."와 같은 글을 올릴 것이다.

2. 문자메시지를 통해 이별을 통보하는 것은 비인격적이고 예의에 어긋난 행위이다.

3. 인스턴트 메시지를 보내는 것 역시 이별 통보를 하는 데 있어 성의가 부족한 것이므로 좋은 방법은 아니다. 당신이 메시지 발송자라면 당신은 실제로 누구와 대화를 하는지 알 수 없고 만약 실제 대상이랑 대화를 한다 할지라도 그 사람은 당신이 대답을 기다리도록 내버려둘 수도 있다. 그래서 한 예로 당신이 "우리는 여전히 친구이기를 바라."라는 글을 읽고 나서 얼마 안 돼서 "너 아직 채팅 방에 있니?"라고 보낼 수도 있다. 그리고 큰 단점은 메신저는 쉽게 복사해서 다른 사람에게 전송할 수 있다는 점이다. 마지막으로, 이별을 통보하는 사람은 인스턴트 메시지를 보내는 동안 여러 잡다한 일을 할 수 있으므로 성의 없이 대답할 수 있는 문제점이 있다.

4. 음성메일 : 당신은 상대방이 전화를 못 받는 시간을 정확히 알고 전화를 걸지 않는 이상 그 상대가 전화를 받을 수 있다는 위험성을 감수해야 한다. 만약 그 상대방이 전화를 받지 않았다면 음성메일은 문자메시지와 다를 바가 없다. 이럴 경우 당신은 상대에게 대화할 기회를 주지 않고 일방적으로 이별 통보를 한 것이다.

5. 이메일의 장점은 상대가 당신의 이별 통보 메일을 수신하여 읽기 좋은 시간에 대한 선택권을 줌으로써 상대가 편리한 시간에 답장할 수 있는 결정권을 주는 것이다. 하지만 사람들은 이메일로 무례하고 폭력적인 언어를 사용하여 이성에게 이별 통보를 할 수 있으며 이메일 정보를 유포할 수 있는 위험성이 있기 때문에 이메일이 항상 좋다고 할 수는 없다. 또한 가끔 수신자가 이메일 내용을 잘못 해석하는 경우도 있다.

그래서 결국 나는 가장 바람직하고 효율적인 이별 방법은 사람이 없는 조용한 곳에서 헤어지고 싶은 이성과 직접 대면해서 대화를 나누는 것이라고 생각한다. 이별 통보를 하기 가장 적당한 시간은 학교 방학 시작 전이다. 반면 이성의 생일날에는 이별 통보를 해서는 안 된다. 위와 같은 나의 말은 당신의 딸이 직접적이고 분명하게 이별 통보를 하라고 요청하는 것이기 때문에 쉽지 않다는 걸 안다. 거절하는 것은 상대방에게 큰 상처를 줄 것이지만 어떤 방식이든지 그 상대방은 상처받을 것이다. 또한 당신의 딸은 최대한 그 상대를 존중하며 통보해야 되는지 알 것이다. 당신의 딸은 사귀던 이성에게 어떤 말을 할 것인지 사전에 준비하면 될 것이고 분명하게 자신의 의사를 전달하면서 상대가 자신에게 더 이상 헛된 희망을 가지지 않게 해주면 된다.

> 이별 통보를 받은 이성은 상황이야 어떻든 나를 매도하려 할 것이기 때문에 타이밍이 정말 중요해요. 몇 시간 이내에 만날 것 같으면 이별 통보를 하지 말아야 해요. 그러니까 수업이 끝나기 전은 안 좋아요. 그보다는 좌절감을 곱씹으며 삭힐 수 있는 방과 후가 좋겠지요. — 알렉스, 18세

> 로맨틱하게 '우리 다시 연애하기 전의 좋은 친구 사이로 돌아가자'라는 말은 삼가는 것이 좋아요. 왜냐하면 그 시절은 연인 사이로 발전하고 있었던 과정이었잖아요. 당신은 그 상대에게 관계를 정리할 수 있는 충분한 시간적 여유를 줘서 다시 친구관계로 돌아갈 수 있게끔 만들어야 해요. — 페이스, 17세

그 시절에 나는

- 눈을 한번 감고 당신이 처음 사랑한 사람을 떠올려라. 그 사람을 처음 본 곳은 어디인가? 어떤 느낌이 들었는가?
- 당신의 딸과 그녀 주변 남자아이들에 대해서 가장 염려스러운 점은 무엇인가?
- 당신은 당신의 딸에게 이성에 대해 무엇을 가르치고 싶은가?
- 당신은 좋아하던 이성에게 차여 본 적이 있는가? 만약 그렇다면 어디서, 어떻게 차였는가?
- 그 이후 당신은 누구에게 도움을 요청했는가?

당신의 이성 관계에 대한 과거 경험을 떠올려보면 알 수 있듯이, 당신의 딸은 당신과 같이 이성에게 성적인 관심을 가지게 되는 시기가 올 것이다. 딸의 사춘기 시절 당신은 그녀에게 어떻게 행동하라고 말해주는 것부터 시작해서 스스로 의사결정을 하도록 권유하기까지 딸이 따라줄 큰 가능성과 딸이 스스로의 결정을 내리는 데 여유가 필요하다는 걸 인식하면서 그녀에게 여러 조언을 준다. 아들보다 딸인 경우 더 그렇다.

이성 관계에서 지켜야 할 규칙

많은 여자아이들은 남자에 대한 얘기를 하면 얼굴이 빨개지며 부끄러워할 것이다. 이런 대화를 시작하는 것은 어려운 일이지만 몇 가지 유용한 팁이 있다. 여자아이와 이성에 대한 대화를 나누게 되면 그녀가 이성에 관심이 있는지에 대해서 알 수 있다. 당신은 당신의 딸이 남자친구가 생길 때까지 기다릴 필요는 없다. 당신의 딸이 그녀의 친구들과 이성에 대한 얘기를 나누거나 남자에 관심을 보인다면 그때부터(보통 9~10세 사이) 그녀와 이성에 대한 대화를 시작할 수 있다.

당신의 딸이 직접 자신의 심정을 털어놓거나 그녀의 휴대전화 사용량을 통해 간접적으로 이성에 대한 관심을 파악할 수 있다면 당신이 딸과 이성 관계에서의 기대와 권리를 명확하게 하기 위해 대화할 때인 것이다. 당신의 목표는 딸이 누구를 좋아하는 기분이 어떻게 딸의 권리장전에 영향을 끼치는지 이해할 수 있도록 도와주는 것이다. 그녀가 이성을 좋아할 때 어떤 느낌이 드는지 물어보라. (참고로 딸에게 이성에게 **빠졌을** 때 같은 점잖지 못한 언어는 피하라. 왜냐하면 그녀는 당신이 자신의 마음을 이해하지 못하고 어리다는 이유로 무시한다고 생각할 수 있기 때문이다). 그 이후 그녀에게 좋아하는 이성과의 관계에서 지켜야 할 원칙들이 무엇인지 물어보라. 만약 딸이 대화를 불편해 한다면, 그녀에게 부담 없이 그 원칙들을 일기에 적어보라고 권유해라. 다음과 같을 것이다.

좋아하는 이성이 생겼을 때 나는…

긴장이 된다.

흥분이 된다.

속이 짜르르하다.

집중이 안 된다.

내가 좋아하는 이성이 나를 소중히 대해줄 때, 그는

나와 다른 사람의 인격을 존중해준다.

나를 괴롭히거나 놀리지 않는다.

내 말을 신중히 들어준다.

다른 사람들과 있거나 단 둘이 있을 때나 한결같은 태도로 나를 대해준다.

당신의 딸이 생각해봐야 할 중요한 점은 바로 다음과 같은 질문이다 ― 만약 그녀가 좋아하는 누군가와 사귈 때 그녀가 세운 원칙을 따르지 않고 권리장전을 무시할 경우 딸이 어떻게 해야 할까? 그녀는 동성친구와의 권리장전(7장)을 다시 읽어보고 자기보다 더 나쁜 기준으로 대하는 사람과 왜 관계를 유지하고 있는지 자문해봐야 한다. SEAL이 어떻게 딸의 생각을 정리하고 윤곽을 잡아줄 것인가? 그때는 당신이 딸의 말을 들어 줄 수 있고 도와줄 수도 있다고 확신시켜주어야 한다.

> 여자아이들은 이성 관계에 있어 그녀가 권리장전을 너무 엄격하게 적용하지 않으면 남자친구가 자신을 좋아할 것이라 생각해서 가끔은 그러한 원칙들을 느슨하게 적용할 때가 있어요. 그녀가 잘 모르고 있는 사실은 이렇게 하면 결국 남자친구가 그녀를 이전보다 무례하게 대한다는 점이에요. ―니디, 16세

연애를 할 때 이성 간에 기본적인 권리장전을 무시하면 찾아오는 첫 번째 결과는 당신의 딸이 자기가 원하거나 옳다고 믿는 것보다 남자애가 좋아하는 것이 더 중요하다고 믿게 된다는 점이다.

주의하세요, 아버지들!

당신의 딸이 이성에 관심을 보일 때가 당신이 그녀에게 다가갈 수 있는 절호의 기회이다. 만약 당신이 딸과 친한 부녀관계라면 그녀는 당신을 남자들의 사고방식이나 그들의 관점을 잘 파악해줄 수 있는 조언자라고 생각할 것이다. 만약 당신이 모든 남자들은 '성적인 관계에만 관심이 있다'는 점만 강조하면 큰 실수를 한 것이다. 당신의 생각에는 사실일지 몰라도 딸에게는 정말로 실망스럽게 느껴질 것이다. 당신의 딸은 당신의 주관적인 관점으로 바라본 남자에 대한 조언을 듣기를 원한다. 예를 들면 "불편할 거라고 알지만, 언제든지 아빠는 너와 이성문제에 대해 대화를 나눠줄 수 있단다."라고 딸에게 말해주면 당신의 딸은 부담감 없이 당신에게 다가갈 수 있을 것이다.

그녀가 이성문제에 대해 대화를 시작하려 하면 당신은 당신의 과거 연애경험이나 첫사랑 이야기를 해주면 된다. 당신은 어린 시절 당신의 딸과 같은 시절을 보냈고 그 당시 그녀와 비슷한 경험을 해봤다는 점을 딸에게 알려줘야 한다. 또한 당신의 딸에게 당신이 어린 시절에 가졌던 여자들에 대한 궁금증이나 그런 궁금증을 해결한 방법 등을 솔직하게 얘기해라. 그리고 특정 상황에서 남자들이 어떤 사고방식을 가지는지에 대하여 딸이 쉽게 질문할 수 있도록 도와주어라.

대부분의 경우 여자아이의 대인관계 문제는 어머니들이 해결해주기 때문에 아버지들은 딸과 이성 관련 대화를 할 기회가 거의 없다.

이성 관계에 있어서 여자아이들은 아버지의 인정을 원해요. '아버지의 소중한 딸'의 의미에는 어떤 힘이 있고 딸들은 그걸 잃고 싶어 하지 않아요. 하지만 동시에 여자아이들은 아버지는 무엇을 말할지 잘 모르고 영 감을 못 잡는 것 같아서 아버지와 대화하는 것을 어려워해요. 아버지들은 그들의 딸이 어린 소녀의 모습에서 점점 변해가는 점이 아쉽고 남자아이들이 그녀를 이성적으로 매력을 느끼는 점을 다소 염려해요. 왜냐하면 아버지들은 남자아이들이 이성에 대해 어떤 생각을 하는지 알고 아무도 감히 내 딸에게는 그런 생각을 품지 않기를 바라기 때문이지요. 당신은 딸에게 모든 남자애들이 건전한 관계를 목적으로 여자를 만나는 것은 아니지만, 아빠만이 이 세상에서 유일한 건전한 남자가 아닌 이상 건전하고 바람직한 이성 관계를 추구하는 남자들도 있다는 점을 가르쳐주세요. 아버지와 사이가 좋지 않았던 제 친구들은 그들의 어머니와만 대화를 하며 자라 왔어요. 아버지와의 대화가 부족했던 이들은 건강한 이성 관계를 유지하는 데 어려움을 겪었어요. 그녀들은 종종 자신들의 아버지와 비슷한 성격과 특성을 가진 남자들과 어울리며 연애를 했어요. ─엘리, 21세

2장에서 한 아버지에 대한 이야기를 다루었다. 그 이야기는 부녀관계가 좋지 않았던 상황에서 친척들과 가족들의 도움으로 아버지로서 딸에게 친절히 다가가서 열린 마음으로 대화를 나누며 여러 문제를 해결해준 한 아버지의 따뜻한 사례이다. 이 아버지와 딸은 서로에 대한 오해와 불신으로 갈등 속에서 지내왔지만 결국 아버지의 넓은 이해심으로 더욱 가까워질 수 있는 관계가 된 경우이다.

본격적인 게임이 시작되다 : 남자아이와 여자아이들의 파티

드디어 당신의 딸이 남녀 동반 파티에 초대되었다. 당신은 딸을 그 파티에 참석하도록 허락할 건가? 만약 그녀가 원한다면 허락하는 것이 좋다. 하지만 그녀가 억지로 파티에 참석한다는 낌새가 느껴지면 '안 돼'라고 확실하게 허락치 않아서 딸이 나중에 당신을 못 간 이유의 책임자로 돌리게 해도 좋다. 만약 그녀가 파티에 참석을 했다면 다음 날 그녀와 그 파티에 대해서 대화하라. 파티가 즐거웠는지와 같은 막연한 질문보다는 그 파티에 대해 어떻게 생각하는지 물어보라. 그리고 딸에게 사람들이 파티에서 기대했던 대로 행동했는지 아니었는지를 물어보라(만약 그녀가 몇몇은 파티에서 가식적으로 행동했다고 말하면, 왜 그들이 가식적으로 행동하는지에 대해 물어보면 좋다).

자, 그러면 이제 당신의 딸이 6학년이고 자신의 생일파티에 남자아이들을 초대할 수 있게 허락해 달라고 끈질기게 조른다고 가정해보자. 이 장에서 다루었듯이 당신의 딸에게는 이렇게 남자아이들을 자신의 집에 초대하는 것은 그녀가 인기를 얻고 친구들 사이에서 위상을 올릴 수 있는 중요한 기회다. 6학년과 7학년 학생들은 파티를 통해 여러 가지 연애담을 펼칠 수 있다. 여자아이들은 남자아이들 때문에 가끔 다툼도 할 것이고, 몇몇은 지하실에서 뜨

거운 사랑을 나눌 것인데 이런 모든 상황 가운데서 당신의 딸은 파티에 대한 책임을 맡을 것이다. 그 파티에서는 분명히 여자아이들 사이에 두 파로 나뉘어 서로 견제하고 울면서 싸우는 상황이 벌어질 것이고 메신저는 평화를 중재하려 분주할 것이다. 이보다 더한 상황이 있을까?

만약 그렇다면 왜 당신은 굳이 파티의 모든 것을 책임져야 하는 주인이 되어야 할까? 그 이유는 바로 이런 파티가 부모의 책임 역할과 권위를 보여줄 수 있는 좋은 기회이기 때문이다. 만약 당신이 당신의 집에서 파티를 여는 것을 허락한다면, 당신의 딸이 초대할 수 있는 사람들을 제한할 줄 알아야 하고 모든 친구들을 초대하지 못할 경우 적절한 조치를 취하는 방법을 알아야 한다. 파티를 주최하는 것은 여자아이로서 부담스러운 일이다. 그 이유는 남녀가 참석하는 파티를 주최하는 여자아이는 친구들 사이에서 인기가 많아지기 때문이다.

파티 시작 전, 당신은 당신의 딸에게 당신이 파티가 진행되는 동안 어디에 있을지 분명히 알려주어야 한다. 당신은 수색대처럼 위층에서 파티를 지켜볼 건가? 파티가 진행되는 동안 당신이 자연스럽게 돌아다니며 아이들을 감시하면 큰 사건은 벌어지지 않을 것이다. 집 안을 돌아다니며 파티에 참석한 아이들을 살피는 행위는 자연스러우면서 동시에 당신이 집안의 주인이라는 점을 아이들에게 확실히 각인시켜 준다. 당신의 집 가훈이나 지켜야 할 규칙들 혹은 규범들과 이를 어길 시 어떻게 할지 이야기하라. 음주, 흡연, 마약, 문란행위에는 '이유 불문, 자동 처벌'법을 적용하라. 마지막으로 가장 중요한 점은 파티에서 생길 수 있는 사고나 어른의 도움이 필요한 피치 못할 상황에 대처하기 위해 사전에 당신과 당신의 딸은 대처 방안에 대한 계획을 세워야 한다.

부모로서의 역할 : 불변의 규율 '아웃'

당신의 딸은 그녀가 주최한 파티에서 친구들이 건전하지 않거나 옳지 않은 일을 하자고 조를 때 어머니이자 집안의 주인인 당신에게 핑계를 돌리며 이를 제재할 수 있다. 다시 말해 그녀는 집안의 권위자인 당신을 탓하면서 친구들을 적당히 규제할 것이다. 예들 들면 "우리 집에 그 물건 가지고 오면 엄마, 아빠가 엄청 화내실 거야." 혹은 "우리 부모님은 누가 위층에 올라가 아무 방이나 들어가는 것을 싫어하셔." 같은 말은 파티에서뿐만 아니라 여러 상황에서 효과가 있다.

당신의 딸에게 언제든지 친구들이 부담스러운 요구를 하면 당신 핑계를 댈 수 있다고 얘기하라. 당신의 딸은 "미안해, 하지만 우리 엄마는 내가 평일에 외출하는 것을 허락하시지 않아." "미안해, 그런데 내가 만약 아빠 허락 없이 쇼핑몰에 가면 아빠는 굉장히 화를 내셔."와 같은 핑계를 댈 수 있다. 이런 핑계는 비록 당신을 까다로운 인물로 만들지만 당신의 딸과 그녀의 친구들을 안전하게 해줄 수 있는 좋은 수단이 될 수도 있다.

제가 9학년 시절 이런 핑계를 많이 댔어요. 그리고 정말 효과가 있었어요.
—비비안, 15세

'자녀 친구의 인정을 바라는 부모님들', 당신 딸이 이런 변명을 한다고 해서 친구들 앞에서 당신 체면을 손상하지 않아요. 타당한 구실들은 의심의 여지가 없거든요.
—케이틀린, 18세

쇼핑몰에 가기 : 단체로 몰려다니는 아이들

십대들이 무리 지어 다니는 것은 아주 자연스러운 일이다. 대부분의 남녀 상호관계는 쇼핑몰이나 영화관 혹은 학교행사에서 이루어진다. 단체로 다닐 때 아이들은 혼자 있을 때는 하지 않을 행동을 하는 경향이 있다. 당신은 당신의 딸이 단체로 무리 지어 다니지 말라고 할 수는 없지만 그 집단에서 어떻게 행동해야 하는지에 대한 지침은 마련해줄 수 있다.

그리고 통금 시간을 정하는 것은 정말 중요하다. 당신은 당신의 딸이 몇 시까지 정확히 집에 들어와야 하는지 기억할 수 있게 종이에 적거나 알람을 맞추어 그녀가 통금 시간을 철저히 지킬 수 있게끔 도와줘야 한다. 만약 당신이 10시까지 집에 들어오라고 당신의 딸에게 말했다면 그녀는 반드시 시간을 맞춰 집에 들어와야 한다. 만약 통금 시간을 어긴다면 특단의 조치를 취하면 된다.

새로운 친구를 사귀고 기존의 친구를 소중히 대하기

여자아이들이 이성과의 만남에만 집중하며 흥미를 느낄 때 종종 기존의 친구들을 쉽게 등한시하는 경우가 있을 수 있다. 당신은 아마 딸에게 새롭게 사귄 친구 때문에 기존의 친구를 소홀히 다루면 안 되는 점을 말했을 것이다. 이와 같이 그녀가 좋아하는 이성이 생기고 난 후 기존의 친했던 친구들을 등한시하는 것 역시 좋지 않은 점이라고 가르쳐주어라. 다음 장에서도 볼 수 있듯이, 이 점은 정말 중요하다. 여자아이들은 그들에게 이성 관계가 더욱 흥미롭고 중요해지면서 향후 진정으로 도움을 줄 수 있는 기존의 여자친구들을 소홀히 대하는 경향이 있다.

늦은 밤 통화

딸이 밤에는 당신의 통제에 따라야 할 또 한 가지 이유가 있다.

당신이 십대였을 때, 남자친구의 전화를 기다리며 밤을 샌 적이 있는가? 늦은 밤 전화를 기다리던 중 전화벨이 울렸을 때 당신의 부모님 중 한 분이 전화를 받아 당혹스러웠던 적이 있었는가? 엄마나 아빠가 전화를 받아서 "지금이 몇 시인 줄 아니? 늦은 밤에는 내 딸과 통화할 수 없단다."라고 친구에게 얘기하는 것을 듣고 당신은 수치심을 느꼈을 것이다.

만약 당신의 딸이 휴대전화를 가지고 방에 들어가 잠자리에 눕는다면, 그녀는 부모의 관심에서 벗어나 자유롭게 통화하기 때문에 당신이 겪었던 그런 경험을 하지 못할 것이다. 딸의 그런 경험을 부인하지 말자!

당신도 당신의 부모님께 경험했듯이 휴대전화를 뺏어두었다가 늦은 밤에 당신의 딸의 휴대전화로 걸려오는 전화를 한번 받아보라. 그리고 당신의 딸과 통화 발신자에게 늦은 밤 시간에 통화하는 일은 예의가 아니라는 점을 가르쳐주어라.

속이 부글거리는 일… 남자친구와 딸이 한 방에 있는 것을 허락해야 할까?

당신의 딸이 요즘 완전히 빠져 있는 남자아이와 한 방에 있게 되는 경우가 있을 수 있다. 그 남자아이는 공부하러 왔을 수도 있다. 당신은 딸이 이성과 한 방에 있는 것을 강력히 금지하는가? 혹은 아예 신경을 쓰지 않는가? 밀폐된

공간에 이성과 단 둘이 있는 것을 단속하는 일은 정말 중요하다. 이런 점에서 집 안에서는 엄격한 규칙이 필요하다. 나는 개인적으로 당신의 딸과 남자아이가 그녀의 방에 단 둘이 있어서는 안 된다고 생각한다. 비록 집안 내에 지켜야 할 규칙과 금지사항이 있더라도 당신이 모든 일을 규제할 수는 없지만, 규칙과 금지사항이 있는 것은 중요하다. 집안 내에 규칙이 있어야 하는 두 가지 이유가 있다. 첫 번째 이유는 당신이 집에 없고 당신의 딸과 그녀가 좋아하는 이성만 집에 있을 경우 그녀는 그와 단둘이 위층에 올라가는 것이 두려울 수도 있기 때문이다. 이때 그녀는 당신 핑계를 대며 위층에 올라가는 것을 제지할 수 있을 것이다. 두 번째 이유는 딸이 '2층은 금지 구역'이라고 말하거나 올라가길 꺼리는 것은 남자애에게 당신에 대한 결정적 정보를 전달하는 역할을 한다. 당신의 딸이 집안의 규칙들을 철저히 따르고 부모님의 허락을 중요시하여 그 남자애 역시 당신이 세워둔 규칙들을 지킬 것이기 때문이다. 당신이 딸과 당신의 개인 공간에 대한 당신의 가치관을 강화하면 그녀는 당신이 없을 때도 당신이 그녀를 감시하고 있다는 느낌이 들게 된다.

그러면 이성과 헤어지는 방법은 어떤 것이 있을까?

> 저희 엄마는 제가 통화로 남자친구와 헤어지자고 한 사실에 크게 화를 내셨어요. 그래서 저는 "도대체 저에게 무엇을 바라세요? 저를 그 남자아이 집 앞에까지 태워다 달라고 부탁해야 되나요? 저는 엄마가 저를 밖에서 지켜보실 때 이별 통보를 할 수 없어요. 학교에서는 모두가 저를 쳐다볼 것이기 때문에 학교는 좋은 장소가 아니에요. 저는 그러면 통화 외에 어떤 방법으로 이별 통보를 하나요?"라고 말했어요. ─케이틀린, 18세

> 이별 통보를 할 때 당신은 분명하게 자신의 의견과 감정을 상대에게 얘기해야 해요. 가끔 사귀던 관계였던 남자아이와 여자아이 중 한 명이 이별 후 다시 상대 이성과 연애를 하고 싶은 경우가 있어요. 이런 경우를 대비하여, 당신은 헤어질 때 분명한 의사를 밝히며 상대에게 다시 사귈 수 있는 헛된 희망을 주면 안 돼요. ─알렉스, 18세

이전에도 언급했듯이 당신의 딸은 여러 남자친구들을 만나며 좋아했을 것이다. 그녀가 사귀던 이성과의 결별을 놓고 갈등할 때 그녀에게 예의를 갖추

고 분명하게 본인 스스로 이성에게 다가가 솔직히 의사표현을 하라고 얘기해 주어라. 명심할 점은 메신저나 온라인으로 이별 통보를 하는 것은 바람직하지 않다는 것이다. 이전 장에 나온 이별 방법 중 전략적인 계획을 세워 이별 통보를 하는 방식(SEAL 전략)이 있었는데 이 점을 활용하는 것도 큰 도움이 된다. 당신의 딸은 어디서 사적으로 이별 통보를 할지 정해야 한다(S). 그리고 그녀는 지난번 자신의 말을 무시하고 여러 친구들 앞에서 그녀를 놀렸던 점에 대한 실망감을 설명해주면 된다(E). 하지만 마땅히 그를 비판할 점이 없으면 그녀는 "나는 너의 그런 점이 마음에 들지 않아."라고 축약해서 말할 수 있다. 이렇게 사귀는 이성 앞에서 솔직하고 명확하게 얘기하는 것은 여자아이들에게 굉장히 힘든 일이다. 그래서 그녀는 아마 "우리가 계속 연애를 해도 되는지 잘 모르겠어."라는 말이나 "내 생각에는 우리 이제 그만 관계를 정리해야 될 것 같아."라는 식의 모호한 말로 상대로부터 오해를 살 수 있다. 그래서 결국 그녀는 단호하게 말하고 정리해야만 한다(A, L). "나는 우리가 여전한 친구였으면 좋겠어."라는 식의 너무 가식적이고 형식적인 표현은 가급적 삼가는 것이 좋다. 이런 표현 대신 "나는 너를 절대 험담하거나 욕하지 않을 거야."와 같은 말을 해줄 수 있다. 이렇게 하는 것은 그녀가 원하는 의사전달과 떳떳한 태도로 대하는 동시에 존중하는 마음으로 관계의 선을 그을 수 있다.

그러면 만약 한 남자아이가 당신의 딸에게 감정적인 상처를 주었을 때, 당신은 그녀의 마음을 회복시켜주기 위해 어떻게 도움을 주어야 할까? 사실, 그녀의 상처받은 마음을 치유해줄 수 있는 방법은 없다. 하지만 당신은 최소한 그녀를 포옹해주며 달래줄 수 있고 언제든지 그녀의 고민을 들어 줄 수 있는 사람이 될 수 있다. 마음껏 방에서 울면서 상처를 달랠 수 있게 해주어라. 그녀가 당신과 대화를 하고 싶을 때 성급하게 당신의 판단을 얘기하기보다는 귀 기울이며 그녀의 말을 들어주어라. 비록 당신에게는 직접 와 닿지 않더라도 그녀를 동정해주어라. 그리고 그녀에게 회복할 충분한 시간을 주어라. 그녀에게 재밌는 활동을 해보자고 제안을 해보고 여전히 그녀가 우울해 한다면 며칠 기다려보고 한 번 더 물어보라.

만약 제가 남자친구와 이별한다면 정말 우울해질 것 같고 가족들에게 화풀이할 것 같아
요. 가족들은 아마 내가 또 시작이라고 생각하겠죠. 물론 그렇게 되면 정말 짜증나겠죠.
아마도 우리 엄마는 제가 그 남자아이와 사귀었다는 사실을 아실 거예요. 그리고 제가
그 남자애와 헤어진다면 좋아하실 거예요. 저는 그를 사랑했다고 생각을 할지라도 엄마
는 그 사실을 믿지 않으실 거예요. 만약 정말로 저의 감정 상태를 모르시거나 무시하신
다면 저는 엄마와 이성에 대한 대화를 하고 싶지 않아요. 여자아이들은 자신들의 연애
이야기를 진지하게 들어 주는 사람과 대화를 나누거나 아니면 혼자서 그 이야기를 간직
하길 원해요.   ─니디, 16세

당신의 딸이 좋아했던 남자아이를 험담하며 그녀를 격려할 필요는 없다.
당신이 상대에 대한 험담을 하지 않으면서 당신의 딸을 격려한다면 딸 역시
그녀의 아픔과 슬픔을 타인의 탓으로만 돌리지는 않을 것이다. 또한 만약 그
녀가 헤어진 이성과 재결합할 경우에도(충분히 가능하다) 그녀는 당당하게
당신을 대할 수 있을 것이다.

남자아이와 여자아이가 각자 서로에 대해 알고 싶은 점은 무엇일까?

서로 헐뜯거나 소리치지 않고 진지한 대화를 할 수 있게 짜여진 내 수업시간
에 남녀 학생들에게 이름 없이 이성에게 궁금한 질문을 써서 내라고 했다. 물
론 물의를 일으킬 목적으로 한 짓궂은 질문들은 가려내거나 다시 적당한 형
태로 고쳐서 내게 했다. 그런 뒤 여학생들의 코멘트 금지 조건하에 남학생들
에게 여학생 질문에 대답하게 했다. 다음에는 역할을 바꾸어서 했다.

남학생들은 여학생들의 어떤 것들을 알기 원할까? 다음은 보편적인 남학
생의 질문과 여학생들의 답이다.

1. 왜 여자아이들은 나쁜 남자를 좋아할까요?
   여자아이들의 답변 : 왜냐하면 나쁜 남자들은 카리스마 있고 특히 그들
   이 혼자 있을 때 너무 멋있어요.
   나의 답변 : 여자아이들은 남성행동지침에 맞게 행동하는 것에 매력을

느끼기 때문이야. 그녀들은 종종 나쁜 남자들은 권위가 있을 거라고 착각을 한단다. 또한 여자아이들이 나쁜 남자들이 감성적인 모습을 보일 때 그에게 더욱 매력을 느끼며 오로지 자기들만이 그 나쁜 남자를 이해해줄 수 있다고 생각한단다.

2. 여자아이들이 남자친구를 선택할 때 중요하게 생각하는 건 무엇일까요? 혹은 여자아이들이 평소 때는 친절하고 착한 남자를 좋아한다고 하고 실제로는 불친절한 나쁜 남자와 사귀는 이유는 무엇일까요?

여자아이들의 답변 : 우리도 그 이유는 잘 모르겠어요.

나의 답변 : 남성행동지침에 따르면, 여자아이들은 거칠고 불친절하게 행동하며 카리스마 있는 모습들을 남자답다고 인식하기 때문이야.

3. 여자아이들은 왜 화장실에 항상 같이 갈까요?

여자아이들과 나의 답변 : 그 이유는 화장실에 같이 가면서 친구들끼리 강한 유대관계를 형성할 수 있기 때문이에요. 또한 여자아이들끼리 다른 아이들의 소식이나 소문에 대해 얘기할 수 있는 기회가 생길 수도 있어요. 그들은 서로 연애문제에 대해서도 얘기를 나눌 수 있어요.

4. 여자아이들도 남자아이들처럼 성적인 것에 관심이 있나요?

여자아이들과 나의 답변 : 여자아이들 또한 성적인 관심이 있어요. 여자아이들은 종종 성적인 대화를 하며 성적 호기심을 서로 세세한 점까지 얘기해요. 여자아이들이 이런 성적인 얘기를 할 때, 남자아이들은 아주 킥킥거리며 웃어요.

5. 왜 여자아이들은 자신들의 본심을 말해주지 않을까요?

여자아이들의 답변 : 우리는 본심을 말하지만 남자아이들은 잘 알아듣지를 못해요.

나의 답변 : 여자아이들이 본인들의 생각이나 심정을 솔직히 밝히지 않는 것은 다음 세 가지 이유 중 한 가지다 — (1) 그녀들은 실제로 본심을 밝힌다고 생각하지만, 불분명하게 표현한다. (2) 남자애들이 듣기 싫은 말을 하는 순간의 불안함을 피하려고 말을 안 한다. (3) 그녀들은 말하

고 싶지 않은 것처럼 한다.

6. 어떻게 좋아하는 이성에게 고백을 할 수 있을까요?

여자아이들과 나의 답변 : 직접 이성에게 다가가 말로 고백해요.

7. 연애를 시작할 때 왜 여자아이들은 남자친구에게 수많은 질문을 할까요?

여자아이들의 답변 : 우리는 그렇지 않아요. 하지만 우리가 궁금한 점에 대해 질문을 하면 남자친구들은 대부분 우리를 이상하게 생각해요.

나의 답변 : 왜냐하면 여자아이들은 남자친구와 사적인 얘기를 나눌수록 그를 더 많이 알아갈 수 있다고 생각하기 때문이란다.

8. 왜 여자아이들은 타인의 관심을 받고 싶지 않다면서 몸에 꽉 끼는 옷을 입을까요?

여자아이들의 답변 : 그 얘긴 말도 꺼내지 않았으면 해요. 우리도 아무 옷이나 원할 때 입을 수 있는 권리가 있어요.

나의 답변 : 여자아이들은 사실 관심을 받고 싶어 한단다. 하지만 그들은 성관계의 대상으로서 관심을 받고 싶은 것은 아니야. 여자아이들이 노출이 있는 옷을 입는다고 그들이 성관계를 원할 것이라는 오해는 하지 마라. 여자아이들은 노출이 있는 옷을 통해 성적 매력을 보여주고 싶은 것이지 성관계를 원한다는 뜻은 아니란다.

여자아이들이 흔히 남자아이들에게 질문하는 것은 무엇일까? 다음은 여자아이들의 질문과 남자아이들의 답변이다.

1. 왜 남자아이들은 여자친구와 단 둘이 있을 때는 친절히 대해주지만 친구들 앞에서는 그녀를 무례하고 불친절하게 대하나요?

남자아이들의 답변 : 무슨 말을 하는지 잘 모르겠어요. 여자아이들은 남자아이가 친구들과 같이 있을 때 너무 많은 것을 요구하는데, 이런 점은 남자 입장에서 너무 불편해요.

나의 답변 : 친구들 사이에서 남자아이들은 인기를 얻기 위해 종종 거칠고 권위적이고 재밌게 보이고 싶어 한단다. 남자애들은 아마 자기를 놀리지 않을 여자친구 곁에서는 약한 점을 쉽게 보여줄 수 있을 거야.

2. 어떻게 좋아하는 남자아이에게 고백을 할 수 있을까요?

남자아이들과 나의 답변 : 직접 이성에게 다가가 말로 고백해요.

3. 왜 남자아이들은 여자친구가 데이트를 거절할 때 화를 낼까요?

남자아이들의 답변 : 그 이유는 여자친구가 데이트를 원하는지 원하지 않는지에 대해 모호한 반응을 보이고 얼렁뚱땅 넘어가려 하기 때문이에요. 그래서 저희는 여자애들이 무엇을 원하는지 도대체 알 수가 없어요. 나의 답변 : 몇몇 남자아이들은 여자애들이 제안을 거절하는 것을 용납하지 않으려고 하지. 대체로 남자아이들은 그들의 제안이 거절당할 때 마음에 상처를 받지만 약해 보이는 모습을 숨기고 내색하지 않는단다. 대신에 그들은 상처받은 심정을 "별 개 같은 년들 생각하고는." 같은 화난 마초적인 남성적 태도로 표현하게 된단다.

4. 왜 남자아이들은 항상 성에 관심을 갖는 것일까요?

남자아이들의 답변 : 왜냐하면 저희들은 늘 성적인 생각으로 괴롭게 사로잡혀 스스로 통제가 어렵기 때문이에요.

나의 답변 : 여자아이들과 마찬가지로, 남자아이들 역시 성 호르몬이 있고 성적인 것은 그들에게 새롭고 재미있게 느껴진단다. 대부분 일반적인 사회에서 남자아이들은 여자아이들과는 다르게 성에 있어서 좀 더 자유롭게 표현을 할 수 있는 것 또한 이유가 될 수 있어. 예를 들어 남자아이들은 자위행위에 대해서 여자아이들보다 더 쉽게 얘기할 수 있단다.

5. 왜 남자아이들은 여자아이와 대화를 할 때 그녀의 가슴을 보나요?

남자아이들의 답변 : 저희도 어쩔 수 없어요. 특히 여자아이들이 노골적인 옷을 입었을 때는 눈길이 자연스럽게 성적 부위로 가게 돼요.

나의 답변 : (1) 남자아이는 일반적으로 여자를 성적인 대상으로 바라볼 수 있기 때문이다. (2) 남자아이가 실제로 한 여자아이에게 이성적인 호감이 있어서 그럴 수 있다. (3) 가슴을 보여주려고 노출 심한 옷을 입었으면서 무슨 헛소리야?

6. 왜 남자아이들은 그들의 심정을 표현하지 않나요?

남자아이들의 답변 : 왜냐하면 저희는 여자아이들처럼 감정적으로 크게 문제될 경우가 거의 없기 때문이에요. 저희는 딱히 저희의 감정 상태에 대해서 얘기해야 할 필요성을 느끼지 않아요.

나의 답변 : 남자아이들이 자신의 심정을 표현하지 않는 것은 그들이 약하게 보이고 싶지 않기 때문이란다. 남자애들은 그들의 심정이나 사적인 정보를 표현하면 연애관계에서 여자친구에게 휘둘릴 것이라고 생각한단다.

7. 왜 남자아이들은 절대 진지해질 수 없나요?

남자아이들의 답변 : 여자아이들은 모든 문제를 너무 심각하게 생각해요.

나의 답변 : 남자아이들은 사소한 일에 얽매여 걱정하고 약해 보이는, 또는 사람들 앞에서 쪽팔리는 모습보다는 대범한 모습을 보이고 싶어 하기 때문에 진지한 이미지를 싫어한단다.

여자아이들이 이성과 관련해 나에게 종종 묻는 질문

남자아이가 나에게 먼저 좋아하는 이성을 얘기해주면 자신도 좋아하는 이성을 밝히겠다고 얘기할 때 저는 그에게 답변을 해줘야 하나요?

이 질문에 답을 해야 할 경우는 딱 두 가지 경우다 — (1) 너랑 친구랑 둘 모두가 서로에 관해 충분히 터놓고 지내는 경우, (2) 너를 알아주기를 바라는 이성이 메신저를 통해서라도 알아줬으면 하는 경우. 그러나 메신저를 통해 좋아한다는 정보를 알릴 경우 그 정보의 내용을 통제하는 것이 곤란하다. 그러므로 믿기 어려울 정도로 불편하겠지만, 자신이 좋아하는 이성에게 직접 말해주는 것이 좋을 것 같다.

어떻게 자신이 좋아하는 이성에게 본인의 마음을 알아챌 수 있게 표현할 수 있을까요?

우선 네가 좋아하는 이성을 계속 쳐다보고 그 이성이 너를 보았을 때 미소를 지어라. 약간의 가식적인 행동을 통해 너의 매력을 보여주는 것도 좋다. 만약 네가 그 이성과 공통적인 사항이 있다면 대화를 더욱 쉽게 할 수 있을 것이다. 예를 들어 둘이 함께 학교 과제를 한다면 그 공통점을 대화할 수 있는 기회로 활용해봐라.

친구가 그녀의 남자친구와 당신이 옳지 않다고 판단하는 행위를 했을 때 어떻게 할까요? 그녀와 우정과 친구관계는 유지하고 싶지만 그녀의 나쁜 평판 때문에 영향을 받고 싶지 않아요. 그녀는 최근에 변했습니다.

우선 네가 그녀의 문제점에 대해서 그녀와 얘기할 때 너의 주관적인 생각만 강조하면 안 된다. 그 어떤 의견이 있든지 그녀는 그녀의 판단만이 옳다고 생각할 것이다. 그래서 만약 네가 그녀에게 "너 지금 정말 저질처럼 행동한다는 거 아니?" 혹은 "다른 사람들이 너를 어떻게 생각하는지 아니?"와 같은 공격적인 말을 하면 당연히 그녀는 자기 방어적이 될 것이다. 생각해봐라. 만약 네가 그녀라면 너 역시 자기 방어적으로 되지 않을까? 그래서 나 같은 경우라면 그녀와 친했던 시절을 얘기하며 그녀의 본모습을 차분히 설명해줄 것이다. 다음과 같은 대화를 읽어봐라.

> 너 : (설명하기) 너한테 얘기해주기가 좀 어려웠는데 나는 솔직히 너를 정말 좋은 친구라고 생각하지만 네가 남자친구와 최근에 하는 행위들이 염려스러워.
>
> 친구 : 네가 내 의견에 반대한다는 점은 알지만 너는 나의 부모도 아니고 내가 하는 행위에는 아무런 잘못이 없다고 개인적으로 생각해. 오히려 나는 내 남자친구와 문제없이 즐겁게 시간을 보내.
>
> 너 : (단호하게) 현재 네 상황은 내가 찬성하고 반대하는 문제가 아니야. 친구로서 나는 내가 생각하기에 네가 옳지 못한 길로 가고 있다고 느껴서 너를 좋은 길로 인도해주고 싶을 뿐이야. 그리고 네가 계속 그 남자와 어울려 다닌다면 나는 더 이상 너와 친구가 되고 싶지 않아.
>
> 친구 : 그럼 절교해! 그리고 나는 네가 내 일에 간섭하는 것은 정말 질색이야.

너 : 진정한 친구관계란 서로를 걱정해주는 거야. 나는 단지 내 생각을 얘기해줬을 뿐이야. 우리가 과거처럼 다시 친하게 어울려 다니면 좋겠어. 나는 그 시절 우리의 우정이 그리워.

만약 나의 절친한 여자친구가 새로운 남자친구를 사귀게 되었는데 내가 그 남자아이를 좋아하면 어떡해야 할까요? 그냥 웃으면서 참고 신경 쓰지 않는 척을 해야 하나요?

그렇다. 당신은 절대 그 남자아이에게 몰래 다가가 당신의 친구를 험담하며 둘의 연애관계를 끊으려 하면 안 된다. 이런 배신은 여자친구와의 관계에서 있어서는 안 될 일이다 — 친하든 안 친하든 친구관계에 있어서는 절대 배신 행동을 해서는 안 된다는 점을 명심해라. 그리고 이는 최근의 관계에서도 유효하다. 여자애들은 과거 남자친구를 그녀의 여자친구가 현재에 만나지 못하게 막을 권한 또한 없다.

이러한 경험들은 정말 중요하다!

당신은 소녀세계가 소년세계를 접할 때 무슨 일이 벌어지는지에 대해 이제 좀 알 것이다. 어린 시절 이성과 관련된 경험들은 당신의 딸에게 유익한 시간이다. 이런 경험은 여자아이들에게 연애에 대한 기대도 해보고 연애를 통해 자신의 선택권과 결정권도 가져볼 수 있는 좋은 계기가 된다. 여자아이가 자라면서 그녀는 더욱 성숙해진 이성 관계를 가질 것이고 친구관계는 그녀에게 더 중요해질 것이다. 또한 그녀가 나이가 들면서 이성관계는 성숙해지고 이 새롭고 혼돈스러운 관계를 의논, 얘기하기에 편안한 좋은 친구들의 역할은 더 중요해진다. 불행히도 친구 간의 남자 쟁탈전은 계속될 것이다. 한 아이의 부모로서 인간관계에 예민할 시기에 있는 당신의 딸을 잘 관리하는 능력은 매우 중요하다. 이 점은 다음 장에서도 다룰 것이다. 마지막으로, 그녀가 나이가 들수록 이성 관계에서 도덕적인 기술 사용이 더욱더 큰 영향을 끼치므로 최신 통신기술에 관한 교육도 명심하라.

남자를 기쁘게 하는 것,
자신을 배신하는 것

로잘린드에게

도와주세요. 제가 정말 좋아하는 소년이 있는데 걔도 저를 좋아해요. 우리는 이성 친구로 사귀었는데 절교하자는 말을 들었어요. 걔가 여자친구를 사귀지 말라는 엄마 말을 듣기로 했다는데 밤에 잠을 못 자고 방해가 된다는 이유라는군요. 저는 괜찮다고 말했어요. 3일 뒤 걔가 카테야라는 여자아이와 데이트를 하고 있다는 사실을 알게 되었는데 걔가 그걸 말하지 않은 것도 그렇고, 카테야는 5학년 때부터 알고 지내고 8학년인 지금 가장 친한 친구란 말이에요. 우리는 서로에게 같은 남자는 사귀지 말자고 약속도 했었어요.

　고마워요! 재스민

로잘린드에게

제가 정말 좋아하는 남자애가 있는데 그 애도 저를 아주 좋아한다고 해요. 어느 날 그 사람이 제 절친 중 한 명을 사귀고 있다는 것을 알게 되었는데 그것은 심장에 칼을 꽂는 아픔이었어요. 그 애가 전화를 해서 미안하다고 하며 제가 몰랐을 줄 알았다는 거예요. 저는 화장실에서 한 시간을 울었는데 너무나 친한 친구라 어쩔 줄 모르겠고 그가 이런 상황을 만들었다는 것이 저를 슬프고 화나게 해요. 제가 뭘 해야 하죠?
이만 줄입니다, 제발 절 도와주세요!!!

　앨리사

작년에 나는 십대 청소년들, 부모님들, 교사들이 내게 질문을 할 수 있는 '로 잘린드의 편지함'이라는 웹 비디오 프로그램을 만들었다. 그때 나는 페이스 북, 유튜브, 내 웹사이트와 같은 다양한 소셜네트워킹 사이트에 답을 올렸다. 나는 위와 같은 질문 수백 개를 받았다. 왜 소녀들은 한 남자를 위해 서로를 배신하는가? 왜 소녀들은 남자친구 뺏는 것을 용서할 수 없는 일이라고 말하면서도 그런 일을 자행하는가?

당신 딸이 재스민이나 앨리사라면, '소녀들은 절대 신뢰할 수 없어'라는 태도를 갖지 않도록 하면서 도울 수 있는 방법이 무엇이겠는가? 딸을 배신한 소녀, 소년과 대화를 나눌 수 있는 SEAL 기법을 어떻게 알려줄 수 있겠는가? 그리고 지금은 시작일 뿐이다. 당신 딸이 이런 관계에 처해 있을 때 딸이 당신을 밀어내지 않고 당신 말을 경청하게 하려면, 당신이 가진 걱정, 두려움, 절망감을 어떤 식으로 딸에게 전달해야 할까? 솔직해질 필요가 있다. 당신 딸이 남자들에게 이용당하거나 친구들에게 배신당하고 있다는 것을 당신이 알게 된다면 딸이 그냥 참고 지내는 것에 조금은 짜증나지 않겠는가? 당신은 딸에게 도대체 무슨 문제가 있어서 그러는지 궁금하지 않겠는가? 당신이 딸을 호구로 키운 건 아니지 않은가?

이러한 모든 문제는 소녀들이 성장하며 겪게 되는 대표적인 난제이다. 이번 장은 어떤 방식으로 소녀세계가 소녀들을 악순환의 고리에 가두어, 남자애들에게 인정받기를 갈망하고, 인정받기 위해 소년을 기분 좋게 해주며, 진심으로 지지해 왔던 친구들을 배신하게 되는지를 살펴볼 것이다. 그래서 딸이 악순환의 고리를 끊는 데 당신이 도움을 줄 수 있도록 제시할 것이다. 이 장과 다음 장은 어떤 사람에게는 강도가 셀 수 있다. 그래서 나는 당신이 이 책을 읽으며 두 가지를 마음속에 담고 있길 바란다. 첫째, 앞 장까지는 14세 이하가 읽을 수 있도록 저술했다. 앞으로 이어지는 두 장은 8학년 이상과 여고생이 읽기에 적합하다. 만일 14세 이하가 이 장을 읽는 경우에는 먼저 부모님, 어른, 언니에게 읽게 한 후 자신이 계속 봐도 적합할지 물어보는 게 좋다. 둘째, 이 책은 이제까지 문제를 기술하고 당신이 자신의 경험에 비춰 그것을 생각하게 하고, 해결책을 제시하는 형태였다. 여기서도 마찬가지다. 만약 당신이 책을 읽으며 심한 불안을 느낀다 해도 해결책이 있음을 기억하라.

당신이 알아야 할 것

- 남자애들에게 인정을 받는 것은 소녀들의 자신감을 강화하고 자신이 여성행동지침 안에 있다는 것을 확인해준다.
- 소녀들은 그들의 사회적 지위와 정체성이 소년들과의 관계에 달려 있다고 생각한다.
- 그래서는 안 되는 것을 아는 소녀들의 경우에도, 소년을 기쁘게 해주기 위해 지켜야 하는 개인적 영역을 희생하고 상식과 동떨어진 행동을 하기도 한다.
- 남자애를 기쁘게 해주려고, 소녀는 여자친구들과의 관계를 배신하거나 희생하기도 한다.
- 때에 따라서는 대개의 소녀들이 원하는 남자애를 얻기 위해서 거짓말하고, 방조하고, 모함할 것이다.
- 당신의 딸은 남자친구와 있기 위해서 거짓말하거나 속일 수도 있는데, 특히 당신이 그 녀석을 싫어하거나 만나는 것을 금지할 때 그렇다.
- 다른 사람들처럼 소녀들도 용납되는 희롱과 그렇지 않은 성희롱의 차이를 정의하는 데 어려움이 있다.
- 기술은 소녀들에게 좀 더 성적인 방법으로 자신을 드러내도록 부추기는데, 이는 자신이 고지식하지 않다는 걸 증명하거나 남자애들의 관심을 끌기 위한 방법이다.
- 당신 딸이 성적으로 발달해 가는 것에 대해 부정하는 것은 이해할 수 있는 반응이다. 딸을 봐서 그것을 극복하자.
- 당신 딸이 자신감이 있고 가족 내에 폭력이 없었다고 해도 가학적인 관계에 빠질 수 있다.

대개의 십대 소녀들에게 남자들은 모든 것이에요. 남자애들은 여자애들의 존재감을 확인시켜줘요. 소년들을 통해서 소녀들은 자신이 누구이고 이 세상 어디에 존재하는지 확인을 하지요. 여자친구들한테 하는 방식과는 달리 남자애들과 대화할 수 있어요. 그들이 당신을 골탕 먹이기 전까지, 그들은 정말 재미있고 편한 사람일 수 있어요.

―링, 17세

데이트, 짝짓기, 외출

소녀들이 성장함에 따라 소년들과의 관계는 더욱 진지해진다. 소년들과 소녀들이 여전히 데이트를 하는가? 여러 명이 우르르 몰려 다녀도 데이트라고 하는가? 첫째, 용어들을 정의하자. 아래 여러 코멘트들을 보자면 당신이 십대였던 시절 이후로 용어의 정의가 많이 바뀌었다. 내 학생들에게 데이트란 일대일로 외출하는 것을 의미한다. 데이트는 드물고도 중요한 일이다. 더 흔한 것은 포괄적인 용어인 '짝짓기(hooking up)'라는 것으로 이는 다양한 행동을 포함하며 그냥 어울려 다니며 노는 것에서부터 섹스를 하는 것까지 포함한다. 그 공통분모인 단어에는 어떤 조건도 결부되어 있지 않은 반면, 데이트는 장기간의 독점적인 관계를 내포한다.

> 그룹 데이트는 최고예요. 애매한 영역의 데이트라 할 수 있죠. 그룹 데이트는 상대하고 둘만 있을 필요도 없고, 그가 싫을 때 무시할 수 있기 때문에 더 안전해요.
>
> ―아이사, 16세

> 이 짝짓기(hooking up)는 뒤에 숨을 수 있는 형태의 애매한 만남이에요. 사람들이 직설적으로 소통하지 않아도 되게 해주고 또 다른 사람들이 너무 불편하다는 걸 전제로 하고 있거든요.
>
> ―앨리샤, 16세

당신 딸이 남자친구에게서 경험하는 것의 수준과 그들 관계를 선택하는 인식은 다음 네 가지에 기초한다 ― (1) 당신과 다른 친밀한 어른들을 예로 들어 모델링하는 것, (2) 대중매체로부터 흡수하는 것, (3) 과거와 현재 여자친구들과의 관계, (4) 또래 집단 내에서 그녀의 역할.

또래 집단에 속해 있으면 남자애들을 만나기가 쉬워요. 그 애가 어떤 또래 집단에 속해 있든 함께 하는 소년 집단이 있기 때문이지요. 만나도 되는 집단의 남자애들을 두고 딴 데서 방황할 때 그때는 문제지요.　　　　　　　　　　　　　　　　　　－포샤, 18세

종종 소녀 집단과 연결된 소년 집단이 있고, 소녀들은 그 남자애들과 데이트를 한다. 관계는 일대일 데이트에 의해 발전되는 것이 아니라 두 집단이 함께 놀면서 발전한다. 고등학교를 마칠 즈음이면, 큰 그룹에 속한 소년, 소녀들은 그 그룹 내의 모든 사람들과 어울려보는 것은 흔한 일이다. 이것은 그들이 서로 섹스를 했음을 의미하는 것이 아니지만 성적인 관계는 집단 역동의 일부분이다.

제가 고등학생 때 제가 속한 또래 집단에는 두 명의 여왕벌이 있어서 우리를 둘로 나눴지만 우리는 여전히 친구였어요. 한 여왕벌이 다른 여왕벌(가장 헤픈 여자애)을 중심으로 짝짓기 지도(hookup map)를 만들었는데 이것은 우리가 짝짓기를 통해 모두 연결되어 있다는 것을 보여주었어요.　　　　　　　　　　　　　　　　　　－샬럿, 19세

소녀들은 사회적 서열에 따라 데이트 상대 선택권이 좌지우지될 수 있다. 강력한 여왕벌이 어느 수준까지는 데이트의 자유권을 가지게 되고, 그녀가 관심을 가진 남자애는 자동적으로 멋진 남자가 되어서 여왕벌은 자신이 원하는 누구하고라도 데이트를 할 수 있게 된다. 동시에 그녀는 남성행동지침을 잘 지키는 남자에게 관심을 가지려고 하는데, 이는 그녀가 지켜야 할 자기 이미지가 있기 때문이다.

그것은 중요한 가십거리예요[만약 여왕벌이 위의 상자 밖에서 데이트를 한다면]. 사람들은 농담으로 "그가 그 여자애에게 돈을 줬나?"라고 말하거나 그 여자애에게 "정신 있어?"라고 물을 거예요. 그녀가 그와의 관계를 단절하기 전까지 사람들은 지지를 보내지 않을 거예요.　　　　　　　　　　　　　　　　　　－던, 15세

소녀들은 또래 집단이 인정하는 사람과 데이트를 하는 것이 집단의 기초적인 원칙임을 배운다. 소녀들은 자신의 감정과 개인적인 기준을 무시하도록

하는 강한 압박을 받는데, 이는 설령 자신을 잘 대해주지 않더라도 겉으로 잘 어울리는 듯 보이는 남자와 데이트하도록 만든다.

중매와 고학년 또래 집단

15세경 대개의 소녀들은 캠프를 함께 다녀오는 등의 활동으로 매우 친밀한 1~2명의 친구가 생긴다. 그러나 대개는 사춘기 후반이나 중학생 무렵에 다른 여자애들과도 좀 더 복잡한, 광범위한 의미에서의 친구관계를 지속한다. 좀 더 자란 소녀들에게 어린 시절 속했던 또래 집단에서 배운 것들이 현재의 개인행동에 여전히 영향을 준다는 것을 납득시키기란 어려운 일이다. 그것은 여전히 존재하고, 더 정교해졌으며 레이더에 걸리지 않을 만큼 미묘하다.

나이가 어느 정도 든 여왕벌들은 여자애들 속에서 자신의 권력을 평가하기 위해, 최후의 판단자가 되어줄 남자애들에게 관심을 집중한다.

> 10학년이 되기 전 여름에 내 절친은 자신의 남자친구의 절친과 나를 엮어줬어요. 나는 의무감으로 그 남자애와 어울렸지만 그가 싫었어요. 그는 성적으로 너무 공격적이었고 나를 두렵게 했죠. 앨리슨은 서로 절친인 두 명의 남자가 서로 절친인 두 명의 여자들과 어울리는 것이 아주 '귀여운' 일이라고 했죠. 나는 앨리슨이 여왕벌이고 나는 추종자라고 생각했어요. 내가 그의 행동을 얘기하면 그녀는 내게 내숭을 떤다고 말하는 바람에 나는 입을 다물고 계속 함께 만났죠. 비참한 기분이었어요. 결국 나는 그 애의 남친에게 말했어요. 그는 이해하더니 그렇게 엮은 것을 사과하더군요. 그는 내가 역겨운 남자친구와 헤어지는 걸 도와줬어요. 소개를 받는 건 정말 어려워요. 나는 수없이 싫다고 했지만 그 애는 계속 압박하더라고요. ─엘라, 18세

여기서 당신은 소녀들의 우정과 남자애들과의 건전치 못한 경험 사이에 직접적인 관계가 있음을 알 수 있다. 비참한 기분이었지만 엘라는 자신을 겁주는 소녀와 계속 데이트를 하고 헤어지지 못했는데, 이는 친구의 뜻을 반대하는 위험을 무릅쓰려 하지 않았기 때문이다. 그녀는 성적으로 공격적인 소년과 함께 있는 것보다 여왕벌을 불쾌하게 만드는 것을 더 두려워했다. 사람들은 종종 소녀들이 취약해서 잘못된 성적인 결정을 하게 되고, 성폭행은 남자

들에게 맞서서 자신을 지키기 힘들기 때문이라고 연관 짓는다. 그러나 엘라
가 성적으로 공격적인 소년과 함께한 것은 그녀가 절친한 여자친구의 뜻에
맞설 수 없었던 것도 하나의 원인임을 알 수 있다.

더 나은 제안이 남자일 때

이전 장에서 기술한 대로 소녀들은 더 나은 제안 — 더 좋은 파티, 더 인기 있
는 친구, 더 인기 있는 친구와 새 영화를 보는 기회 — 을 위해 친구들을 속이
고 바람맞히는 방법으로 그들의 또래 집단 내에서 좋은 위치를 차지하는 일
이 종종 있다. 더 나이가 들수록 '더 나은 제안'에는 남자애들이 끼어 있다.
한 소녀가 집에서 친구들과 놀 계획을 세웠는데, 그때 '그'가 전화나 문자를
했을 경우 모든 것은 취소된다. 이런 상황은 더 나이 든 소녀가 여성행동지침
의 은밀한 규정을 따르는 것으로, 남자친구를 가장 중요하게 생각하는 것이
다. 이 규정에 따라 소녀들은 남자를 위해 여자친구들을 바람맞히게 된다. 소
녀들은 이를 좋아하지 않는다. 그러나 그들은 바람맞힌 친구의 뒤에서는 이
를 불평하지만 결국 거의 대부분 다시 그녀를 받아준다.

> 우리는 서로에게 다 이렇게 해요. 이해할 수 있죠. 이것은 규칙의 일부예요. 그 애가 우
> 리를 버리면 그때 우리는 뒤에서 그 애가 자존감도 없고 불쌍하다고 수근대지만, 결국
> 받아줍니다. 가끔 그 남자애 때문에 도를 지나칠 때도 있는데 그러면 우리는 절대 그 애
> 를 다시 보지 않아요.　　　　　　　　　　　　　　　　　　　　　　－멜라니, 14세

> 우리가 다시 받아들여지길 원하면 서로를 용서해야만 해요.　　　　　　－엘리, 21세

아이러니하게도, 소녀들이 부모를 바람맞히는 이유와 같은 이유로 친구들
을 바람맞힌다 — 이것은 안전하다. 그녀는 집에서 가족들과 스크래블 게임을
하는 대신 친구들을 만나러 외출해야 되겠다고 말했을 때 부모들이 거절하지
않을 것을 알고 있다. 비슷한 이유로 그녀의 친구들은 그녀가 친구 대신 남자
애를 선택했다고 해서 그녀를 내치지 않을 것이다. 남자 때문에 자신이 버림
받아서 상처받고 화가 났다는 말을 친구에게 직접 말하는 소녀들은 드물다.

만약 그렇게 했다면 '구속한다', '사생활을 존중해주지 않았다'는 비난을 받게 된다. 대개의 우정에서 소녀가 더 이상 바람맞기를 원하지 않는 시점이 있는데, 이것은 친한 친구들 사이에서 격렬한 싸움을 불러일으킬 수 있다. 이런 역동은 소녀들에게 그들의 우정이 연애관계만큼 중요하지 않다는 메시지로 전달된다. 이런 역동이 그들에게 자신을 깎아내리고 자신을 남자보다 덜 소중한 존재로 여기도록 가르친다.

> 이런 일은 자주 일어나요. 그리고 이성교제가 끝나면 그 소녀는 친구가 없이 남겨지죠.
> ―릴리, 15세

남자친구 훔치기

고등학생이 되면 소녀들의 우정은 남자들 때문에 더 자주 형성되거나 또는 파괴되는데, 이는 소녀들이 서로에게 기대했던 지지에 오히려 악영향을 미친다. 어떤 소녀들은 다른 소녀들에게 신뢰를 잃어 소수의 친구들 범주로 위축되고, 한 명의 절친한 친구만 신뢰하게 되며, 심지어 자기 일기장만 믿을 수 있다고 결심한다. 어떤 소녀가 다른 소녀의 남자친구를 유혹해서 그녀를 배신하게 될 때 그녀는 소녀들 사이의 신성한 유대를 위반하는 것이다. 이 새로운 커플을 누가 먼저 주도했건 간에, 소녀들은 여자 쪽을 비난하는 것만큼 남자 쪽을 비난하지는 않는다.

> 소녀들은 '여자애가 남자애에게 애정공세를 퍼부었다, 여자애가 헤픈 아이니까 남자애가 그럴 수밖에 없었다'는 등의 말로 그의 행동을 용서하게 될 것이다. ―아만다, 17세

많은 소녀들은 남자애들의 충실도가 떨어지는 것으로 믿도록 세뇌되어 있다. 그래서 그들은 친구와 같은 기준으로 남자애들을 판단하지 않는다. 소녀들의 우정은 그들이 남자애들과 가지는 성적 관계보다 더 친밀한 경우가 종종 있기에, 그만큼 배신의 느낌도 깊어지곤 한다. 소녀들은 남자애들의 행동은 용서한다. 그러나 그들은 같은 소녀들의 행동은 용서하지 않는다. 남자애

들에 대해서는 책임을 묻지 않는 이런 이중적인 잣대는 친밀한 우정에 있어 다른 요소들에까지 반향을 주는데, 이는 곧 살펴보기로 하자.

소녀들이 서로를 믿지 않을 때 두 가지 일이 벌어진다. 첫째, 그들은 현재와 미래의 든든한 관계를 놓치게 된다. 둘째, 소녀들은 서로를 무시하고 멀어지거나, 남자에게 사로잡힌 소녀가 남자 문제로 잘못된 결정을 했다고 조롱한다. 소녀들은 다음과 같은 상황들에서 서로를 외면하곤 하는데, 술에 취해 몇 시간 전 만난 남자와 섹스를 하는 것부터, 가학적인 관계에 놓여 '멍청하고 나약한' 상황까지 다양하다. 슬프고도 받아들이기 힘든 진실은 많은 소녀들이 그들이 서로에게 얼마나 귀중한 존재였는지 잊어버리거나 배우지 못한다는 것이다. 그러나 다음 상황에서 무엇이 일어나는지 보라.

나는 만남과 이별을 반복한 남친(이 남친이라는 단어에는 책임감이라는 개념이 포함되었지만, 그 남자애는 책임감이 전혀 없어서 그 애를 남친이라고 부르기가 곤혹스럽기는 하다)과의 관계를 정리하려고 시도해 온 기나긴 과정에서 내 옆을 지켜준 다섯 명의 절친이 있어요. 그 친구들은 내게 멍청하고 나약하다고 말하거나 신경 끄라고 말하지 않고, 그 남자가 나의 처음이자 모든 것이기에 관계를 정리하기 어렵다는 것을 이해해주려고 노력했어요. 그 남자애가 내게 준 고통이 얼마나 극심한지 알면서도, 내 친구들은 그가 내 인생에서 중요한 역할을 해 왔으며, 인생이 왜 멀고 험난한 여정인지 이해해주었지요. 이것은 내게 매우 중요한 지지와 관용이었어요. — 브룩, 18세

내 남자친구가 얼마나 못된 인간인지에 대해 얘기했을 때 밤새 내 옆을 지켜준 친구가 있었어요. 그 애는 내게 굳이 참을 필요가 없고 창피해할 것도 없다는 말을 해주었죠. 내가 그 남자애와의 관계를 정리할 수 있었던 힘은 정말로 그녀가 준 것이었다고 생각해요. — 인디아, 17세

여러 상황에서의 관계 : 제발 날 좋아해줘요

나는 처음부터 자신은 한 사람에게 얽매이는 건 흥미가 없다고 말한 사람과 사귀었어요. 나는 내가 얻을 수 있는 것에서 행복할 수 있을 것이라는 마음에 괜찮다고 말했으나 실제로는 그렇지 않았고요. 그가 내 친구 한 명을 만나기 시작하면서 나는 매우 강한 질투심과 분노에 시달렸지만 그에게 그 이유를 말할 수 없었어요. — 조, 17세

소녀들이 남자애들에게 더 관심을 갖게 될 때 많은 역동이 교차하게 됨을 생각해보라. 그들은 대중매체를 통해 본 방식으로 진정한 사랑을 원한다. 그들은 남자친구가 자신의 친구들에게 자신을 자랑해주어 사회적 위치가 올라가길 바란다. 그들은 로맨스가 주는 흥분과 극적인 일들을 체험하고 싶어 한다. 이 목표들을 달성하는 과정에서 그들은 남자 때문에 친구들을 바람맞히고도 무난히 지낼 수 있다는 것을 배우며, 자신들의 남자 주위에 얼쩡거리는 여자친구는 믿을 수 없으며 남자친구와의 관계가 더 가치 있다는 것도 배운다.

이 사실을 그들이 사춘기 초기에 배운 것들과 연결해보라. 어떤 대접을 받아도 관계를 유지해 가는 것, 그들의 문화권에서 분노를 표현하는 법, 소통하기 위해 온라인 플랫폼에 의존하는 것 등을. 당신은 소녀들이 남자들과 건강한 관계를 유지하기 위해서 어떤 식으로 주요한 도전들과 직면하는지 알 수 있을 것이다. 남자애들을 기쁘게 해준다는 것은 소녀들의 말하는 것과 그들이 관계 속의 힘을 인식하는 데 지배적인 영향력을 발휘한다. 기쁘게 해주려는 열망은 그들이 데이트하는 법, 그들이 소년에게 원하는 것과 원하지 않는 것을 소통하는 방법, 심지어 그를 차버리는 방법에까지 영향을 미친다. 소녀들은 그들 스스로의 불안정감에 대한 보험성 방책을 찾고 있다. 소녀세계가 당신 딸의 불안정감을 증가시키도록 세팅되어 있을 때, 그녀는 소년들의 인정을 갈구하고 그를 기쁘게 해주려고 안간힘을 쓰게 된다.

남자애들과 소통하는 것

물론 소녀가 남자의 대화법을 알지 못하면 남자애를 기쁘게 해준다는 것은 더욱 어려운 일이다. 그리고 친밀감 획득과 유지에 있어 기본적 소통의 방법이 온라인이라면 그것은 더욱 어려운 일이 된다. 게다가 남자애들이 진심으로 호감이 있어 소녀들에게 잘해주는 것인지 아니면 육체적으로 끌려서 아부를 하는 것인지 판단해야 할 때는 소통이 완전히 다른 차원이 된다. 데이트할 준비가 되기까지, 소녀들이 가식적인 찬사를 연마하는 데는 여러 해가 필요하다. 소녀세계는 소녀들에게 서로 칭찬하도록 강요하므로, 소녀들은 그 말들이 얼마나 공허한 것인지 알고 있다. 옷가게 탈의실을 상상해보라. 점원은 거짓 웃음을 흘리며 치마가 잘 어울린다고 말하지만 실제로는 큰 브랜 머핀처럼 보인다. 당신은 그녀가 거짓말을 하고 있다는 걸 알지만, 한편으로는 그 점원의 말을 믿고 싶어 한다. 남자애가 소녀를 칭찬하는 것도 비슷한 것이다. 그녀는 직감적으로 숨은 의도가 있을 것이라고 생각하지만 그의 말을 믿고 싶어 한다. 그녀는 감사하게 느낄 것이고 그에게 감사함을 표현하고 싶어 할 것이다.

> 당신은 불안정해지기 시작해요. 어떤 시점이 되면 그 남자애의 인정을 받는 것이 더 중요해지기 때문에 그 남자가 성적인 걸 원한다는 사실은 문제가 되지 않죠. —조, 17세

많은 소녀들이 처음에는 남자애들에게 굴복하여 자신이 원치 않는 것임에도 응한다. 후에는 그것 때문에 자신에게 화가 나고 그 사람과 상황에 대해 분개할 수 있다. 그들은 남자애들이 그들을 이해하고 다가오기를 기다리며 속을 끓이고 있다. 물론 남자애들은 이런 경우가 거의 없는데 그들은 지나치게 정서적인 행동이라 여겨지는 것들을 일축해 버리도록 배웠기 때문이다.

> 우리 중 상당수는 우리의 부정적인 감정이 남자들의 감정보다 가치가 없다고 느낍니다. 나도 그렇지만 참 속상한 일이에요. 내가 남자친구에게 내 감정을 털어놓았을 때, 나는 바로 사과를 했어요. 여자애들은 정말로 '안 돼'라고 생각할 때도, '그래'라고 말을 해버리죠. 많은 여자애들이 자신들이 다소 신비스러워야 한다고 생각하는 것 같고, 그건 우리가 하는 행동에 내재되어 있어요. 우리는 화장으로 스스로를 가리고 완전히 노출되지 않을 정도만의 옷을 입지요. 나를 포함한 우리 대다수는 감정에 한해서는 그 방어막을 내리지 않아요. 우리는 "그때 내가 정말 상처 받았어…" 또는 "나는 이렇게 느껴…"라고 말하지 않아요. 우리는 솔직하게 말하지 않고, 말하더라도 우리가 하는 말에 귀를 기울이는 아이는 드물죠. —안나, 16세

> 당신은 세상 물정을 다 알거나 아니면 순진무구한 작은 요정이 되어야 하지요. 그 중간은 없어요. 무척 혼란스러워요. —카티아, 16세

소통은 친한 여자친구와의 같은 관계가 남자아이들과의 관계에 알려지기를, 그래서 적용될 수 있도록 기대하는 또 다른 영역이다. 소녀들은 아주 친한 관계를 다음과 같이 정의하는데, 상대방이 무슨 생각을 하는지 알고 상대가 운만 띄워도 이심전심으로 무슨 말인지 다 아는, 다른 사람과 완전한 일체감을 느끼는 관계다. 이것은 소녀들의 가장 친밀한 우정에 필수적인 것이다. 소녀들은 자신이 좋아하는 남자친구에게 이런 것들을 기대하고 있는데 그렇지 못할 때 배신감을 느낀다. 그들은 전부 다 설명하지 않고도 이해해주기를 원하는 것이다.

> 누가 나의 감정이 어떤지를 알아주기를 기대하는 것이 내가 일일이 생각해서 말해야 하는 것보다 훨씬 쉽지 않나? 하긴 지금도 우리 엄마는 아빠에게 말 안 해도 마음을 알아달라고 똑같은 얘기를 하긴 하시지. ─조던, 18세

내 자신을 완벽하게 불분명하게 만들기

> 나는 이 남자와 헤어지길 원했지만 그럴 수 없었다. 매우 힘든 일이었다. 나는 그와 함께 앉아 내가 왜 그와 더 이상 사귈 수 없는지 수많은 이유를 댔다. "나는 지금 개인적인 문제가 많은데 도저히 처리할 수가 없어." 막연한 내 변명을 제대로 이해하지 못한 그는 계속 질문을 해댔고, 나는 그 질문에 계속 애매한 변명을 했다. ─엘라, 18세

휴대전화와 컴퓨터로 인해 더 복잡해진 이러한 잘못된 소통은 로맨틱 코미디와 베스트셀러의 주제이다. 소녀가 처음으로 진지한 관계에서 느끼는 기쁨의 일부는 남자애와 서로의 생각을 잘 알 수 있도록 함께 방법을 알아 나가는 것이다. 그런 일은 일어난다. 그러나 이 과정은 남자애를 기쁘게 해주고자 하지만 자신이 무엇을 느끼는지 말하지 않는 고질적인 습성에 의해 방해받는다. 이런 역동은 소녀가 이별을 원할 때 모호하고 불명확한 언어를 만들어낸다. "나는 그에게 상처주고 싶지 않았어요.", "나는 무례하게 굴긴 싫었어요.", "나는 그의 생각을 추측하고 싶지 않았어요.", "나는 그가 나를 싫어할까 봐 내가 원하는 걸 말하고 싶지 않았어요." 등을 예로 들 수 있다. 이 결과 종종 의사표현이 애매하게 되는데, 이는 더 책임질 것이 많아지는 십대 후반

부의 관계에서 더 큰 문제가 된다.

> 최근에 나는 어떤 남자애를 만나서 6개월 동안 간혹 데이트를 했어요. 오늘은 우리의 첫 번째 공식 데이트였어요. 그가 영화를 보러 가서 나를 껴안고 내 뺨에 키스를 했어요. 입술에 키스하려고 했어요. 나는 이것이 내 첫 키스라는 사실을 말하지 못했어요. 그가 원한 것은 애무였고 난 그게 좀 불편했어요. 우리가 데이트를 하는 거니까 그가 내게 키스하고 싶어 하는 것은 이해하겠는데 그는 내게 계속 "너는 너…무 섹시해.", "너는 너무 멋져."라고 속삭여댔어요. 내가 결국 항복하고 그를 애무했을 때, 나는 정말로 빠져들었고 통제력을 잃고 말았어요. 그는 내가 알아채기도 전에 내 치마 안으로 손을 넣고 내 엉덩이를 움켜쥐려고 했어요. 그게 너무 싫어서 나는 그를 밀어내고 말았어요. 영화가 끝났을 때 나는 그에게 굿바이 키스는 해줬지만 다시는 그를 만나지 않을 생각이에요.
>
> ─캐롤라인, 15세

캐롤라인의 경험은 내가 기술하려는 역동의 대부분을 잘 요약하고 있다. 나는 그녀의 데이트 상대에게 말하지 않았지만 그 남자는 그 데이트가 잘 진행되었다고 생각한다는 것에 많은 돈을 걸고 싶다. 그녀는 그에게 성적인 매력을 느꼈고 자신도 데이트에서 흥분을 느꼈으며, 그를 애무하길 원했다. 그러나 그녀는 그녀의 개인적인 경계가 어디까지인지, 통제력을 잃어버리기 전에 그 경계에 대해 그와 어떻게 소통할지 알지 못했다. 그의 관점에서 보면 그녀가 그에게 반했으나 그 당시에 그녀의 치마나 바지 속을 그가 더듬는 것까지는 허락하고 싶지 않았다는 의사표현만 있었다고 할 수 있다. 왜냐하면 그녀가 데이트를 끝낼 때 그에게 키스를 했기 때문이다. 남자애는 그녀가 데이트를 계속하고 싶어 하고 그날은 안 된다고 했지만 다른 날 그리고 아마도 공공장소가 아닌 곳이었으면 하고 원하는 것으로 생각할 것이다.

16세 소녀가 최근 내게 자신이 상대 남자와 데이트할 마음이 없다는 사실을 어떻게 전달하느냐는 조언을 구했다. 그녀는 마음 한편으로 그를 좋아했지만 아닌 마음도 있어서 자신이 그의 여자친구가 되고 싶지 않다는 것은 확실했다. 그녀는 전화로 그를 더 잘 알아가고 싶고 부모님이 허락하지 않을 것이기 때문에 그에게 데이트를 할 수 없다고 말했다. 그녀는 이것을 좀 더 자세히 설명해야 한다는 의무감을 느꼈기에 그와 단둘이 저녁을 먹기로 계획을 잡았다. 그녀의 보수적인 부모님은 이를 허락하지 않을 것이기에 그녀는 그 날 밤의 일들을 부모님께 거짓으로 말했다. 그녀는 내게 자신이 그의 여자친구가 되고 싶지 않다는 뜻을 명확하게 밝혔다고 말했다. 나는 절대 그렇게 생각하지 않는다. 첫째 그녀는 자신의 느낌을 설명하기 전에 부모님이 만든 방어벽을 비난했다. 이 말을 들은 남자애는 "우리가 그 문제를 해결하면 우리는 다시 사귈 수 있어."라고 생각할 수 있다. 그녀가 "내가 너를 더 잘 알기 전에 나는 너와 데이트할 수 없어."라고 말했을 때, 그 소년은 저녁을 함께 먹으러 나가자고 계획한 그녀에 대해 무슨 생각을 했을까? 그녀는 그를 더 잘 알아가고 싶다는 것이다. 그녀가 말한 것과 그가 들은 것은 완전히 다른 것이었다. 당신 딸이 침실에서 남자애와 은밀하게 이런 대화를 나누고 있다는 것을 상상해보라.

추파 vs 성희롱

추파는 유서 깊은 의식이다. 십대가 그들의 설익은 연애 분야의 사회기술을 테스트하는 방법이기도 하고 상당히 재미도 있다. 이것은 잘못된 소통의 또 다른 은신처일 수 있다. 십대에 대한 것들이 다 뻔하듯 추파도 예외는 아니다. 학교 복도를 걸어보라. 아마 당신은 십대들이 거리낌없이 육체를 드러내고, 노골적으로 성적인 대화를 하며, 계속 터치를 하는 걸 보고 당황스러울 것이다. 이것은 십대 문화의 거대한 부분이지만 모든 십대가 다 좋아한다는 뜻은 아니다.

학교 복도의 상황은 성희롱이 일어날 수 있는 환경이다. 언제 추파가 성희롱으로 넘어갈까? 추파는 양쪽 다 기분 좋게 하지만, 성희롱은 피해자를 왜소하고, 불편하고, 무력하고, 위협받는다고 느끼게 한다. 당신 딸과 관련된 점은 성희롱이 적대적인 교육 환경을 만들어낼 수 있다는 것이다.

고등학교에서 성희롱에 대해 강의할 때 나는 학생들에게 성희롱의 예를 언어/글자, 시각, 신체적인 범주로 나누어 얘기해보라고 주문했다. 다음이 그들의 반응이다.

언어/글자	시각적	신체적
성적으로 노골적인 문장	손동작	꼬집기
야유(cat calls)	입술을 핥는 것	꽉 쥐기
음란한 사진 보여주기	신체 일부를 뚫어지게 쳐다 보기	안기/키스
누군가를 음탕한 계집(bitch) 또는 창녀(ho)라고 부르기	번개 같이 빨리 성적 신체 부분을 잠깐 보여주기	길을 가로막기
"나랑 한번 할래?"(Can I get some of that?)	사타구니 잡기	문지르기
		비벼대기(춤을 추며 소년이 신체 일부를 소녀에게 비벼 댈 때)

그 후 나는 학생들에게 이 리스트에 있는 것들 모두가 항상 성희롱이냐고 물었다. 대답은 항상 '아니다'이며 언제나 격렬한 토론이 뒤따랐다. 왜 성희롱이 헷갈리는지 이해하는 열쇠는 이것이 사람에 따라 다르게 정의된다는 것과 성희롱을 주장하는 사람에게는 큰 부담이 되며 그리고 그 사람은 '까다로운 투덜이'라고 낙인이 찍힌다는 데 있다.

성희롱인지 아닌지 판단하는 기준은 몇 가지 있다. 가해자가 피해자와 어떤 관계인지, 피해자가 편하게 느끼는지 불편하게 느끼는지, 관여된 사람들의 경계와 개인적 공간, 성희롱에 대한 역치(threshold, 어떤 행동을 성희롱이라고 느끼는 한계를 의미한다 : 역주) 등이다. 피해자가 다른 사람에게 끌리고 있는 상태라면 그녀는 성희롱에 대한 역치가 더 높을 수 있다.

소녀와 소년들은 서로 다른 이유로 성희롱 가해자에게 중단하라는 말을 하기 힘들어한다. 다음은 그 어려움을 이해할 수 있는 두 가지 이야기다.

소녀들이 조용한 이유는…

짐, 크레이그, 제스는 같이 역사 수업을 듣는 친구들이다. 어느 날 수업시간에 짐은 크레이그에게 제스와 섹스하고 싶은 다양한 방법을 상세히 노트에 써보라고 설득한다. 짐은 크레이그에게 수업이 끝나면 제스에게 전달해보라고 부추긴다. 크레이그가 제스에게 전달하고 그녀가 그걸 읽는 순간의 표정을 보면서 그녀가 화났다는 것을 알게 되지만 그녀는 아무 말도 하지 않는다. 크레이그는 그 노트를 그녀에게 준 것이 얼마나 멍청한 행동이었는지 깨닫고, 그저 그녀가 그걸 무시하고 던져버리길 바란다. 그런데, 그녀가 교실을 나온 뒤 친구에게 이를 말한다. 그녀는 친구라고 생각한 남자애들이 자신에 대해 그런 생각을 하리라고는 미처 생각하지 못했다. 그녀 친구들의 격려로 교장선생님께 말하게 되었고 그 두 소년은 정학을 맞게 된다. 소년들은 격분한다. 제스가 그렇게 화가 났다면 왜 처음에 그 노트를 보고서 아무 말도 하지 않았을까? 왜 그녀는 그들에게 말하기보다는 교장선생님을 먼저 찾아갔을까?

왜 제스는 그 소년들에게 말하지 않았을까? 첫째, 그녀는 매우 당황스러웠고—남자친구들이 그런 방식으로 생각한다고?—걔들을 박살내는 것은 물론, 대꾸할 말조차 떠오르지 않았다. 둘째, 그 소년들은 우연히 그녀를 선택한 게 아니다. 그들은 자기들이 위험을 느끼지 않을 만한 대상을 고른 것이다. 그들은 면전에서 바로 발끈하는 소녀는 고르지 않았다. 제스는 조용한 아부자이다. 그녀에게 그들과 맞선다는 건 어려운 일이다. 제스는 그것을 문제 삼고 싶지 않도록 학습되어 있다. 사람들이 그녀를 긴장하거나, 쌀쌀맞거나 또는 헤프다고 생각한다면? 그녀는 그 소년들의 동기—그들이 농담으로 아니면 괴팍한 방식의 칭찬으로 그랬을까?—에 대해 혼란스럽고, 그녀 자신의 반응—노트가 기분 나쁘더라도 네가 섹시하다고 생각한다면 괜찮은 것—에 대해서도 혼란스럽다. 여성행동지침에 따라 제스는 그들의 면전에서 아무것도 말하지 않는다. 또래 집단 친구들이 그녀를 지지해주고 나서야 그녀가 어떠한 형식의 행동이라도 취할 수 있다고 느꼈다.

소년들이 조용한 이유는…

나는 11, 12학년 남녀 학생을 모아 놓고 성희롱 교육을 하고 있었다. 한 소녀가 복도를 걷고 있을 때 소년들이 그들의 손을 셔츠 안으로 집어넣는 동작을 하는 순간 느꼈던 희롱당한 느낌을 설명했다. 나는 소년들에게 성희롱을 당한 사람이 있는지 물어봤고 잘생긴 남학생 한 명이 손을 들었다. 그는 육상부에서 연습을 하고 있었는데 소녀들이 도발적인 말로 자신에게 소리를 지르고 그의 엉덩이를 찰싹 때렸다고 했다. 그는 그것이 싫었다고 했다.

좀 전에 성희롱 경험을 불평했던 바로 그 소녀가 이번에 큰 웃음을 터뜨렸다. 이것은 소년들이 마주치는 이중 잣대이다. 어떤 소녀들과 소년들은 '소년들이 항상 아무하고라도 섹스를 하고 싶어 하기 때문에' 소년들이 성희롱을 당할 수도 있음을 믿지 않는다. 소년이 불평한다면 그는 동성애자라고 불릴 것이다.

결국 이렇게 요약할 수 있다―소년들은 게이라고 불릴까 봐 두려워서 성적인 관심을 원하지 않는다고 말할 수 없고, 소녀들은 그들이 성적인 관심을 원하지 않는다고 하면 불감증이 있다거나 또는 나쁜 년이라고 불릴 것을 걱정한다. 소년들이나 소녀들 모두 아니라고 말할 수 없도록 훈련되어 있다.

> 공격적인 소녀들은 술 취해서 남자애들을 구석으로 밀어붙이고 남자애들이 원치 않을 때도 자기 하고 싶은 대로 해버려요.　　　　　　　　　　　　　　　　　　－벤, 18세

> 우리 학교의 한 여학생은 내 친구에게 아주 지저분한 이메일을 보냈는데 그 여자애가 그와 섹스하길 원하는 모든 방법을 적어 놓았어요. 그러나 그 여자애는 그를 성추행했다는 이유로 곤란을 겪지 않았어요. 절대로요.　　　　　　　　　　－데이비드, 17세

다시 우리 학교 강당에서의 발표로 돌아와보자. 성희롱의 예들은 플립 차트에 적혀 있지만 학생들이 내용을 이해한 것은 한 남자애가 일어서서 내게 맞서면서이다. "사람들의 수정 헌법 제1조의 권리가 무엇이죠? 사람들은 자신이 하고 싶은 말을 할 권리가 없나요? 그들이 남자애들 라커룸에서 여자애에 대해 얘기하고 싶다면, 그것은 그들의 권리인데 왜 그 여자애가 상처를 입

나요?" 나는 그 학생에게 물었다. "다른 사람들의 기분을 상하게 만드는 말을 할 수 있는 권리도 원한다고 하지 그러니? 네가 그 권리를 가지는 게 왜 그렇게 중요하지? 그 권리를 행하면 사람들이 너를 좋아할까?" 그가 대답했다. "선생님은 우리가 말하는 것을 통제하려고 해요. 선생님은 그럴 수 없어요." 내가 말했다. "네가 옳아. 나는 네가 말하는 것을 통제할 수 없어. 하지만 너를 포함한 모든 학생들이 누군가가 자신에 대해 말할 것에 신경 쓰지 않고 복도를 걸을 수 있기를 바라지 않니?"

라커룸 대화가 왜 한 소녀의 권리를 침해하는지에 대해 한 십대 소녀가 매우 설득력 있게 요약했다.

> 수정 헌법 제1조는 당신도 다른 사람의 권리를 빼앗지 않을 때 당신에게 개인 권리를 주죠. 남자는 자신이 여러 남자애들에게 한 여자애에 대해 왈가왈부하는 것이 그 애를 심리적으로 동요하게 해서 그 애가 학교에서 안전하고 안락한 주변 환경을 누릴 권리를 침해한다는 건 알고 있을 정도로 책임감이 있어야 해요. 그는 그 여자애가 공부에 집중해야 하는 환경에서 가져야 할 안전감과 안정감을 간접적으로 빼앗게 되죠. 어떤 때는 간접적인 것이 아닐 수 있어요. 라커룸에서 그에게 얘기를 들은 남자애들이 그 여자애를 무례하게 대하거나 일종의 성희롱적인 행동을 할 수 있다는 걸 그가 알고 있기 때문이죠.　　　　　　　　　　　　　　　　　　　　　　　　　　　　－니디, 16세

대개 성추행 가해자들은 그 행동의 영향력을 알지 못한다. 어떤 사람은 그 영향력을 알고 있으면서 신경 쓰지 않는 경우도 있으며, 협박하기 위해 일부러 성희롱을 이용하는 사람도 있다. 당신 딸은 그 차이를 어떻게 구별할 수 있을까? 이것은 내가 6장에서 기술한 놀림(teasing)의 정의가 사람에 따라 달랐던 것과 매우 유사하다.

- 의식 없는 가해자는 자신의 행동으로 인한 결과에 대해 인식하지 못하지만, 효과적인 방법으로 얘기한다면 멈출 것이다.
- 무감각한 가해자는 또래 그룹에게 강렬한 인상을 남기기 위해 웃거나 전형적인 말로 여자애들의 감정을 무시할 수 있다. 예를 들어 "너는 너무 감정적이야. 너는 너무 경직되어 있어."

- 협박하는 가해자는 대개 말이나 행동으로 소년들을 괴롭히는 방법으로 그를 협박하지만 훌륭한 사회적 기술도 가지고 있을 수 있다.

어떤 사람들은 대중매체와 일부 열정적인 학교 관리자와 교사들에 의해 성추행이 실제보다 심각하게 부풀려졌다고 생각한다. 우리는 같은 반 소녀에게 키스하는 바람에 정학을 받게 된 5세 소년에 대해 읽었다. 내가 학생들에게 말하듯, 목표는 학교 환경을 안전하고 안락하게 느끼게 만들어서 학생들이 교육에 집중할 수 있도록 하는 것이다. 자신이 싫어하는 성적인 방법으로 행동하는 다른 학생들 때문에 불편감을 느끼는 학생들이 있다면 우리는 이 문제를 다뤄야 하지 않겠는가? 우리 모두 정직해질 필요가 있다. 소녀와 소년들 모두 항상 서로에게 부적절하게 행동한다 — 이것은 보통 그들이 적절함을 이해하려고 시도하고 있기 때문이다. 소녀들은 소년들을 밀치고 "이거 놔!" 하고 말하면서도 소년들을 문지르는데 둘 다 본심일 수 있다. 소녀들이 명확한 비언어적인 메시지를 보낼 때 소년들은 종종 귀가 멀고 눈이 멀고 멍해서 이를 놓치곤 하는데, 서로 껴안고 있을 때 소녀들이 긴장하거나 몸을 빼는 경우, 남자친구가 될 수 있겠냐고 물었는데 도망을 가버리는 경우 등이 이에 해당된다. 모든 소녀들이 소년의 행동을 좋아하지 않을 때 이를 직접적으로 말하는 게 더 나을 수 있지만, 소녀가 확실한 의사표현을 하지 않았다거나 소년이 둔감했다고 비난한다면 문제 해결에 도움이 되지 않는다.

대신 우리의 목표는 소녀들과 소년들이 교양 있고 존중하는 방식으로 함께 살 수 있는 길을 찾는 것이다. 소년들과 소녀들이 서로에게 귀 기울여 들을 때 직면하는 문제들을 교육해야 하는 것은 어려운 일이다. 그들은 혼란스럽고 무서운 방식으로 행동할 때 여성행동지침과 남성행동지침이 안내하는 행동을 통해 책임을 지는 방법을 알아야 한다.

상급생 vs 하급생 소녀

> 상급생 소녀들은 신입 여학생이 상급생과 사귀는 것을 좋아하지 않아요. 사회적 지위가 더 높은 소녀들은 신입생이 상급생을 사귈 만큼 멋지거나 예쁘지는 않다고 느껴요. 상급생들은 겁을 내고 있어요. 자기들이 그 소년과 가깝다면 신입생이 없을 때 말을 걸거나 그 남자를 꼬시려고 할 거예요. 그건 그 상급생이 그 남자애를 좋아해서가 아니라 그 '천한' 아이를 떼놓고 싶어서예요.   ㅡ엘라, 18세

내가 다루는 문제 중 가장 좌절스럽고 재발되는 문제 중 하나는 아직 자기 자리를 모른다고 판단된 신입 여학생을 괴롭히는 상급생 소녀들이다. 일부 상급생 소녀의 마음속에는 소녀의 자리가 자신의 존재를 사과해야 할 만큼 발바닥 아래라는 것이다.

이것은 항상 일어나는 것은 아니지만 문제이다. 상급생들은 남자 동기들이 신입 여학생을 정말 매력적이거나 신입생의 '신'자를 따서 '신신'한 생고기(원문에는 'fresh meat'를 10학년을 의미하는 sophomore의 'o'를 차용하여 'frosh meat'라고 표현했다 : 역주)로 생각할까 봐 질투심과 공포심에 사로잡힌다. 상급생 소녀들은 타인에게는 물론 스스로에게도 이를 거의 인정하지 않는다. 신입생 여학생을 갖고 노는 게 훨씬 쉽다. 다음은 내가 일했던 학교에서 상급생 소녀가 신입생에게 했던 행동들이다.

- 파티에서 신입생 소녀가 술에 취하고 토했다고 비웃는다.
- 신입생 소녀가 상급생 소년과 침실로 들어가는 것을 보고서 '매춘부'라고 비웃으며 외친다.
- 신입생들을 위한 규정집(여기에는 상급생 소년과 사귀는 것이나 상급생 소녀의 예전 남자친구를 만나지 말라는 내용이 포함되어 있다)을 만들어 이를 따르지 않으면 생지옥으로 들어갈 것이라고 겁을 준다.
- 정어리 캔을 가져다가 열어서 신입생 소녀의 침대에 문지른다(기숙사에서는 후배 여학생 침대에 접근할 수 있다).

내게 정말 재미있는 것은 상급생 소녀들이 "이번 신입생 소녀들은 상급생

에 대한 존경심이 없는 것 같아. 우리가 그 나이였을 때와는 다르지. 우리는 창녀처럼 옷을 입지 않았다고. 우리는 남학생들에게 달려들지도 않았어. 우리는 상급생에게 공손하게 대했어. 이 계집애들은 잘못했으니까 벌을 받아야 해."라는 지속적인 믿음이 있다는 것이다. 상급생 소녀들에게 공감 따위는 없다. 그 소녀들은 그렇게 대하는 것이 옳은 일이 아니라는 것도 느끼지 못한다. 이것은 상급생 소녀가 하급생에게 그들의 위치를 가르치는 중요한 권리다.

반면 당신의 신입생 딸이 저학년 또는 고학년 소년을 만났을 때, 특히 남성행동지침을 따르는 아이들이라면 그에게 그녀의 입장을 고수할 수 없으므로 그녀가 그에게 끌릴 수밖에 없다는 얘기를 하는 나한테 여학생들은 펄쩍 뛰며 화를 내는데, 아래 보기는 내가 말하는 남학생들의 심리를 정확하게 설명해준다.

> 나는 고교 상급생이 신입생을 정말 좋아해서 사귈 수도 있겠지만 그런 경우는 드물다고 봐요. 신입 여학생이 알아야 할 것은 그런 남학생과 데이트를 할 때, 그의 친구들이 이에 대해 무자비하게 놀려댄다는 거예요. 우리는 그 남학생이 어떤 심산으로 연애를 하는지 뻔히 알기 때문에 뒤에서 수군대요. 그 이유란 게 그가 그녀를 좋아해서가 아니라, 그가 하고 싶은 것을 그녀가 해줄 것이라는 것 때문이죠. ―제임스, 18세

장점을 가진 친구들

어떤 두 사람이 친구관계 이상의 것이 없다고 공언한 상태에서 친구이자 섹스를 나누는 사이라면 십대들이 위와 같은 용어를 더 이상 쓰지 않는다. 아마도 그들은 '섹스 제안 음란 전화(booty call)' 또는 '섹스 친구(fuck buddy)'라고 부를 듯하다.

내가 함께 작업해본 십대들은 이것을 소녀들이 걸레라는 꼬리표를 달지 않고도 성적인 자유분방함을 누릴 수 있는 방법이라고 생각한다. 이것은 그녀에게 창녀/바람둥이 이중 잣대로부터 벗어나게 해주는데 그 이유는 그녀가 상황을 통제할 수 있고 그 결과에 대해 감정적으로 몰두하지 않기 때문이다.

그러나 남녀 공히 말은 쉽지만 실제는 그렇지 않은 경우가 많다.

당신은 그냥 친구 사이지만 성관계를 갖는 그녀와 지속적으로 이런 관계를 맺어도 아무 문제나 의미가 없다고 스스로를 납득시켜야 한다. 당신이 그녀가 단순한 성적 상대 이상으로 느껴진다면 당신은 원래 의도한 바와 달라진 데 대해서 죄책감을 느끼는 것이다.

나쁜 남자친구

불행히도 당신의 딸이 좋아하지 않는, 심지어 미워하기까지 하는 남자와 데이트를 하게 되는 것은 거의 피할 수 없는 일이다. 당신의 딸은 그녀를 신체적으로 학대해서 자존감에 심각한 손상을 주는 남자와는 데이트를 하지 말아야 한다.

다음은 나쁜 남자친구를 판단하는 나의 기준이다.

- 말싸움을 할 때 그가 그녀의 시각과 감정에 대해 의문을 퍼붓는다.
- 그는 그녀에게 체중을 줄이라고 하거나 다른 모욕적인 평가를 한다.
- 그는 그녀의 지능을 거론해서 그녀 자신에 대해 의문을 갖게 한다.
- 그는 그녀가 너무 자의식이 강하다는 이유로 그녀를 차버린다.
- 그는 그녀를 창녀 또는 나쁜 계집이라고 부른다.
- 그는 그녀를 모욕한다.
- 그는 그녀를 창피하게 한다.
- 그는 위의 행동들을 다 하고선 "그냥 농담이야. 너는 내가 진심이 아니라는 거 알지?"라고 말한다.

이 항목들은 기본적으로 나쁜 친구의 판단 기준과 같은 것이다. 모든 관계는 드라마를 갖고 있지만 당신의 딸이 '부족하다'거나 또는 더 위축되었다고 느끼고, 자신의 관점을 부인당하는 대인관계에 놓여 있다면 그녀는 그 관계를 유지할 필요가 없다. 이 장 후반부에서 그녀가 이런 상황들을 어떻게 다루는지 도울 수 있는 조언을 하겠다.

건강한 대인관계

나는 이번 장에서 대인관계의 부정적인 측면에 집중한 것 같다. 하지만 이것들은 소녀들이 가장 자주 질문하는 이슈이기 때문이다. 그러나 남자친구들이 다 나쁜 건 아니고 당신의 딸 역시 멋진 남자친구를 사귈 수 있다. (그리고 당신이 인정하긴 힘들겠지만 그녀는 건강하고 책임감 있는 성적 관계를 유지할 수 있다.) 기억하라, 소녀들은 당신을 보고, 친구를 보고, 더 넓게는 세계를 보면서 대인관계의 개인적 기준들을 발달시킨다.

위장 남자친구

고등학교 내내 사귄 몇 커플이 있다. 부모와 교사들은 그들이 귀엽다고 생각했고 다른 학생들은 그들이 결혼한 것처럼 말한다. 그러나 종종, 두 사람 중 하나는 결국 다른 사람을 사귀어보길 원하고 오래된 커플이 만들어 온 위장 남자친구(원문은 security blanket임. 낡은 운동화처럼 익숙해져서 버리지 못하는 물건들임. 원래는 아기들의 정서적 안정을 위해서 오랫동안 가지고 다니는 담요에서 유래됨. 여기서는 파티 등에서 다른 남자들이 접근하지 못하게 하기 위해서 데리고 가거나 사귀는 척하는 위장 남자친구를 의미함 : 역주)가 되는 걸 원치 않는다. 소년이 다른 여자들하고도 좀 놀아보고 싶어 하면("나는 우리가 다른 사람들도 만나봐야 한다고 생각해. 그러나 나는 여전히 너를 만나고 싶어.") 소녀는 그를 떠나보내고 싶지 않기 때문에 그가 원하는 걸 해줘야 한다고 생각한다. 그가 다시 자기에게 돌아오리라는 희망으로 둘만 바라보는 사이가 아닌 것도 참는다. 두 사람 사이를 완전히 끝내서 희망이 없는 것보다는 여지라도 남겨 놓는 게 그녀에겐 더 좋기 때문이다. 그녀는 한 사람만 바라볼 필요도 없고 원하지도 않는다고 말할지도 모른다. 그녀는 진정 원하는 걸 말하지 않으면서 일말의 희망이라도 갖고 있다.

결과는 그들이 여전히 커플이지만 엄밀히 들여다보면 잘 진행되는 것은 아니다. 이러한 무심함 때문에 서로에게 나쁘게 대하게 한다. 그들은 가끔 무미건조한 섹스를 하지만 한 사람에게는 무심한 것이 다른 한 사람에게는 아닐 수 있다. 이런 상황에서 여자는 고통스러운 관계에 빠진다. 그녀는 이런 상태의 관계에 예민해지면서도 불평할 권리가 없다는 것을 안다. 만약 불평을 한다면 그녀가 예전에 동의했던 부분이 바로 번복되기 때문이다("우리가 다른 사람들을 만나는 것에 대해 너는 오케이 했었잖아."). 그녀의 감정은 혼란스러워지고 결국 자신에게 불만을 쏟아내게 될 것이다. 그녀가 할 수 있는 유일한 것은 극적인 상황을 만들어내는 것인데 그녀는 과음을 하거나, 약을 과용하거나, 부주의한 행동을 해서 결국 그가 그녀를 구조하러 오도록 하는 것이다. 그는 여전히 남성행동지침에 따라 그녀를 돌보고 그녀의 요구를 받아들일 것이다. 그는 그녀가 자신을 구해주고 달래주길 원하는 유일한 사람이기에 뭔가 특별하다고 느낀다. 이런 극적인 순간의 결과는 길고(나는 몇 시간 이상이라고 말하겠다) 눈물로 가득한 대화이며, 이런 대화는 파티에서 행복한 커플이 문을 잠그고 그들의 관계 문제를 다투는 식으로 나타나곤 한다.

건강한 대인관계란 사람들이 서로 존중하고, 비판 또는 교정당하지 않는 자기 자신이 되는 것이다. 당신에게 푹 빠진 사람은 당신을 품위 있게 대할 것이다. 그가 당신을 존중해주지 않았던 때가 있었다면 사과하고 잘못을 중단할 것이다. 물론 당신도 그렇게 대해야 한다.

그 시절에 나는

- 눈을 감고 당신의 첫사랑을 기억하라.
  당신은 이 사람을 처음 본 순간을 기억하는가? 느낌이 어떠했는가? 그 사람과 단둘이 있을 때 무엇을 느꼈는가?
- 당신은 부모님이 싫어하는 사람과 데이트를 한 적이 있는가? 그들의 반대에 당신은 어떻게 반응했는가?
- 성추행을 당한 적이 있는가? 당신은 그 문제를 어떻게 다루었는가? 당신 딸에게도 그런 문제가 생긴다면 딸은 어떻게 해결할 것 같은가? 그녀가 어떻게 해나가길 바라는가?
- 당신이 데이트하는 남성과 사귀려 드는 동성친구가 있었는가? 누구의 문제라고 보는가? 이것이 당신 미래의 우정과 관계에 어떤 영향을 주었는가?
- 당신은 싫다는 말을 하지 못해서 연애상대가 원하는 행동을 한 적이 있는가?
- 당신 딸이 대인관계에 대해 당신에게 배운 것은 무엇인가? 어떤 모델이 되어 주었나 — 더 좋게 혹은 더 나쁘게?
- 당신은 딸이 건강한 대인관계에 있는지 알기 위해서 어떤 점들을 주시하겠는가?

당신이 도울 수 있는 것

나는 소녀들이 접하는 매우 어려운 상황들을 일부 기술했다. 이제는 당신에게 내가 할 수 있는 최선의 제안을 하려고 한다. 그것은 소녀세계가 소년세계를 만날 때 이를 어떻게 다루느냐는 이슈이다.

1. 당신의 딸에게 남친 때문에 동성친구들에게 무심하지 않도록 가르쳐라. 이것은 그녀가 어릴 때부터 시작되어야 할 철칙이다. 사랑이냐 아니냐가 중요한 것이 아니라 그녀가 약속한 것을 잘 지키느냐 아니냐가 더 중요하다. 그녀에게 남친 때문에 동성친구를 무시해도 된다고 말하는 불문율이 무엇인지 물어보라. 그것은 어디서 온 것인가? 그녀가 좋아하는 그 남자에게 이미 다른 사람과 약속이 있다고 말하면 어떤 일이 일어날 것 같은가? 다른 계획이 이미 있다고 해도 이해해주지 못하는 남자를 좋아하는 이유는 무엇인가? 중요한 점은 약속을 지키거나 어기는 것은 당신이 얼마나 그 사람을 좋아하는지와 관련이 없으며 역방향으로 생각해도 같다. 약속을 지키는 것은 어떤 관계이든 당신이 구한 동의를 존중하는 것이다.

2. 당신의 딸이 나름의 조건과 적절한 연애 속도에 따라 데이트할 수 있게 기준을 만들도록 도와주라. 모든 소녀들은 자신만의 진도가 있고 소년에 대한 관심의 정도가 다르며 속도와 관심 면에서 자신이 어느 지점에 있든 문제될 게 없다는 것을 상기시켜라.

3. SEAL을 사용하여 당신의 딸이 소년들과 어려운 대화를 나눌 때의 틀을 짤 수 있게 도와주라. 예를 들어 다음은 헤어지고 싶을 때 그녀가 말할 수 있는 것들이다.

멈추고 전략 짜기 : 그녀는 정확히 무엇을 싫어하는지 생각하고 어디서 그에게 말할 것인지 생각한다.

설명하기 : "네가 나를 놀리거나 네 친구들이 나를 놀릴 때 네가 함께 웃는 순간, 존중받지 못한다는 느낌이 들어. 나는 이런 일이 벌어진다면 너와 사귈 수 없어."

단언하기 : "나는 너에게 말하기 전에 그 점을 네 친구들에게 먼저 말한 게 마치 내가 너를 속이는 것 같다는 것을 알았어. 그것은 미안해."

잠그기 : "지금 이 순간 나는 함께 놀거나 서로에게 전화/문자를 하지 않는
　　　것이 더 편안하다고 느껴[이 의미는 그가 한 사람으로 존중되도록 느껴
　　　야 하지만 교제가 끝났음을 알아야 한다는 것이다]."

불행하게도 연애가 끝날 때 깨끗하고 품위 있는 경우는 거의 없다. 헤어진
남자들은 당신의 딸이 더 이상 자기들과 데이트를 원하지 않는 이유에 대한
대화가 편치 않을 것이다. 대부분은 떠나서 받은 상처를 혼자서 삭힌다. 때로
그들은 화가 나서 다음처럼 보복을 한다.

> 내 친구하고 두 달 정도 사귀었던 전 남자친구가 날뛰는 것을 봤어요. 그녀와 결별한 뒤
> 그는 망가졌어요. 명백히 보복하려는 마음으로 그는 그녀의 페이스북으로 가서 그와 함
> 께 갔던 여행 사진 모두에다가 '파멸', '개 같은, 저질 창녀' 등의 코멘트를 달았어요. 이
> 런 사진이 한두 장도 아니고 무려 60장이었어요. 그러니까 친구는 두말할 것도 없이 앨
> 범 자체를 삭제해야 했어요. ─마가렛, 18세

그는 아주 옛날 방식으로 그녀에 대한 헛소문을 퍼뜨릴 수도 있었을 것이
다. 만약 당신의 딸이 이런 경험을 한다면 다음은 그녀가 말할 수 있는 방법
의 한 예다.

당신의 딸 : 너는 내게 포기하지 않을, 헤프고, 쌀쌀맞은 계집이라 말했어.
　　　나는 네가 나에 대해 다른 사람들에게 비열한 말을 하지 말고(또는 온라
　　　인으로 나는 추적하는 따위로도) 너와 결별을 선언할 권리가 있어. 나는
　　　너를 그만두게 하지 못하지만 즉시 중단해 달라고 부탁은 해볼게. 내가
　　　너를 존중해주지 않았다거나 마지막으로 말할 기회조차 주지 않았다고
　　　느낀다면, 나는 네가 나를 존중감을 가지고 대한다는 전제하에서 얘기
　　　할 용의가 있어.

4. 당신의 딸이 성희롱에 대응하도록 도와라 ─ 이것은 소년에게도 같은 기
　　준을 제시함을 표현한다. 소년들이 소녀들의 신체를 존중하기를 원하
　　는 만큼, 소녀들도 소년들의 신체를 존중해야 한다. 전체적으로 가장

친구의 전 남자친구 또는 과거나 현재의 관심 인물과 교제할 때의 황금률

이 주제는 부모들이 자녀들에게 말해주어야 이상적이겠지만 관련된 모든 사람에게 다루기에는 너무 뜨거운 주제다. 그러나 인간이 타인과 사귈 수 있는 권리에는 도덕적인 지침이 필요하다. 이 부분은 당신이 딸에게 이 책을 건네서 읽힐 수 있는 부분이다.

첫째, 당신이 친구의 남자친구를 사귀려 한다면 99% 이상의 경우에 이 문제를 자유롭고 깨끗하게 다룰 수 없다는 걸 알아야 한다. "그 애가 나한테 그렇게 화낼 자격은 없어. 왜냐하면…", "그건 내 잘못이 아니야. 그가 나를 더 좋아해." 등의 말도 할 수 없다. 당신의 친구는 펄쩍 뛸 것인데, 그 남자를 계속 좋아하는 게 아니라도 이 일은 여전히 그녀를 괴롭게 할 수 있다. 당신이 극적인 상황을 피할 수 없음을 알아두어라. 그러나 당신이 더 진행하고 싶다면 다음이 나의 제안들이다.

- 친구의 전 남자친구와 사귈 가능성이 보이면 당신은 친구에게 미리 관심을 표현해서 준비하도록 해준다.
- 친구의 전 남자친구와 예정 없이 데이트를 하게 되면, 12시간 내에 친구에게 말하라. 회피할 수 있다고 생각하지 마라. 불가능하다. 누군가가 문자를 보내거나 사진을 보내주기 때문에 들키게 된다. 더 이상 비밀 연애는 없다.
- 당신 친구가 여전히 그 남자를 좋아할 가능성이 있다고 생각한다면 당신의 SEAL 기법으로 생각하라.

당신은 친구와의 우정을 존중하는 데 신경 써야 한다. 이는 그녀 앞에서 당신이 그 남자애와 눈에 거슬리는 행동 등을 할 권리가 없다는 것을 의미한다. 또한 불필요한 추파, 즉 무릎 위에 앉기, 밀치기, 남자친구가 안아서 빙빙 돌리기, 깔깔거리는 웃음소리 등은 안 된다. 특히 그 남자와 데이트하기 위해서 그녀와 약속을 저버리지 마라. 당신은 그와의 만남을 허락받기 위해 애교를 떨려고 이러는 것이 아니라 당신의 행동은 친구의 감정을 섬세하게 배려하려는 의식적인 노력을 반영해야 한다.

만약 당신이 전 남자친구라면 : 당신의 위치는 아주 불편하고 당신을 쉽게 무력한 상태로 느끼게 한다. 현실은 이렇다. 당신은 자신의 느낌은 마음대로 할 수 있지만 타인의 행동과 감정을 통제할 수는 없다. 당신의 친구가 당신이 현재 관심을 갖고 있거나, 만나고 있는 사람과 사귀려고 한다는 사실을 알게 된다면 당신은 두 번의 대화를 할 것이다. 먼저 친구와 그리고 연애상대와의 대화인데 SEAL을 이용하여 두 대화의 틀을 짜라. 그러나 어떤 상황에서도 당신은 이 소녀에 대해 복수하거나 욕을 하거나, 모든 사람이 그녀를 싫어하도록 만들 권리가 없다.

마지막으로 당신들 두 사람은 이 모든 관심의 대상인 남학생이 무책임하게 이 해결 과정에서 빠지게 할 수는 없다. 그는 무엇이 일어나고 있는지 알고 있다. 그의 책임이 더 클 수도 있다. 그를 두고 친구랑 싸우는 동안 뒤에서 방관만 하도록 놔두지 마라.

중요한 것은 성희롱의 행동을 '비정상화'시킨다는 것이다. 만약 그녀가 매일 이것을 겪는다면 정말 잘못된 행동은 없다고 생각하는 것이 논리적일 것이다. 단지 그 행동이 싫다는 정도로 본다. 어른들이 할 수 있는 가장 최선의 조치 중 하나는 이 현실에 대해 도전하는 것이다. 그리고 이것이 당신이 매일 보는 것이기 때문에 옳을 수는 없다는 것을 기억하라.

성희롱은 매우 흔하므로 당신의 딸을 희롱하는 사람이 자신의 행동이 문제라는 사실을 알지 못할 경우가 많다. 가능하다면(이는 당신의 딸이 이 사람과 있을 때 신체적으로 안전하다고 느끼는 것을 의미함) 그녀는 SEAL을 사용해서 일대일로 첫 번째 시도를 해야 한다.

당신의 딸(설명하기) : 토드, 잠깐 얘기할 수 있을까? 이런 말하긴 힘들지만 나는 꼭 해야 할 것 같아. 내 말을 진지하게 들어주었으면 좋겠어. 네가 복도에서 나를 껴안을 때 나는 종종 마구 더듬는 느낌을 받아. 그만해 줬으면 좋겠어.
(단언하기) 우리는 친구니까 서로에게 솔직해야 하고 이 일로 우리 관계를 망치지 말았으면 해.

만일 그가 방어적으로 나오거나 그녀가 애매모호한 메시지를 보내서 그랬다고 그녀를 비난한다면 다음과 같이 말할 수 있다.

당신의 딸 : 너는 내 친구고, 무언가가 나를 괴롭힐 때 그건 너에게 꼭 말해야 할 것 같아. 그게 존중받는 거니까 너도 같은 느낌을 받을 때 내게 똑같이 하면 돼. 내가 애매모호한 메시지를 보냈다고 생각하는 부분에 대해선 미안한데, 다음번에 내가 또 그런다고 느끼면 내게 바로 얘기해 줘.

만약 그가 자신의 행동이 문제임을 알고 있다면 다음과 같이 말할 수 있다.

당신의 딸 : 토드, 너와 얘기를 나누고 싶어. 나는 내가 네 사물함 앞을 걸어 갈 때 네 친구들에게 내 얘기 하는 걸 그만둬 주었으면 좋겠어. 만약 네가 여자아이들이란 그런 관심을 좋아한다고 믿는다면, 나는 그렇지 않다고 확실하게 밝히고 싶어. 이제 이 얘길 했으니, 네가 내 요청을 존중

해줄 거라고 생각할게.

만약 그가 그녀를 보고 콧방귀를 뀐다면 다음과 같이 말할 수 있다.

당신의 딸 : 확실히 말하겠는데, 나는 네가 그만두길 바라. 이제 나는 너한테 여러 번 요청을 했어. 만일 네가 내 말을 받아들이지 않는다면, 너는 나를 도움(학교에서 가장 유력한 사람) 받으러 가게 등 떠미는 꼴이 될 거야.

만약 그가 또 그런다면 당신은 도움을 받기 위해 학교의 성인 조력자를 찾아가야 한다.

만약 딸아이가 이런 일들을 그에게 하게 되면 어떻게 될까? 딸이 가해자인 경우에는 당신의 딸이 상처를 주는 입장인 가능성도 많다. 그녀가 버림받고 그녀의 전 남자친구를 쫓아다니는 사람이 될 수도 있다. 그녀가 그의 경계를 존중하지 않는 사람이 될 수도 있다. 당신이 가해자인 아들에게 하듯, 나는 당신의 딸과 함께 앉아서 사람들의 경계를 존중하는 것에 대해 확실히 정리할 것이다. 그녀는 그 소년을 온라인상에서 비난해서는 안 된다. 그가 그녀와 절교했다고 해서 그를 비웃을 수 없다. 그녀가 이런 갈등의 희생자 위치에 있을 때 그녀의 전략에 대해 말해줄 필요가 있듯, 당신은 상처받고 거절감을 느낀다고 해서 복수해도 되는 게 아님을 명확히 해주어야 한다.

5. 당신의 딸이 좋은 남자친구, 나쁜 남자친구, 가학적인 남자친구 사이의 차이를 알도록 도와주어라. 그리고 건강하지 못한 관계를 단절하도록 해주는 최선의 가능한 전략들을 가지도록 도와주어라.

당신이 그녀의 남자친구를 좋아하지 않을 때

많은 부모들이 그들이 보기에 별로인 사람과 딸이 데이트를 하는 것을 지켜보기가 매우 힘들다고들 한다.

과연 그가 별로일까? 당신이 지레짐작만 하지 말고 저녁식사에 그 소년을 초대해서 좀 더 알도록 시도해보라. 그는 너무 많은 피어싱을 하고 있거나 자세가 형편없거나 수줍음이 많을 수도 있다. 그런 건 다 잊어라. 그 대신 다음의 내용을 생각해보라 — 그가 당신의 딸을 존중하며 대하는가? 그가 공손한가? 그가 그녀의 의견을 가치 있게 여기는가? 초록색 머리나 혀에 피어싱을 한 소년들이 정말 괜찮은 녀석일 때도 많다. 솔직히 나는 대장과 행동대원 부류의 아이들에 대한 걱정이 더 많다.

> 나는 그를 저녁식사에 초대해서 더 많이 알고자 최선을 다했어요. 나는 여전히 그를 좋아하지 않고 나는 그녀에게 그가 흡연을 한다거나 공부를 게을리한다는 실질적인 문제 목록을 주고 싶었어요. 저녁식사 때 트림했다는 따위 말고요.　　　　　　－니나, 17세

> 나는 내 절친과 함께 10학년 시절 고안한 작전이 하나 있어요. 그때 나는 릭이라는 남자와 데이트를 하면서 푹 빠졌으나 그는 나와 연인 사이가 되기 위해 전화하거나 찾아오지 않았어요. 나는 그가 나를 좋아하는 것을 알았지만 그는 그냥 과묵할 뿐이었죠. 우리 부모님은 왜 그런 애한테 매달리느냐고 나한테 끊임없이 잔소리를 했고 나는 그 남자애 편을 들어 항상 변명했죠. 그래서 우린 '남자친구 릭 두둔하기' 철학을 세웠는데 이 철학은 그 이후 내가 맺어온 모든 관계를 설명해줘요. 최악의 경우는 딜런(지금도 헤어지려고 싸우고 있는 남자)과의 일인데 나는 9개월 전 내게 아픔을 주고 떠나간 그를 왜 다시 받아주었는지 사람들에게 이해시키기 위해 지금까지 그를 두둔했어야 했어요.
> 　　　　　　－카르멘, 18세

그렇다, 당신은 최선을 다해 왔지만 여전히 그를 견디기 힘들다. 그를 생각만 해도 오싹하다. 당신이 무엇을 할 수 있는가? 당신이 허락하지 않는다고 말하게 되면 딸아이는 그와 영원히 함께할 것이다. 입을 닫고 그녀가 다가오길 기다려보라. 소녀들은 그들의 부모나 존경하는 사람들이 자신의 남자친구를 인정해주길 원한다. 질문을 받았을 때 당신은 정직해야 하지만 먼저 당신 마음속의 앙금부터 점검해보라. 그가 입었던 옷이 싫어도 그건 잊어버려라. 그보다는 그가 딸에게 말하는 방식이 마음에 들지 않았다면, 그것에만 집중하라.

당신이 그를 피상적인 이유로 좋아하지 않는다면 이렇게 말할 수 있다. "나는 그의 옷, 피어싱, 머리 색깔 등의 선택은 마음에 들지 않는다만 나는

네 스스로 결정할 수 있는 권리를 존중하고 네가 너를 존중하며 대해주는 사람과 교제하길 원한단다. 그러나 언제든 나한테 와서 상의하도록 하고 그를 데리고 오는 것을 불편하게 생각하지 말거라."

당신이 아주 적합한 이유로 그를 싫어한다면 이렇게 말할 수 있다. "나는 세스에 대해 너와 얘기하고 싶구나. 어제 네가 학교에서 함께 돌아올 때, 나는 그가 너한테 말하는 방식이 정말 걱정되더구나. 아마도 내가 틀렸거나 노파심일지도 모르겠지만 나는 그가 너를 비하한다고 느꼈어. 너는 남자친구를 사귈 권리가 있지만 네 자신에 대해 부정적인 생각을 갖게 하거나 자괴감이 들게 하는 말은 하지 않을 남자친구를 사귈 권리도 있단다. 내 말을 어떻게 생각하니? 내가 왜 이런 생각하는지 알 수 있겠니?"

그에 대해 딸은 이렇게 말할 수 있다. "엄마/아빠, 느낀 점을 말해주셔서 고마워요. 저는 예전에 그걸 몰랐지만 지금 듣고서 알게 되었어요. 부모님 말씀이 옳으니 지금 당장 그와 헤어지겠어요." 오, 옳지. 그때는 당신이 잭팟 승리를 따내고 로또 밴이 당신을 호위해주며, 당신의 고교시절 청바지 몸매로 되돌아가고 당신의 새치는 사라질 것이다.

딸아이가 자제력을 잃고 당신에게 그녀의 교제를 이해하지 못한다고 말할 경우도 있을 수 있다. 그때 당신은 이렇게 반응할 필요가 있다. "나는 너한테 해답을 요구하거나 그와 그만 만나길 원하는 게 아니야. 내가 너한테 부탁하는 것은 내가 말한 것을 생각해보고 나중에 얘기를 해 달라는 거야."

딸이 당신 몰래 교제한다는 사실을 알게 된다면 무엇을 할 것인가?

내가 문제에 빠진 경우는 내가 부모님 몰래 돌아다니고 그걸 말씀드리지도 못할 때였어요.
—그레이스, 16세

저는 14세이고 고등학교 신입생이에요. 저희 부모님은 과잉보호를 해 오셨고 지금은 감당할 수 없는 수준이에요. 오해는 하지 마세요. 저는 부모님을 사랑하지만 때로 너무 심하신 거예요. 엄마는 이해를 좀 더 해주시지만 아빠는 제 말을 전혀 들으려 하지 않으세요. 저는 예전에도 아빠와 여러 번 말다툼을 했지만 제 뜻을 전하려 할 때마다 제 말을 가로막고 제가 틀렸으며 사리분별을 못한다고 말씀하세요. 아빠는 제가 공부에 집중하지 못할까 봐 데이트를 해서는 안 된다고 하세요. 그러나 중요한 건 제가 학교에서 완벽하게 잘해 오고 있다는 거예요. 저는 현재 두 달째 남자친구와 사귀고 있어요. 정말 괜찮은 남자이기 때문에 저는 부모님이 그와 만나보길 진심으로 원하고요. 그를 한 번 알게 되면 분명히 사랑하게 될 거예요. 그러나 부모님(특히 아빠)들은 정말 성급하게 판단하세요. 제가 실제로 데이트를 하고 있다는 사실을 진정 말하고 싶고, 몰래 만나고 싶지도 않고, 항상 제가 어디에 있는지에 대해 거짓말도 하고 싶지 않아요. 어떻게 하면 그 분들이 기겁하게 하지 않고 사실을 말할 수 있을까요?   ─헤이든, 16세

저는 히스패닉 부모님을 둔 15세 소녀예요. 그 분들은 남자 문제만 나오면 정말 과잉보호를 하시려 해요. 지나칠 정도만 아니라면 걱정하시는 건 괜찮아요. 부모님은 제가 학교에 집중해야 한다고 믿으시죠. 남자애들 생각은 하지도 말라는 거죠. 저는 정말 좋아하는 남자친구가 있는데(제가 사랑을 말하는 건 아니고, 아직 사랑이 뭔지는 모른다는 건 알아요), 우리는 한 달간 '데이트'를 해 왔지만 알고 지낸 건 1년이에요. 항상 몰래 만나야 했기 때문에 그 애를 만나는 게 정말 힘들어요. 저는 부모님께 거짓말을 계속하고 싶지는 않은데 제가 말하고 나면 많은 권리들을 빼앗길 것 같아요. 엄마는 제게 남자들은 공부에 방해된다고 항상 말씀하시지만 저는 실제로 계속 A를 받아 오고 있거든요. 저는 부모님과 제가 더 잘 소통하길 원해요. 그 분들은 제가 섹스에 대해 모를 것이라고 여전히 믿고 싶어 하세요. 제 남친 마누엘은 우리가 사귀는 걸 부모님께 말씀드리라고 압박진 않지만 그 애는 분명히 바라고 있어요. 그는 정말 멋진 남자고 저는 저희 부모님이 평소 저한테 하시듯 벌컥 화내지 않고 저희에 대해 알아주셨으면 해요. 제가 데이트하고 있다는 것을 어떻게 그분들에게 쉽게 알릴 수 있을까요?   ─필라, 16세

많은 소녀들이 그렇듯, 필라와 헤이든은 부모의 허락을 원하고 부모들의 걱정을 이해한다. 그러나 그들은 더 많은 자유를 원하고 부모님이 그들이 선택을 잘 할 수 있다는 걸 알아주기를 원한다. 다음은 내게 조언을 구하러 오는 소녀들에게 내가 하는 말이다.

나는 네가 몰래 만나는 이유를 완전히 이해하지만, 더는 그러지 말아야 해. 왜냐하면 너희들은 긴장감이 풀려서 실수하게 되고 결국 부모님들에게 들키게 되니까 말이야. 부모님들이 속았다는 것을 알게 되면 극도로 화가 나서 네가 말하는 장점들을 알아듣기가 더 어려워져. 게다가 부모님들은 남자친구가 너한테 몰래 만나도록 조종했을 거라고 생각하실 거니까 그 분들이 남자친구를 좋게 보실 수가 없잖아. 그리고 남자친구가 공부하는 데 큰 방해요소가 될 수 있는 것은 사실이야. 그러나 네가 열심히 성적을 유지하고 다른 책임을 잘 지켜서

이런 방해요소를 잘 다루게 되면 그때는 이렇게 말씀드려 보렴. "엄마, 아빠, 저는 정말 두 분을 존경하고 있고, 두 분이 저와 제가 내린 결정들을 자랑스러워하길 바라요. 저는 두 분이 저에게 진지한 남자친구가 생기지 않길 원하시는 걸 알지만 저는 제 남자친구를 정말 좋아하고 함께 데이트도 하고 싶어요. 저는 함께 영화도 보러 가고 싶어요. 저희가 어떻게 하면 제가 좀 더 자유로워져서 제 스스로 잘하고 있다고 두 분이 느끼시게 될까요?" 이제 동의를 얻어낸다면 너희들은 약속을 잘 지키는 게 정말 중요해! 만약 오후 11시에 귀가하겠다고 말했다면, 오후 10시 50분까지 돌아오도록 계획을 짜렴—그건 네가 약속대로 하지 않으면 모든 신용을 다 잃게 되기 때문이지.

당신의 딸이 학대받는 관계를 알 수 있도록 도와라

물론 당신은 딸이 데이트하는 사람들과 긍정적인 경험을 하길 원할 것이고 딸이 학대받는 관계에 처할 것이라고 예측하는 부모는 없다. 그러나 만약 당신이 딸과 친구 셋을 포함해서 네 명의 소녀들을 알고 있다면 그들 중 한 명은 학대받는 관계에 있었거나 겪게 되리라는 것을 알고 있다. 어떻게 이것을 알 수 있으며, 딸이 필요한 어떤 도움을 어떻게 줄 수 있을까?

소녀들은 느닷없이 학대 관계에 놓이지 않는다. 여러 가지 내부 요소들이 결합되었을 때 취약해진다. 이런 내부 요소들은 다른 사람의 삶에 중요한 존재가 되길 원하는 것, 누군가를 사랑하고 그들에게 제일 좋은 사람이 되고 싶은 것, 자기네 가족이나 공동체에서는 자체 내 폭력이 일어날 수도 있다는 가능성을 인정하지 않는 환경에 속해 있을 때, 가정에서 언어적 또는 신체적 학대를 지켜보는 것, 또래 친구들이 그 사람의 사회적 지위를 남자친구를 보고 판단할 때 등이다.

무엇이 학대인가?

학대 관계란 핵심적으로 한 사람이 언어적, 감정적, 재정적, 신체적(그러나 항상은 아니다)으로 다른 한쪽을 지배하고 협박하고 통제하는 것 중 하나다. 학대는 소름끼치게 단순하면서도 복잡하다. "왜 그녀가 떠나지 않았지?" 사람들은 묻는다. 사랑하는 사람이 그녀를 먼지처럼 사소하게 여길 때조차도 그녀는 그 사람을 사랑하기 때문에 하룻밤 사이에 사랑을 접을 수 없다. 그녀는 계속해서 기가 죽어서 아무런 결정을 할 수 없을 정도로 자신감을 잃었다. 같이 다니는 친구들도 둘이 잘 어울린다고 생각하는 탓도 있다. 심지어 최악의 학대 관계에서도 좋을 때가 있는데 특히 가해자가 당신이 세상에서 가장 특별한 사람이라고 느끼게 해줄 수 있기 때문이다. 그리고 당신이 누군가를 사랑한다면 그를 믿고 싶어 한다. 다른 선택은 없어 보여서 잘 되길 바란다.

당신은 파티에 갔다가 친구, 배우자, 남자친구, 여자친구가 더 있으려고 해서 예정보다 늦게까지 머무른 적이 있는가? 운전하면 안 될 정도로 와인에 취한 사람이 운전대를 잡고 당신은 조수석에 앉을 수밖에 없었던 적이 있는가? 나는 둘 다 겪어봤다. 만일 당신이 파티에 남거나 그 차를 탔던 경우, 그 이유는 당신이 상대방 기분을 상하게 하지 않으려거나, 저항하고 싶지 않거나, 누군가가 위험하고 무책임한 일을 하고 있다고 터놓고 얘기하지 않으려한 것 아니겠는가? 당신이 자신의 소신대로 했다면 사람들이 당신의 뒤에서 조롱하고 뒷담화를 했을 것을 상상해보라. 이런 상황에서 누군가에게 맞서기가 힘들다면 학대를 겪는 사람들이 학대를 다루는 게 얼마나 힘들지 상상이 된다.

소녀들은 아직 미성숙한 십대이기 때문에 특히 학대 관계에 취약하다. 그들은 극단적이고, 멀리 내다보지 못하고, 자기애에 도취되거나 극적 상황에 놓이기 쉬우며 관계를 비교할 수 있는 경험이 거의 없기 때문이다.

왜 그녀가 당신에게 얘기하지 않으려 할까?

부모에게 얘기하지 않으려 하는 소녀들에 대해 내가 한 농담들을 읽지 않아도 당신의 딸이 학대 관계에 놓였을 때 당신에게 말하길 원치 않는 이유를 상상하는 것은 어렵지 않다. 그것을 그녀의 관점에서 들여다보자.

- 그녀는 프라이버시를 원한다 : 학대 관계는 그 커플 주변에 불가침 지역을 만들면서 유지된다.

- 그녀는 강한 자극을 열망한다 : 그녀는 처음으로 사랑에 빠졌을 수 있다. 학대 관계는 마약처럼 느껴진다. 그녀는 이런 중독에 대한 해결책이 필요하다. 나쁠 땐 너무 안 좋지만 도취되면 너무 재미있다. 그녀는 세상에서 가장 사랑받는 사람처럼 느낄 수 있다. 드라마 같은 연애는 그녀가 성숙한 성인들의 관계에 있고 그것이 세상에 저항하는 것이라는 느낌을 더 강하게 한다.
- 그녀는 특별하다고 느낀다 : 그녀는 남자친구를 이해하고 돌봐주고 구해줄 수 있는 유일한 사람이라고 느낀다.
- 그녀는 당신의 반응을 두려워한다 : 그녀는 당신이 더 이상 남자친구를 못 만나게 하거나 앞으로 어떤 누군가와의 데이트도 못하게 할까 봐 걱정한다.
- 그녀는 그녀의 독립성을 소중하게 여긴다 : 이런 이유로 그녀는 권위적인 인물이라고 생각되는 사람들에게 도움을 청하는 것을 꺼릴 것이다. 그녀는 옳건 그르건, 그녀가 도움을 구하게 되면 새롭게 얻은 독립이 사라지거나, 미래의 관계들이 통제될 것처럼 생각한다.
- 그녀는 당신을 실망시킬까 봐 두려워한다 : 그녀는 창피해하고 당신을 실망시킨다고 느낀다. 당신이 딸의 남자친구를 좋아할 수도 있는데 그녀가 학대 사실을 당신에게 말하게 되면 당신이 그를 싫어하게 될 것이다. 그녀에게 경고를 하려고 해도 그녀는 듣지 않는다.
- 그녀는 자신의 지위를 잃을까 두려워한다 : 대개 그녀는 가해자와 같은 학교를 다니고 같은 친구를 공유한다. 그녀는 자신의 사회적 위치를 그와의 관계에 의존해서 쉽게 받아들일 수 있다.
- 그녀는 완고하고 확고하다 : 그녀는 자존심 때문에 사람들(때로 그녀 자신도 포함)에게 자신이 곤경에 빠진 것을 부인한다.
- 그녀는 경험이 없다 : 그녀는 그의 질투와 구속이 예측된 것이며 관계의 정상적인 측면이라고 믿을 수 있으며 자신의 관계와 비교할 대상이 거의 없다. 그녀는 두 가지 모두를 사랑의 증거라고 생각할 수 있다(이것

이 딸이 집에서 보고 배우는 게 중요한 이유다!). 어쨌든 시간마다 문자와 음성메일을 남기는 것은 건강하지 않다.

- 그녀는 무력감을 느낀다 : 그녀는 가해자가 완벽한 힘을 가지고 있어서 아무것도 그 상황을 호전시킬 수 없다고 느낀다.
- 그녀는 그가 타인을 해칠까 두려워한다 : 그는 사람, 동물, 그녀가 아끼는 것 등을 해치겠다고 위협할 수 있다.
- 그녀는 이것이 정상이라고 느낀다 : 그녀는 집에서 이런 모습을 보았고 더 나은 대우를 받을 수 없다고 생각한다.

학대는 어떻게 비춰질까?

- 그녀가 그의 행동을 변명한다(그녀 자신 또는 타인에게).
- 그녀는 스트레스로 녹초가 된다. 그녀는 과도한 긴장에 시달리기 때문에 과잉각성 상태이며 작은 사건에도 과민반응할 수 있다. 이런 지속적인 스트레스에 대한 반응은 그녀를 폭발하게 하거나 신경질적인 반응을 보일 수 있다. 당신이 딸이 흥분할 만한 '빌미'를 제공해서 당신에게 갑자기 덤벼드는 등의 행동을 할 수 있다.
- 그녀는 방과 후 활동이나 친구관계 같이 자신에게 중요한 일과 사람들을 포기한다.
- 그녀는 입을 옷, 듣고 싶은 수업 등을 스스로 결정하기 어려워한다. 가해자는 매우 효과적으로 그녀가 내리는 결정이 멍청하고 실수라고 느끼게 해서 그녀는 아무런 생각도 할 수 없게 된다. 그녀는 어디에 갈 수 있는지와 같은 사소한 결정부터 가해자에게 확인해야 한다.
- 그녀는 그가 요구하는 대로 외모와 행동을 바꾼다.
- 그녀는 귀가시에 설명이 안 되는 외상을 입고 오며, 그 상처의 상태는 그녀의 설명과 잘 일치하지 않는다.
- 그녀는 질투와 구속이 사랑의 표현이라고 믿고 있다.
- 그녀는 '완벽한' 여자친구가 되려고 시도하며 가해자가 그녀가 완벽하

지 않다는 반응을 보이면 무서워하는 것 같다. 또는 그가 원하는 좀 더 나은 방법으로 행동하면 그녀를 학대하지 않을 것이라고 믿는다. 이는 모든 것을 자신의 책임으로 만드는 길이다.

당신이 딸의 학대를 알게 되었다면 딸에게 어떻게 얘기해야 할까?

해야 할 일

- 두 사람 사이에 대해 질문하라.
- 지속적으로 개방되고 존중하는 의사소통을 하라.
- 그녀가 통제 행동을 인식할 수 있도록 도와주어라.
- 상담, 학교, 사법 당국 등을 포함한 모든 자원을 이용하라.
- 얼마나 자주, 얼마나 오래 그녀가 온라인으로 시간을 보내며 문자를 주고받는지 체크하라. (이는 그녀의 비밀번호를 알아야 하는 중요한 이유다. 뭔가 잘못되면, 당신은 그녀가 온라인으로 무슨 얘기를 하는지 알아야 될 필요가 있다.)
- 그녀의 안전에 대한 계획을 세워라.
- 도움을 위해 지역의 가정폭력 상담기관에 전화하라.
- 그녀의 기밀유지에 대한 확실한 약속을 해주어라. 만약 누군가에게 말할 필요가 있다면 그녀에게 먼저 허락을 받아라. 만약 경찰이나 다른 기관에 말할 필요가 있다면 그녀에게 먼저 말하고, 그녀가 말하고 싶어 하는 사람에 대해 동의하라. 그녀가 안전하고 상황을 통제할 수 있다고 느끼도록 그녀와 함께 계획을 짜라.
- 그녀가 가끔은 교제가 그녀에게 좋았다고 믿는 것과 둘이 서로 사랑한다고 느낄 수 있다는 것을 인정하라. 그녀는 가해자 없이 살 수 없다고 느낄 수 있다.
- "내가 너를 돕기 위해 뭘 할 수 있을까?"라고 질문하라.
- 딸에게 유감이라는 심정을 표현하라. 하지만 당신은 그녀의 느낌을 이해할 수 없음을 알고 있다고 말하라(십대들은 어른들이 그들의 느낌을

알고 있는 척하는 행위를 혐오한다. 만약 어른들이 자신도 그랬음을 증명하는 개인적인 스토리를 가지고 있지 않다면 그렇다).

- 그녀에게 학대 관계를 인지하도록 돕는 질문을 하라.
- 도움을 요청하도록 용기를 북돋아주고 그녀의 한계를 존중하라. 당신은 그녀가 당신을 포함한 타인과의 경계를 확립하도록 돕고 있다. 예를 들어 그녀가 학대 관계를 유지하기 원한다면, 그녀의 선택이 틀렸다고 말하지 말고 당신이 그녀의 안전을 걱정하고 있으며 그녀가 관계를 재개하고 나서 처할 위험에 대해 알 수 있도록 말하라. 그녀가 급히 신체적 위험에 처했다고 당신이 느낀다면 어떻게 개입할 것인지 그녀에게 설명하라.
- 가해자가 폭력에 대한 해명과 사과를 하더라도 그의 행동이 정당화되는 것이 아님을 인지하게 도와주어라.
- 딸의 느낌이 의미가 있다는 사실을 알게 하라. 가해자는 사건에 대한 그녀의 느낌이나 기억들을 무시할 권리가 없다.

하지 말아야 할 것

- 선택 압력 부과. 그녀가 당신과 가해자 중에 하나를 선택해야 한다고 느끼게 하지 마라.
- 딸이 떠나길 원한다고 지레짐작하거나 그녀를 위한 최선이 무엇인지 당신이 안다고 하는 것. 당신이 그녀를 위한 선택을 한다면 그녀가 스스로 결정할 수 없다는 사실을 확고하게 해주는 것이 된다.
- 딸이 무엇으로 '그를 자극했는지' 질문하는 것. 이런 유형의 질문은 그녀의 자기 비난을 강화한다.
- 딸과 가해자를 함께 놓고 면담하는 것.
- 간접적 정보를 얻는 것. 당신이 정보를 활용하기 원한다면 그것이 무엇인지 말하고 "이 부분이 네 생각과 맞니?"라고 질문하라.
- 딸이 어떤 결정을 하도록 압박하는 것.

- 가해자를 위협하거나 신체적으로 공격하는 것. 이는 위험할 뿐만 아니라 딸이 가해자 편에 서도록 할 수 있다.

잠재적인 가해자를 발견할 수 있는 방법

- 그는 피해자의 동정심과 죄책감을 이용한다.
- 그는 비난하고 욕을 하고 비하한다.
- 그는 협박성 표현과 행동으로 공포심을 자아낸다.
- 그는 그녀에게 계속 전화하거나 끊임없이 문자를 보낸다.
- 그는 미리 알리지 않고 그녀의 집, 수업시간, 방과 후 활동 시간에 나타난다.
- 그는 그녀를 쫓아다닌다.
- 그는 관계를 유지하기 위해 가족과 친구들에게 협력을 요청한다.
- 그는 그녀를 구속할 정도로 소유욕이 강하다.
- 그는 친밀한 파트너 '때문에' 타인과 싸운다.
- 그는 공공연하게 여성에게 분노와 조롱을 표출한다.
- 그는 지역사회 규범을 지키지 않아도 된다고 생각한다.
- 그는 이중인격이다. 그는 남들 앞에서는 매력적이지만 둘만 있을 때는 비열하고 남을 비하한다.
- 그는 타인을 학대하는 편인데, 특히 어린아이와 동물들에게 그렇다.

경청하는 기술을 훈련할 만한 이보다 더 좋은 기회는 없을 것이다. 당신의 딸에게 자신이 알고 있는 것보다 더 큰 용기와 회복탄력성이 있고, 무슨 일이 생겨도 그녀를 위해 그 자리에 있을 것임을 기억하게 하라.

당신은 이를 모두 극복할 것이다

최악의 상태를 준비하면서 딸이 어른관계를 헤쳐 나가는 것을 배우는 것을 보는 게 얼마나 당신과 딸에게 보람 있는 일인지를 잊기 쉽다. 이제 당신이 빛날 수 있는 기회인 걸 기억하라. 당신은 긍정적이고, 정직하며, 배려하고,

사랑이 있는 이성교제의 역할모델이 될 수 있다. 딸은 자신을 함부로 대하는 남자와 맞서는 경우 아빠를 본보기로 삼아 이것이 옳지 않고 받아들여선 안 된다는 것을 알게 될 것이다. 엄마인 당신 역시 중요한 역할모델이다. 사랑하는 관계는 상호 존중과 평등에 기초한다는 것을 스스로의 행동으로 보여주어라. 이 모든 것이 버겁게 느껴질 수도 있겠지만, 당신은 딸에게 존중감과 책임감 있는 관계를 향해 안내하는 친밀한 부모가 될 것이며 이는 당신 가족들 모두에게 기쁨을 줄 것이다.

소녀세계에서의 섹스, 약물, 술 그리고 파티

사람들은 당신의 친구들이 고등학생이 되면 변할 거라고 말해요. 그러나 당신은 절대 그 말을 믿지 않았지만 친구들은 결국 변했어요. 내 친구 중 하나는 지금 약물을 해요. 나는 그 애가 어떤 애인지도 몰라요. 나는 두 달 동안 그 애와 이야기를 하지 않았어요.

－마케일라, 14세

나는 열여덟 살이고, 내 여동생은 열다섯 살이다. 파티는 잘 계획된 작은 행사로 시작되었다. 다른 친구로부터 술을 가져온 나는 멋진 언니였다. 내 친구들은 다 재미있게 파티를 즐겼는데 여동생이 완전히 정신을 잃었다. 그녀는 12온스(약 355밀리리터) 보드카를 혼자서 다 마셨다. 그녀는 똑바로 앉을 수 없었고, 눈도 제대로 뜨지 못했다. 그녀는 172센티미터, 50킬로그램이었다. 그때 내 동생 모건의 가장 친한 친구가 나를 방으로 데려가서는 모건이 그렇게 취한 이유는 그녀가 아무것도 먹지 않았기 때문이라고 말했다. 그녀는 절대로 먹지 않았다. 학교에 있을 때, 그녀는 항상 친구들에게 이미 식사를 했다고 이야기했고 친구들은 그녀가 토했다고 생각했다. 그 사건 전에 나는 그녀가 식이장애가 있을 거라고 의심했었지만 그 이후로 그녀가 그동안 해 왔던 행동이 분명히 이해가 되었다. 그러나 나는 '엄마한테 내가 보고 들은 걸 우리 둘 다 곤란하지 않게 어떻게 얘기하지?'라고 생각했던 것을 기억한다. 왜냐하면 그녀가 술을 마구 마셔댄 흔적들이 여기저기 있었기 때문이다.

－엠마, 20세

우리는 이 장을 포기하지 말고 끝까지 읽어내자

솔직한 고백 ─ 이 장은 내가 쓰기에도 힘들었고, 아마 읽기에도 힘들 것이다. 나는 파티에서 얼마나 추한 일들이 벌어지는지 또는 십대들의 음주, 약물, 섹스가 얼마나 문란한지에 대해서 부모님들에게 얘기하고 싶지 않다. 솔직하게 말해서 나는 나의 학생들과 공유했던 가장 심한 이야기는 포함시키지 않았다. 왜냐하면 이 글의 목적이 당신에게 충격을 주는 게 아니고 다소나마 당신에게 대부분의 십대들에 적용할 수 있는 정보와 그들을 도와줄 수 있는 전략을 제공하기 위해서이기 때문이다. 자, 시작하자…

소문이 퍼지는 것

개비는 10학년이다. 목요일 밤에, 개비의 엄마는 할머니가 도로의 살얼음판에서 미끄러져서 발목이 부려졌다고 그녀에게 말했다. 그녀는 밤새 병원에서 간호를 해야 하며 주말이 지나서 집에 올 것이다. 그녀의 할머니는 6시간 정도 떨어진 거리에 살고 있어서, 개비의 엄마는 다음 날 일을 마치고 떠날 계획이다. 그때 아내 혼자서 가는 것을 원하지 않은 개비의 아빠도 함께 가기로 결정했다. 그들은 개비를 혼자 남겨두고 싶지 않았지만 개비는 월요일에 내야 할 중요한 숙제가 있어서 주말까지는 집에서 끝내야 했다.

금요일 아침, 개비는 친구인 안나와 카라에게 할머니에게 일어난 일과 토요일 밤에 몇 가지 기본규칙이 있는 파티를 친구들과 하고 싶다고 했다. 그들은 누구를 파티에 초대할지, 주차전략(모든 사람이 집 앞에 주차할 수가 없고, 이웃사람들이 그들을 의심할 수도 있기 때문에), 앞뜰에서 많은 시간을 보내지 않기, 그리고 흡연은 밖에서만 가능하다는 것 등을 결정해야 한다. 한 시간 후 개비는 그녀의 친구 15명에게 "작은 파티, 토요일 밤 10시, 나의 집! 여기서!"라고 문자를 보낸다. 안나의 요청에 의해서 개비는 안나의 항상 종잡을 수 없는 남자친구인 타이와 그의 절친인 콜린을 초대한다.

이윽고 밤이 되었다.

8시 30분 : 파티 전 게임을 시작한다. 소녀들은 옷을 차려입고, 음악을 틀고, 술 보관함에 있는 술을 마신다.

9시 30분 : 사람들이 도착한다. 개비는 집에 사람들이 너무 많이 와서 잠깐 동안 불안해하지만 주위를 둘러보고는 다음의 말로 자신을 진정시킨다. 겨우 15명뿐이다. 그들은 모두 그녀의 규칙을 따를 것이다. 걱정할 것은 없다. 아무도 엉망으로 만들지 않을 거야. 문제없다.

당신이 알아야 할 것

- 페이스북과 휴대전화는 아이들이 파티에 관한 정보를 퍼뜨리는 일차적인 방법이다. 구두로도 전달되지만 그것은 이차적인 방법이다.
- 부모 부재시 '아주 착한' 아이들조차도 파티를 하고 싶은 유혹에 견뎌야 하는 힘든 시간이다. 십대는 우리 안에 갇힌 동물과 같다. 그들은 자유에 대한 기회를 정확하게 알고, 일반적으로 이 기회는 다시 오지 않을 것이라고 생각하고 행동한다. 위험을 무릅쓰는 것은 그만한 보상이나 결과의 가치가 있다.
- 술을 마시지 않고, 마약을 하지 않고, 그들의 누드사진을 소년들에게 보내지 않고 또는 마구잡이로 섹스를 하지 않는 소녀들이 있다. 그러나 대부분의 이런 소녀들에게는 잠재적으로 위험한 상황과 어려움에 빠뜨릴 수 있는 술 마시고 마약하고 마구잡이 섹스를 하는 친구들이 있다.
- 위에 기술한 어느 것도 하지 않고 절제하는 소녀도 있다고 말했는데 내가 당신 딸에 대해서 말한다고 가정하지 마라.
- 십대는 서로서로 신뢰한다. 파티에서 소녀들이 모르는 사람을 만나는 일은 흔한 일인데 그는 같은 또는 근처의 학교에 다니고 있고, 마찬가지로 그도 친구들이 있기 때문에 소녀는 잘 아는 사이라고 느낀다. 그런 일이 벌어지면 소녀는 믿지 말아야 할 누군가를 믿을 수 있다.
- 소녀들은 술이 세다는 명성을 얻길 원해서 그것을 증명하기 위해 몰래 술을 마신다.
- 파티 전 게임(파티 전에 시간 보내기)은 소녀들이 술을 마시고, 파티복

을 입고 춤추는 신성한 의식이다. 파티 전 게임 동안에는 식사를 하면 잘 안 취하기 때문에 식사를 하지 않는다.

- 파티 후 분석은 또한 소녀들이 누구하고 누가 가까워졌고, 누가 추태를 부렸으며 누가 과음으로 완전히 갔는지 음식을 먹으며 수다를 떠는 의식이다.

- 지역사회에 있는 십대는 어떤 부모가 집에서 파티를 여는 것을 허용하는지 알고 있다. 가장 나쁜 역할을 하는 사람은 내가 4장에서 언급한 지나치게 허용적인 부모다. 이런 부모들은 술을 사서 아이들에게 주고, 다른 어른들에게는 거짓말을 하고, "나는 아이들이 어딘가 다른 곳에서 술을 마시고 문제가 생기는 것보다는 오히려 집에서 술을 마시는 게 더 낫다고 생각한다."라고 말하면서 그들의 행동을 정당화한다. 이런 부모는 그들의 아이들과 다른 사람의 아이들에게 잔인하게 조종당하고 조롱당한다.

당신이 친구 집에서 파티를 할 때, 친구의 부모가 당신에게 그것을 하도록 허락하면, 당신이 당신의 부모를 속일 것이지만 다른 부모와 함께 그것을 한다는 것은 정말로 안 좋은 일이란 것을 알게 될 거예요. 나에게는 친구가 하나 있었는데, 그 친구 엄마는 우리에게 술 마시는 것을 허락했었어요. 그녀는 수영장에서 엄마랑 나란히 앉아서 얘기했어요. 그 엄마 같은 사람은 우리 엄마에게 전화를 걸어서 "아이들이 우리 집에서 밤샘을 하는데 염려 마세요."라고 한 뒤 우리한테는 술을 허용할 엄마예요. 나는 정말로 그것에 대해서 나쁜 느낌이 들고, 그런 부모들에게는 어떤 존경심도 생기지 않아요.
— 에밀리, 20세

파티로 돌아가서…

토요일 7시 : 타이는 9학년 앨리를 개비의 파티에 초대했다. 앨리는 개비를 몰랐고, 앨리에겐 이번이 첫 번째 고등학교 파티가 될 것이다. 앨리가 타이에게 친구를 데려가도 괜찮은지 물었을 때, 타이는 흔쾌히 찬성하면서 장난으로(그녀가 생각하기에) 친구는 섹시해야 한다고 말했다. 앨리의 부모님은 그녀가 파티에 가는 것을 허락하지 않을 거라서 그녀는 거짓말로 비앙카와 함께 영화를 보고, 비앙카 집에서 잔다고 부모님께 말한다. 앨리와 비앙카는 파티 갈 생각에 정말로 기분이 들떠 있다. 9학년 어느 누구도 초대받지 않았고, 그들은 풋내기 신입생들이 멋져 보이려고 안간힘을 쓰는 것과는 달리 멋져 보이고 싶다.

9시 : 앨리의 아버지가 그녀들을 영화관에 데려다 주는 동안 앨리는 뒤에 앉아서 10분 후에 쇼핑몰에 도착할 거라고 타이에게 문자를 보낸다. 그녀들이 떠날 때, 앨리의 아버지는 비앙카의 부모님에게 확인을 해야 할까 생각하지만 비앙카 부모의 전화번호를 모른다. 그는 두 사람이 떠나는 것을 지켜보면서 걱정을 털어버리고, 앨리가 그가 고등학교에서 한 것들과는 거리가 멀다는 것이 얼마나 다행인지를 생각한다.

9시 30분 : 타이와 콜린이 그들을 태우러 간다. 개비의 집으로 가면서 타이는 콜린에게 비앙카와 앨리가 모르는 사람들이 많이 있겠지만 매우 멋진 애들이라는 얘기를 들었다고 말한다.

10시 : 그들은 개비의 집에 도착한다. 한 집단의 사내 녀석들이 다정한 인사를 하며 타이와 콜린을 맞이한다. 앨리는 지나갈 때 사내 녀석들 중 한 명이 속삭이듯이 "편안히 있어."라고 말하는 것을 듣는다.

10시 5분 : 타이와 콜린은 술을 마시기 시작한다. 타이는 앨리가 수박/라즈베리(산딸기) 스미노프 얼음을 원하는지 묻는다. 앨리는 갈등한다. 그녀는 술을 마시길 원하지만, 또한 그녀는 술에 취해서 정말 바보가 되는 그런 신입생 중 한 명이 되고 싶지는 않았다. 무엇을 해야 할지 그녀는 결정을 하면서, 여자애들 몇 명이 싱크대 옆에 서 있고, 특히 한 여자애가 뚫어지게 그녀를 보고 있는 것을 알아차린다. 앨리는 술잔을 잡는다. 타이는 앨리와 비앙카를 안나와 카라에게 소개한다. 안나는 앨리의 존재를 인정하지 않듯이 반응한다. 타이는 어깨를 으쓱거리고 앨리를 잡아당겨서 방에서 나왔을 때, 지체 없이 다음의 대화가 이어진다.

카라 : 제발 그 애가 파티를 망치게 내버려두지 않겠다고 말해줘. 너 열 받

게 할려고, 약 올리려고 그러는 거야. 그녀는 신입생이야. 얼마나 더 명백해져야 알아차릴 거니?

개비 : 걔가 누구야? 걔 옷차림이 저게 뭐야?

카라 : 풋내기 신입생인데 별 수 있어. 안나, 그는 이용하려고 쟤를 초대한 것이 틀림없어. 너 정말 타이하고 끝낸 거지? 쟤는 그저 한심한 놈이야.

안나 : 응, 그래. 그가 어디서 그런 불쾌한 어린애를 데려왔는지 믿을 수가 없어…

10시 10분 : 안나는 럼 한 병을 따고는 "어떻게 감히 그는 나를 당황스럽도록 저 쪼그만 잡년을 여기에 데리고 올 수 있지? 내가 그 녀석에게 나에게 이렇게 하고는 무사하지 못하다는 것을 보여줄 거야."라며 씩씩거린다.

10시 12분 : 안나는 카라를 거실로 데려가고, 그들은 함께 춤을 추기 시작한다…

나는 파티에서 몸무게가 45킬로그램 정도 나가는 술도 한 번도 안 마셔본 여자애가 15분 동안 5잔의 보드카를 마시고는 취한 모습을 본 적이 있어요. 그녀의 눈동자는 위로 치켜 올라갔고, 그녀는 땅바닥에 쓰러져 경련을 일으켰어요. 우리는 겁이 났고 어떻게 해야 할지 몰랐어요. 결국에는 누군가가 그녀를 병원으로 데려갔고요.   — 엠마, 15세

만약에 내가 멋진 남자가 술을 마시는 모습을 본다면, 술을 거절하기가 정말로 힘들다는 것을 알고 있기 때문에 나는 그에게 가지 않으려고 노력해요. 절반 정도는 성공해요.   — 린, 16세

파티를 하는 동안 본색이 드러나지요. 많은 소녀들이 "나는 약물이 필요없어, 나는 맥주도 마시지 않아."라고 말해요. 하지만 당신이 좋아하는 정말 멋진 사람을 보게 되면 당신은 말을 걸어볼 수 있는 흔히 얻기 힘든 정말 좋은 기회라고 생각하고 술을 마시거나 마약을 할 거예요.   — 니아, 18세

소녀가 파티에서 취할 때, 남자는 취한 소녀를 보고 아주 좋은 기회라고 생각해요. 그녀는 무방비 상태예요.   — 매트, 17세

11시 : 개비는 지금 완전한 경찰모드이다. 그녀는 사람들이 집을 어지럽히

지 않도록 몇 시간 전에 술을 못 마시게 했다. 그녀는 남자들 몇 명이 서로 잘 해보라고(동성애 행위) 격려하는 안나와 카라를 대충 훑어본다. 모든 남자들은 박수치고 웃기 시작한다. 안나는 웃으면서 보드카를 벌컥벌컥 마시고는 밖으로 나간다. 카라는 안나가 어리석은 행동을 하지 않도록 따라나섰으나 안나가 토한 뒤처리에 넌더리가 나서 더 이상 따라다니며 챙기지 않는다.

> 당신이 주최한 파티에서 주최자인 당신은 술을 많이 마시면 안 돼요. 왜냐하면 사람들이 집을 난장판으로 만들거나 경찰이 올 정도가 되게 하지는 말아야 하기 때문이죠. 경찰이 파티를 중단시켰다 해도 파티를 했었다는 데 의미가 있어서 해볼 만해요.
> —매디, 17세

> 비록 개비가 허락받지 않은 파티란 것을 알고 있더라도, 부모님은 이 상황에서 개비가 책임감을 느낀다는 점을 인식할 필요가 있어요. —제이든, 16세

그동안에, 앨리는 부엌 식탁에서 타이의 무릎에 앉아 술 마시기 게임을 하면서 즐겁게 보내고 있었다. 타이는 그녀에게 사랑스럽다고 얘기한다. 그녀는 비앙카가 어디에 있는지 잘 모르지만, 그녀를 마지막으로 봤을 때 비앙카는 거실에서 콜린과 춤을 추고 있었다. 그동안 비앙카는 앨리에 대해서 걱정을 조금 하지만 그녀에게서 타이를 떼어 놓을 방법은 몰랐다.

11시 30분 : 개비는 미칠 것 같다. 그녀는 부모님 방 침대에 두 명이 누워 있는 걸 보았다. 부모님이 집에 돌아오시기 전에 침대보를 세탁해야 한다고 생각한다.

11시 30분 : 앨리는 경멸의 시선으로 자신을 바라보았던 소녀가 팔짱을 끼고 그녀 앞에 서 있음을 깨닫는다.

안나 : 타이, 지금 당장 얘기 좀 해.
타이 : 기다려 줄래? 나는 지금 좀 바빠.
안나 : 안 돼, 정말 중요하단 말이야.

타이는 안나를 따라 나가고 혼자 남은 앨리는 타이의 친구들과 술 마시기

게임을 계속한다. 그들이 나가자마자 안나는 울고불고 난리가 났고 타이는 그녀에게 여전히 관심이 많지만 내가 좋아하는 것을 하고 싶다고 말한다. 그는 게임이 끝난 후, 다음 주말에 뭔가를 하자고 제안한다. 그들이 안으로 돌아왔을 때, 안나는 타이와의 대화를 분석하기 위해서 카라에게 돌아갔고, 타이는 앨리에게 돌아갔다.

타이 : 제정신이 아닌 예전 여자친구를 떠나서 다른 곳으로 가자.

앨리 : 그래, 하지만 안나가 괜찮겠어?

타이 : 물론이지. 안나는 괜찮아. 어서, 사람들 다 있는 데서 벗어나자.

그들은 침실로 간다. 그는 문을 닫고, 잠근다. ("아무도 우리를 귀찮게 하지 않을 거야.") 그리고 그녀와 함께 침대에 앉는다. 그는 예전에 안나와 사귀었다고 그녀에게 털어놓고 그녀를 친절하게 눕히려고 하지만, 그녀는 그렇게 하지 않으려고 한다. 그러나 그는 앨리가 여기 있는 것에 정말로 고맙다고 느낀다. 타이는 그녀에게 키스를 하고 앨리는 타이와 같은 남자를 만나 함께 있다는 것을 믿을 수가 없다. 몇 분 후에 그는 그녀를 침대에 눕힌다. 앨리는 초조한 듯 웃으면서, "나는 아마도 비앙카를 확인해 봐야 할 것 같아. 걔는 꽤 취해 보였거든."이라고 말한다. 타이는 계속 그녀에게 키스하고, 이제 그는 그녀의 셔츠를 잡으면서 "비앙카는 괜찮아. 네가 신경 써야 할 사람은 바로 나야. 나는 밤새도록 너만을 가지길 원했어."라고 말한다. 타이는 계속했고, 앨리는 다시 초조하게 웃으면서 그에게 키스한다.

아래층에서, 비앙카는 콜린과 춤을 추며 즐거운 시간을 보내면서 앨리를 완전히 잊어버렸다.

왜 이 상황에서 앨리는 자기 입장을 고수하는 것이 어려운 것일까?

타이와 앨리가 섹스를 할 가능성이 있는데, 바로 그거다. 앨리는 타이가 하라는 대로, 성행위의 범위를 결정하는, 가능성이 희박한 섹스에서부터 가능성 큰 오럴섹스까지 무엇이든 할 가능성이 훨씬 높다. 그런데 전반적으로 통제하는 사람은 그녀가 아니라 그다. 왜 그럴까? 가장 명확한 것은 그녀가 술에 취했다는 것이다. 그러나 그것은 단지 시작일 뿐이다. 여기에 자세한 세부사항이 있다.

- 우선 그가 그녀에게 관심을 가진다는 것에 그녀는 자신이 잘난 줄 착각한다. 왜냐하면 그는 선배이고 사회적 지위가 높기 때문이다.
- 타이가 그녀에게 속마음을 얘기하기 때문에 그녀는 특별하게 느낀다. (그리고 그녀는 사람들은 신뢰하고 친밀한 사람에게만 그렇게 한다고 생각한다.) 타이는 앨리보다 나이 많은 선배, 안나가 타이에게 말을 하면 그녀가 특별하게 느낄 것임을 알고 있다. 이제 앨리는 드라마의 한 부분이다. 선배인 안나와 경쟁하는 건, 그녀가 승리자라는 느낌이 들어서 좋다.
- 앨리는 타이가 몹시 화를 내고 그녀를 싫어하는 것을 원하지 않는다.
- 만약에 그녀가 싫다고 그를 밀어내면, 그는 그녀를 미성숙하거나 내숭 떠는 사람으로 생각할 것이다.
- 앨리는 타이와 성적인 행동을 원할 수도 있지만, 이런 상황에 처하기 전에는 어디까지 허용해야 할지, 즉 성적 경계에 대해서 생각해본 적이 없고, 그 상황에서 자기의 성적 경계선을 생각하기 시작하는 것은 거의 불가능하다.
- 앨리는 타이가 원하는 대로 해준다면, 그는 그녀와 관계를 원할 것이라고 생각한다. 그리고 그가 이미 그녀에게 속마음을 얘기했기 때문에, 그들은 이미 커플이다.
- 타이는 남성행동지침에 따라서 행동하도록 훈련이 되어 있다. 그는 남성행동지침에 따라 앨리가 그에게 자기 의사를 밝히지 못할 상황을 조성했으며 그에 대한 미묘한 정황이나 확실한 정황을 의도적이든 아니든 간에 모른 척하게 된다(앨리가 비앙카 얘기를 하거나, 그의 주의를 다른 데로 돌리려거나, 그녀가 눈물을 글썽이거나, '안 돼'라고 말하는 것까지).

나는 평소에 통계학의 열성적인 지지자는 아니다. 왜냐하면 그들은 원하는 것을 증명하기 위해서 쉽게 조작할 수 있기 때문이다. 그러나 성폭력 통계는 강간을 포함한 성폭행의 거의 대부분이 11~18세 사이의 소녀들에게 발생한다는 점을 일관되게 보여준다. 그리고 가해자는 그들이 아는, 같은 인종과 사회경제적 배경을 가진 사람이다. 다른 말로 성폭행은 덤불에서 뛰쳐나온 미친 낯선 사람에 의해서는 거의 발생하지 않는다. 내가 이제 막 기술한 그런 것과 같은 파티에서 훨씬 더 많이 발생하는 것 같다.

　나는 끊임없이 이런 이야기의 다양한 변주곡을 듣는다. 한 소녀가 수업 전에 내게 다가와서 시선을 아래로 향하고는 방과 후에 나와 얘기하고 싶다고 속삭인다. 나중에 그녀는 눈물을 글썽이면서 나에게 말할 것이다. "지난 토요일 밤에, 파티에 갔었어요… 나는 남자를 만나서 어느 정도 시간을 보냈어요. 그는 친절해 보였고, 무슨 일이 일어날지는 정말 몰랐어요…"

　마지막 장에서 내가 얘기한 것을 잊지 마라. 많은 나이 든 소녀들의 경쟁심이 남자답게 행동한다는 것을 증명하려는 남자들의 작용으로 어린 소녀들을 좀 더 취약하게 만든다. 그들이 그녀의 나이 때에 비슷한 경험을 했던 일이 생길 때에도, 많은 신입생 그리고 상급생 소녀들은 그 어린 소녀가 자신과 같은 안 좋은 일을 겪지 않게 도와주기보다는 자신의 실수에 대해서는 어린 소녀가 감당해야 한다고 생각한다. 파티에 간 안나와 카라처럼, 상급생 소녀들은 그들의 행동을 다음과 같이 말하면서 정당화한다. "그녀가 그에게 왜 그런 식으로 행동했어? 그녀는 뭘 원한 거야? 세상 물정을 좀 더 잘 알아야지. 걔네는 단지 이용당하고 있는 거 다 알아." 그러나 신입생 소녀들은 모른다. 9학년 소녀들은 파티에서 이렇게 되는 거 안다고 얘기할 수도 있겠지만 막상 그런 상황이 닥치면 자기는 예외라고 생각한다. 즉, 그 순간에 그녀는 남자가 자신을 정말로 좋아한다고 믿는다. 그동안에 상급생 소녀들은 자기 입맛대로 가공한 소문을 퍼뜨려서 이 열네 살 소녀는 이 과정에서 억지로 섹스를 한 것에 그치지 않고 난잡하게 노는 잡년이라는 꼬리표가 붙게 된다.

당신이 남자이고 이런 분야에서 뭘 좀 안다면, 당신은 여자 따먹기 섹스 게임을 할 수도 있어요. 이를 위해서 남자는 그저 그 소녀가 예쁘다고 말하기만 하면 돼요.

―케이티, 15세

이 모든 소녀들은 정말 레즈비언인가?

파티에서, 카라와 안나는 남자애들 앞에서 진한 모습을 보였다. 많은 부모들은 진한 모습을 보이는 소녀들에 대한 이야기를 듣고는 이게 무슨 의미인지 알고 싶어 한다. 이런 소녀들이 동성애자일까? 실제 동성애자들보다도 더 많은 동성애자가 있는가? 왜? 그것은 그냥 지나가는 과정인가? 무슨 일이 일어나고 있는가?

이제 내 견해를 말해보겠다. 그렇다, 남자애들 앞에서 여자애들의 진한 모습은 멋진 일이지만 이 여자애들이 꼭 동성애자라서 그런 건 아니다. 사실 남자애들 앞에서 진한 모습을 보이는 여자애들은 보통 성적인 매력을 상대보다는 남자들의 관심을 끌기 위해서이다. 이런 소녀들은 '열정적이고', '재밌고', '열린 사고'를 가지고 있다. 그러나 그것은 동성애자이기 때문이 아니라, 남자들을 즐겁게 해주고 싶기 때문이다. 그들은 이성애자일 뿐이다. 물론 실제로 서로에게 성적인 매력을 느끼는 소녀들도 있겠지만 그들은 진짜 동성애자고 인정하려 하지 않는다. 그래서 많은 소녀들이 혹시 인정을 한다고 해도 '한때의 일'로 치부해버린다.

나는 지금 사람들이 동성애자를 좀 더 받아들이고 있다는 것을 알고 있고 그게 더할 나위 없이 기쁘다. 당신 딸이 누구에게 매력을 느끼든지 당신이 할 일은 그것을 받아들이는 것이고 그녀를 무조건적으로 사랑해주는 것이다. 물론 모든 사람이 존엄성 있게 대우받아야 한다. 딸이 하는 행동 중에서 당신이 원하지 않는 것은 성적 취향을 표현하는 것과 성이 누군가를 기쁘게 하기 위해서만인 것일 때 그리고 딸이 성적인 대상이 되는 것이다.

딸을 기겁하게 하는 말

당신 딸이 페이스북에서 여자친구와 '결혼했다'는 표시를 했다고 해서 그녀가 커밍아웃한 것을 의미하지는 않는다. 그것은 1980년대와 1990년대에 사용된 절친(BF) 목걸이처럼 누군가의 영원한 절친(BFF)이라는 새로운 공식적인 표현 방법이다.

당신의 실제 관계를 페이스북에 올리는 것은 정말로 위험한 일이에요. 그것은 공식적이고, 강렬하고, 구속하는 일이지요. 그래서 당신이 친구와 결혼했다고 올리면 그건 대개 당신이 정말로 좋은 친구가 되었다는 상징이 되지요. 남자가 여자에게 그렇게 하면 그것은 그가 성적인 의미는 없는 남자인 친구라는 의미예요. ─케이티, 16세

관심 끌기 : 어떤 희생을 치르더라도

우리가 얘기하고 있는 소녀들이 다른 남자들 앞에서 서로 야한 행동을 보이는 것, '(나는) 최고의 포르노 배우'라고 쓰인 티셔츠를 입는 것, 관심을 얻기 위해서 그들의 사진을 보내는 것, 스트립쇼를 하는 것, 또는 하룻밤에 많은 남자와 섹스를 하는 것, 이 모든 행동의 공통주제는 품위에 어떠한 희생을 치르더라도 그것은 모두 관심 끌기 위해서이다. 내가 아는 여자 중에 이렇게 하는 여자들은 보통 몇 가지 공통점이 있다. 그들은 부모와 마찬가지로 소비자, 유명인, 문화에 종속되어 있다. 그들은 평생 옷가지나 소유물 외에는 좋다고 느낄 만한 걸 가져 본 적이 없다. 또한 그들에게는 평생 무조건적으로 사랑해주고 책임을 지게 하는 어른이 없다.

우리 학교에서는 여학생이 남자와 데이트를 하지 않으면, 그녀가 매력이 없거나 내숭이거나 또는 동성애자가 아니라는 게 증명되기 전까지는 그렇다고 인식되지요(남자의 경우에도 마찬가지예요). 이는 슬프지만 사실이에요. 그래서 여기 여학생들은 남자들의 주목을 갈망하지요. 그들은 승리자가 되기 위해서(남자를 얻기 위해서) 가장 인기 있는 사람이 되어야 해요. 첫 번째 만남에서 남자애들과 섹스를 하는 여자애들이 있을 거예요. 내가 이 학교를 다니기 시작했을 때, 나는 3의 규칙이라는 것을 배웠어요… 당신은 세 번째 만남에서는 끝까지 다 나간 섹스까진 아니어도 진도가 많이 나가 있어야 한다는 의미예요. 그러나 동시에 신입생으로 들어온 여자애들은 아무도 하기 전에 남자애들

과 섹스를 할 것이에요. 내가 말하려는 것은 여자애들에 대한 기대치가 있기도 하지만 여기에 참여하는 여자애들은 보통 기대치보다 훨씬 더 넘어선 행동을 한다는 거예요.

―네이던, 17세

나는 당신의 딸이 내가 위에서 기술한 어떠한 것도 할 수 있는 가능성이 있다는 점을 이해하길 바란다. 만약에 당신이 딸에게 강한 자존감을 심어주지 않고 그녀 개성의 가치를 느끼게 해주지 못하면 그녀는 이런 종류의 관심을 얻는 것에 포로가 될 수 있다. 그리고 그녀는 어떻게 해야 하는지를 보여주는 주변의 문화에서 역할모델을 본다.

약물과 술

당신은 만취하고 싶어 하지는 않겠지요. 당신은 즐겁게 술 취하길 원해요. 술 마시기 게임은 재미있으니까 하는 것이고, 재미있고, 어울리고, 장난스러울 정도로만 마시지 취해서 아무에게나 몸을 던지거나 남한테 보살핌 받을 정도로 마시진 않아요. 너무 기분이 좋아서 뭐라도 다 할 거예요.

―애니, 17세

술과 약물은 삶의 일부분이다. 당신이 술을 마시거나 어떠한 종류의 약물을 사용하는지가 중요한 게 아니다. 당신의 약장에 기침시럽과 오래된 바륨(흔히 쓰이는 항불안제 : 역주)이나 자낙스(역시 항불안제 : 역주)가 있다면, 당신은 극치감을 느끼기 위해서 많은 십대들이 찾는 것을 가지고 있는 것이다. 정말 심각하게도 기침시럽이 그럴 수 있다. 그것에 레드불(에너지 드링크)을 더하면 당신은 황홀감을 느낄 수 있다.

당신의 아이들이 술과 약물을 어디에서 구할까? 아래는 내 학생들의 대답이다.

당신의 술 보관장에서 ― 그리고 술병을 물이나 비슷한 색깔의 액체로 채운다.

가짜 신분증

어깨를 툭툭 치기(십대가 술을 사려고 어른에게 돈을 줄 때)

나이 많은 친구들

나이 많은 형제자매

나이 어린 형제자매(특히 ADHD, 우울증, 불안 등으로 처방받을 때)

조부모님 방문

집 보기/아이 돌보기

학교나 이웃의 중개인에게 사기

차고에서 열리는 시장(일반적으로 교외에서 열리는 친구의 차고에서 술을 얻을 수 있다)

처방약물

내가 처음 이 책을 쓴 이래로 지난 8년간 처방약물의 남용(pharming)에 있어서 달라진 점들은 말로 다할 수 없을 정도다. 아마도 당신은 150미터 떨어진 곳에서의 마리화나 냄새나 누군가가 술 취했을 때의 숨길 수 없는 빨간 눈, 그리고 불분명한 말을 알 것이다. 그러나 나의 경험에 의하면 대부분의 사람들은 처방약물 남용의 징후에 대해서는 잘 모른다. 일반적으로 그 징후들은 다음과 같다.

각성제/흥분제

동공 확대

신경과민 또는 '신경이 곤두선'

식욕의 상실 → 체중 감소

행복감/움직임의 증가

물체의 건설과 해체에 집착

강박적 몸치장

많은 땀 흘리기

탈수

이 악물기/이갈이

근육경련/안절부절못함

억제제/항불안약물/진정제

　과도한 졸음/피로감

　조화가 되지 않음/불분명한 말

　편집증/기분의 두드러진 변화

　짧은 주의지속 시간

　느린, 얕은 호흡

　탈감각화/통증에 무감각

　수축된 동공

　가려움

　홍조

더 많은 정보가 있는 자료출처

- www.merck.com/mmhe/index.html
- www.eap.partners.org/default.asp
- www.homedrugtestingkit.com
- www.pdrhealth.com/home/home.aspx
- www.adolescent‐substance‐abuse.com

 딸을 기겁하게 하는 말

휴대전화가 양육을 더 어렵게 만드는 또 다른 이유는 아이들이 당신이 전혀 모르게 약물을 사고팔 수 있다는 점이다.

그 시절에 나는

- 당신이 십대였을 때, 당신은 술을 마셨는가? 약물을 했는가? 그것이 즐거웠는가? 당신은 힘든 일을 잊기 위한 도피수단으로서 그것을 사용했

는가? 당신은 무엇을 피하려고 했는가?

- 당신은 자녀와 술과 약물에 대해서 대화하는 데 갈등이 있는가?
- 당신은 평상시에 하지 않았을 행동을 (십대나 성인일 때) 술에 취했거나 환각상태에서 해본 적이 있는가?
- 당신이 문제로부터 도망치거나 피하는 방법은 어떤 것인가? 왜 그렇게 하는가?
- 아이들이 자신의 술과 약물의 사용에 대한 당신의 입장에 대해서 뭐라고 말하겠는가? 그들은 당신의 말과 행동이 일치한다고 생각하겠는가?
- 당신은 아직도 계속해서 술과 기분전환 약물을 사용하는가? 그것이 당신의 관계에 영향을 주는가?

당신이 할 수 있는 것

대부분의 부모들이 파티에서 딸에게 벌어질 수 있는 일에 대해서 생각할 때 본능적으로 떠오르는 첫 번째 생각은 딸을 라푼젤처럼 높은 탑에 데려다 놓고 열쇠를 버리는 것이다. 그러나 파티는 삶의 일부분이다. 탑이 실행 가능한 선택이 아니라면 가장 좋은 방법은 당신의 딸이 파티를 열거나 참석하여 책임감을 가지고 즐기도록 돕는 것이다. 그것은 그녀의 안전을 확실하게 하기 위한 몇 단계를 거쳐야 하고 사전에 자신의 경계에 대해서 분명하게 생각하고 어떤 상황을 자신과의 약속에서 타협할 수 있는 것인지를 이해한다는 의미이다.

그녀가 파티를 하려고 하면

당신은 남자, 여자를 초대하는 문제가 어렵다고 생각한다. 하지만 당신의 딸이 고등학생일 때 파티를 주최하길 원한다면 그 생각을 회피하지 마라. 고등학생들의 파티에는 분명 부정적인 면이 있다. 우선 당신의 집이 엉망이 될 수 있다. 스테레오 볼륨을 지나치게 높인다면 경찰이 당신의 집을 방문할 것이다. 지역에 따라서 손님들이 당신이 허락한 파티에서 혹은 파티가 끝나고 나서 집을 떠난 후에도 불법 행위로 적발되면 당신이 책임을 져야 될 수도 있다. 파티 주최의 긍정적인 면은 당신의 딸과 파티에 대해서 지도감독하고 이상적 파티의 롤 모델을 보여줄 수 있고 그녀의 친구를 만나서 그들의 행동을 관찰할 수 있는 기회가 된다.

고학년 여학생에게는 이해관계가 더 중요하지만 파티 초대규칙은 7장에서와 같은 방식으로 시작한다. 당신의 딸과 파티 전에 두 사람 모두에게 해당되는 지침을 적어라. 예를 들면 당신은 술과 약물은 안 되고 초대받은 사람만(즉, 친구의 친구라고 하더라도 딸이 모르는 사람은 파티에 올 수 없고, 만약에 친구가 불평을 한다면 딸이 그 일로 당신을 핑계 삼을 수도 있다)이 올 수 있고, 초대되는 사람의 숫자는 미리 결정된 범위를 초과할 수 없다는 것을 주장할 수 있다. 당신은 파티 중에 정해진 구역에 있어야 한다고 주장할 수 있다. 반대로 딸은 당신의 도움이 필요하지 않거나 당신이 보기에 파티가 도를 넘어섰다고 걱정되지 않는 한 위층에 머물러 달라고 당신에게 요청할 수 있다. 도를 넘는다는 데 대한 정의가 서로 다를 수도 있기 때문에 당신은 그게 무슨 의미냐고 물어볼 수도 있다. 당신은 집에 100명을 초대한다는 것이 너무 많다고 생각하는 반면에 그녀는 그것을 성공적인 파티라고 생각할 수 있다. 어떤 상황(너무 큰 소음, 술이나 약물의 사용, 너무 늦은 시간)일 때 당신이 파티를 중단하고, 당신이 취할 행동(개인적으로 손님들을 나가게 하거나 부모님들에게 전화 걸기)에 대해서 명확하게 하라. 비용 상환과 청소비에 관한 규칙을 포함해서 그녀의 개인적인 책임 정도를 검토하라. 그녀에게 당신이 절대자의 역할을 할 것임을 다시 한 번 상기시켜라. 그녀의 손님들은 그 규칙을 지켜야 한다. ("엄마와 아빠가 그렇게 말했고, 우리가 규칙을 위반한 경우에는 날 죽일 수도 있어.")

당신이 지나치게 허용적인 부모(4장 참조)가 되려는 생각을 가지고 맥주나 다른 종류의 술을 파티용으로 사주려고 한다면, 그것은 불법적일 뿐만 아니라, 십대들은 뒤에서는 조롱할 것이고 많은 청소년들의 비위를 맞춤으로 인해서 눈앞의 이득도 없이 장기적인 부작용을 겪을 위험이 있음을 기억하라.

당신은 부모지 나이 든 친구가 아니다.

술을 사서 집에서 파티를 하는 부모들은 통제할 수 있다고 생각하지만 그렇지 않아요.
그들은 고등학교 파티에서 절대로 그렇게 할 수 없어요. 그들은 다른 사람들이 있는 곳
으로 가는 대신에 집에서 파티를 하면 문제가 없을 거라고 가정하지요. 왜 부모들은 그
런 식으로 잘못할까요?
　　　　　　　　　　　　　　　　　　　　　　　　　　　　　－말리아, 15세

내 친구의 엄마는 어려서 술을 마시고 약물을 해서 그것을 금지하는 것은 위선적이라고
생각하기 때문에 자녀에 대해서 통제를 하지 않아요. 그래서 그 엄마는 딸과 그 친구들
에게 술을 허용해요.
　　　　　　　　　　　　　　　　　　　　　　　　　　　　　　－페이스, 16세

십대들과 부모들은 함께 술을 마셔요. 여름에 우리 부모님과 친구분들이 아침에 일어나
서 커피를 마시고 바닷가에 가서 술을 마시기 시작해서 새벽 2시까지 마신 적이 있어요.
그분들은 너무 취해서 우리가 냉장고에서 뭘 가져가는지 신경 쓸 겨를이 없었어요.
　　　　　　　　　　　　　　　　　　　　　　　　　　　　　　－모건, 14세

못된 짓 하다가 걸린 : 계획되지 않은 파티

다음을 생각하는 것은 즐겁지 않지만, 당신의 딸은 당신이 출장 등으로 도시
를 떠날 계획을 파티의 기회로 활용할 수도 있다. 이런 문제를 예방하는 가장
좋은 방법은 왜 이것을 허락하지 않는지에 대한 명확한 대화를 나누고(주로
안전 문제에 초점을 맞추어야 한다) 당신의 딸과 집에서 지낼 수 있는 신뢰할
만한 친구나 친척을 당신이 없는 동안 딸과 함께 있게 한다. 물론, 당신의 딸
은 자신을 믿지 못하고 어린애 취급을 한다고 불평을 할 것이지만 당신의 집
과 아이는 안전할 것이다.

딸이 파티를 계획하고 있는 징후

* 당신의 딸이 당신에게 집을 떠나라고 재촉하는 느낌을 받는다.
* 아주 많은 도리토스(과자)나 정크 푸드가 옷장에 있는 것을 당신이 발
  견한다.
* 그녀는 예민하고, 피상적으로 당신에게 잘해준다.
* 그녀는 집 주위나 당신의 여행준비를 위해 필요한 일들을 지나치게 도

와준다.

- 그녀는 당신이 언제 떠나고 언제 돌아오는지 등에 관한 여행의 세부사항에 지나치게 집착한다.
- 당신이 그녀의 문자메시지를 보고 파티를 계획하고 있음을 안다.

당신의 집에서 파티가 있었음을 시사하는 징후들

- 새로 생긴 카펫 얼룩들과 벽에 있는 흠집들
- 비어 있는 찬장과 냉장고
- 집에서 이상한 옷가지가 발견될 때
- 집 밖이 담배꽁초들로 어질러져 있을 때
- 당신이 떠날 때보다도 집이 더 깨끗할 때, 카펫에 최근 청소 흔적과 방에 있는 쓰레기통이 완전히 비어 있는 것을 볼 수 있을 때
- 당신의 딸이 당신에게 두어 명의 친구들을 초대하고, 농담 삼아 파티를 했다고 말할 때(그녀가 실제로 파티를 한 것에 대한 사실로부터 당신의 주의를 다른 곳으로 돌리기 위해서)
- 딸 친구와 페이스북 친구를 맺은 학부형한테 최근에 올라온 사진 스캔을 부탁하여, 아이들이 당신 집에서 파티 하는 사진을 봤을 때
- 집 어디에도 화장실용 두루마리 휴지가 없을 때
- 딸이 당신에게 정말 잘 대해줄 때
- 지난 주말에 무엇을 했는지 그녀에게 물어보았는데 그녀의 대답이 매우 구체적일 때

보통 부모님이 우리에게 지난 주말이 어땠는지 또는 뭐했냐고 물어보시면, 우리는 "괜찮았어요." 또는 "아무 일도 없었어요."라고 대답해요. 그러나 만약에 우리가 파티를 했다면, 우리는 친구들과 지난 주말에 무엇을 했는지에 대해서 말을 맞춰요. 만약에 우리가 부모님에게 영화를 보러 갔고, 그 영화가 굉장히 재미있었다고 말한다면, 우리는 파티를 한 거예요.   —린, 16세

만약에 당신이 다른 도시로 떠날 계획이 있는데 딸이 파티를 계획하고 있다

는 것을 안다면 무엇을 할 수 있을까? 그것은 당신이 알아낸 시점에 달려 있다. 만약에 당신이 24시간 이상 전에 알았다면 가능하면 당신의 계획을 취소하고 집에 머물러라. (만약에 당신이 떠난다면, 딸은 아무것도 잃을 것이 없다고 느낄 것이기 때문에 어쨌든 파티를 할지도 모른다.) 당신이 여행을 떠날 수밖에 없다면 딸을 친척이나 가족친구에게 맡기거나 집에 머물면서 버팀목이 될 수 있는 협력자를 구하라. (그렇지 않으면, 그녀는 어쨌든 파티를 할지도 모른다.)

만약에 당신이 파티 당일에 알았다면, 딸의 전화기로 친구들에게 파티가 취소되었다고 말하라. 문을 지키고 있다가 초대받은 사람들에게 파티가 취소되었다고 확인해주어라. 만약에 당신의 계획을 취소할 수 없다면 친구나 친척에게 집으로 건너와서 전화기나 문을 감시하라고 하라. 오후 8시쯤에 집에 있는 모든 전등을 꺼라. 날씨가 따뜻하다면 어른은 집 앞에 앉아서 사람들에게 파티가 취소되었다고 말한다. 그리고 외출금지를 시키고 딸의 의사소통 라인을 2주간 중단시켜라.

만약에 당신이 떠나고 나서 뒤늦게 알게 되었다면 당신은 내가 당신의 자녀가 적절한 공포심을 가지는 것이 아무 문제가 없다고 한 말이 고마울 것이다. 그녀는 "내가 엄마에게 얘기한 것처럼 집 지키는 대신에 파티를 했다는 것을 엄마가 안다면, 나는 끝장이야."라고 생각하기 때문에 이런 종류의 공포심은 당신의 딸이 진로를 벗어나서 무엇인가 정말로 어리석고, 무책임하고, 위험한 것을 하지 않도록 한다.

이것은 또한 당신의 집을 지켜볼 수 있고 만약에 이웃이 저쪽에서 아이들을 본다면 아무 문제없이 파티를 깰 수 있는 최소한 한 명의 이웃이 필요한 이유이다. 당신이 돌아왔을 때 아이들에게 벌을 줘라. 파티를 오가느라 몰래 집안을 드나드는 것을 목격했을 때, 어둠 속에서 기다리다 딸이 자기 방으로 몰래 들어가는 것을 보는 것은 기가 찬 일이고, 당신이 전등을 켜는 순간 딸은 놀라고 당황해서 불리한 입장에 처할 수 있다. 집으로 돌아오면서 생각한 변명에 대해서 그녀가 정확하게 설명하려는 것을 참을성 있게 들어라. 그렇게 한 후에, 내가 4장에서 설명한 속이기 부분과 같은 전략을 사용하라.

> 엄마는 항상 이모에게 차를 타고 와서 11시 30분쯤 감시하게 했어요. 엄마는 언니를 믿지 못했어요.
> —베키, 16세

그녀가 파티에 갈 계획을 당신이 안다면

- 당신은 파티를 여는 주최자의 부모에게 당신을 소개하고 당신의 딸에 대해서 미리 알고 있는지 여부를 물어봐야 한다.
- 어떤 일이 있더라도 파티를 누가 지도감독하는지 물어봐라. 지나치게 허용적인 부모가 당신에게 거짓말을 할 수도 있음을 인식하라. 그들은 감독자가 있다고 말하는 게 솔직한 대답이라고 생각한다. 비록 술 보관함을 보여준 후 그들은 이층으로 사라진다 하더라도 말이다.
- 통행금지시간을 정하고, 파티 주최자 부모에게 말하라.

일반적으로 내가 생각하기에 당신의 자녀에게 파티에 가도록 허락하는 가장 좋은 전략은 밤이 되었을 때 그들을 데려오는 것이다. (밤이 되었을 때는 미리 정해 놓은 통행금지시간을 의미한다.) 그것은 당신의 자녀가 밤에 당신을 볼 때 술에 취하면 안 된다는 생각을 마음속 깊이 한다는 의미이다. 화해의 선물로(당신의 딸은 아마도 이런 계획을 싫어할 것이기 때문에) 딸이 창피하지 않도록 그 집에서 조금 떨어진 장소에서 만나 30분 정도 통행금지시간보다 늦게 데려올 수 있다. 또는 딸을 데려오는 데 협력자를 구할 수도 있다. 또한 집으로 가려고 하는 다른 아이도 함께 데려다 줄 수도 있다. 만약에 그런 일이 벌어지고 그 아이가 약간 취했다고 생각이 된다면, 부모님들에게 전화하지 않고 눈감아준다. 하지만 자녀에게 당신이 의심한다는 것은 분명히 전달하라. 만약에 그 아이가 명백하게 약물에 취했거나, 비정상적이라면, 그 아이를 내려줄 때 그 부모에게 알려줘야 한다.

아이들에게 어디에서든 자고 올 수 있도록 허락하는 것이 안전하다고 생각하는 부모가 있다. 나는 그렇게 생각하지 않는다. 만약에 이런 상황에서 당신의 딸이 외박할 수 있음을 안다면, 당신은 될 수 있는 대로 망가질 수 있는 무임승차권을 그녀에게 주는 것이다. 그리고 심지어 당신이 알고 있고 신뢰할 수 있는 집주인도 잠은 자야 한다. 그렇게 되면 모든 것이 백지로 돌아간다. 술에 취하지 않은 것 같은 누군가는 매우 당황하면서 "지금 집에 가야겠다." 라며 열쇠를 가지고 집에 가는 길에 사고가 날 수도 있다. 누군가는 안전할 때까지 숨겨둔 약물을 꺼낼 수도 있다. 모두에게 좋은 일 한다 치고 딸을 집으로 데리고 와라.

그녀는 파티에 갔고, 당신이 몰랐다면

당신이 딸이 파티에 갔다는 것을 알았다면, 차를 몰고 가서 그녀를 데려올 필요가 있다. 술을 한 모금도 마시지 않았다고 하더라도, 밤늦게까지 있는 것은 피곤하거나, 당신한테 들켜서 받은 스트레스로 정신이 없어서 안전하게 운전하지 못할 수도 있다. 딸이 어디에 있는지 알면 그녀에게 데리러 갈 때까지 거기에서 기다리라고 말하라. 당신은 지체 없이 가능하면 혼자서 떠나라. 형제자매를 데려가는 것은 쓸데없이 당황스럽게 만들고, 배우자를 데려가는 것은 2대 1처럼 보여 그녀를 방어적으로 만들 수 있다.

> 만약에 당신의 딸이 집에 있길 원한다면, 직접 가서 딸을 데리고 와보세요. 그러면 딸이 당황해서 두 번 다시 그렇게 하지 않을 거예요. ─알렉스, 18세

> 어떠한 일이 있어도 당신이 소리치면서 "지금 당장 집에 가야 해."라고 딸에게 말하면 안 돼요. 나는 자녀들이 통행금지시간을 어겼을 때나 그들이 하면 안 되는 무엇인가를 했을 때 흥분하는 부모들을 많이 봤어요. 부모가 전화해서 소리 지를 때 아이에게 더 많은 스트레스를 주고 그러면 그 애들은 난폭하게 운전해요. 그럴 때는 딸에게 택시를 타게 하세요. 운전하면서 스트레스를 더 받지 않게요. ─케이틀린, 18세

당신은 딸이 뒷문으로 비틀거리면서 들어올 때나 그녀의 친구들이 새벽 3시에 진입로에 도착해서야 비로소 그녀가 파티에 갔다는 사실을 알 수도 있다. 다음 날 한바탕할 생각으로 "술 깨면 보자."라고 하면서 그녀를 혼자 잠

자리에 가게 두지 마라. 다음 날 그녀가 부모와의 대면을 피하기 위해서 잠자리에서 일어나지 않는 비극적인 이야기들이 많이 있다. 딸의 친구들이 술이나 약물에 취한 상태라면 그들을 집 안에 머무르게 하라. 그들의 열쇠를 맡아두고 그들의 부모에게 전화를 하라. 그들을 처벌하는 게 당신이 할 일은 아니지만 친구들이 자신들과 당신의 딸을 위험상황에 처하게 한 일에 대한 분노감을 얘기할 수 있다. 만약에 그들이 몸을 가누지 못할 상태라면 그들의 부모가 와서 데려갈 때까지 최선을 다해서 그들을 돌봐야 한다.

딸을 데리고 오는 차에서나 집에 왔을 때, 당신은 다음의 단계대로 행동해야 한다.

- 당신의 일차적 관심사는 딸의 건강임을 명심하라. 그녀가 신체적으로 안정될 때까지는 처벌하고 싶은 마음을 버려라. 그녀에게 이것을 이해하게 만드는 것이 다음 단계로 가는 열쇠다. "나는 네가 어떠한 처벌을 받을지 걱정하는 것을 원하지 않아. 지금 당장은 너의 몸 상태가 어떤지, 얼마나 마셨는지, 그래서 내가 너를 돌볼 수 있는지 알기를 원할 뿐이야."라고 말하라.
- 그녀의 신체적인 상태를 점검하라. 이상적으로 그녀는 정직하게 반응할 것이다. 그녀가 정상적으로 활동할 수 없거나 함께할 의지가 없다면, 당신은 다소의 추측을 해야 할 수도 있다.
- 그녀에게 물과 음식을 충분히 제공하라.
- 그녀가 토하거나 미식거려 한다면, 토닥거려주고 옆에서 도와주어라. 알코올을 배설할 필요가 있다.
- 마지막으로 그녀가 잘 때, 혹시 자다가 토하더라도 질식되지 않도록 옆으로 누워 있는지 반드시 확인하라. 자러 갈 때 그녀가 괜찮아 보인다 해도, 그녀의 몸 상태는 알코올 대사가 진행 중일 수 있으며, 알코올 농도를 정확하게 알 수는 없다.
- 밤새도록 딸의 상태를 챙겨라.

- 만약에 그녀가 의식이 없어서 느리고/얕고/불규칙한 호흡을 보이고, 아픈 자극에 반응이 없고, 토사물로 질식이 되어 청색증 기미가 있거나, 비정상적으로 창백해지거나 또는 경련을 하면, 즉시 전문적인 의학적 도움을 구하라. 그녀는 알코올중독이거나 약물중독일 수 있고, 그것은 당신의 능력을 벗어나는 일이다.

다음 날 아침에는 딸에게 여유를 주지 마라. 그녀는 파티에 다녀왔지만 오후 3시 이후 넘어서까지 잘 수는 없다. 사실, 전날 밤의 일을 반복하지 않도록 하기 위해서 가족들과 함께 아침식사를 하기 위해서 일찍 깨우고 숙취감을 느끼면서 집안일을 하는 것으로 전날 밤 같은 일을 되풀이하지 않도록 하는 데 충분할 수도 있다. 행동의 직접적인 결과를 보여주면 그녀가 한 행동과 그녀의 처벌을 더 잘 연결시킬 수 있다. 일대일로 얘기하도록 옆으로 데려가라. 지난밤이 바로 당신이 알코올과 약물의 사용에 대한 규칙을 정한 이유임을 정확하게 강조하고, SEAL을 사용하여 대화하라.

> 가장 나쁜 것은 부모님들이 일찍 일어나고 나는 내 할일들을 다 해야 하며 그들은 기분은 좋지만 처벌에 대해서 말씀해주지 않는 거예요. 그래서 하루 종일 최선을 다하고는 "좋아, 내가 잘하면, 아마 이 곤란한 상황에서 벗어날 수 있을 거야."라고 생각하죠. 하지만 그렇게 하고 저녁식탁에 앉으면, 쾅 하고 일은 터지고, 내 인생은 끝장이죠.
> —샘, 18세

손님이 되기 위한 황금률

파티는 재미있고, 당신의 딸이 파티에 가고 싶어 하는 것에 대해서 걱정할 것은 없다. 당신의 딸에게 거기 있는 동안에 책임감 있게 어떻게 행동하는지에 대해서 가르칠 필요가 있다.

만약에 택시를 이용할 수 있는 지역에 살고 있다면, 그녀가 항상 택시를 타고 집으로 올 수 있도록 돈은 충분히 챙겨주어라. 또한 딸에게 당신이 딸의 친구도 혼자 내버려두지 않을 것이라고 알려주어라. 당신은 최소한 그녀가 토할 때 머리를 잡아주고 마실 물이라도 줄 수 있을 것이다.

함께해야 안전하다

전반적으로 파티에서 당신의 딸의 안전을 보장할 가장 좋은 전략은 그녀를 보살필 수 있는 좋은 친구를 사귀게 하는 것이며 반대의 경우도 마찬가지다. 그녀는 어느 때보다도 지금 둘씩 짝짓는 방식이 필요하다. 그녀는 한두 명의 친한 친구들과 파티 전에 그들이 서로 어떻게 챙겨줄지에 대한 전략을 세울 필요가 있다. '구해줘'라고 말하는 신호가 필요하다. 만약에 당신의 딸이 집의 구석진 곳에서 데이트 상대자와 있다면 모든 것이 괜찮은지 확인하기 위해서 친구들은 5분 안에 그녀를 찾으러 올 것이란 것을 합의해야 한다. 신성불가침 결합인 서로서로를 보살피는 것은 무슨 일이 있더라도 확실하게 해야 한다.

비앙카가 앨리를 찾아야 한다고 생각하는 파티의 그 순간으로 돌아가자. 그녀에게는 술에 취한 채 남자와 함께 어딘가에 고립된 친구가 있다. 만약에 당신의 딸이 비앙카의 입장이라면 그녀가 무엇을 할 수 있었을까? 여기에 효과적인 조정 전략이 있다.

파티에 가기 위한 모든 소녀들의 황금률

당신이 믿을 수 있는 친구와 함께 가라.
"지금 당장 이 상황을 벗어날 수 있도록 날 좀 도와줘."라는 의미를 지닌 서로만 아는 암호를 만들어라.
"너와 내 친구 모두 너무 취해서 정말 잘못된 결정을 할 수 있어. 그래서 나와 언쟁 없이 내가 너에게 얘기하는 대로 할 필요가 있어."라는 의미를 가진 하나 이상의 암호를 만들어라.
음료수를 방치해 두지 마라.
파티에서 미리 뚜껑이 열린 음료를 받지 마라.
당신에게 음료수를 주는 사람을 조심하라.
친구는 술을 정말 많이 마셔서 바보짓을 하고 당신을 당황시킬 수 있기 때문에 절대로 친구를 떠나지 마라. 친구와 함께 있어라.

* 9학년 소녀들은 상급생들과 파티에 가서는 안 된다. 좋은 일이 일어날 리가 없다. 만약에 당신의 딸이 이 규칙의 적용을 싫어한다면, 그녀에게 이 장을 읽게 하고 나를 비난하라고 하라.
** 졸업반을 포함하여 여고생들은 같은 이유로 언니, 사촌, 또는 친구들과 함께 대학 파티에 가서는 안 된다.

당신의 딸은 친구에게 (만약에 친구가 방 안에 있다면 노크를 하고) 가까이 가서 "너에게 개인적으로 할 얘기가 있어, 그것은 정말로 중요해."라고 말한다. 만약에 친구나 남자가 "어이, 다 괜찮아."라고 말하며 저항감을 느낀다면, 그녀는 "생리중이야, 생리대가 필요해. 하나 좀 가져다줘."라고 말할 수 있다.

술, 약물 그리고 섹스에 대해서 딸과 대화하기

나는 당신이 지금쯤은 소녀들이 겪는 문제들은 연결되어 있다는 확신이 생겼을 것이라고 기대한다. 당신의 딸에게 필요한 의사결정능력은 담배나 마리화나를 피울 것인지 술을 마실 것인지 또는 섹스를 할 것인지 그 무엇을 결정한다 하더라도 같다. 부모인 당신의 역할은 그 주제에 대한 당신의 가치관과 윤리에 대해서 의사소통함으로써 그녀 자신의 것을 명확하게 하고, 다른 사람들과 그녀의 경계에 대해서 어떻게 의사소통하는지 그리고 원칙에 입각해서 어떻게 행동해야 하는지를 가르치는 것이다.

술, 약물 그리고 섹스에 대해서 대화하기 위한 당신의 전략은 다음 같은 원칙을 따라야 한다.

1. 그것들이 당신의 딸 주변에 있음을 인정하라.
2. 딸과 정기적으로 대화하라.
3. 당신의 규칙과 기대에 대해서 명확하게 하라.
4. 일관성을 유지하라. (당신의 행동이 딸에게 말한 것과 일치해야 한다.)
5. 나중의 대화를 위해서 개방성을 남겨두어라.
6. 딸이 당신의 규칙을 따르지 않았을 때, 충격받지 말고 개인적으로 받아들여라.
7. 결과와 그다음 과정에 대해서 명확하게 하라.
8. 부정하지 마라!

또래 집단의 압력에 대해 대화하기

또래 집단의 압력 ─ 당신이 무엇인가를 할 때 집단이 압력을 주는 것 ─ 은 더 이상 나타나지 않아요. 그들은 "그건 전부 다 하는 거야. 그러니 괜찮아, 해봐."라는 식으로는 말하는 것 같지 않아요. 사람들은 보통 당신의 음주나 약물에 대한 결정을 흔쾌히 받아들이지요. 당신이 그것을 하게 될 때는 엘리트 집단과 어울리고 싶을 때나 남자에게 좋은 인상을 주길 원할 때예요.   —시드니, 15세

당신이 보기에 쿨하거나 더 높다고 생각되는 사람들이 당신이 하고 싶지 않은 일을 하도록 설득하는 것이 '또래압력'이 아니라면 뭐가 또래압력이란 말인가? 또래압력은 요즘 좀 더 미묘하고 내면화되었다. 아이들이 약물을 하거나 술을 마시는 것은 다른 사람에게 "친구가 되고 싶으면, 술을 마셔야 해." 또는 "이리 와. 이거 해. 모두가 하는 거야."라고 말하는 것이 아니다. 그것은 훨씬 더 복잡하다. 약물과 술은 완전히 십대 문화의 한 부분이고, 술 마시고 약물을 하는 동기는 집단에 속하고 싶은 내적 압력으로부터 나오는 것이지, 누군가가 옆에서 집단적으로 대마초를 피우도록 압력을 주면서 지켜보고 있기 때문이 아니다.

그 자리를 떠라

섹스, 약물 또는 술에 대해서 효과적이지 못한 대화법에는 "자리를 떠." 또는 "네가 너를 존중한다면, 그렇게 하면 안 돼."라고 말하는 것이 있다. 나는 당신의 딸이 많은 십대가 스스로를 존중하면서 정기적으로 섹스를 하고 술을 마시거나 약물을 한다는 것을 알고 있다고 확신한다.

무관용 전략 또한 십대들이 거부하는 위선적인 면이 있기 때문에 작동하지 않을 것이다. 당신의 딸은 성적인 이미지, 약물 그리고 술이 어디에나 있는 세상에 살고 있다. 부모들은 약물, 술 그리고 섹스를 분리해서 초점을 맞추려고 하지만 당신의 딸은 모든 것들에 대해서 같은 의사결정기술을 사용한다. 아마도 당신은 그녀가 거부하길 원하겠지만 그녀가 반드시 겪어야 하는 과정이고, 양자택일의 문제도 아니고 결국 당신은 그 결과를 통제할 수 없다. 그녀를 둘러싸고 있는 광고나 또래 집단의 압력이 있는, 그녀가 살고 있는 세계를 반드시 반영해서 그녀가 결정하는 것을 도와줘야 한다.

여기에 당신이 자녀에게 어떻게 말할 수 있는지에 대한 예가 있다. 첫 번째

부분은 정말로 자녀들을 놀라게 하겠지만 좀 더 진지하게 경청할 것이다.

나는 너에게 술을 마시지 말라고, 약물을 하지 말라고 말하려고 하는 게 아니야. 나는 술과 약물을 쉽게 구할 수 있다는 것을 알고 있고, 너도 알다시피 많은 사람들이 술에 취하고, 황홀감을 경험한다고 확신해. 자녀에게 술의 남용을 허용하는 부모는 아마도 그들이 알코올중독자이거나 약물남용자일 거야. 나는 결국에는 이것이 너의 선택이라는 것을 알고 있단다. 나는 다음과 같은 이유로 네가 술을 마시거나 약물을 하는 것을 원하지 않는다고 말할 거야. 네가 술에 취하거나 황홀감을 경험할 때 너 자신을 통제하기가 더 어렵고, 다른 사람들이 그것을 쉽게 이용할 수도 있을 거야. 현명하다는 사람들에게 나쁜 일이 벌어지는 것은 그들이 술에 취했거나 약물을 했을 때란다. 나는 또한 네가 술에 취했거나, 황홀감을 느끼거나, 또는 술에 취하지 않은 것처럼 보이는 사람의 차를 타는 게 정말 걱정된단다. 그러나 네가 무엇을 하든지 나는 통제할 수 없어. 네가 나와 떨어져 있을 때, 나는 네가 안전하고 올바른 선택을 하길 바란다.

만약 가족 중 약물중독자나 알코올중독자가 있다면, 당신은 다음과 같이 말할 수 있다.

네 할아버지는 알코올중독으로 힘겹게 살아왔다. 그것으로 인해서 가장 중요한 문제인 대인관계와 경력 등에 상처를 입었어. 네가 같은 문제를 공유할 운명이 아닐지라도, 너는 좀 더 그런 경향성이 있고, 이 문제를 좀 더 심각하게 받아들일 필요가 있단다.

당신이 딸 나이였을 때 약물을 하거나 술을 마셨다면?

예전에 당신이 저질렀던 일들을 딸에게는 하지 말라고 하고, 당신 자신은 어떻게든 난관을 극복했다고 하는 그런 얘기를 딸에게 제대로 전달할 수 있을지 걱정되는가? 당신은 딸한테 신뢰를 전혀 얻지 못하거나 혹은 위선자가 되거나 둘 중 하나라고 생각할 수도 있을 것이다. 하지만 다음과 같이 해보기 바란다.

1. 거짓으로 말하지는 마라. 그렇다고 해서 낱낱이 얘기하라는 뜻은 아니

다. 하지만, 그것에 대해서 얘기할 나이는 따로 있다. 딸이 13세 이상일 때가 적기다.

2. 당신 아이를 너무 과소평가하지 마라. 지금 당신이 딸 앞에 제정신으로 멀쩡하게 있는 모습을 보여준다고 해서 예전에 당신이 얼마나 망가졌었고 또한 그 실수들을 통해 당신이 얼마나 많은 걸 배웠는지 당신 딸이 이해 못할 것이라고 단정하지 마라. 당신이 술이나 약물 때문에 겪고 목격했던 온갖 추잡한 경험들을 솔직하게 나눠라.

딸에게 당신이 해줘야 할 의무는 술과 약물을 남용하지 말 것과, 당신이 뒤늦게 얻은 인생의 지혜를 딸에게 알려주는 것이다. 아마 당신이 십대였을 때 그런 경험이 없었다면, 딸에게 적절한 조언을 해줄 수 있는 당신의 형제자매나 친구들을 찾을 수 있을 것이다. 이것은 단순히 약물이나 술을 손에 넣거나 먹고 마시는 데 대해 국한된 얘기를 하는 것이 아니라, 인생에서 문제를 해결하는 데 도움이 될 방법들을 제공할 만큼의 경험을 해본 사람들로 하여금 실제로 그 경험들을 공유하게 하라는 것이다. 그러한 과거를 공유하는 것이 너무나 끔찍해서 나누고 싶은 마음이 전혀 생기지 않는다면, 재활치료가 얼마나 고통스럽고 비싼 대가를 치르게 하는 것인지를 기억하라.

부모는 자식이 술과 약물로 인한 힘난한 상황을 헤쳐 나갈 때 드러나지 않게 도와줄 수 있어요. 우리 부모님, 숙모, 삼촌들은 나와 친구들에게 그들의 경험에서 우러나온 조언을 확실하게 해주었어요. 우리 엄마는 반듯하게 자랐지만 이모나 외삼촌은 그렇지 않았어요. 그들은 자신의 경험을 나에게 말해주었고, 그것을 통해 나는 배울 수 있었어요. 만약 그들이 나를 앉혀 놓고 고리타분한 강의를 했다면 그 조언을 그만큼 진지하게 받아들이지는 않았을 거예요. 내가 그 얘기에 귀를 기울인 이유는 그 얘기가 그분들이 실제로 겪은 일이었기 때문이었어요. ―크리시, 16세

엄마의 친한 친구 중 한 분은 술을 아무 데나 놓아 두었을 때 누가 약물 같은 것을 술에 타는 경우도 있기 때문에 절대로 술잔을 내려놓지 말라고 내게 말씀해주셨어요. 왜냐하면 그 분이 그런 일을 실제로 겪은 적이 있기 때문이에요. 삼촌도 나에게 술과 약을 섞어서 먹지 말 것을 당부했어요. 대개 부모님들은 자식들에게 이런 얘기를 듣게 하는 걸 좋아하지 않지만, 사실은 많이 도움이 돼요. 이런 일에 대해 부모님이 하시는 얘기를 들을

사람은 한 명도 없지만, 부모님의 친구나 친척이 한 얘기는 들을 거예요.

―메르세데스, 18세

섹스 이야기 : 기초 강좌

자, 이제 섹스와 당신 딸에 대한 얘기를 제대로 시작해보자. 두려운가? 역겨운가? 뚜껑이 열리는가? 체념이 되는가? 당신 감정이 어떠하든, 당신 딸이 당면한 문제에 대처하기 위해서는 많은 정보가 필요하다. 다른 것과 마찬가지로, 무지할수록 당신은 더 경악하게 될 것이다. 잘 배우라. 당신은 더욱 나은 결정을 하게 될 것이다.

섹스에 관한 다른 이야기를 해보자

딸은 당신이 딸에게 가르친 가치관을 내재화하여 자신의 행동규범으로 만들었을 때에만 자신이나 다른 사람을 위해 그 가치관을 따를 수 있게 된다. 다시 말해서 성에 대한 당신의 가치관이 명확해야만 딸과 그것을 공유할 수 있다. 그것은 적당한 시기에 당신 딸이 책임감 있게 상대방을 존중하며 또 상호 간 합의하에 ― 상대방도 그럴 것이라고 예상하며 ― 행동할 수 있다는 가정을 전제로 할 것이다. 이 주제에 관한 좀 더 심도 깊은 토론을 위해 참고문헌 목록에 올린 책들을 보기 바란다.

딸과 성에 관한 대화를 나누지 않은 채 아동, 청소년기를 보내게 하는 것은 부모로서 정말 무책임한 것이다. 당신이 딸에게 정확한 정보를 알려주지 않는다면, 딸은 성에 관한 모든 것을 또래 친구들과 대중매체를 통해서 배울 것이다. 학교에서 '그 대화'를 알아서 해줄 것이라고 기대하지 마라. 그 영역에 대한 교사의 역량이 부족할 수도 있고, 혹은 교과 과정이 매우 제한된 특정 영역만 다루고 끝날 수 있다. 자녀와 성에 관한 얘기를 하거나 성 내용을 다룬 책을 읽는 것이 오히려 자녀가 성관계를 갖도록 부추기는 것이라고 생각하는 부모도 있다. 수년간 아이들을 가르치면서, 이 견해에는 절대 찬성할 수 없다. 소녀들에 관한 정보를 지나치게 부정하게 되면, 그들은 무책임한 성관계나 강요에 의한 섹스에 이르는 잘못된 결정을 내릴 가능성이 높아진다.

딸과 성에 관한 대화를 하는 것이 불편할 수 있다. 그러나 그 불편함보다는 딸의 안전이 더 중요하다. 또한 단 한 번의 성에 관한 피상적인 대화로 그 불편함을 피해갈 수도 없다. 아무리 늦더라도 딸이 여덟 살이 되면 기초적인 성지식에 대하여 첫 번째 대화를 나누어라(만약 딸이 그 전에 당신에게 물어보지 않았다면). 그리고 나서 6학년이나 7학년 때 다시 대화를 하라. 기초가 되는 사항들을 빠짐없이 훑어본 후 당신이 생각하기에 중요한 교제방법에 대해 자세히 대화를 나눠라. 만약 딸의 양육자가 두 사람이라면 양쪽 다 딸과 대화하는 것이 좋다. 딸과의 이런 대화가 정말 부담스럽다면 조력자에게 도움을 요청하라. 이때 당신 딸에게 전하고 싶은 내용과 가치관에 대하여 조력자와 미리 검토하라. 하지만 가능하면 당신이 직접 이 일을 맡아라. 딸을 키우면서 당신이 규칙을 만들었고 양육했기 때문에 딸은 이처럼 중요한 문제를 당신과 의논해야 한다.

그렇다면, 이제 당신과 딸이 서로 얼굴 붉히지 않고 남자애들에 관한 대화를 어떻게 시작하면 좋을까?

자신의 영역 알기

다시 파티에서 앨리가 타이와 함께 2층으로 올라갔을 때로 돌아가보자. 그녀는 타이와 함께 그 방으로 들어가기 훨씬 전부터 자신이 지키고자 하는 선에 대해 알고 있어야 한다. 그러므로 당신 딸은 이렇게 자문해보아야 한다.

성적인 행위를 하기 전에 나는 상대에 대해 얼마나 잘 알고 있어야 할까?
상대를 잘 안다는 건 어떤 뜻이지? (파티에서 만난 내 친구의 친구는 잘 안다고 할 수 없다.)
성관계를 했을 때 내가 편안함을 느끼는 것은 무엇이지?
원하지 않는 것은 무엇이지?
그것을 상대에게 어떻게 전달하지?
원하는 것 혹은 원하지 않는 것들을 솔직하게 내가 상대에게 전달하는 게 어려운 것은 왜일까?

딸은 당신과 심도 있게 논의하기는커녕 이 질문들에 대한 간단한 답조차도 안 하려고 할 것이 뻔하다. 하지만 그래도 당신은 딸이 자신의 영역을 수립하는 그 첫 단추를 꿰도록 도와야 하며 이를 위해 의논 상대를 찾거나 그 상대가 되어 주어야 한다. 조력자는 여기서 아주 중요하다.

소녀들이 가진 공통적인 고민 중 하나는 그들이 성관계에 대해 지키고자 하는 선을 너무 일찍 얘기하면 상대 남자애가 전혀 생각하지도 않는데 마치 자기가 섹스를 하고 싶어 하는 것처럼 보일까 봐 상당히 걱정한다는 점이다. 상대 남자애가 직접적인 성관계까지는 아니더라도 그까지 갈 수 있는 성적 행위를 하고 싶어 한다고 생각하고 대비하는 것이 훨씬 현명한 것임을 딸들에게 알려주기 바란다. 딸이 모든 가능성을 충분히 생각해보아야 자신의 영역을 좀 더 명확하게 설정할 수 있고 남자애들이 모두 몸을 사리고 주의해야 할 성범죄자라고 생각할 필요도 없는 것이다. 술을 마시거나 약물을 하게 되면 영역 설정하기는 더 어려워진다는 사실을 반드시 기억해야 한다.

내가 언급했듯이 소녀들은 그것을 인정하기 싫어하지만 대부분의 소녀들은 명확하게 '아니'라고 말하지 못한다. 왜냐하면 자신들이 통제력이 없다고 느끼기 때문이다. 아이들이 교실에서는 자신들이 원하지 않을 때는 '아니'라고 말할 권리가 있음을 자신 있게 말한다. 그러나 아이들이 실제로 그 상황에 놓이게 되면 사정이 달라진다. 그 결과 소녀는 남자애에게 키스를 하면서 '안 돼'라고 말하는 경우가 종종 있으며, 이러한 엇갈린 메시지 때문에 남자애는 당연히 혼란스러워하면서도 멈추지 않고 계속하는 것이다. 소녀는 아마도 이렇게 말할 것이다 ─ "우리 좀 미루는 게 좋겠어." 또는 "레이첼한테 가봐야 할 것 같아, 아마 욕실에서 토하고 있을지도 몰라." 또는 "이렇게 해도 되는 건지 잘 모르겠어." 위의 어떤 표현도 "난 성관계를 하고 싶지 않아." 또는 "오럴섹스를 하고 싶지 않아."라는 의미를 분명하게 전달하지 못한다. 소녀는 자신이 뜻하는 바를 말로 표현하는 법을 배워야 한다. "아니, 성관계하고 싶지 않아.", "아니, 성관계를 갖자고 나를 설득하려고 하지 마."

아직도 대화를 나누지 않았다면, 지금이라도 시작하라. 성에 대한 당신의 신념을 분명히 하고 전달하는 것은 당신한테 달려 있다. 딸이 십대 초반이라면 사춘기, 호르몬, 기분 변화와 감정대립, 그리고 모든 관계에서 추구해야할 상호 존중의 필요성에 대해 대화를 나누는 것이 무엇보다 중요하다. 딸이 성장해 감에 따라 성행위에 따른 책임감에 대한 세세한 내용을 알려주어야한다. 당신의 어색함과 창피함 따윈 잊어버려라. 딸은 당신이 올바른 방향으로 돕든 내버려두든 어른이 될 것이다.

뒤처진다는 것

집단의 일부가 먼저 남자에게 관심을 보일 때 혼자 뒤처진 것 같이 느끼는 현상에 대해 얘기했고, 이번 경우는 자신이 뒤처진 걸 다시 따라잡으려 할 때 현실적으로 무슨 일이 생기는지 보여준다. 그러나 이번에는 위험성이 훨씬 높다. 당신 딸은 지금부터 성생활을 하고 있는 친구들이나 성관계를 하고 싶어 하는 자신의 남자친구를 따라잡으려고 할 것이고 난잡하다며 비난하면서도 소녀들로 하여금 더 조숙하고 세련되어 보이도록 부추기는 사회에도 편승하려 할 것이다.

> 난 해보지 못했는데 벌써 섹스를 경험한 친구를 두면 정말 기분이 묘해져요. 완전 다른 세상의 존재들이 된 것 같고, 내가 경험했던 온갖 종류의 성적인 것들보다 몇 광년은 더 앞서 나가고 있는 느낌이에요. ─일라나, 16세

> 내가 아는 여자애들은 인기 있다는 느낌 때문에 성관계를 가져요. 남자애들은 원하는 것을 얻기 위하여 여자애들한테 무슨 말을 해야 하는지 정확하게 알고 있어요. 학교 내에서 남자애들은 여자애가 누구인지, 사회적 지위, 외모, 물론 소문에 대한 자기 친구들의 의견이나 반응에 따라 그 여자애를 모른 체할 때도 있어요. 때론 여자애는 남자애가 '당연히 누릴 자격이 있는 것' 혹은 '가질 필요가 있는 것'을 제공하지 않았을 때 그가 좀 더 나은 대안을 줄 수 있는 상대를 찾아 떠날까 봐 겁이 나서 섹스를 하기도 하지요. 그 남자애와 잤다면 그 여자애는 결국 그런 부류의 남자는 자신을 떠날 것이라는 사실을 깨닫지 못하고요. 그래서 자신에게 더 많은 고통과 충격과 아픔을 안겨주기만 할 해로운 관계를 계속 질질 끌고 가는 거예요. ─제인, 16세

어떤 무리가 있는데 나머지는 성관계 경험이 있고 한 명만 없다면, 나머지 아이들이 그 한 명의 아이에게 성관계를 하지 않았다는 이유로 루저(실패자)라고 부르지는 않을 것이다. 나이가 제법 든 소녀들은 똑똑하기 때문에 성관계에 많은 위험이 따른다는 것을 안다. 그러나 성 경험이 없는 소녀는 그럼에도 불구하고 압박을 느낀다. 그 압박은 어디서 올까?

성관계를 가져 본 여자애들끼리는 엄청난 연대감이 있어요. 서로 좋아하는 것과 좋아하지 않는 것을 얘기할 수 있기 때문에 생기는 또 다른 유대감이지요. 그룹 안에 성 경험이 없는 아이가 끼어 있다면, 그 아이와 이런 얘기를 공유하는 것이 편치 않을 거예요.
— 모니카, 17세

대체로 여자애들은 서로에 대해 더 지지적이에요(성관계를 갖도록 압력을 주기보다는). 성관계는 아주 사적인 경험이에요. 준비되었는지에 대한 내적 싸움이지요. 당신은 자신이 어떤 상황에 처할지 늘 알고 싶을 거예요. 만약 어떤 집단에서 한 명이 성관계를 하게 되면 다른 친구들은 그걸 별로 두려워하지 않게 돼요.
— 마리엘, 16세

결국은 3장에서 언급했던 '구명보트에 실려 있는 상황'으로 귀결된다. 사춘기를 겪는 것은 공포스럽다. 각각 자기가 같이 옆에 앉고 싶고 꼭 붙어 있고 싶은 친구들을 선택한다. 우정이란 바로 그 통과의례들을 함께 보냄으로써 쌓이고 끈끈해지는 것이다. 성경험은 인생에 있어 가장 극적인 통과의례 중 하나이며, 내가 그 경험에 동참하지 못한다면 분명 혼자 외로울 것이다.

오럴섹스 : 십대들은 정말 그것을 섹스로 여기지 않을까?

소녀들이 오럴섹스를 하는 이유는 성관계를 갖지 않아도 되기 때문이에요. 오럴섹스는 섹스의 일부분이 아니라 전희의 일종으로 생각해요. 9학년 여학생들은 오럴섹스를 많이 해요. 왜냐하면 위 학년 남자애들이 그들을 좋아하고 멋지게 여긴다고 생각하고 있으니까요.
— 킴, 16세

내 친구 중 하나는 한 남자애를 놓고 다른 여자애와 싸웠어요. 결국 내 친구가 지고 있는 중이었어요. 그 여자애는 그 남자애와 또 다른 애들과 같이 놀러 나갔고 모두 다 차에 타고 있었어요. 여자애는 남자애와 함께 뒷좌석에 앉았어요. 차는 멈췄고 이들을 남기고 모두 차에서 내렸어요. 그때 여자애가 남자애에게 오럴섹스를 해주었어요. 사람들이 차 안을 들여다볼 수도 있었는데 말이에요! 내 생각에 그 여자애는 그 남자애가 원하는 걸 해줘야만 한다고 생각했거나 그렇게 하지 않으면 그 남자애가 다른 여자애를 더 좋아할지도 모른다고 생각했기 때문에 그렇게 한 것 같아요.　　—로빈, 17세

남자애들은 이렇게 얘기해요. "넌 너무 예뻐. 그러니까 이렇게 하면 나는 뿅 갈 것 같아."
　　　　　　　　　　　　　　　　　　　　　　　　　　　　—알리샤, 15세

이것이 내가 같이 했던 소녀들이 제시한 대표적인 견해이다.

역겹다.

모욕적이다.

오럴섹스는 '섹스'가 아니다.

소녀들은 종종 소년들을 즐겁게 해주기 위해 마지못해 오럴섹스를 해준다.

오럴섹스는 일종의 거래다. 소녀들은 그것으로 성병에 걸릴 위험은 없다고 생각하며(그들은 오해하고 있다) 그것으로 임신되지 않을 것이라고 생각한다.

첫째, 단도직입적으로 들어가보자. 사람들이 십대들의 오럴섹스에 대해 얘기할 때 그들은 단지 남자애들에 대한 소녀들의 오럴섹스 행위에 대해서만 말하지 그 반대의 경우는 생각하지 않는다. 둘째, 지금 부모 세대가 자랄 때는 대부분의 사람들이 오럴섹스를 질 삽입과 동등하거나 또는 더 친밀한 접촉으로 생각했었다. 그런데 지금은 그 반대이다. 그렇기 때문에 당신은 믿기 어렵겠지만 다수의 소녀들은 오럴섹스를 안전하고 정서적으로 거리감이 있는 것으로, 질 삽입은 특별한 누군가를 위해 '아껴두는' 것으로 생각한다.

그러나 많은 소녀들이 오럴섹스와 성교를 동등하게 생각하지 않는 것은 사실이지만 그렇다고 해서 모든 소녀들이 그것을 하거나 또는 그들에게는 하찮은 것이라는 뜻은 아니다. 사실 오럴섹스는 남녀 간의 힘의 불균등이라는 역동을 잘 드러내주는데 아이들은 지극히 일반적인 행위로 생각하고 있어 그런 문제를 제기하지 않는다.

남자애가 자기를 좋아하게 만들기 위해서 여자애는 뭐든지 할 거예요.　—마리아, 15세

그러나 오럴섹스라는 것은 섹스를 하지 않고 방을 나오는 것이며 당신의 무력감을 인정하는 것이다. 남자애를 즐겁게 해주기 위해 당신이 제안할 수 있는 것이다. 파티에서 타이와 함께 있던 앨리를 생각해보라. 그녀는 그가 자신을 좋아하길 바랐지만 성관계를 갖고 싶지 않았고, 그 상황에서 자신한테 아무 힘도 없다는 사실을 스스로 인정하고 싶지 않았다. 그래서… 그녀는 그 남자애 앞에서 최선의 '선택'을 하는 것이다. 그 남자애에게 입으로 애무를 해줌으로써 그녀의 모든 문제가 해결된 것처럼 보이는 것이다.

맙소사, 그들이 섹스를 하고 있다

당신이 딸에게 할 수 있는 가장 효과 없는 최악의 멘트는 바로 이것이다.

> 다시는 그 애 만날 생각도 하지 마.
>
> 그 애가 너한테 나쁜 영향을 주었어.
>
> 너는 걸레/창녀/부랑자야.
>
> 한 번만 더 걸려 봐….
>
> 사람들이 뭐라고 할지 생각 좀 해 봐.

만약 당신이 콘돔을 발견했다면 어떻게 해야 할까?

만약 당신이 콘돔을 발견했다면, 당신 딸이 성관계를 하고 있을 가능성은 99%임을 당신은 인정해야 한다. 그러나 그 사실이 당신의 심기를 불편하게 만드는 만큼이나, 최소한 딸이 안전한 성관계를 하고 있다는 것은 알려준다. 그리고 현재 성관계를 갖고 있지 않은데 콘돔이 발견되었다면, 딸이 분명히 성관계에 대해 생각하고 있다는 증거이다.

간혹 콘돔을 발견했을 때 바로 딸에게 가서 물어보는 부모가 있다. 만약 당신이 그렇게 한다면, 당신이 들을 말들은 다음과 같다.

> 친구 주려고 샀어요/가지고 있었어요.
>
> 성교육 선생님이 수업시간에 설명하면서 나눠주셨어요.

누가 나 골려 주려고 준 거예요.

위의 그 어떤 것도 딸이 성관계를 갖는다는 사실에 대한 부정은 아니다. 그들은 모두 사실일 수 있다. 딸은 친구를 주려고 샀다가 자신이 몇 개 쓸 수도 있다. 학교에서 성교육 시간에 주었을 수도 있지만 자신이 쓰려고 생각할 수도 있을 것이다. 이유가 무엇이건 간에, 다음과 같이 말할 것을 제안한다.

네가 그걸 가지고 있는 이유가 무엇이든, 네가 성관계를 시작하려 하거나 이미 그런 상태라면, 같이 부인과 의사를 만나서 검사를 해야 한다. 네가 성생활을 시작할 만큼이나 삶에 진지한 책임감을 갖고 있다면, 의사의 검진을 받으러 가는 것은 지극히 당연한 일이야. 분명히 해두고 싶은데, 네 나이 또래 아이들이 성관계를 가질 거라고 생각하지 않지만, 만약 네가 그렇다면, 네가 알아두어야 할 성적 책임감에 대해 나와 앉아서 차분히 얘기해 봐야겠구나.

만약 딸이 섹스하던 중 당신에게 걸렸다면?

이것이야말로 부모가 경험할 수 있는 끔찍하게 불편한 경험 중 최상위에 속할 것이다. 충격과 당황스러움을 억누르고, 아이들이 옷을 입도록 하고 방을 나온다. 그동안에, 깊은 숨을 쉬면서 흥분을 가라앉힌다. 그들이 옷을 입는 동안 마음을 추스르고 아이들에게 거실로 와서 보자고 말하라.

거실에서 가장 편안한 자리에 앉아라. 아이들이 들어오면, 제일 불편한 의자에 앉도록 하라(이 상황에서 할 수 있는 약간의 유머를 곁들이는 것이 좋다).

이미 당신이 설정한 규칙이 있고 이를 딸 아니면 둘 다에게 전달했다면 효과적인 반응을 보일 것이다 ― 당신이 딸의 침실에 남자애들의 출입을 금지했었다면, 그들은 규칙을 깨고 부모로서 당신을 경멸한 것이다. 당신은 이렇게 말하면 된다.

다이애나, 라이언, 지금 이 상황은 정말 모두가 당황스럽기 짝이 없지만, 그렇다고 내게 너무나 중요하고 너도 지키기로 약속했던 우리의 규칙을 너희가 깨뜨린 사실이 변하는 건 아냐. 너희가 이 규칙을 어겼기 때문에 나는 더 이상 우리 집에서 너희들을 신뢰할 수 없구나. 게다가(딸을 쳐다보며), 내가 이젠 너희들이 성관계를 가진다는 것을 알았으니, 부인과 진료와 성병검사를 받아야 한다. 라이언, 내가 너의 부모는 아니지만, 너도 같은 검사를 받았으면 한다. 라이언, 집에 가서 오늘 일어난 일에 대해 부모님께 말씀 드려라. 될 수 있으면 빨리 말씀 드리는 게 좋을 거다. 오늘 밤에 너희 부모님께 전화할 거니까.

원래는 초경을 시작하면서 부인과 진료를 받는 게 이상적이지만, 아니라면 최대한 빠른 시일 내에 병원에 가야 한다. 이럴 때가 조력자가 딸에게 뭔가 해줄 수 있는 좋은 기회이다. 내 여동생이 처음 검사를 받으러 갔을 때, 내가 같이 따라갔다. 내 동생은 두려워했고, 나는 어떻게 일이 진행될지 말해주었다. 동생이 검사를 받고 나와서 대기실로 걸어 들어오며 나한테 말했다. 거기에는 10명의 대기자가 있었다. "있잖아, 이제 나도 어엿한 여자가 된 것 같은데!" 우리는 둘 다 웃었고, 같이 나가서 점심을 먹었다. 유대감이 일어나는 순간들은 당신이 만드는 것이고 당신이 만들려고 할 때 생기는 것이다.

꼭 남자애 부모에게 전화를 하라. 이것은 모든 부모들이 꿈꿔 오던 일은 아니라는 것을 알지만, 전반적으로 어떤 일이 일어났는지, 당신이 어떻게 대처했는지 반드시 알려야 한다.

요약

나는 우리 여자아이들의 삶에서 많은 부분이 걱정스럽다. 특히 그들이 자신이나 타인을 타락시키는 행동을 했을 때 심한 좌절감과 슬픔을 느끼는 경험을 많이 가지기도 했다. 술과 약물을 남용할까 봐, 그리고 도움이 필요할 때 도와줄 수 있는 사람이 주위에 없을까 봐 걱정스럽다. 자신에게 관심을 가져주고, 매력적이고 예쁘다고 말해주는 누군가를 만나서 자신이 진짜 원하는지 확신도 없이 어떻게 해야 할지 모른 채 그와 성관계를 가질 당신 딸이 걱정스럽다. 원래 모습보다 자신을 하찮게 여기고 왜소하게 만드는 많은 일들을 보고 겪을까 봐 걱정스럽다. 귀갓길에 아이가 올라탈 차와, 그 차를 운전해서 같이 갈 사람이 걱정스럽다. 자신이 귀한 것을 선택해서 가질 충분한 자격이 있는 소중한 존재라는 사실을 분명하게 일깨워 줄 어른이 한 명이라도 반드시 삶에 있어야 하는데 혹시 그렇지 않을까 봐 걱정이다. 요컨대, 딸들을 위한 나의 목표는 다음과 같다.

1. 자신이 감당할 수 없는 상황에 있음을 인식할 수 있고, 자신을 돌봐줄 수 있는 친구가 있다.
2. 친구들이 자신에게 의지하고 뭔가 요구할 때 어떤 상황인지 정확히 알며, 그들과의 교류가 자신의 기준을 흔들리게 하지 않도록 할 수 있다.
3. 음주, 마약, 성에 관한 자신만의 경계를 알고, 다른 사람들에게 그것을 명확하게 전달할 수 있다.
4. 자신의 직감을 믿는다.
5. 실수를 저질렀음을 알고, 당신 또는 믿을 수 있는 다른 어른에게 지도받을 수 있다.
6. 딸이 가족 규칙을 어겼을 때, 당신의 역할은 저지른 실수를 들춰내 아이가 평생 수치심을 느끼도록 하는 것이 아니라, 아이 스스로 책임을 질 수 있도록 하는 것임을 딸이 아는 것이다.

이 장이 당신을 불편하게 만들었을지도 모르지만, 이 장을 통하여 다른 여자애들과의 관계, 소녀세계, 즐거움을 주고 싶어 하는 마음, 남자아이들과의 관계를 보여주고 싶었다. 여기서 거론된 다양한 고통을 당신 딸이 경험할 수 있다고 생각하는 것만으로도 괴로울 것이다. 이 세상에 딸을 존중하거나 소중하게 생각하지 않는 사람들이 있다는 사실을 받아들이기는 힘들다. 내가 학생들에게 말했듯, 원컨대, 정신없이 휘말리기 전에, 저 멀리서 조짐만 보일 때부터 다가올 그 위험들을 알아차리기 바란다. 당신이 도와준다면, 딸은 할 수 있을 것이다.

도움 구하기

지금까지 나는 당신 혹은 당신의 조력자들이 어떻게 당신 딸을 도울 것인지에 대해 초점을 맞추었다. 그러나 당신 딸이 치료자 또는 정신건강 전문가의 전문적인 도움을 필요로 할 때, 그러한 상태인지를 나타내는 징후를 알아차리고 딸에게 필요한 도움을 줄 수 있도록 준비해야 한다.

지난 수십 년 동안 우리가 성취한 가장 괄목할 만한 성과 중 하나는 정신건강 전문가들의 도움을 받을 때 따랐던 오명(낙인)을 많은 부분 없앤 것이다. 또한 우리는 한 세대 전에는 존재하지 않았던 여러 정신건강 문제에 대한 고유 언어를 갖게 되었다. 내가 고등학교 때 겪었던 학대 관계에 대해 말하기 힘들었던 이유 중 하나는 내가 속한 집단과 더불어 나도 학대 관계에 대해 교육받지 못했다는 것이었다. 무슨 일이 일어났었는지 정의할 단어가 없었다. 이제는 나와 비슷한 경험을 하고 있거나 그 외 여러 상황에 놓인 소녀들에게 그것을 표현할 언어가 있다.

만약 당신 딸이 어떤 종류이건 학대를 당하고 있다면, 당신과 딸은 둘 다 회복 과정을 거칠 것이다. 하지만 당신은 부모로서 특수한 도전에 직면한다는 사실을 기억해야 한다. 딸을 사랑하기 때문에, 오히려 딸이 회복 과정을 힘들게 겪고 있을 때 딸 스스로 결정을 내리도록 허락하지 않을 수 있다. 솔직히 부모로서 내가 배운 가장 중요한 것 중 하나가 이 책의 첫 부분에 언급한 것이다. 가끔은 우리가 부모라는 바로 그 사실 때문에 자녀를 위한 최고의 지원자가 되지 못한다. 자녀에 대한 사랑과 불안 때문에 가장 효과적인 조치를 인식하지 못하는 것이다.

회복은 연관된 모두에게 괴롭고 골치 아픈 과정이다. 만일 당신 딸에게 전문적인 도움이 필요했었다는 것을 시간이 지난 후 다른 누군가로부터 듣게 된다면, 딸이 부모인 당신에게 편안하게 말할 수 없었다는 사실에 당신은 상처받을지도 모른다. 소녀들이 다음 두 가지 이유 중 한 가지 이유로 그들의 부모에게 말하지 않는다는 사실을 기억하라 — 그들이 사실을 털어놨을 때의 부모의 반응이 그들을 더 상처받게 하거나, 또는 부모를 실망시켜 드리고 싶지 않은 마음 때문에 말하는 것이 안전하지 않다고 생각하는 것이다.

사람들은 고등학교 때 내가 겪은 학대 관계를 우리 부모님이 아셨냐고 자주 질문하지만, 부모님은 모르셨다. 나는 24세 때 첫 책을 출간하기 전까지 부모님께 말하지 않았다. 비록 부모님도 나도 그 당시에는 인식하지 못했지만, 부모님은 십대로서 내가 그 일을 겪고 있었을 때 여전히 도움을 주고 계셨다. 어떤 말로 도움을 주었을까?

엄마는 항상 내게 말씀하셨다. 다른 사람들처럼 나도 살아가면서 실수를 할 수 있다는 것과 결국은 견뎌 내리라는 것을. 만일 그릇된 결정을 내린다 해도 나는 언제든지 그것을 바로잡을 수 있다고. 엄마가 그 일을 몰랐다 하더라도, 엄마는 뭔가 잘못되었다는 것을 직감했다고 나는 생각한다. 어느 날, 아빠를 마중하기 위해 공항에서 기다리는 도중 엄마가 내게 "너에게 무슨 일이 일어나고 있는지 모르겠지만 뭔가가 있다는 걸 알아. 누구나 실수를 한단다. 너는 비밀이 많은 아이지. 하지만 언제든 네가 말하고 싶을 때 엄마가 네 옆에 있단다." 엄마는 아주 살짝이지만 내게 문을 열었고 나는 바로 그 문으로 들어가서 도움을 청했다. 나는 나 자신이 그 관계를 통제할 수 없는 상태가 되도록 내버려둔 것이 못내 수치스러웠다. 엄마의 그 한마디는 내가 그 관계를 끊을 수 있다는 가능성과 그 정도로 수치스러워하지 않아도 된다는 것을 깨닫게 해주었다.

내가 도움을 청하지 않은 이유는 별것 아니었다. 그것이 괴롭힘이나 식이장애, 성추행, 마약, 음주, 약물남용, 강간, 우울증, 불안증상인지는 중요하지 않다. 소녀들은 수치심을 느끼고, 상처받고, 해결할 수 없으며 다른 사람도 자신과 비슷한 경험을 했을 것이라고 생각하지 않는 경향이 있다. 나는 종종 가해자들이 믿는 구석은 희생자들의 침묵이라고 말한다. 우리 주위에는 자신의 잘못이나 다른 사람들의 잘못에 의해 상처 입은 사람들이 많지만 이를 밖으로 드러내지 않는다.

다른 이들처럼, 당신 딸도 혼자서 감당하거나 해결하기 힘든 문제를 안고 있을 수 있다. 마찬가지로 당신이 세상에서 가장 완벽한 부모일지라도, 당신 딸은, 딸과 부모 양쪽 모두는 아니어도, 외부의 도움이 필요한 일들을 겪을 수 있다.

그러므로 당신 딸에게 가르쳐야 하는 가장 중요한 것은 다른 사람에게 도움을 구하는 것이 수치스러운 것도 아니고 나약해서도 아니라는 것이다. 당신이 뭔가 감당하기 힘든 상태에 있다는 것을 인정하는 것이 오히려 용기 있는 것이다. 사람들은 그들의 마음이 갈기갈기 찢기고 있을 때조차도 별일이 없는 것처럼 보이기 위해 노력하며 자신을 죽음으로 몰아간다. 불행히도 많은 부모들이 도움 구하기를 주저한다. 왜일까? 답은 쉽지 않다. 때로는 딸의 성공이나 실패를 부모 자신의 모습에 투사하기도 하고 때로는 다른 사람들에게 가족문제가 알려지는 것을 꺼리기 때문이기도 하다. 간혹 그러한 문제를 직시하는 것이 고통스럽기조차 한데 그 이유는 우리 자녀들의 고통이 우리 자신들의 선택이나 우리를 둘러싼 환경의 결과물이기 때문이다.

좋든 싫든 부모인 것은 당신 자신이 짊어진 짐을 인정하고 극복할 수 있도록 자신에게 끊임없이 기회를 준다. 당신 안에서 당신을 들볶는 악령들을 직면해서 평안히 쉬게 하고 자녀가 필요로 하는 사랑과 지도, 그리고 양육을 제공하는 것이 당신의 책임이자 의무이다.

소녀들이 부모에게 도와달라고 말하지 않는 몇 가지 이유가 있다. 이들 중 한 가지일 수도 있고 몇 가지일 수도 있다.

- 딸은 혼자 감당이 안 되는 지경에 이를 때까지 도움이 필요함을 인정하지 않는다.
- 딸이 곤경에 빠졌다는 사실을 부모가 인정하지 않을까 봐 두려워하고 있다.
- 딸은 부모가 가지고 있는 자신에 대한 이미지가 바뀌는 것을 원치 않는다.
- 이전에 딸이 어떤 문제를 털어놓았을 때 당신은 딸의 동의 없이 행동함으로써 딸에게 충격을 주었을 수 있다.
- 딸의 문제를 포함한 가족문제는 은밀한 것이기 때문에 외부 사람의 개입을 필요로 하지 않을 수 있다.

'앨리슨'은 내가 아끼는 소녀 중 한 명이다. 그 아이는 재치 있고 똑똑하며 예쁘고 매력적이다. 그 아이는 또한 우울증과 불안증을 앓고 있다. 최근까지 나는 아무것도 몰랐다. 나는 단지 중학생의 생활이 그녀에게는 매우 힘들었다는 걸 알았지만, 그것은 그 아이를 알게 된 이유였다. 앨리슨은 자신의 이미지 관리를 너무도 잘하고 있었기 때문에 나는 그 정도로 그 아이가 힘들어한다는 것을 눈치채지 못했다.

앨리슨은 끈기 있는 성취가였다. 그녀는 아이비리그 학교에 조기 입학하였고, 9학년 때부터 다양한 스포츠팀에서 활약하였으며, 학업과 과외활동 수상 실적은 셀 수도 없었다. 3년간 나와 봉사활동을 함께 한 후, 그녀는 내게 더 이상 봉사활동을 할 수 없다고 말했다. 나는 한 방 얻어맞은 느낌이었고 화가 났다. 나는 그녀가 졸업반증후군이 있고, 대학에 들어가게 됐기 때문에 모든 것을 그만두었을 거라는 성급한 결론을 내렸다. 그녀가 한 약속은? 그녀는 그 책임들을 뒤로 하고 그냥 가버릴 수는 없는 것이었다.

그러자 그녀는 내게 자신이 수년 동안 우울증을 앓고 있고 8학년 때는 자살 시도를 했었노라고 말했다. 도움을 요청하는 데 무엇이 그토록 그녀를 힘들게 했을까? 그것은 그녀의 부모님이 그녀가 아무에게도 그 사실을 말하는 것을 원치 않았기 때문이었다. 부모님은 그 일을 '가족만의 비밀'로 하고 싶었다. 며칠 후 우리는 점심을 먹으러 같이 나갔고 수년 동안 그녀는 다른 사람들이 기대하는 그녀의 모습이 되기 위해 있는 힘을 다해 노력했다고 털어놓았다. 그녀의 정체성은 지나치게 그녀의 성과물과 동일시되었기 때문에 그녀는 그것 없이는 자신이 아무것도 아니라고 느끼고 있었다. 그녀는 침대 밑에 8학년 때부터 받았던 모든 상장을 넣어둔 노트를 놓아두었다가 자신이 우울할 때마다 그것을 꺼내 봤다고 한다. 앨리슨은 내게 물었다.

우리는 아무 문제가 없는 척해야 할 만큼 특별한 존재인가요? 우리 언니가 식이장애가 있었을 때 의사들은 입원해야 된다고 했어요. 우리 부모님은 거절하셨죠. 그들은 언니를 집에서 보살필 수 있을 거라 생각하셨어요. 우연히 부모님이 하시는 얘기를 엿들었는데, 만일 언니가 입원하게 되면 사람들에게 전염성 단핵증(mono)이라고 말하자고 하셨어요. 언니는 38.5킬로그램까지 살이 빠졌는데도 그들은 부끄럽다는 이유로 도움 받기를 원치 않으셨어요. 내가 처음으로 우울증이 생겼을 때 그들은 나를 어떤 정신과 의사에게 데려갔고 나는 그 분이 좋았어요. 그는 부모님에게 부모교육이 필요할 거라고 말했지요. 우린 다시는 거기 가지 않았어요. 그다음에 나는 또 다른 엄마가 알고 계신 의사에게 갔어요. 엄마가 나를 데려갔을 때 그들은 자녀들의 얘기를 포함해서 많은 얘기를 나눴어요. 나는 더 이상 그 의사를 신뢰할 수 없었어요. 요즘은 내가 얘기할 때 그저 앉아만 있는 정신과 의사에게 다니고 있는데, 나는 실제로 나한테 어떤 일이 일어났는지는 얘기하지 않아요. 내가 왜 그 사람한테 얘기를 해야 하죠?

아마도 당신은 이것을 읽고 생각할 것이다. 앨리슨 부모님은 문제가 있는 부모잖아? 도대체 자신들이 딸한테 무슨 짓을 하고 있다는 걸 알기나 하는 걸까? 잘 보시라. 자만심은 당신의 판단력을 흐리게 만든다. 앨리슨의 집안은 '전통적인' 가정이다. 교외에 거주하며 부모님이 한 집에서 같이 살고, 교회를 다니며, 지역사회에서 활발한 활동을 하고 있다. 나는 앨리슨의 부모님을 안다. 그들은 배려심이 있고 다정한 사람들이다. 나는 그들이 자신의 딸을 사랑하며 최고의 것을 딸에게 주고 싶어 한다고 확신한다. 앨리슨의 아버지는 몇 시간을 달려 딸을 내 사무실에 데리고 오고 데리고 간다. 그는 따뜻하고, 세심하게 배려하고, 딸을 자랑스럽게 생각한다. 그렇다면 왜 그들은 딸이 자신의 문제를 꺼내놓는 것을 그렇게 두려워하였을까? 정말로 딸이 도움을 받는 것보다 그들의 이웃이 뭐라고 생각하는지가 그들에게 더 중요할까?

부모는 때때로 자식과 가족을 위한 '최선'을 추구하며 행한 결정이라고 생각하지만 종종 결과는 그 반대이다. 왜냐하면 부모들이 자신들의 양육태도를 반성하는 것보다 가족의 수치, 오점을 감추는 게 훨씬 쉽기 때문이다. 그러므로 나는 당신에게 그 문을 열어 두라고 부탁하고 싶다. 딸에게 이렇게 물어보라. "요즘 기분이 안 좋아 보이는구나. 내가 도와줄 게 있니? 네가 나한테 말하기 힘들다면 다른 사람과 얘기해보는 것도 좋아." 만일 뭔가 딸에게 문제가 있을 거라는 느낌은 있지만 아직은 그 문제를 당신에게 꺼내놓을 준비가 되어 있지 않다면 좀 더 부드럽게 물어보라.

아무리 딸을 사랑한다고 해도, 당신의 문제 때문에 딸이 필요한 도움을 받을 수 없다면 그것은 부모 역할을 잘못하는 것이다. 딸이 배워야 할 것은 자신이 잘못을 저질렀을 때 그 잘못으로부터 교훈을 얻고 그것을 뛰어넘는 방법을 당신으로부터 배우는 것이다. 만일 딸이 그릇된 결정을 하거나 곤경에 처했다 하더라도 딸은 망가졌다거나 고칠 수 없는 게 아니다. 그렇다고 해서 당신이 아는 모든 사람과 은밀한 가족문제를 공유해야 한다는 말은 아니다. 그러나 딸에게 자신의 문제를 거짓으로 말하라고 하거나 아무 문제 없는 척 행동하게 하지는 마라. 딸이 치료자를 만나기 위해 매주 조퇴를 해야 한다면, 다른 아이들에게 좀 더 편하게 얘기할 수 있는 방법이 무엇인지 생각해내는 것을 도와주되, 그것을 비밀로 하라고 말하지는 마라. 만일 당신이 위에서 열거된 해서는 안 되는 행동을 한 가지라도 한다면, 당신은 딸에게 자신을 수치스럽게 생각해야 마땅하다는 메시지를 주는 것이다. 딸이 수치스럽게 생각하는 한, 딸은 자신의 상처를 치유할 수 없다. 딸은 주체적인 한 인간임을 존중하고 당신은 그녀의 안내자임을 명심하라.

누가 도움을 필요로 하는가

다음에 열거한 징후들은 정상적인 십대를 묘사한 것일 수 있지만, 비교적 짧은 기간 동안 큰 변화를 보인다면 그 행동은 뭔가 그들을 괴롭히고 있는 문제에 대한 적응기제로 볼 수 있다.

전문적인 도움을 필요로 하는 징후들

- 고립과 철회
- 지나치게 많이 먹거나 적게 먹는 것
- 극도의 기분 변화

성적 폭력을 시사할 수 있는 부가 징후들

- 샤워를 자주 한다.
- 뭔가 계속 분주하다.
- 큰 옷으로 몸을 가린다.
- 이전에 보이지 않던 공포감을 보인다.
- 혼자 남는 것을 싫어한다.

우울증이나 불안증상을 시사하는 징후들

- 너무 많이 자거나 적게 잔다.
- 의학적 치료에 반응하지 않는 신체 증상을 지속적으로 호소한다(두통, 소화기 장애, 만성 통증).
- 집중하고 기억하거나 결정을 내리기 힘들어한다.
- 죽음이나 자살에 대해 생각한다.
- 죄책감, 무가치함, 희망이 없고 비관적인 생각을 한다.

치료자를 선택하는 법

처음에는 나는 치료가 단지 시간낭비라고 생각했기 때문에 우리 부모님은 나를 억지로 끌고 치료자에게 데리고 갔어야 했다. 그러나 세 번째 시간 즈음, 내가 왜 거기 있어야 했는가를 깨닫기 시작했다. 내 마음속에 일어나고 있는 것을 누군가에게 말하고 그것에 대해 곰곰이 생각할 수 있다는 것은 좋은 경험이었다. 치료자를 만나면 내게 당면한 문제들에 대해 불안이 줄어든다.
　　　　　　　　　　　　　　　　　　　　　　　　　　　　　　　　　　　　　－코린, 15세

나의 주치의는 우리 부모님에게 나를 정신과 의사에게 데려가라고 말씀하셨다. 그는 단지 나를 응시하면서 왜 내가 아빠를 미워하는지 물었다. 나는 나에 대한 어떤 얘기도 그 남자에게 하지 않았다.
　　　　　　　　　　　　　　　　　　　　　　　　　　　　　　　　　　　　　－카렌, 16세

　만일 좋은 치료자를 만난다면 그 치료자는 당신 딸에게 훌륭한 도움을 줄 것이다. 하지만 좋은 치료자를 찾는 것이 쉽지만은 않다. 당신은 아마도 치료자를 찾아서 이리저리 헤매고 싶지 않겠지만, 그래도 해야만 한다. 이렇게 생각해보라 — 그것은 돈이 많이 드는 일이고, 딸을 약속시간에 데리고 가는 데 시간도 많이 소요될 것이다. 그렇기 때문에 좋은 치료자를 찾는 일은 시간을 들일 만한 가치가 있다.

　전화로 물어볼 3~5개 질문을 준비하라. 딸에게도 하고 싶은 질문을 준비시켜라. 내가 주로 묻는 몇 가지 질문을 소개한다.

- 치료자 자신의 스타일에 대해서 어떻게 묘사하는가? 앉아서 듣는 것을 좋아하는가? 치료자의 의견을 말해주는가?
- 부모와 자녀 사이의 중재자로서의 역할에 대해 어떻게 생각하는가? 예를 들면 딸에 대해 뭔가를 알려주는 시점이 언제인가? 당신 딸이 급박한 위험에 처한 때를 알기 위해 혹은 그런 위험이 있는지 여부를 알기 위해 그런 질문을 하지 마라. 궁극적으로 좋은 치료자는 엄마한테 딸에 관한 것들을 전달하지 않는 사람이다. 왜냐하면 훌륭한 청소년 치료자는 치료자 자신과 부모, 그리고 자녀 사이의 경계에 대해 확실한 이해를 하고 있기 때문이다.

- 치료자의 전문 분야가 무엇인가? 청소년 전문가나 당신 딸이 가진 문제 (예 : 괴롭힘, 식이장애, 강간, 학대)에 대한 전문가를 찾아라.
- 왜 치료자가 청소년을 대상으로 하는가? 치료자가 가장 보람을 느끼는 부분이 무엇인가? 치료자가 가장 어려워하는 점은 무엇인가?

여기에 엄마와 치료자가 효과적으로 협력한 예가 있다. 결국, 강간을 당했던 그 소녀는 필요로 하는 도움을 받을 수 있었다.

> 엄마는 세 사람의 치료자에게 전화를 했고 그중 한 사람을 나에게 선택하라고 했다. 엄마는 의사한테 내가 아무 말도 안 해도 좋다면서, 하지만 엄마는 엄마가 나를 돕기 위해 뭔가를 했다는 걸 알 필요가 있다고 했다. 정신과 의사를 만나러 갔을 때, 그녀는 내게 말하기를 강요하지 않았다. 나는 친구들에 대해 얘기했고, 내 생활에 대해 얘기했다. 다른 모든 어른들이 내게 그 얘기(강간)를 하라고 강요했을 때, 나의 치료자는 내가 그 말을 하고 싶어 할 때까지 기다려주었다. — 알렉사, 16세

당신 자녀에게 치료자가 필요하다는 것이 당신이 부모로서 실패했다는 의미는 아니다. 만약 당신이 자녀가 필요로 하는 도움을 받을 수 있도록 해주었다면, 당신은 자녀를 위해 최선을 다하고 있는 것이다. 그리고 그것이 당신에게 당부하는 전부이다.

덧붙이는 글 : 책을 덮기 전에

이제 당신은 소녀세계를 알고 있다. 또한 그곳에서 벌어지는 일들을 이해하는 것이 어렵다는 것도 나는 알고 있다. 그러나 원컨대, 당신이 딸의 십대 시절을 당신과 딸 모두를 위해 좀 더 견딜 만한 것으로 만들 수 있다는 것과, 뿐만 아니라 자녀의 신뢰성과 독립심을 키워줄 수도 있다는 것을 알았으면 한다.

이 글을 마무리하면서, 나는 몇 명의 소녀에게 부모님께 남기고 싶은 말을 해달라고 부탁했다.

제가 하는 모든 생각을 이해하려고 하지 마세요. 그냥 딸의 감정이 타당하고, 틀리지 않았다는 걸 보여주세요. 들어야 할 때는 들어주세요. 말해야 한다면 말해주세요. 제일 중요한 건, 설령 자녀는 그렇게 하지 않더라도, 부모님은 다른 사람이 자신에게 해주기를 원하는 대로 딸을 존중해주세요. 아마 지금이 딸의 인생에서 가장 힘든 시간일 것이니 딸이 뭐라고 하던, 딸은 당신을 필요로 합니다.　　　　　　　　　　　—줄리, 17세

소통은 딸과 좋은 관계를 형성할 수 있는 최선의 방법이에요. 십대들은 부모가 그들에게 일어나고 있는 일에 관심을 가지고 있다는 사실을 알고 싶어 해요. 명심해야 할 것은 자녀들이 얘기하는 것을 편하게 느끼지 않는 상태에서 억지로 말하게 하려 하거나 마음의 문을 열라고 강요하지 말아 주세요. 언제든 다가갈 수 있게 해주시고, 딸을 괴롭히는 것이 있을 때 즉각적으로 알아차릴 수 있도록 유심히 지켜보세요. 사랑과 관심을 보여주세요. 그리하면 십대들의 자존감에 놀라운 일이 일어날 것입니다.　　　　—니아, 18세

그저 옆에 있어 주세요. 판단하지 말아 주세요. 더 나아질 수 있는 방법을 설명하려고 하지 마세요. 그저 너를 사랑한다고만 말해주세요.　　　　　　　　　　—디아, 15세

내가 엄마를 사랑한다는 것과 자랑스러운 딸이 되고 싶다는 것을 알아주세요.
　　　　　　　　　　　　　　　　　　　　　　　　　　　　　—미셸, 15세

엄마와 싸우면서 엄마가 옳다는 것을 알아도 그걸 인정하고 싶지 않아요.　—키아, 16세

엄마는 진짜 뭔가 달라지게 만들고 나는 진지하게 듣지요.　　　　　　—사라, 16세

|참고문헌|

문화적 논평

Female Chauvinist Pigs: Women and the Rise of Raunch Culture, by Ariel Levy. Free Press, 2005.

Freaks, Geeks, and Cool Kids: American Teenagers, Schools, and the Culture of Consumption, by Murray Milner, Jr. Routledge, 2004.

Gender and Education: An Encyclopedia (Vols. 1 & 2), by Barbara J. Bank, ed. Praeger Publishers, 2007.

Gender Play: Girls and Boys in School, by Barrie Thorne. Rutgers University Press, 1993.

Getting Through to Difficult Kids and Parents: Uncommon Sense for Child Professionals, by Ron Taffel. Guilford Press, 2004.

The Good Enough Teen: Raising Adolescents with Love and Acceptance, Despite How Impossible They Can Be, by Brad E. Sachs. Harper Paperbacks, 2005.

Goth: Undead Subculture, by Lauren M. E. Goodlad and Michael Bibby, eds. Duke University Press, 2007.

Grassroots: A Field Guide for Feminist Activism, by Jennifer Baumgardner and Amy Richards. Farrar, Straus, and Giroux, 2005.

The Motivation Breakthrough: 6 Secrets to Turning On the Tuned-Out Child, by Richard Lavoie. Touchstone, 2008.

The Nature of Prejudice: 25th Anniversary, by Gordon W. Allport. Perseus Book Group, 1979.

Nerds: Who They Are and Why We Need More of Them, by David Anderegg. Tarcher, 2007.

Nurturing Good Children Now: 10 Basic Skills to Protect and Strengthen Your

Child's Core Self, by Ron Taffel and Melinda Blau. Golden Guides from St. Martin's Press, 2000.

Parenting by Heart: How to Stay Connected to Your Child in a Disconnected World, by Ron Taffel and Melinda Blau. Da Capo Press, 2002.

The Pecking Order: Which Siblings Succeed and Why, by Dalton Conley. Pantheon, 2004.

The Pressured Child: Helping Your Child Find Success in School and Life, by Michael G. Thompson and Teresa Barker. Ballantine Books, 2005.

Privilege: A Reader, by Michael Kimmel and Abby Ferber. Westview Press, 2003.

Queen Bee Moms and Kingpin Dads: Dealing with the Difficult Parents in Your Child's Life, by Rosalind Wiseman and Elizabeth Rapoport. Three Rivers Press, 2007.

School Girls: Young Women, Self-Esteem, and the Confidence Gap, by Peggy Orenstein. Doubleday, 1994.

The Second Family: Dealing with Peer Power, Pop Culture, the Wall of Silence, and Other Challenges of Raising Today's Teen, by Ron Taffel. St. Martin's Griffin, 2002.

Somebodies and Nobodies: Overcoming the Abuse of Rank, by Robert W. Fuller. New Society Publishers, 2003.

A Tribe Apart: A Journey into the Heart of American Adolescence, by Patricia Hersch. Ballantine Books, 1999.

When Parents Disagree and What You Can Do About It, by Ron Taffel. Guilford Press, 2002.

Worried All the Time: Overparenting in an Age of Anxiety and How to Stop It, by David Anderegg. Free Press, 2003.

따돌림, 사회정의, 그리고 중재전략

All Rise: Somebodies, Nobodies, and the Politics of Dignity, by Robert Fuller. Berrett-Koehler, 2006.

Best Friends, Worst Enemies: Understanding the Social Lives of Children, by Michael Thompson, Catherine O'Neill Grace, and Lawrence J. Cohen. Ballantine Books, 2002.

Bullying from Both Sides: Strategic Interventions for Working with Bullies and Victims, by Walter B. Roberts Jr. Corwin Press, 2005.

Bullying, Victimization, and Peer Harassment: A Handbook of Prevention and Intervention, by Joseph E. Zins, Maurice J. Elias, Charles A. Maher, eds. Haworth Press, 2007.

Creating Safe Schools: What Principals Can Do, by Marie S. Hill and Frank W. Hill. Corwin Press, 1994.

Disarming the Playground, by Rena Kornblum. Woods and Barnes Publishing, 2002.

Family Matters: How Schools Can Cope with the Crisis in Childrearing, by Robert Evans. Jossey-Bass, 2004.

Letters to a Bullied Girl: Messages of Healing and Hope, by Olivia Gardner, Emily Buder, and Sarah Buder. Harper Paperbacks, 2008.

Mom, They're Teasing Me: Helping Your Child Solve Social Problems, by Michael G. Thompson, Lawrence J. Cohen, and Catherine O'Neill. Ballantine Books, 2004.

Not Much Just Chillin': The Hidden Lives of Middle Schoolers, by Linda Perlstein. Farrar, Straus, and Giroux, 2003.

Please Stop Laughing at Me: One Woman's Inspirational Story, by Jodee Blanco. Adams Media, 2003.

Safe School Ambassadors: Harnessing Student Power to Stop Bullying and Violence, by Rick Phillips, John Linney, Chris Pack. Jossey-Bass, 2008. (Curriculum)

Salvaging Sisterhood, by Julia V. Taylor. Youthlight, 2005. (Curriculum)

Teens at Risk: Opposing Viewpoints, by Auriana Ojeda, ed. Greenhaven Press, 2003.

Your Child: Bully or Victim? Understanding and Ending Schoolyard Tyranny, by Peter Sheras and Sherill Tippins. Fireside, 2002.

Youth at Risk: A Prevention Resource for Counselors, Teachers, and Parents, by David Capuzzi and Douglas R. Gross, eds. American Counseling Association, 2000.

시청각 자료

How to Eat Fried Worms. Bob Dolman (Director). Walden Media, 2006. (www.walden.com)

웹사이트

Facing History and Ourselves: www.facinghistory.org

Teaching Tolerance—A Project of the Southern Poverty Law Center: www.tolerance.org

청소년 발달과 다양한 학습

Breaking Through to Teens: A New Psychotherapy for New Adolescence, by Ron Taffel. Guilford Press, 2005.

Childhood Unbound: Saving Our Kids' Best Selves—Confident Parenting in a World of Change, by Ron Taffel. Free Press, 2009.

Delivered from Distraction: Getting the Most Out of Life with Attention Deficit Disorder, by Edward M. Hallowell and John J. Ratey. Ballantine Books, 2005.

Driven to Distraction: Recognizing and Coping with Attention Deficit Disorder from Childhood Through Adulthood, by Edward M. Hallowell and John J. Ratey. Touchstone, 1995.

It's So Much Work to Be Your Friend: Helping the Child with Learning Disabilities Find Social Success, by Richard Lavoie. Touchstone, 2006.

Key Indicators of Child Well-Being: Completing the Picture, by Brett Brown, ed. Lawrence Erlbaum, 2007.

Killing Monsters: Why Children Need Fantasy Superheroes and Make-Believe Violence, by Gerald Jones. Basic Books, 2002.

The Primal Teen: What the New Discoveries About the Teenage Brain Tell Us About Our Kids, by Barbara Strauch. Doubleday, 2003.

Thinking in Pictures and Other Reports from My Life with Autism, by Temple Grandin. Vintage Books, 1996.

Understanding Learning: The How, the Why, the What, by Ruby K. Payne. aha! Process, Inc., 2001.

Understanding Youth: Adolescent Development for Educators, by Michael J. Nakkula and Eric Toshalis. Harvard Education Press, 2006.

What Do Children Need to Flourish? Conceptualizing and Measuring Indicators of Positive Development, by Kristin Anderson Moore and Laura Lippman, eds. Springer, 2005.

Working with Parents: Building Relationships for Student Success, by Ruby K. Payne. aha! Process, Inc., 2005.

Working with Students: Discipline Strategies for the Classroom, by Ruby K. Payne. aha! Process, Inc., 2006.

시청각 자료

The Motivation Breakthrough, by Richard Lavoie. Gerardine Wurzburg (Director). PBS Video, 2007.

남성성, 남성 공격성, 그리고 소년들의 이슈

Bad Boys: Public Schools in the Making of Black Masculinity, by Ann Arnett Ferguson. University of Michigan Press, 2001.

BAM: Boys Advocacy and Mentoring: A Guidebook for Leading Preventative Boys Groups, Helping Boys Connect through Physical Challenge and Strategic Storytelling, by Stephen Grant, Howard Hilton, and Peter Motola. BAM! Press, 2006. (Curriculum)

The Bond: Three Young Men Learn to Forgive and Reconnect with Their Fathers, by Sampson Davis, Rameck Hunt, and George Jenkins. Riverhead Hardcover, 2007.

Boys into Men: Raising Our African American Teenage Sons, by Nancy Boyd-Franklin, A. J. Franklin, and Pamela Touissaint. Dutton, 2000.

Boys of Few Words: Raising Our Sons to Communicate and Connect, by Adam J. Cox. Guilford Press, 2006.

Counseling Troubled Boys: A Guidebook for Professionals, by Mark S. Kiselica, Matt Englar-Carlson, and Arthur M. Horne, eds. Routledge, 2008.

Fathers, Brothers, Sons and Lovers: Why Some Men Hurt and Others Watch, by Jackson Katz. Sourcebooks, 2006.

A Fine Young Man, by Michael Gurian. Putnam, 1999.

Guyland: The Perilous World Where Boys Become Men, by Michael Kimmel. Harper, 2008.

I Don't Want to Talk About It: Overcoming the Secret Legacy of Male Depression, by Terrence Real. Fireside, 1997.

It's a Boy! Understanding Your Son's Development from Birth to Age 18, by Michael G. Thompson and Teresa Barker. Ballantine Books, 2008.

Lost Boys: Why Our Sons Turn Violent and How We Can Save Them, by James Garbarino. Free Press, 1999.

Makes Me Wanna Holler: A Young Black Man in America, by Nathan McCall. Vintage Books, 1994.

Manhood in America: A Cultural History, by Michael Kimmel. Free Press, 1996.

Men's Lives, by Michael Kimmel. Allyn and Bacon, 1998.

More Than a Few Good Men: Strategies for Inspiring Boys and Young Men to Be Allies in Anti-Sexist Education (Working Paper Series), by Jackson Katz. Wellesley Center for Research on Women, 1999.

Our Boys Speak: Adolescent Boys Write About Their Inner Lives, by John Nikkah with Leah Furman. St. Martin's Griffin, 2000.

The Pact: Three Young Men Make a Promise to Fulfill a Dream, by Davis Sampson, George Jenkins, and Rameck Hunt with Lisa Frazier Page. Riverhead Books, 2002.

Raising Cain: Protecting the Emotional Life of Boys, by Daniel Kindlon and Michael Thompson. Ballantine Books, 1999.

Real Boys: Rescuing Our Sons from the Myths of Boyhood, by William Pollack. Random House, 1998.

Real Boys' Voices, by William Pollack and Todd Shuster. Random House, 2000.

Speaking of Boys: Answers to the Most-Asked Questions About Raising Sons, by Michael G. Thompson and Teresa Barker. Ballantine Books, 2000.

When Good Men Behave Badly, by David Wexler. New Harbinger Publications, 2004.

The Wonder of Boys, by Michael Gurian. Putnam, 1996.

시청각 자료

Raising Cain: Exploring the Inner Lives of America's Boys, by Michael Thompson and Powderhouse Productions. PBS Video, 2005.

Tough Guise: Violence, Media, and the Crisis in Masculinity (abridged). Sut Jhally (Director), featuring Jackson Katz. Media Education Foundation, 1999. (www.mediaed.org)

Wrestling with Manhood: Boys, Bullying, and Battering (abridged). Sut Jhally (Director), featuring Sut Jhally and Jackson Katz. Media Education Foundation, 2002. (www.mediaed.org)

웹사이트

National Organization for Men Against Sexism: www.nomas.org
XY—Men, Masculinities, and Gender Politics: www.xyonline.net

소녀들의 세계, 여성 공격성, 소녀의 대한 이슈에 대한 고찰

The Blueprint for My Girls: How to Build a Life Full of Courage, Determination and Self-Love, by Yasmin Shiraz. Fireside, 2004.

The Curse of the Good Girl: Raising Authentic Girls with Courage and Confidence, by Rachel Simmons. Penguin Press, 2009.

Deal with It! A Whole New Approach to Your Body, Brain, and Life as a gURL, by Esther Drill and Heather McDonald. Pocket Books, 1999.

Don't Give It Away, by Ilyana Vanzant. Fireside Publications, 1999.

Full of Ourselves: A Wellness Program to Advance Girl Power, Health, and Learning, by Catherine Seiner-Adair and Lisa Sjostrom. Teachers College Press, 2006. (Curriculum)

Girl in the Mirror: Mothers and Daughters in the Years of Adolescence, by Nancy L. Snyderman and Peg Steep. Hyperion, 2003.

Girl Wise: How to Be Confident, Capable, Cool and in Control, by Julia DeVillers. Three Rivers Press, 2002.

Girlfighting: Betrayal and Rejection Among Girls, by Lyn Mikel Brown. New York University Press, 2003.

The Girl's Guide to Absolutely Everything, by Melissa Kirsch. Workman Publishing, 2006.

Girls in Real-Life Situations: Group Counseling for Enhancing Social and Emotional Development (Grades K–5), by Shannon Trice-Black and Julia V. Taylor. Research Press, 2007. (Curriculum)

Girls in Real-Life Situations: Group Counseling for Enhancing Social and Emotional Development (Grades 6–12), by Julia V. Taylor and Shannon Trice-Black, Research Press, 2007. (Curriculum)

Girls on Track: A Parent's Guide to Inspiring Our Daughters to Achieve a Lifetime of Self-Esteem and Respect, by Molly Barker. Random House, 2004.

Girls Will Be Girls: Raising Confident and Courageous Daughters, by JoAnn Deale and Teresa Barker. Hyperion, 2002.

Handbook of Prevention and Intervention Programs for Adolescent Girls, by Craig Winston LeCroy and Joyce Elizabeth Mann, eds. John Wiley and Sons, 2008.

The J Girls Guide: The Young Jewish Women's Handbook for Coming of Age, by Penina Adelman, Ali Feldman, and Shulamit Reinharz. Jewish Lights Publishing, 2005.

Listen Up: Voices from the Next Feminist Generation, by Barbara Findlen. Seal Press, 2001.

Manifesta: Young Women, Feminism, and the Future, by Jennifer Baumgartner and Amy Richards. Farrar, Straus, and Giroux, 2000.

Meeting at the Crossroads: Women's Psychology and Girls' Development, by Lyn Mikel Brown and Carol Gilligan. Harvard University Press, 1998.

My Girl: Adventures with a Teen in Training, by Karen Stabiner. Little, Brown and Company, 2005.

New Moon: Friendship, by New Moon Publishing, Seth Godin Productions, and LLC Lark Productions. Knopf Books for Young Readers, 1999.

Odd Girl Out: The Hidden Culture of Girls' Aggression, by Rachel Simmons. Harcourt, 2002.

Odd Girl Speaks Out: Girls Write About Bullies, Cliques, Popularity, and Jealousy, by Rachel Simmons. Harcourt, 2004.

Ophelia Speaks: Adolescent Girls Write About Their Search for Self, by Sara Shandler. Harper Perennial, 2000.

Ophelia's Mom: Women Speak Out About Loving and Letting Go of Their Adolescent Daughters, by Nina Shandler. Crown, 2001.

Packaging Girlhood: Rescuing Our Daughters from Marketing Schemes, Sharon Lamb and Lyn Mikel Brown. St. Martin's Press, 2006.

The Period Book: Everything You Don't Want to Ask (But Need to Know), by Karen Gravelle and Jennifer Gravelle. Walker Publishing, 1996.

Promiscuities: The Secret Struggle for Womanhood, by Naomi Wolf. Fawcett Books, 1998.

Queen Bees & Wannabes: Helping Your Daughter Survive Cliques, Gossip, Boyfriends, and Other Realities of Adolescence, by Rosalind Wiseman. Three Rivers Press, 2003.

Raising Their Voices: The Politics of Girls' Anger, by Lyn Mikel Brown. Harvard University Press, 1998.

Reviving Ophelia: Saving the Selves of Adolescent Girls, by Mary Pipher. Ballantine Books, 1994.

The Secret Lives of Girls: What Good Girls Really Do, by Sharon Lamb. Free Press, 2002.

See Jane Hit: Why Girls Are Growing More Violent and What Can Be Done About It, by James Garbarino. Penguin Press, 2006.

See Jane Win: The Rimm Report on How 1000 Girls Became Successful Women, by Silvia Rimm. Three Rivers Press, 1999.

Stressed-Out Girls: Helping Them Thrive in an Age of Pressure, by Roni Cohen-Sandler. Penguin Press, 2005.

Tripping the Prom Queen: The Truth About Women and Rivalry, by Susan Shapiro Barash. St. Martin's Press, 2006.

Voices of a Generation: Teenage Girls on Sex, School, and Self, by Pamela Haag and American Association of University Women Educational Foundation. Da Capo Press, 1999.

Women's Inhumanity to Women, by Phyllis Chester. Thunder's Mouth Press, 2002.

And Words Can Hurt Forever, by James Garbarino and Ellen deLara. Free Press, 2002.

시청각 자료

5 Girls. Maria Finitzo (Director). Kartemquin Educational Films, 2001. (www.kartemquin.com/films/5-girls)

Mean Girls (Special Feature with Rosalind Wiseman, "The Politics of Girl World"). Mark Waters (Director). Paramount Pictures, 2004.

Odd Girl Out. Tom McLoughlin (Director). Lifetime Television, 2005.

사이버폭력, 미디어(대중매체), 그리고 기술

Adolescents, Media, and the Law: What Developmental Science Reveals and Free Speech Requires, by Roger J. R. Levesque. Oxford University Press, 2007.

Can't Stop Won't Stop: A History of the Hip-Hop Generation, by Jeff Chang. St. Martin's Press, 2005.

Cyber Bullying: Bullying in the Digital Age, by Robin M. Kowalski, Susan P. Limber, and Patricia W. Agatston. Wiley-Blackwell, 2007.

"Cyber Bullying: The Legal Challenge for Educators," by Jill Joline Myers and Gayle Tronvig Carper. *West's Education Law Reporter,* 2008, Vol. 238.

Cyber-Bullying: Issues and Solutions for the School, the Classroom and the Home, by Shaheen Shariff. Routledge, 2008.

Cyberbullying and Cyberthreats: Responding to the Challenge of Online Social Aggression, Threats, and Distress, by Nancy E. Willard. Research Press, 2007.

"Cyber-Libel and Cyber-Bullying: Can Schools Protect Student Reputations and Free-Expression in Virtual Environments?" by Shaheen Shariff and Leanne Johnny. *Education and Law Journal,* 2007, Vol. 16.

Cyber-Safe Kids, Cyber-Savvy Teens: Helping Young People Learn to Use the Internet Safely and Responsibly, by Nancy E. Willard. Jossey-Bass, 2007.

Encyclopedia of Children, Adolescents, and the Media (Vols. 1 & 2), by Jeffrey Jensen Arnett, ed. Sage Publications, 2007.

Generation MySpace: Helping Your Teen Survive Online Adolescence, by Candice M. Kelsey. Marlowe and Company, 2007.

"Grounding Cyberspeech: Public Schools' Authority to Discipline Students for Internet Activity," by Sarah O. Cronan. *Kentucky Law Journal,* 2008, Vol. 97.

Kids and Media in America, by Donald F. Roberts and Ulla G. Foehr. Cambridge University Press, 2004.

"MySpace and Its Relatives: The Cyberbullying Dilemma," by Kathleen Conn and Kevin P. Brady. *West's Education Law Reporter,* 2008, Vol. 226.

So Sexy So Soon, by Diane E. Levin and Jean Kilbourne. Ballantine Books, 2008.

Young People and New Media: Childhood and the Changing Media Environment, by Sonia Livingstone. Sage Publications, 2002.

Youth Media, by Bill Osgerby. Routledge, 2004.

시청각 자료

Consuming Kids: The Commercialization of Childhood, by Adriana Barbaro and Jeremy Ear (Directors). Media Education Foundation, 2008. (www.media ed.org)

Hip-Hop: Beyond Beats and Rhymes (abridged). Byron Hurt (Director). Media Education Foundation, 2006. (www.mediaed.org)

Killing Us Softly: Advertising's Image of Women, by Jean Kilbourne. Sut Jhally (Director). Media Education Foundation, 2006. (www.mediaed.org)

웹사이트

Bully Police USA: www.bullypolice.org

Center for Media Literacy: www.medialit.org

Center for Safe and Responsible Internet Use: www.cyberbully.org

Cyberbullying.us: www.cyberbullying.us

Cyberlaw Enforcement Organization (CLEO): www.cyberlawenforcement.org

Delete Cyberbullying (National Crime Prevention Council): www.ncpc.org/cyberbullying

Free Technology for Teachers: www.freetech4teachers.com

i-SAFE: www.isafe.org

Just Think: www.justthink.org

Media Awareness Network: www.media-awareness.ca/english/index.cfm

NetSmartz Workshop (National Center for Missing and Exploited Children/Boys and Girls Clubs of America): www.netsmartz.org

Stop Cyberbullying: www.stopcyberbullying.org

WiredSafety: www.wiredsafety.org

인종, 민족성, 그리고 다양성

Adolescent Boys: Exploring Diverse Cultures of Boyhood, by Niobe Way and Judy Y. Chu, eds. New York University Press, 2004.

Affirming Diversity: The Sociopolitical Context of Multicultural Education, by Sonia Nieto and Patricia Bode. Allyn and Bacon, 2007.

All About Love: New Visions, by Bell Hooks. William Morrow, 2000.

Bridges Out of Poverty, by Philip DeVol, Terie Dreussi Smith, and Ruby K. Payne. aha! Process, Inc., 2006.

The Color of Success: Race and High-Achieving Urban Youth, by Gilberto Q. Conchas. Teachers College Press, 2006.

A Framework for Understanding Poverty, by Ruby K. Payne. aha! Process, Inc., 2005.

The Gendered Society Reader, by Michael Kimmel and Amy Aronson. Oxford University Press, 2000.

Good Kids from Bad Neighborhoods: Successful Development in Social Context, by

Delbert S. Elliott, Scott Menard, Bruce Rankin, and Amanda Elliott. Cambridge University Press, 2007.

Hidden Rules of Class at Work, by Ruby K. Payne and Don L. Krabill. aha! Process, Inc., 2002.

Hopeful Girls, Troubled Boys: Race and Gender Disparity in Urban Education, by Nancy Lopez. Routledge, 2002.

Race in the Schoolyard: Negotiating the Color Line in Classrooms and Communities, by Amanda E. Lewis. Rutgers University Press, 2003.

School Kids/Street Kids: Identity Development in Latino Students, by Nilda Flores-Gonzalez. Teachers College Press, 2002.

Under-resourced Learners: 8 Strategies to Boost Student Achievement, by Ruby K. Payne and Dan Shenk. aha! Process, Inc., 2008.

Up Against Whiteness: Race, School and Immigrant Youth, by Stacey J. Lee. Teachers College Press, 2005.

Urban Girls Revisited: Building Strengths, by Bonnie Leadbeater and Niobe Way. New York University Press, 2007.

We Can't Teach What We Don't Know: White Teachers, Multiracial Schools, by Gary R. Howard. Teachers College Press, 2006.

"Why Are All the Black Kids Sitting Together in the Cafeteria?": A Psychologist Explains the Development of Racial Identity, by Beverly Daniel Tatum. Basic Books, 2003.

Why White Kids Love Hip-Hop: Wangstas, Wiggers, Wannabes, and the New Reality of Race in America, by Bakari Kitwana. Basic Civitas Books, 2005.

Women Without Class: Girls, Race, and Identity, by Julie Bettie. University of California Press, 2002.

신체상과 식이장애

The Adonis Complex: How to Identify, Treat and Prevent Body Obsession in Men and Boys, by Harrison G. Pope, Katharine A. Phillips, and Roberto Olivardia. Free Press, 2002.

Body Image: A Handbook of Theory, Research, and Clinical Practice, by Thomas F. Cash and Thomas Pruzinsky, eds. Guilford Press, 2004.

Body Image: New Research, by Marlene V. Kindes, ed. Nova Biomedical Books, 2006.

Boys Get Anorexia Too: Coping with Male Eating Disorders in the Family, by Jenny Langley. Paul Chapman Educational Publishing, 2006.

Can't Buy My Love: How Advertising Changes the Way We Think and Feel, by Jean Kilbourne. Free Press, 2000.

The Cult of Thinness, by Sharlene Nagy Hesse-Biber. Oxford University Press, 2007.

Deadly Persuasion: Why Women and Girls Must Fight the Addictive Power of Advertising, by Jean Kilbourne. Free Press, 1999.

The Geography of Girlhood, by Kirsten Smith. Little, Brown Young Readers, 2007.

Go Figure, by Jo Edwards. Simon Pulse, 2007.

The Good Body, by Eve Ensler. Villard, 2005.

The Invisible Man: A Self-Help Guide for Men with Eating Disorders, Compulsive Exercise, and Bigorexia, by John F. Morgan. Routledge, 2008.

Locker Room Diaries: The Naked Truth About Women, Body Image, and Re-imagining the "Perfect" Body, by Leslie Goldman. Da Capo Press, 2007.

Looks, by Madeleine George. Viking Juvenile, 2008.

Making Weight: Healing Men's Conflicts with Food, Weight, and Shape, by Arnold Andersen, Leigh Cohen, and Tom Holbrook. Gurze Books, 2000.

The Muscular Ideal: Psychological, Social, and Medical Perspectives, by J. Kevin Thompson and Guy Cafri, eds. American Psychological Association, 2007.

Packaging Girlhood: Rescuing Our Daughters from Marketers' Schemes, by Sharon Lamb and Lyn Mikel Brown. St. Martin's Griffin, 2007.

Understanding Body Dissatisfaction in Men, Women and Children, by Sarah Grogan. Routledge, 2007.

시청각 자료

Reflections "Friends Don't Let Friends Fat Talk" Video: (https://secure.pursuant group.net/pursuant4/deltadeltadelta/fall08/dddselect/flashstory.asp)

Slim Hopes: Advertising and the Obsession with Thinness, by Jean Kilbourne. Sut Jhally (Director). Media Education Foundation, 2006. (www.mediaed.org)

웹사이트

About Face: www.about-face.org

Body Positive: www.bodypositive.com

Campaign For Real Beauty: www.campaignforrealbeauty.com

Eating Disorder Referral and Network Center: www.edreferral.com

Finding Balance: www.findingbalance.com

Gurze Books: Resources for Eating Disorders: www.gurze.com

The National Association for Males with Eating Disorders (NAMED): www.namedinc.org

National Eating Disorders Association: www.nationaleatingdisorders.org

Reflections: The Body Image Program: www.bodyimageprogram.org

The Something Fishy Website on Eating Disorders: www.something-fishy.org

섹스, 관능성, 동성애 공포증, 그리고 학대

Adolescent Sexuality: A Historical Handbook and Guide, by Carolyn Cocca, ed. Praeger, 2006

The Commonwealth Fund Survey of Adolescent Girls, by Cathy Schoen, Karen Davis, and Karen Scott Collins. Commonwealth Fund Commission on Women's Health, 1997.

Dude, You're a Fag: Masculinity and Sexuality in High School, by C. J. Pascoe. University of California Press, 2007.

Everything You Never Wanted Your Kids to Know About Sex (But Were Afraid They'd Ask): The Secret to Surviving Your Child's Sexual Development from Birth to the Teens, by Justin Richardson and Mark A. Schuster. Crown, 2003.

From Teasing to Torment: School Climate in America—A Survey of Students and Teachers, by Dana Markow and Jordan Fein (Harris Interactive). Gay, Lesbian and Straight Education Network, 2005. (www.new.glsen.org/binary-data/GLSEN_ATTACHMENTS/file/499-1.pdf)

Hostile Hallways: The AAUW Survey on Sexual Harassment in America's Schools (Harris Interactive), by the American Association of University Women Educational Foundation, 2001. (www.aauw.org/research/upload/hostilehallways.pdf)

Mom, Dad—I'm Gay: How Families Negotiate Coming Out, by Ritch C. Savin-Williams. American Psychological Association, 2001.

"Oral Sex Among Adolescents: Is It Sex or Is It Abstinence?" by Lisa Remez. *Family Planning Perspectives,* 2002, Vol. 32, No. 6, pp. 298–304.

Sex and Tech: Results from a Survey of Teens and Young Adults, by TRU. National Campaign to Prevent Teen and Unplanned Pregnancy and Cosmogirl.com, 2008. (www.thenationalcampaign.org/sextech)

The Sex Lives of Teenagers: Revealing the Secret World of Adolescent Boys and Girls, by Lynn Ponton. Dutton Press, 2000.

Sexualities: Identities, Behaviors, and Society, by Michael S. Kimmel and Rebecca F. Plante. Oxford University Press, 2004.

Start Talking: A Girl's Guide for You and Your Mom About Health, Sex, or Whatever, by Mary Jo Rapini and Janine Sherman. Bayou Publishing, 2008.

Teenage Sexuality: Opposing Viewpoints, by Ken R. Wells, ed. Greenhaven Press/Thomson Gale, 2006.

The 2005 National School Climate Survey: The Experiences of Lesbian, Gay, Bisexual and Transgender Youth in Our Nation's Schools, by Joseph G. Kosciw and Elizabeth M. Diaz. Gay, Lesbian and Straight Education Network, 2006. (www.glsen.org/binary-data/GLSEN_ATTACHMENTS/file/585-1.pdf)

웹사이트

American Civil Liberties Union LGBT Project: www.aclu.org/lgbt
Gay and Lesbian Alliance Against Defamation: www.glaad.org
Gay Lesbian Straight Education Network: www.glsen.org
Sex, etc.: www.sexetc.org
The Safe Schools Coalition: www.safeschoolscoalition.org

성폭행과 학대 관계

The Batterer: A Psychological Profile, by Donald G. Dutton and Susan K. Golant. Basic Books, 1995.

Dating Violence: Young Women in Danger, by Barrie Levy. Seal Press, 1997.

Domestic Violence: Opposing Viewpoints, by Mike Wilson, ed. Greenhaven Press, 2009.

Family Violence Across the Lifespan: An Introduction, by Ola Barnett, Cindy L. Miller-Perrin, and Robin D. Perrin. Sage Publications, 2005.

The Gift of Fear: Survival Signals That Protect Us from Violence, by Gavin deBecker. Little, Brown, 1997.

I Will Survive: The African-American Guide to Healing from Sexual Assault and Abuse, by Lori Robinson. Seal Press, 2003.

In Love and in Danger, by Barrie Levy. Seal Press, 1998.

Male Victims of Sexual Assault, by Gillian C. Mezey and Michael B. King, eds. Oxford University Press, 2000.

Protecting the Gift: Keeping Children and Teenagers Safe, by Gavin deBecker. Dial Press, 1999.

Rethinking Domestic Violence, by Donald G. Dutton. UBC Press, 2006.

Surviving the Silence: Black Women's Stories of Rape, by Charlotte Pierce-Baker. Norton and Co., 2000.

Violence in the Lives of Black Women: Battered Black and Blue, by Carolyn West. Haworth Press, 2003.

Women Who Kill: Battered Women That Killed in Self-defense, by Ann Jones. Ballantine Books, 1980.

시청각 자료

Dealing with Teen Dating Abuse: Matters of Choice. Human Relations Media, 2003. (www.hrmvideo.com)

웹사이트

Men Can Stop Rape: www.mencanstoprape.org

National Coalition Against Domestic Violence: www.ncadv.org

National Sexual Violence Resource Center: www.nsvrc.org

더 어린 아이들을 위한 책

A Bad Case of Tattle Tongue, by Julia Cook. National Center for Youth Issues, 2006.

Bootsie Barker Bites, by Barbara Bottner. Putnam Juvenile, 1997.

Chrysanthemum, by Kevin Henkes. Greenwillow, 1991.

How to Lose All Your Friends, by Nancy Carlson. Puffin, 1997.

Just Kidding, by Trudy Ludwig. Tricycle Press, 2006.

Loud Emily, by Alexis O'Neill. Aladdin, 2001.

My Mouth Is a Volcano!, by Julia Cook. National Center for Youth Issues, 2008.

My Secret Bully, by Trudy Ludwig. Tricycle Press, 1995.

Odd Velvet, by Mary E. Whitcomb. Chronicle Books, 1998.

Pig Is Moving In, by Claudia Fries. Scholastic, 2000.

The Recess Queen, by Alexis O'Neill. Scholastic, 2005.

Sorry!, by Trudy Ludwig. Tricycle Press, 2006.

Stand Tall, Molly Lou Mellon, by Patty Lovell. Putnam Juvenile, 2006.

The Sneetches and Other Stories, by Dr. Seuss. Random House, 1961.

Too Perfect, by Trudy Ludwig and Lisa Fields. Tricycle Press, 2009.

Trouble Talk, by Trudy Ludwig and Mikela Prevost. Tricycle Press, 2008.

Worst Best Friend, by Alexis O'Neill. Scholastic Press, 2008.

You Can't Say You Can't Play, by Vivian Gussin Paley. Harvard University Press, 1993.

시청각 자료

Consuming Kids: The Commercialization of Childhood. Adriana Barbaro and Jeremy Ear (Directors), 2008. Produced by Media Education Foundation (www.mediaed.org).

Dealing with Teen Dating Abuse: Matters of Choice, 2003. Produced by Human Relations Media (www.hrmvideo.com).

5 Girls. Maria Finitzo (Director), 2001. Produced by Kartemquin Educational Films (www.kartemquin.com/films/5-girls).

Hip-Hop: Beyond Beats and Rhymes, Byron Hurt (Producer/Director), 2006. Produced by God Bless the Child Production (www.bhurt.com). Distributed by Media Education Foundation (www.mediaed.org).

How to Eat Fried Worms. Bob Dolman (Director), 2006. Produced and distributed by Walden Media (www.walden.com).

Killing Us Softly 3: Advertising's Image of Women, created by Jean Kilbourne, 2001. Sut Jhally (Producer/Director). Distributed by Media Education Foundation (www.mediaed.org).

Mean Girls (Special Feature with Rosalind Wiseman, "The Politics of Girl World"). Mark Waters (Director), 2004. Paramount Pictures.

The Motivation Breakthrough, by Richard Lavoie, 2005. Gerardine Wurzburg (Director). PBS Video.

Odd Girl Out. Tom McLoughlin (Director), 2005. Lifetime Television.

Raising Cain: Exploring the Inner Lives of America's Boys, by Michael Thompson and Powderhouse Productions, 2005. PBS Video.

Reflections "Friends Don't Let Friends Fat Talk" Video: (https://secure.pursuant group.net/pursuant4/deltadeltadelta/fall08/dddselect/flashstory.asp)

Slim Hopes: Advertising and the Obsession with Thinness, featuring Jean Kilbourne, 1995. Sut Jhally (Producer/Director). Distributed by Media Education Foundation (www.mediaed.org).

Tough Guise: Violence, Media, and the Crisis in Masculinity (abridged), featuring Jackson Katz, 1999. Sut Jhally (Director). Distributed by Media Education Foundation (www.mediaed.org).

Wrestling with Manhood: Boys, Bullying, and Battering (abridged), featuring Sut Jhally and Jackson Katz, 2002. Sut Jhally (Writer/Director). Distributed by Media Education Foundation (www.mediaed.org).